大学专业教育发展变革研究

殷文杰 著

·郑州·

图书在版编目(CIP)数据

大学专业教育发展变革研究 / 殷文杰著. --郑州：河南大学出版社,2021.9
 ISBN 978-7-5649-4854-2

Ⅰ.①大… Ⅱ.①殷… Ⅲ.①高等教育-发展-研究-中国 Ⅳ.①G649.21

中国版本图书馆 CIP 数据核字(2021)第 185046 号

责任编辑 薛建立
责任校对 柴桂玲
封面设计 马 龙

出版发行	河南大学出版社			
	地址：郑州市郑东新区商务外环中华大厦 2401 号		邮编：450046	
	电话：0371-86059750(高等教育与职业教育出版分社)			
	0371-86059713(营销部)		网址：hupress.henu.edu.cn	
排 版	郑州今日文教印制有限公司			
印 刷	广东虎彩云印刷有限公司			
版 次	2021 年 9 月第 1 版		印 次	2021 年 9 月第 1 次印刷
开 本	787 mm×1 092 mm 1/16		印 张	17.25
字 数	328 千字		定 价	48.00 元

(本书如有印装质量问题,请与河南大学出版社营销部联系调换)

自　　序

新中国成立以来，特别是改革开放以来，党和政府坚持把教育摆在优先发展的战略地位。随着科教兴国、人才强国等国家战略的实施，我国高等教育事业迅速发展，取得了举世瞩目的成就。2020年全国共有普通高校2738所，各类高等教育总规模已达4183万人，普通高校毕业生人数达到874万人，高等教育毛入学率上升至54.4%。我国已经以世界前所未有的规模和速度从高等教育大众化迈入到普及化阶段，高等教育学历的从业人口总数已居世界第二。在科学研究方面，我国高校已承担各类科研课题数百万项，其中国家自然科学基金面上项目接近80%，产生了占全国80%以上的哲学社会科学成果。近年来，我国高校的人才培养质量、科学水平、科研能力、国际交流范围、留学生教育规模、学科排行的国际地位也在不断攀升。根据英国QS全球教育集团最新发布的全球高等教育系统实力排名显示，中国大陆高等教育系统实力已位列亚洲第一。与此同时，我国高校的学科体系日益完善，办学层次不断提升，办学主体更加多元，办学条件不断改善，办学行为日趋规范，逐步形成了与我国国民经济与社会发展相适应的高等教育体系。高等教育内涵式、跨越式发展，高层次专门化人才培养数量的持续增长和质量不断提升，使我国正在从人口大国向人力资源强国转变，也为我国的社会主义现代化建设奠定了人才基础。

进入21世纪以来，新一轮科技革命和产业变革正在重构全球创新版图，重塑全球经济结构。科学技术正在以前所未有的力度和深度影响着国家的前途命运和人民的生活福祉。在科学技术的推动下，我国经济结构面临深刻调整，产业升级的步伐也日益加快，创新驱动发展已上升为重要的国家战略。经济社会的深刻变化使具有一定专业知识或专门技能的高素质人才成为经济社会发展的第一资源。虽然我国高等教育取得了举世瞩目的成就，但由于对高等教育的本质认识稍有"差异"，对高等教育的核心概念之一即"专业教育"的内涵和特征的理解有不同之处，我国高等教育长期"缺乏"明确的类型划分，教育目标总是因政策导向的改变而在"学术性"与"职业性"之间摇摆不定或者呈现一边倒的倾向。近40年来，我国高等教育的制度设计已将科学研究提高到"无以复加的地步"，几乎所有层次和类型的高校都在强调科学研究的重要性。这种普遍的学术化倾向"挤压"了应用型人才成长的空间，已成为当前我国应用型人才短缺、大学生就业困难的重要原因之一。

近年来，随着我国高等教育规模的扩大和毕业人数的增加，劳动力市场人才供需的结构性矛盾日渐突出。为解决我国高等教育的同质化倾向和结构性矛盾、缓解毕业生就业难和就业质量低的问题，满足产业转型升级、公共服务快速发展对大量实用型专业人才的需要，2015年教育部、国家发展和改革委员会、财政部联合印发了《关于引导部分地方普通本科高校向应用型转变的指导意见》，以引导部分普通本科高校转型发展，全面提高学校服务区域经济社会发展和创新驱动发展的能力。这虽然能够在一定程度上改变部分高校的办学定位，但却难以从根本上解决我国高等教育对市场需求信号反应不敏感、与就业市场人才需求结构匹配程度不高的问题。

实践中的困惑和误区往往源于认识上的偏差。我国教育界通常将"专业性"视为高等教育的基本属性，认为高等教育在本质上属于分门别类式的专业教育。但是，受语言习惯、历史与文化传统等因素的影响，人们通常将专业教育"混同"于专门化人才培养，简单认为高等教育的目标是要培养"专门人才"，很少有人明确表示高等教育要培养"专业人才"。人们对专业教育的"空泛"认识最终使高等教育"缺乏"明确的内涵和价值指向。由于"缺乏"对专业教育的深入理解，我国高等教育在"专门化"道路上过于强调专业教育的工具性价值，使得我国专业教育长期在职业性和学术性两个极端的价值取向上"摇摆不定"，教育的个体价值被忽视，也难以全面为经济社会的持续健康发展提供合理的人才支撑。

事实上，西方语境中的专业教育（professional education）具有特殊的价值内涵。专业教育建立在西方的专业文化基础之上，主要承担为专业领域培养接班人的使命。欧洲中世纪大学中的法学、神学、医学教育被视为正规化高等专业教育的源头，也由此形成了自由教育与专业教育相结合的大学教育基本范式。在漫长的历史演进过程中，西方专业教育根据知识发展和职业需求的变化而不断调整教育内容及其与社会的关系，进而表现出较强的社会适应能力和影响力。美、英、德、法等西方国家之所以能够保持较高的经济发展水平和科技水平，与其特有的专业教育模式密不可分。

专业教育作为一种特指的教育类型，注重将人才培养与特定的职业标准相结合，为工程、医学、法学、管理学、教育学、社会学等领域培养具有高深知识、复杂技能、较高职业素养的高级专业人才。深入认识专业教育特有的价值指向和内涵特征将有效纠正我国高等教育过度专门化和学术化的倾向，能够使我国高等教育更好地适应经济社会发展和人的长远发展需要。西方国家已有较长的专业教育发展历史和丰富经验,而我国对专业教育的特殊性还"缺乏"系统认识。认识上的差异和简单化理解使我国的专业人才培养被"严重曲解或简化",这也是本书要系统研究专业教育的重要原因。

  本书首先结合专业社会学在专业、专业化等方面的相关研究成果,揭示专业教育的基本内涵和特征,明确专业教育是一种建立在深厚基础知识和专业精神之上的职业型教育。接着以知识发展和社会职业需要为线索,梳理出专业教育在初始的师徒制教育阶段、中世纪大学和近现代大学中的历史发展和演进的过程,总结出专业教育发展演变的规律和不同教育模式的特点,还进一步指出在当前知识经济发展、知识生产方式变革和经济全球化挑战背景下,西方国家专业教育发展所呈现出的新趋势。就国内而言,我国高校开展的专业教育是从清朝末年的有识之士在我国高等教育自身发展的基础上向西方国家学习开始的,从起始阶段就背负着救亡图存的重要历史使命,并与国家的命运紧密结合在一起。当前,受我国以科研为中心的评价导向、实体化的教学组织形式等因素的影响,我国高校的学术性教育目标超越了专业教育的职业性目的,这使我国高等教育与经济社会的发展需要"不完全符合"。为满足知识生产方式转变和经济转型升级对大量不同类型高素质专业人才的需要,本书最后结合国外专业教育发展的规律和新趋势,从教育理念、管理体制机制和教学组织形式等不同角度提出我国高等教育改革的可行性建议。

  "专业教育"在我国高等教育领域是一个大家耳熟能详而又"语焉不详、表意不够明确"的基本概念。目前,国内学界从教育基本理论的角度对专业教育这一特定教育类型进行系统研究的成果还比较少。本书的研究内容将有助于澄清人们对专业教育的认识,进一步深化对高等教育的理解。对我国高等教育实践来讲,认识专业教育的内涵和发展趋势,有助于超越学科本位的束缚,使人才培养回归职业属性,培养出行业或职业岗位需要的专业人才,进而改变劳动力市场人才供需失衡、应用型人才严重短缺的局面。

  在学界都比较熟悉的领域开展理论创新的探索,冲击已经约定俗成的"前见",必然面临巨大的风险和挑战。本书直指高等教育理论认识上的"盲区",虽因能力和学识限制而力有不逮,但希望通过抛砖引玉,引起人们对该领域的持续关注和深入研究。

目　录

自序 …………………………………………………………………………（ 1 ）

第一章　绪论 …………………………………………………………（ 1 ）

一、背景 ……………………………………………………………………（ 1 ）
二、问题聚焦 ………………………………………………………………（ 5 ）
三、意义阐释 ………………………………………………………………（ 6 ）
四、专业教育及相关概念的分析与评价 ………………………………（ 11 ）
五、整体思路与方法选择 ………………………………………………（ 34 ）

第二章　专业教育的基本内涵和特征 …………………………（ 37 ）

一、专业特征的识别及其启示 …………………………………………（ 37 ）
二、对专业教育基本内涵和主要特征的认识 …………………………（ 43 ）
三、相关概念辨析 ………………………………………………………（ 63 ）

第三章　国外专业教育的演变历程 ……………………………（ 70 ）

一、经验知识主导下的师徒模式 ………………………………………（ 70 ）
二、知识发现与传统大学中专业教育的兴起与衰落 …………………（ 75 ）
三、科学发展与专业教育多样化的形成 ………………………………（ 89 ）
四、市场导向下专业教育的发展与隐忧 ………………………………（103）
五、不同专业教育模式的形成与专业教育发展规律的呈现 …………（112）

第四章　近代以来我国专业教育的历史演进 …………………（130）

一、清朝末年以专门人才培养为主的教育理念与实践 ………………（131）
二、民国初期职业性专业教育从高等教育边缘到中心的演变 ………（138）
三、国民政府时期高等教育的实用化倾向与通才教育理念的兴起 …（143）

· 1 ·

四、1949年以来专业教育从"职业"到"学术"的演变 …………(148)

第五章　当前我国专业教育存在的问题及其原因 …………(161)
　　一、我国专业教育存在的主要问题 ……………………………(164)
　　二、影响我国专业教育发展的主要因素 ………………………(171)

第六章　国际专业教育发展的新趋势 ………………………(186)
　　一、国际专业教育发展的时代背景 ……………………………(186)
　　二、国际专业教育发展的六大趋势 ……………………………(189)

第七章　我国专业教育超越现实困境的路径选择 …………(211)
　　一、重塑专业教育理念,提升专业教育的价值性追求 …………(214)
　　二、深化高等教育管理体制机制改革,为专业教育发展提供制度保障
　　　　………………………………………………………………(223)
　　三、以组织形式和人才培养模式改革为重点,增强专业教育的灵活性
　　　　与适用性 ……………………………………………………(232)

第八章　结论 …………………………………………………(240)
　　一、结论回顾 ……………………………………………………(240)
　　二、整体评价 ……………………………………………………(242)
　　三、未来议程 ……………………………………………………(243)

主要参考文献 ……………………………………………………(245)

后记 ………………………………………………………………(266)

第一章 绪论

一、背景

(一) 我国高等教育在学术性与职业性①之间选择的"钟摆"之困和当前高等教育的"泛学术化"②之惑

学术性和职业性人才培养属于高等教育的不同职能,但近代以来,我国高等教育却在两者之间"摇摆不定",并随着政策的变化而呈现一边倒的趋势,难以做到统筹兼顾,使不同教育类型均衡发展。清朝末年,根据富国强兵的需要,政府确立了"通达时务"的办学宗旨,从而使实用性专门人才培养成为高等教育的普遍追求。民国初年,受德国科学教育思想的影响,蔡元培主导制定了以"硕学闳材"为目的的教育方针,将高深学术研究视为大学教育的主要使命。中华人民共和国成立初期,我国开始全面向苏联学习,将培养与行业高度对口的"现成专家"作为高等教育的基本使命,高等教育被"简化"为职业技术培训。改革开放之后,为提高专门人才的社会适应能力,教育界开始强调"厚基础,宽口径"的重要性,学术性教育目标逐渐"取代"了教育的职业性目的,高等教育开始陷入"学以致学"的"窠臼"之中。

近年来,我国的大学制度设计已把科学研究提高到"无以复加"的地步,所有层次和类型的高校都在强调科学研究。③ 这种普遍的学术化倾向"挤压"了应用型人才成长的空间,已成为我国应用型人才短缺、大学生就业困难的重要原因之一。我国在建立学位制度后,所授学位以科学学位为主,所培养的高层次

---

① "学术性"是指教育以理性、学术与知识等为追求目标,以基本理论问题学习为中心,重视知识的创新与发展,注重科学研究,并侧重于培养学生从事有关学术工作的能力;"职业性"是指强调教育服务于经济社会发展的职能,重视培养学生从事实际工作的相关能力。参见田建荣:《关于高等教育学术性、职业性问题的思考》,载《厦门大学学报》(哲学社会科学版),1999年第3期。

② "泛学术化"是指以学术发展的逻辑统领高校发展,过度以学术的标准规范和评价高校事务而无视高校生态的多样性,使教育的其他价值目标受到排挤。

③ 张应强:《大学教师的专业化与教学能力建设》,载《现代大学教育》,2010年第4期。

人才大多"只懂"科学的"学","不会"专业的"术"。很多人理论多实践少、基础性成果多应用成果少、讲虚文者多重实事者少,致使学用严重脱节。① 中国教育科学研究院开展的 2018 全国高等教育满意度调查显示:高校人才培养与实践需要存在明显脱节,只有约 53%的国企雇主对大学教育的质量表示满意,而民企雇主的满意度不到 30%。② 为解决劳动力供需的结构性失衡的问题,2015 年政府通过发布《关于引导部分地方普通本科高校向应用型转变的指导意见》来引导地方本科院校转型发展,促进高等教育与产业相结合,以便培养"学以致用"的人才。然而,出于各种利益的考虑,很多高校对转型发展犹豫不决。当前,人们只是将应用型人才培养视为政府和市场等外部因素影响的结果,并没有认识到这是"专业教育"这一教育类型的内在要求。

长期以来,我国高等教育在目标上非此即彼的"钟摆"现象和一边倒的"倾向",说明人们对高等教育"缺乏"客观统一的认识。其实,除了通识教育,高等教育领域还存一种特指的教育类型——专业教育(professional education 或用 education for profession、education of profession 表达)③。广义的专业教育包括学术性专业教育和职业性专业教育。狭义的专业教育主要是指培养应用型专业人才的职业性专业教育,该教育类型在国外长期占据着高等教育的主体地位,然而在我国却没有被完全正确理解和重视。虽然我国教育界通常认为"专业性"是高等教育的本质属性④,但总是把"专门人才"视为高等教育的培养目标,"几乎没人"明确表示高等教育要培养"专业人才"(professionals)⑤,对专业人才的标准更是"缺乏"研究。对"专业教育"理解的"偏差"在很大程度上导致了我国高等教育目标定位不明确,人才培养与就业市场人才需求结构的匹配程

---

① 王沛民:《研究和开发"专业学位"刍议》,载《高等教育研究》,1999 年第 2 期。
② 中国教育科学研究院:《全国高等教育满意度指数得分全面提升——2018 全国高等教育满意度调查报告》,载《中国教育报》,2018 年 12 月 22 日第 4 版。
③ 英语中通常用 professional education 表示以应用型专业人才培养为主的教育。而 professional 作为形容词具有"专业的"、"专业性的"含义,能够使 professional education 产生两种不同的含义,一是与 academic education(学术教育)相对应,意为培养应用型专业人才的教育;另一种理解是与 unprofessional education(业余的、外行的、非专业的教育)相对应,意味提供教育的主体达到了专业化的标准,具有一定的专业资质,提供的是"正规的、内行的、专业性的教育"。鉴于目前的参考文献大多以 professional education 来表达"专业教育"的含义,本文也暂时沿用该表达方式。
④ 潘懋元等先生指出:"高等教育是建立在普通教育基础上的专业教育,以培养专门人才为目标。"参见潘懋元等:《新编高等教育学》,第 5 页,北京师范大学出版社,1996 年版。周川教授也认为:"高等教育按其本质来说,是建立在普通中小学教育基础上的专业教育。"参见周川:《"专业"散论》,载《高等教育研究》,1992 第 1 期。《辞海》对高等教育的解释是:"中等教育阶段以上的大学文化程度的专业教育。"参见《辞海》编纂委员会:《辞海》(第六版),第 681 页,上海教育出版社,2009 年版。
⑤ 孟现志:《高等教育的专业性》,载《教育研究》,2009 年第 2 期。

度"不高"。这也是本书要系统认识专业教育（professional education）的重要原因。

（二）时代变革对传统专业教育提出了挑战

1. 科学技术发展和全球化趋势对专业人才（professionals）要求的提升

在经济全球化、技术革命深入发展的推动下，我国面临发展方式转变、产业结构调整升级的迫切任务。改革开放以来，尤其是加入 WTO 以后，我国已经成为全球经济一体化的有机组成部分，并深度融入全球价值链。然而，我国仍处于国际分工体系的低端环节，在全球价值链中所获利益远远低于发达国家。随着人口红利消失，劳动力成本不断上升，我国制造业开始大量外流，这使依靠廉价劳动力实现经济增长的传统发展模式受到严重挑战。在此背景下，我国企业只有通过向全球价值链的高端环节延伸，提高产品的技术含量和自身的创新能力才能赢得发展空间。20 世纪 70 年代以来的第三次科技革命使世界进入电子化、信息化和自动化大生产时代。2010 年德国联邦教研部与联邦经济技术部联手力推"工业 4.0"战略，意味着人类开始进入以智能化制造为主导的第四次工业革命。为抓住新技术革命的机遇，2015 年 5 月我国政府推出《中国制造 2025》，制定出实施制造强国的第一个 10 年行动纲领，预示着我国产业发展水平将要整体提升。随着产业升级、价值链的攀升，我国将需要大量掌握现代科学知识的专业人才。

在经济全球化的背景下，劳动力资源的全球化流动将成为必然趋势，任何国家都无法脱离国际社会而闭门办学。高校不仅要研究全球化的趋势，而且需要通过专业人才培养来顺应全球化趋势。为确保专业教育的质量，满足专业人才在国际上自由流动的需要，一些国家、国际性行业组织开始打造统一化、标准化的专业教育"通行证"。目前，工程、医学、经济、管理等专业领域已制定了全球统一的入学标准、课程模式和资格证书。随着专业教育标准的国际化趋势，如何有效保障专业教育的质量并使毕业生获得国际人才市场的认可已成为我国高等教育不得不面对的课题。

2. 生产方式变革对从业者的能力提出了更高要求

第二次世界大战前，机械技术在生产中占主导地位，劳动过程简单、机械，对劳动者知识和技能的要求比较低，与之相对应的教学主要以行为主义思想为基础,侧重于技术能力的训练。① 第二次世界大战之后,信息技术的广泛应用导致了生产技术由刚性向柔性的转变,劳动组织也发生了聚变。大工业时期的简单流水线生产、泰勒式分工和金字塔式管理变成了高科技时代的柔性加工单元、小组工作和扁平网络化管理。在新的劳动分工中,单一工种开始向复合工种转变,终身职业向多种职业转移,劳动的内涵也进一步扩展,对智力水平和管理能力提出了更高要求。② 现代职业呈现出工作内容复杂化、问题解决灵活化、职业变迁常态化的特点,使以固定职业角色培养为主的传统专业教育很难适应。长期以来,我国高等教育强调对专门人才的培养③,很多高校也将专门人才作为培养目标。从语义本身来看,"专门人才"只是表示知识、能力的集中性、针对性,人们往往将其等同于具体的职业角色。这种专门化、角色化的培养目标将专业教育限定在狭窄知识领域,这在很大程度上挤压了个人全面发展的空间。随着生产效率的提升、人们休闲时间的逐渐增加,生活品质也要随之而改善。这意味着高等教育要同时造就占有工作时间的主体和占有闲暇时间的主体,既要使人"学会生存",又要使人"学会休闲"④,更要使人"学会生活"。可见,无论是从职业发展还是个人生活需要来看,我国高等教育尤其是专业教育都应该超越传统角色化的人才培养目标或仅以就业为目的的局限,追求更加符合个人全面发展需要的综合素质教育。

3. 新高考制度的推行吹响了高等教育改革的号角

为进一步推进素质教育改革,2014 年 9 月国务院发布《关于深化考试招生制度改革的实施意见》,决定以上海和浙江为试点开展高考制度综合改革。截至 2017 年 4 月,全国已有 30 个省(市、自治区)颁布了新的高考改革方案。这预示着一场以素质教育为核心、以发展个性为宗旨的"全面系统的招生考试改革"将在全国推行。为适应新的考试制度,高校招生录取将合并招生批次并按专业(major,program)平行投档,而非原来按学校投档。新的改革方案将专业推向了竞争的前台,对专业实力和就业前景形成了巨大考验。这使热门、特色、社会影响力强的专业将有机会招到更优秀的学生,相反,一些弱势、冷门、严重偏离市场需要的专业将无法依托学校的名望和专业调剂制度而继续"滥竽充

---

① 徐国庆:《职业教育课程论》,第 142 页,华东师范大学出版社,2008 年版。
② 姜大源:《职业教育学研究新论》,第 53 页,教育科学出版社,2007 年版。
③ 《中华人民共和国高等教育法》明确规定:"高等教育的任务是培养具有创新精神和实践能力的高级专门人才。"
④ 陈桂生:《教育原理》(第三版),第 149 页,华东师范大学出版社,2012 年版。

数",最终可能会面临被淘汰的命运。这种以专业为中心的录取方式将进一步激发各专业的活力,使人才培养与市场紧密结合,进而推动各专业的差异化、特色化发展。这需要高校的战略重点从整体转向局部、从规模转向效益,重视提升以专业为中心的教育质量。对此也有研究者提出"学校式微,专业为王"的论断,认为"专业扛着学校跑"的局面将代替传统"学校带着专业跑"的时代。①2018年9月,教育部在《关于加快建设高水平本科教育全面提高人才培养能力的意见》中明确提出要"大力推进一流专业建设",号召各层次本科院校结合自身情况争创一流专业,并计划建成一万个国家级一流专业点和一万个省级一流专业点。面对时代的考验,我国亟须对专业教育正本清源,正确认识专业教育的本质;同时,在借鉴国外专业教育发展经验的基础上,破除传统教育观念和管理模式中不足之处的束缚,为专业人才培养创造良好的条件。

二、问题聚焦

从历史经验和长远发展来看,我国高校所坚持的专门人才培养能够快速解决人才需求方面的燃眉之急,但这种速成的人才培养以"牺牲"人的全面发展和知识的广度为代价,容易将教育的社会价值、工具价值"凌驾"于个体价值之上,把人的能力局限在固定的工作领域,使人缺少选择不同人生的机会。过窄的专门化教育容易使人视野狭隘、创新能力不足,对具体职业有较强的依赖性,难以适应岗位变迁的需要,最终将成为技术进步的障碍或牺牲品。随着科学技术的进步和人类文明程度的提高,更多的社会职业开始向专业化方向发展,需要从业者具备良好的技术水平、较高的职业修养和较强的社会适应能力。专业教育(professional education)作为一种特指的教育类型,注重将知识技能和综合素养相结合,能够有效改变我国高等教育"过度"专门化和学术化的倾向,更好地适应社会发展和人的长远发展需要。开展不同层次、门类的专业教育已经成为国际高等教育发展的趋势,而国内对专业教育的特殊性还"缺乏"深入认识,多义性的汉语表达又进一步带来对专业人才培养的"曲解"。

从社会学的角度来看,专业(profession)是一种建立在高深知识基础之上的特殊职业,专业人员需要经历特殊的教育和训练、达到一定的职业标准才能获得从业资格。芝加哥大学社会学研究者刘思达指出,专业(profession)已经

---

① 李芳.写在高考前:学校式微,专业为王?.http://blog.sciencenet.cn/u/lifanguibe,2018-5-30.

在世界各个角落的社会生活里扮演重要角色,而对我国从事或者研究这些行业的人而言,"专业"(profession)的概念及其意涵还是一个相对陌生的领域。[①] 受语言表达精确性的影响,"专业"在汉语中出现了不同的含义,对我们认识专业教育的本质和规律造成了很大困难。专业(profession)在西方国家已有悠久的发展历史,并形成了影响深远的专业文化。长期以来,西方国家的专业教育(professional education)建立在专业文化的基础之上,承担为专业领域培养接班人的使命。欧洲中世纪大学中的法、神、医便是正规专业教育的源头,并形成了自由教育与专业教育相结合的基本教育范式。在复杂的历史演变过程中,专业教育也在根据知识发展和职业需求不断吐故纳新、调整自己的使命以及与社会的关系,表现出很强的社会适应能力和影响力。一些西方国家能够保持较高的经济发展水平与其独特的专业教育模式密不可分。2018年9月,教育部在《关于加快建设高水平本科教育全面提高人才培养能力的意见》中再次强调我国高校要主动适应国家战略发展新需求和世界高等教育发展新趋势。由此可见,认识和了解西方国家的专业教育的历史和发展趋势对于我们进一步认识专业教育的本质和规律、发现并解决我国专业教育中的问题具有重要意义。

本书拟借鉴社会学对专业的认识,明确专业教育作为一种教育类型的特殊性,并通过对国外专业教育历史发展脉络的梳理以及对高等教育本质的把握来进一步认识我国专业教育中的问题,以便为我国的专业教育发展提供参考。为此,本书主要聚焦于以下四个方面的问题:

(1)什么是专业教育和专业教育的基本特征是什么?
(2)国外专业教育的历史和呈现出哪些发展趋势?
(3)我国专业教育存在的主要问题及其原因是什么?
(4)如何促进我国的专业教育深化改革和发展?

三、意义阐释

高等教育实践中的很多问题往往源于人们思想上的障碍和认识上的局限,教育政策和行政法令只能外铄于形,不能内塑于心。回顾历史,追本溯源,才能为教育理论与改革实践建立更加坚实可靠的基础。本研究的意义体现在以下两个方面。

[①] 刘思达:《职业自主性与国家干预——西方职业社会学研究述评》,载《社会学研究》,2006年第1期。

(一) 理论意义

开展"专业教育"(professional education)研究有助于澄清人们对专业教育的认识,进一步深化对专业教育的理解。

潘懋元先生指出:"由于社会主义事业发展的需要,专业性质的学校在教育上日趋重要,数量也迅速增加。专业教育的特殊问题,也必须提到教育科学的理论研究上来。"[1]专业教育是高等教育领域中出现频率最高的词语之一,然而学界对专业教育的内涵和特征"鲜有"论述,很难让人明白高等教育的本质到底是什么。对专业教育"缺乏"清晰的认识已导致我国高等教育尤其本科阶段专门化倾向严重,办学形式和人才培养目标高度趋同。目前,我国研究领域对专业教育的关注主要集中在专门教育(special education)与通识教育的关系、专业设置、具体领域的专业建设等方面,而对专业人才的特点、专业教育的内涵、专业教育的质量保障机制、专业教育和学术教育的关系、专业教育与职业教育的区别、专业教育的发展历史与趋势等问题还"缺乏"深入研究。人们对专业教育的认识还存在大量"盲区",严重影响了我国专业人才培养的质量。

长期以来,我国本土话语中的"专业教育"与国际上的认识存在较大差别。由于语言文化的差异,我们对专业教育的认识不够深入,并对我国高等教育实践造成了一些误导。中华人民共和国成立初期,受苏联高等教育的影响和计划经济体制的制约,我国通常将"专业"理解为"高等学校培养学生的各个专门领域"[2],进而设置为实体性的人才培养单位,导致"专业教育"与"专门教育"相互混淆。事实上,"专门教育"只能用来表示学习领域的专门化,并不能有效表达专业人才在综合素质方面的特殊性。这种模糊的认识对专业人才的知识和能力结构造成了一定的影响,不利于高校分类发展。西方语境中的专业教育(professional education)主要是培养专业人才(professionals)的教育,侧重于知识的应用与转化,对人的知识和技能水平、职业道德等具有较高要求。本书是想借鉴西方国家对专业和专业教育的理解以及长期的专业教育实践来进一步丰富我国的专业教育思想,深化我们对专业教育的认识,使我们树立更加合理的专业教育(professional education)理念,培养出更加符合时代发展的专业人才(professionals)。

---

[1] 潘懋元:《理论自觉与实践建构:高等教育的历史、现实与未来》,第6页,北京师范大学出版社,2014年版。

[2] 顾明远等:《教育大辞典》(下),第2127页,上海教育出版社,1998年版。

(二) 实践意义

1. 有助于改变过度专门化的教育思想,使素质教育理念得到落实

专业具有明显的历史性和社会性特征。随着时代发展,社会对专业人员的专业技能、伦理规范、服务意识提出了更高要求,这需要专业教育更加注重人的整体素质提升。专业性工作的质量不仅体现在专业技术水平,更依赖于专业人员的专业精神和道德意识,尤其是工作中所体现的人文关怀意识。美国教育家博耶(Ernest Boyer)认为大学教育的重点应该从拥有能力到承担责任转移。① 英国哲学家怀特海(Alfred North Whitehead)指出,只有把知识应用于人文目的时,才是有意义的。② 随着人类物质生活水平的提高,人们更加关注生存质量和精神方面的体验,希望专业工作能够进一步提升社会的文明程度、为人类带来更多福祉,也希望专业人员具有较高的人文素养和利他主义精神,能够正确处理人与自然、个人与社会的关系。受此影响,专业教育需要将科学与人文、专业知识与职业伦理融为一体,使教育的社会价值与个体价值结合在一起,培养出既能"做事"又会"做人"的专业人员,而不是"精致的利己主义者"或简单的劳动"工具"。

美国专业教育研究者唐纳德·舍恩(Donald Schon)认为,在专业实践的各种地形图上,有一块坚实的高地俯视着一片沼泽地。在这块高地上,易控制的问题通过应用基于研究的理论和技能而得到解决。在沼泽低地,棘手而混乱的问题无法通过技术手段解决。那些高高在上的问题,无论技术意义多么重要,相对于个人或整个社会来说往往无足轻重,而在沼泽地中存在着人们最关心的问题。③ 也就是说,专业技术不是万能的,实践中涉及更多价值判断和复杂关系的处理。技术往往以事件本身为逻辑,以效率为目标,以结果为导向,容易忽略整体性的需求和全局性的影响。这说明技术手段的运用离不开价值理性的指导,要经得起社会伦理规范的检验。与之相应,为培养能适应21世纪发展的人才,哈佛大学于2007年开始倡导"全面教育"的课程改革。本次改革的目的是

---

① 国家教育发展与政策研究中心:《发达国家教育改革的动向与趋势》,第243页,人民教育出版社,1988年版。
② [美]厄内斯特·博耶:《大学:美国大学生的就读经验》,第102页,徐芃、李长兰、丁申桃等译,北京师范大学出版社,1993年版。
③ [美]唐纳德·舍恩:《培养反映的实践者:专业领域中关于教与学的一项全新设计》,第3页,郝彩虹等译,教育科学出版社,2008年版。

要将校内的知识学习与未来的社会生活联系起来,使学生通过对社会文化、人类生存问题的了解而学会做自己人生的"舵手",成为一个有理性和社会责任感的行动者。① 该理念将知识学习与人类命运相连,引导学生树立正确的价值观念,确保了专业知识和技术的合理使用,体现出教育对社会的责任。

知识经济时代的到来需要专业人员具备更强的综合能力。随着"以技术为中心"的泰勒主义生产模式的消解,1974 年,德国教育社会学家梅腾斯(Mertens)提出了"关键能力"的概念来应对劳动组织的变化。经过不断讨论和完善,以专业能力、方法能力、社会能力和个性能力等为主要内容的职业行动能力被认为是个人职业生涯中最基础的能力。② 20 世纪末,西方国家开始接受能力本位教育(competence-based education)的理念,在本科阶段重视培养学生的基础或一般能力,并开始实施培养特定学科能力和一般能力的教育改革。③

知识和技术的变迁需要个人具有更强的社会适应能力,过于专门化的学习限定了人的生存能力,因此,跨领域、通用性、基础性的知识和能力显得尤为重要。然而,在专门化教育思想的影响下,我国高等专业教育对外在标准的过度迎合最终掩盖了个体价值的重要性。这需要我们重新认识专业教育的内涵与本质,处理好教育性和职业性、基础性和专业性以及"通才"与"专才"之间的关系。

2. 能够改变传统的专业设置与管理,促进高校面向市场办学

高等教育中设置的专业是人才培养的基础和依托,"上面千条线,下面一根针",教育理念的贯彻和功能实现最终要通过专业来实现。对专业的认识将影响到高等教育全局。我国学者周川长期关注高校教学改革中存在的问题,并将高校教学改革成效不明显、难以满足社会需要的原因归咎于高校的专业组织及专业管理制度。他指出我国高校设置的专业是计划经济体制的产物,口径小,设置严格又千篇一律,以一定的法定效力"限制"了人才培养的灵活性,使高校难以主动适应经济社会发展需要。④ 王伟廉教授也认为我国高校的专业划分与授权由政府"包揽",形成了严格的"规范体制",并指出其存在僵化、浪费、雷同、

---

① 蒋华林、李华、王平等:《哈佛大学"全面教育"本科课程改革:背景、内容与启示》,载《重庆大学学报(社会科学版)》,2010 年第 5 期。
② 徐朔:《"关键能力"培养理念在德国的起源和发展》,载《外国教育研究》,2006 年第 6 期。
③ 黄福涛:《高等学校专业教育:历史与比较的视角》,载《清华大学教育研究》,2016 年第 2 期。
④ 周川:《淡化专业,强化课程——对高校教学改革的一点看法》,载《教育研究》,1993 年第 7 期。

封闭、瞎指挥、妨碍创新、破坏学术风气等弊端。① 为此,他呼吁扩大高校办学自主权,使高校面向市场办学,接受社会的评价与监督。

由于专业人才培养源于社会职业的需要,职业的标准也是专业教育的重要尺度,西方国家非常重视专业教育的市场导向性,努力使人才培养与市场需要相结合,并发挥社会组织对专业教育的评价和影响作用,由此在专业教育领域形成了以课程为基础的专业组织形式、良好的外部合作与监督机制。20世纪80年代,英国高校已开始引入外部竞争机制,一些企业和相关利益群体参与到人才培养和课程开发等环节。② 市场因素的直接参与进一步密切了学校和社会的关系,激发了高校的办学活力。

以市场为导向已成为国外专业教育的重要经验,并形成了相对稳定的专业教育模式。我们通过学习借鉴国外有益的专业教育经验,对改进我国的高等教育"规范体制"、提升专业教育的灵活性和社会服务能力具有重要的意义。

3. 有助于转变单一的人才培养模式,优化人才培养结构

从狭义的角度对专业教育(professional education)和学术教育进行一定区分有助于我国高校分类发展,形成多元化办学格局。不同人才类型需要不同教育模式。奥尔托加·加塞特(José Ortegay Gasset)明确指出,律师、法官、医生、教师等是从事具体工作的专业工作者,法学家、生理学家、文学家等是从事纯科学的研究工作者,两者的培养方式有很大区别。③ 狭义的专业教育(professional education)以应用型人才培养为主要目标,强调"学以致用",而学术教育侧重于知识的发现与创新,两者属于截然不同的教育类型。随着社会分工的细化和职业的复杂程度增加,当前社会需要更多将知识转化为生产力的应用型人才。正如丹尼尔·贝尔(Daniel Bell)所认为:"后工业社会的主要问题是要有足够数量的受过训练的具有专业和技术能力的人才。"④ "现代管理学之父"彼得·德鲁克(Peter F. Drucker)同样认为专门性和实践性的知识在知识社会中最有价值。他用功利性眼光审视当前大学教育,批评专业教育对实践重视不够,认为大学里"受过教育的人"根本不是"有知识的人",而是被人看不起的"半吊子"。⑤

---

① 王伟廉:《高等学校学科、专业划分与授权问题探讨》,载《高等教育研究》,2000年第3期。
② 黄福涛:《高等学校专业教育:历史与比较的视角》,载《清华大学教育研究》,2016年第2期。
③ [西]奥尔托加·加塞特:《大学的使命》,第53页,徐小洲、陈军译,浙江教育出版社,2001年版。
④ [美]丹尼尔·贝尔:《后工业社会的来临》,第256页,高铦、王宏周、魏章玲译,新华出版社,1997年版。
⑤ [美]彼得·德鲁克:《后资本主义社会》,第49页,张星岩译,上海译文出版社,1998年版。

在学术中心主义的影响下,我国的本科教育以学科为基础并统领不同类型的人才培养,对知识的应用关注不够,学术的中心地位不但导致高等教育对个人价值的遗忘而且,使教育的社会价值也被悬置。目前,我国高校中的专业设置依附于一定的学科体系,基层学术组织按学科门类进行划分,高校的人才培养方案、教学模式、教师选拔方式、教育评价机制等普遍强调学术研究的重要性。学术研究在专业教育中的主导地位与专业人才的职业性、实践性特征"背道而驰"。唐纳德·舍恩指出:"优秀的实践者并非比别人拥有更多的专业知识,而是拥有更多的'智慧'、'天分'、'直觉'或是'技艺'。"[1]可见,理论知识只是专业人员的必要而非充分条件,单纯的知识积累并不能造就实践领域中的专家。

对我国本科教育来讲,认识专业人才的特殊性和专业教育规律,有助于超越学科本位的束缚,使人才培养回归专业实践,从而摆脱"学用脱节"的困境,培养出经济社会所需要的专业人才,最终改变人才供需失衡、应用型人才严重短缺的局面。

四、专业教育及相关概念的分析与评价

"专业教育"既是一个实践性问题,又是一个理论性问题。对"专业"和"专业教育"的不同认识将导致不同的实践模式。由于"专业"、"专业教育"在汉语中表意的模糊性,导致我们对其内涵和外延的不同理解,对教育实践也产生了重要影响。为此,对"专业教育"及相关概念进行重新审视显得尤为重要。

(一) 对专业的研究

1. 社会学领域对专业的研究

"专业"(profession)作为知识分化和社会分工的产物,是一种特殊的社会工作类型,也是高等教育活动的重要基础和依据。人们对专业的认识和理解将直接影响高等教育的内容选择与发展方向。了解什么是专业、专业的特征是什么、专业化的形成及影响等基本问题是我们有目的、有组织开展专业教育的基本前提。

---

[1] [美]唐纳德·舍恩:《培养反映的实践者:专业领域中关于教与学的一项全新设计》,第49页,郝彩虹等译,教育科学出版社,2008年版。

(1) 对"专业"(profession)词语本身的认识

自从有了社会分工,人们就根据不同的习惯和标准对职业进行了等级划分。一些知识含量较高、技术难度大、具有重要社会价值的职业被认为是只有经过专门训练的人士才能从事的高级职业。这种特殊的职业就成了通常人们所认为的专业(profession)。专业最初表示数量有限的职业①,在欧洲工业社会之前,指的是法律、医学、神学等商业或手工劳动之外能谋生的少数职业。② 工业革命后,不断加速的社会分工和知识分化重构着人类社会的生活方式,一些特殊的职业——专业开始引起社会学家的关注。在学术界认识专业以前,社会上已经形成了各种对专业的不同理解。尽管每个研究者都努力在其他权威认识的基础上对这个特殊类型的职业给出一个理想型的说明,但我们很难找到一个统一的认识标准。有学者认为:"专业"的概念在学者对其开始进行研究之前就已经存在,是在社会生活中被不断建构的,从本质上属于一个民间概念(folk concept),以一种所谓科学的方式界定这样一个民间概念是非常困难的。③

由于文化和传统不同,每个国家对专业和专业教育的认识都有一定的区别。从词源上来说,英语里的"专业"(profession)一词从拉丁语演化而来,具有天职、圣职的意义。④ 该词最初的意思是公开地表达自己的观点或信仰,意味着某职业的从业者声明或者宣誓(professing)自己对某些事务拥有更多知识。⑤ 在早期,专业相对的是行业(trade),含有中世纪手工行会所保留的对其行业专门知识和技能进行控制并只能在本门派内部传授的神秘色彩。⑥ 17世纪后期,英国出现了一批精英型职业,从业者认为他们比其他职业人员拥有更多学识、更加高贵和独立,为此用 profession 来表示职业的特殊性。⑦ 从此,profession 特指部分高级职业而不再代表普通职业。英国学者德·朗特里(Rowntree,

---

① [法]埃米尔·涂尔干:《社会分工论》,第49页,渠东译,生活·读书·新知三联书店,2000年版。
② [英]亚当·库珀、杰西卡·库珀:《社会科学百科全书》,第600页,翁绍军等译,上海译文出版社,1989年版。
③ 刘思达:《职业自主性与国家干预——西方职业社会学研究述评》,载《社会学研究》,2006年第1期。
④ 曾淑惠:《评鉴专业化的概念与发展对我国教育评鉴专业化的启示》,载《教育研究与发展期刊》,2006年第3期。
⑤ Peter Jarvis. *Professional Education* (London:Croom Helm Ltd,1984),p. 20.
⑥ 教育部师范教育司:《教师专业化的理论与实践》,第13页,人民教育出版社,2001年版。
⑦ Burrage, M. and Torstendahl, R. (eds.). *Professions in Theory and History:Rethinking the Study of the Professions. SCASS Series* (London:Sage Publications Ltd,1990),p. 151.

D.)编写的《西方教育词典》认为"profession"属于有声望的职业,从业者除了报酬丰厚,还要接受长期系统的学术(academic)训练,在工作中具有一定的选择自由,还要服务于社会并遵从伦理准则。① 德语中的"专业"也有较强的神圣性。德语中的"专业"为 akademischer Berufsstand,该词中的 Beruf 具有宗教方面的感召(calling)含义。与英语相比,德语中的"专业"也强调学术知识的重要意义,但更强调伦理观念的宗教意味以及对特定工作的垄断。而在法语中"专业"(profession)与"行业"(occupation)的含义基本相同,包含所有的职业。②

人们对专业的不同认识为我们开展专业教育带来诸多认识上的困扰。有学者指出,由于"专业"在不同社会语境下表达不同的意涵,英美国家的专业社会学研究者很少对专业的概念进行跨国度界定,其讨论往往集中在医生、律师等公认的代表性专业上。虽然人们对专业存在不同的理解,但这些差异并没有阻止人们对专业本身的研究与探索,人们基本认同专业是一种特殊的职业,并具备一些重要的共同特征。

(2) 对专业属性的研究

进入 20 世纪以后,新的职业群体快速成长并要求确认其专业地位,引起了人们对专业属性的讨论。人们主要是从专业的特征来界定专业,1915 年弗莱克斯纳提出了专业的七条标准:专业活动以智力为基础;承担着巨大的个人责任;专业人员从科学和学习中获得原材料;具有实际和明确的职业目标;具备可教育、传播的技术;具有一定的自我组织形式;拥有利他主义精神。③ 在他看来,当时的医学、建筑、法律、教师、图书馆、工程、绘画和音乐等职业属于专业。20 世纪 30 年代,卡尔-桑德斯和威尔逊(Carr-Saunders & Wilson)在其研究著作《专业》(The Professions)中指出典型的专业显示了各种特征的组合。受其影响,很多社会学家试图从特征上找出专业性职业与非专业性职业的主要区别,而不是给出明确的定义。④ 格林伍德(Greenwood)在《社会工作》杂志发表文章,认为理想型的专业需要具备五个特征要素,即要拥有系统的理论体系(Systematic Theory)、专业权威(Authority)、获得社会认可(Community Sanction)、共同遵

---

① [英]德·朗特里:《西方教育词典》,第 248 页,陈建平等译,上海译文出版社,1988 年版。
② 刘思达:《职业自主性与国家干预——西方职业社会学研究述评》,载《社会学研究》,2006 年第 1 期。
③ Flexner, A. "Is Social Work a Profession?", Research on Social Work Practice 2, no. 2(1915): 152—165.
④ Peter Jarvis. *Professional Education* (London:Croom Helm Ltd,1984),p. 21.

守的伦理守则(Ethical Codes)和一套包含价值和专门术语的专业文化(A Cuture)。① 巴伯(Barber)认为专业应该具备：系统的知识体系、以利他为目的的价值定位、一套有效的职业伦理法规、具有较高的社会荣誉及收入。② 玻姆(Boehm,Werner W.)综合有关专业的研究成果,总结出专业区别于普通职业的五项重要条件③：理想中的专业要满足公众的需要,并通过服务增加社会福祉;专业应该有一套建立在科学理论基础之上条理清楚、系统、可传授的知识体系;在专业工作、处理同事与客户的关系中专业人员要秉承一套明确的价值理念;专业人员必须有一套建立在专业知识和价值观念之上的专业技术;专业成员需要归属一定的专业组织并,并服从组织的价值理念和职业规范。布朗德士(Brandeis)对专业的解释已被广泛使用,他认为:"专业是一个正式全日制(full-time)职业,从事这一职业需要经历以高深智能为基础的技能训练;专业工作以服务他人为宗旨而不是单纯的谋生手段,不能以经济回报作为是否成功的标准。④ 英国皇家法律服务委员会(English Royal Commission on Legal Services)总结出专业具有五个重要特征：(1)代表专业的管理组织有权对它的成员进行管理的惩戒；(2)掌握一个专业领域的知识,不仅需要一定的时间的教育和训练,更需要实践经验以及不断学习在理论与实践上的发展；(3)职业准入依赖于理论和实践上一定时期的训练,这是通过考试和能力测试的必要条件；(4)自我管理的方式需要其成员遵守更高的标准；(5)一个专业人员首要也是特殊的义务就是对他的委托人负责。⑤ 这些特征再次强调了自主权、接受教育、具备一定的知识和技术基础、接受伦理准则的约束、承担社会责任等内容的重要性。20世纪60年代,社会学家米勒森(Gerald Millerson)在21位研究者所给出的专业定义中挑选出了23种的要素,发现没有一项要素能被所有研究者共同视为专业所必须具备的特征。不过,也有一些特征被频繁提到,这些特征有：以理论知识为基础的技巧；需接受训练和教育；成员要达到一定的能力标准；成立专业组织；恪守一种行为准则；利他主义的义务。

---

① Greenwood, Ernest. "Attribute of a Profession", Social Work2, no.7(1957):45—55.
② Barber, Bernard. "Some Problems in the Sociology of Professions", Daedalus92, no.4(1963): 669—688.
③ Boehm, Werner W. "Objectives of the Social Work Curriculum of the Future", Social Science 35, no.3(1960):207—210.
④ 转引自赵康:《专业、专业属性及其判断成熟专业的六条标准》,载《社会学研究》,2000年第5期。
⑤ [美]理查德·L.埃贝尔.《美国律师》,第15页,张元元、张国峰译,中国政法大学出版社,2009年版。

在我国,王沛民认为专业的基本特征应包括:特定的知识和技能;接受较高水平的专门化教育和训练;具有知识、技术、伦理方面的资格标准;建立完整的资格认可和开业注册等制度。① 赵康认为成熟的专业应具备全日制职业、专业组织和伦理法规、知识和教育、服务和社会利益定向、社区认可和支持、自治等六大要素。② 郭伟和结合赵康的分析,借鉴国外研究者关于"专业权威"的分析,将判断专业成熟的核心标准分为四个部分:专属服务领域、专业知识和技术、专业权威和专业地位。③ 我国台湾学者陶蕃瀛将组织、市场垄断、公共服务作为专业与非专业的本质区别。④

一些社会学家对这种描述性的定义方式提出了批评,认为这些经验式的要素清单过于模糊和武断,没有揭示各要素之间的联系。⑤ 弗雷德森(Freidson E.)提出专业自主性是专业不同于其他职业的唯一不变特征⑥。这种认识排除了专业知识、利他主义等基本特征,自然无法得到广泛认可。弗莱克斯纳(Abraham Flexner)认为可以从对待结果的态度来区分专业,对专业来说谋生是次要的、附带的,专业是一种等级和地位,具有客观的、理智的和利他的目的,遵循"希波克拉底誓言"式的荣誉准则。⑦

以上研究者的认识主要集中在专业区别于其他普通职业所具备的特征,主要从专业自身条件、与外部关系的角度来分析。其中,知识和技能的特殊性、较高的职业伦理标准、社会服务能力、利他性目的等成为决定专业地位的最主要因素。正如弗雷德森所言:多数学者将专业视为服务大众的荣誉公仆,与其他职业的区别在于其从业者像学者一样利用独特的高深知识和复杂技能为公众提供服务。⑧

---

① 王沛民:《研究和开发"专业学位"刍议》,载《高等教育研究》,1999年第2期。
② 赵康:《专业、专业属性及其判断成熟专业的六条标准》,载《社会学研究》,2000年第5期。
③ 郭伟和:《后专业化时代的社会工作及其借鉴意义》,载《社会学研究》,2014年第5期。
④ 陶蕃瀛:《论专业化之条件:兼谈台湾社会工作专业化》,载《当代社会工作学刊》,1991年创刊号。
⑤ [英]亚当·库珀、杰西卡·库珀:《社会科学百科全书》,第600－601页,翁绍军等译,上海译文出版社,1989年版。
⑥ Freidson E. "The Reorganization of the Professions by Regulation", Law & Human Behavior7, no.2－3(1983):279－290.
⑦ [美]亚伯拉罕·弗莱克斯纳:《现代大学论——英美德大学研究》,第24页,徐辉等译,浙江教育出版社,2001年版。
⑧ Freidson. E. *Professionalism Reborn:Theory, Prophecy and Policy*(Cambridge:Polity Press, 1994),p.13.

(3) 对专业功能的研究

20世纪70年代以前,社会学对专业的研究以结构功能主义学派为主,研究的视角主要放在专业教育的开展、专业领域的组织结构、职业生涯发展、专业工作中的流动、专业工作者与组织单位的关系等。从功能主义的视角来看,卡尔-桑德斯和威尔逊认为,专业是通过特殊的智力培养才能从事的以专门化服务为目的的技术性职业。[1] 帕森斯(Talcott Parsons)强调专业活动的价值在于通过其所具备的专业知识与技术去维持有秩序的社会。[2] 古德(Goode,W. J.)认为,专业共同体的成员被共同的价值、语言和认同感所规约,社会通过授予专业共同体一定的专业垄断权力而间接控制该专业共同体。[3] 20世纪70-80年代,受批判学派思想的影响,该时期对专业的研究重点放在了专业权力本身,关注资本主义社会专业人士的官僚化倾向,并对专业自主性进行批判性反思。随着专业类型的多样化,专业对社会的影响更加深入和广泛,研究者进一步将专业同社会政治、经济、文化以及社会结构变迁等问题相结合,对专业工作的性质和意义进行深入分析。

社会冲突理论者认为专业自主权意味着排他性与垄断性。约翰逊(D. P. Johnson)认为,专业与社会其他团体在权力、金钱与社会地位等方面是冲突的,专业人员利用专业知识、技术及利他主义的理念为基础以便获得社会报酬。[4] 拉尔森(Larson,M. S.)认为,每个专业通过限制专业学校的入学资格和证照制度,发展并维持其对专业知识与技术的垄断,借此获得较高的社会经济回报。[5] 一些学者对专业化的目的进行研究,认为专业化是职业群体谋求自身利益的手段。阿伯克龙比(Nicholas Abercrombie)等学者认为,专业化是一种职务策略,拥有该职业的群体希望借此被认定是专业人员,进而获得向上的社会流动,增进社会地位与物质酬偿。也有学者认为,专业化使学术上讨论的某些领域知识

---

[1] Carr-Saunders, A. M. S. & Wilson, P. A. *The professions* (Oxford: Clarendon, 1933), p. 507.

[2] Julia Evetts. "The Construction of Professionalism in New and Existing Occupational Context: Promoting and facilitating the Occupation Change", International Journal of Sociology and social Policy23, no. 4-5(2003):22-35.

[3] Goode, W. J. "Encroachment, Charlatanism, and the Emerging Profession: Psychology, Sociology, and Medicine", American Sociological Review25, no. 6(1996):902-911.

[4] Julia Evetts. "The Construction of Professionalism in New and Existing Occupational Context: Promoting and facilitating the Occupation Change", International Journal of Sociology and social Policy23, no. 4-5(2003):22-35.

[5] Larson, M. S. *The Rise of Professionalism: A Sociological Analysis* (Berkeley: University of California Press, 1997), p. 5.

成为一门独立的专门学科,使得从事某一特定工作的族群建立起他们的权威与地位,进而发挥显著的影响力。①

社会批判主义者主要从专业权力的角度批判专业人员借助专业化的标准和专业主义的思想对服务对象实施控制,或谋取私利。约翰·加尔布雷斯(John Kenneth Galbraith)认为知识社会的到来,有产者和有知识者之间的关系也开始发生转化,权力实际上已经转到"那些现代工业技术和规划所需要的拥有不同技术知识、经验或其他才能的人手中"②。美国社会学家阿尔文·古尔德纳(Alvin W. Gouldner)将现代社会中的专业人员视为一种新的统治阶级。他认为这种新阶级凭借其掌握的文化、语言和技术而拥有独特的力量和特权,专业人员实为将文化转变为资本的文化资本家。③ 专业的标准也是权力主体形塑、规训个体的重要手段,政府与专业团体的相互协作与赋权将达到共赢的结果。一方面政府利用对专业团体的影响可以实现对专业人士和专业活动的控制,另一方面专业团体利用政府赋予的特权或者特殊保护能为自己争取更多利益。"在后工业社会,由于知识中技术成分的比重不断提高,迫使这个新社会的圣师们——科学家、工程师和技术专家——要么同政治家竞争,要么成为他们的同盟"④。这种新的同盟形式使个体专业化的过程成为政府统治与社会控制的过程。罗伯特·波斯特(Robert Post)认为控制了知识的政府也就控制了我们的大脑,因为当代西方社会被知识和专业技能所统治,一个能够操纵专业知识生产的政府可以建立自己所需要的正当性。这也会彻底破坏公民塑造自发和批判性意见的能力。⑤ 鉴于专业化程度越高意味着专业权力越大,受到保护的专业权力有时会成为实现个人目的的手段,并对社会或者他人造成损害。舍恩建议专业人士除具备专业知识与能力外,对工作的伦理及政治层面也应有深入的了解。⑥

---

① 曾淑惠:《评鉴专业化的概念与发展对我国教育评鉴专业化的启示》,载《教育研究与发展期刊》,2006年第3期。
② [美]阿尔文·古尔德纳:《新阶级与知识分子的未来》,第105页,杜维真等译,人民文学出版社,2001年版。
③ [美]阿尔文·古尔德纳:《新阶级与知识分子的未来》,第15页,杜维真等译,人民文学出版社,2001年版。
④ [美]丹尼尔·贝尔:《后工业社会的来临》(简明本),第2页,彭强编译,科学普及出版社,1985年版。
⑤ [美]罗伯特·波斯特:《民主、专业知识与学术自由——现代国家的第一修正案理论》,第36页,左亦鲁译,中国政法大学出版社,2014年版。
⑥ 曾淑惠:《评鉴专业化的概念与发展对我国教育评鉴专业化的启示》,载《教育研究与发展期刊》,2006年第3期。

总之,在社会学领域中,专业指的是人类社会中比较特殊的职业,包含一些重要的标志性要素。随着专业在现代社会生活中的影响越来越广泛,专业人士开始主导社会的话语权。专业有其自私的因素,同时也有利他性一面。人们一方面在倡导和促进专业的发展,另一方面也在审视和反思专业所带来的消极作用。可以看出,专业能够给人类带来福祉,也存在巨大威胁,这需要我们在推动社会专业化的过程中,加强专业伦理教育和标准建设,这也对专业教育提出了较高要求。

2. 教育学领域对专业的认识

目前,由于视角不同,我国教育领域对"专业"概念和属性的认识存在较大分歧,在使用过程中也存在较大差异。在我国的教育文献中出现了多种对专业的理解,其中主要有学业门类说、课程组织形式或学习领域说、基本教育单位或人才培养单位说,另外,也有从职业的角度来理解专业。

(1) 专门学业说

《辞海》认为教育领域中的专业是"高等学校或中等专业学校根据社会专业分工的需要设立的学业类别"[①]。《教育词典》同样将专业视为"高等学校或中等专业学校根据社会专业分工的需要分成的学业分类"[②]。除此之外,有研究者认为专业是高校按学科体系的内在逻辑划分出的学业门类。[③] 该类认识把专业理解为学科专业目录中分门别类设置的人才培养单元,具有计划性、固定性的特点。

(2) 课程组织形式或学习领域说

《教育大辞典》认为专业是中国、苏联等国家高等学校用于培养学生的各个专门领域,其与《国际教育标准分类》的课程计划或美国学校的主修大体相当。作为专门领域其划分的主要依据是社会分工、学科分类、科学技术和经济社会发展的需要。[④] 潘懋元等提出:"专业是课程的一种组织形式。"[⑤] 卢晓东和陈孝戴也认为专业是课程的一种组织形式,通过课程组合的学习可以形成一定的知

---

① 《辞海》编辑委员会:《辞海》(第六版),第3036页,上海辞书出版社,2009年版。
② 李诚忠等:《教育词典》,第601页,黑龙江科学技术出版社,1989年版。
③ 阳荣威:《高等学校专业设置与调控研究》,第24页,华东师范大学博士学位论文,2004年版。
④ 顾明远等:《教育大辞典》(下),第2127—2128页,上海教育出版社,1998年版。
⑤ 潘懋元、王伟廉:《高等教育学》,第10页,福建教育出版社,1995年版。

识与能力结构。① 也有学者认为专业是根据学术门类或职业门类将课程组合成不同的专门化领域。② 人们用课程定义专业,揭示了专业与课程间的本质联系,比较符合英美高校中的专业设置情况。

专业在国外也叫主修,属于课程的组合。其目的是要将高深学问的生产、传播与社会需要相结合,也就是通过专业学习来融合不同领域高深知识进而满足社会的需要。③ 英文中的"Major"通常被译为"主修",指的是具有某种逻辑关系的系列课程组织,选择课程就是选择一个学习领域(field of study),对系列课程的学习相当于我们所研修的专业。这种以课程为基础的专业形式具有较强的灵活性和适应性,也是美国高校所普遍采用的形式。英国也没有我们所说的实体性专业设置,其人才培养也是采用课程组织(program)的形式。刘莉莉等认为,欧美教育体系中作为主修的"专业"是"一种课程的组织形式",属于人为规定的产物,随着社会发展而变化。④ 西方国家以课程组合为主的专业设置具有较强的灵活性和适应性,值得我国高校学习借鉴。

(3) 基本教育单位或人才培养单位说

我国高校中的专业也被认为是以实体形式存在的基本人才培养单位。在现实中,学生、教师、教学资源都从属于一定的专业,专业成为大学的基本组织形式。从我国大学组织结构形成的历史来看,20世纪50年代,我国在仿效苏联进行院系调整和高等教育改革中逐渐形成了以系为管理单位、以专业为教学核心单位的组织形式。⑤ 新的专业设置和管理方式已经使专业的内涵产生了独特的含义。周川教授曾将高等学校依据特定培养目标而设置的基本教育单位或教育基本组织形式称为特指的专业。⑥《高等教育辞典》将高校培养高级专门人才的基本教育单位视为狭义的专业。⑦ 薛天祥等也将高校进行高深专门知识教与学活动的基本单位称为狭义的专业。⑧ 这种实体性的专业形式也是计划经济思维的产物,已成为我国高校组织形式的重要特征。

---

① 卢晓东、陈孝戴:《高等学校"专业"内涵研究》,载《教育研究》,2002年第7期。
② 潘懋元、王伟廉:《高等教育学》,第128页,福建教育出版社,1995年版。
③ 王建华:《高深学问:高等教育学学科合法性的基础》,载《江苏高教》,2004年第6期。
④ 刘莉莉、段池沙:《职业类与学科类专业认证标准的比较——基于美国ACBSP和AACSB专业认证的案例分析》,载《高等教育研究》,2015年第10期。
⑤ 陈霜叶、卢乃桂:《大学知识的组织化形式:大学本科专业及其设置的四个分析维度》,载《北京大学教育评论》,2006年第4期。
⑥ 周川:《"专业"散论》,载《高等教育研究》,1992年第1期。
⑦ 朱九思等:《高等教育辞典》,第330页,湖北教育出版社,1993年版。
⑧ 薛天祥等:《高等教育学》,第27页,广西师范大学出版社,2001年版。

(4) 特殊职业说

从广义上来讲,所有职业都有各自的特点,为此每个职业都可以被认为是专业。周川认为,所有的职业都具有与其他职业不同的劳动特点,以此来看任何职业都应该是一种专业。① 《辞海》也有同样的解释:"专业也指专门从事某职业。如:养蜂专业;专业文艺工作者。"② 这些认识把所有的职业都看作是与众不同的专门职业,没有区分职业之间难易程度的差异。

也有研究者认为专业应该是更为复杂的职业。周川便将某些专门化程度较高、需要经过专门的教育和训练才能从事的职业称为狭义的专业。③ 不过,由于视角不同,《高等教育辞典》将专门职业视为广义的专业,尤指接受专门职业教育后方能从事的复杂劳动的职业。④

可见,本土语境中的"专业"一词具有多重含义,"能指"的范围极其广泛,内涵丰富,然而在语言应用中"所指"的含义就很难确定。总体而言,教育学视野中的"专业"是以学科知识分类和社会分工为基础的专门学业、课程领域或基本教学单位,而社会学领域中的"专业"是社会职业分类体系中的"专门职业",是与普通职业相区别的高级职业。在我国,人们更倾向于将专业理解为专门学业,从而把专业教育理解为专门知识的学习,而欧美国家通常将专业视为特殊职业,进而把专业教育看作培养特殊职业人才的教育。为此,有学者指出,西方大学本身就是为满足社会对专门职业人才(professionals)的需要而存在,很难出现专门学业与专门职业的分割。⑤ 由于理解上的差异,我国对专业的职业属性、专业精神尚"缺乏"深刻认识,这也在很大程度上造成目前国内高等教育过度专门化、学术化的倾向。

(二) 对专业化的研究

1. 对专业化概念的理解

随着社会分工的发展,出现了脑力劳动、体力劳动、简单劳动、复杂劳动、专业性和非专业性等不同的职业类型,不同职业类别在职业声望、社会地位、收入

---

① 周川:《"专业"散论》,载《高等教育研究》,1992年第1期。
② 《辞海》编辑委员会:《辞海》(第六版),第3036页,上海辞书出版社,2009年版。
③ 周川:《"专业"散论》,载《高等教育研究》,1992年第1期。
④ 朱九思等:《高等教育辞典》,第330页,湖北教育出版社,1993年版。
⑤ 胡建雄:《学科组织创新》,第21页,浙江大学出版社,2001年版。

待遇等方面也存在较大差异,而为树立更好的职业形象,避免遭受歧视,很多职业开始走向专业化(professionalization)的道路。目前,专业化已成为现代化的重要标志,对专业化的认识能够使我们更加明确专业教育应该承担的职责。有学者提出专业化既是过程也结果,是为达到专业状态而采取的一系列活动,并以专业的执业技术或伦理标准为特征。① 从过程的角度看,专业化是从业余、非专业或者半专业阶段向专业水平运动、发展、演进的过程。福尔默和米尔斯(Vollmer & Mills)认为,有许多职业(occupation)介于高水平的"专业"(profession)与缺乏一定组织性的"非专业"(non-profession)之间,专业化过程是一种职业由非专业(non-profession)、半专业(semi-profession)发展到完全专业(full-profession)的运动过程。② 拉尔森认为,专业化的过程就是一种"团体性移动工程"(collective mobility project),在此过程中,行业要谋求专业市场(经济地位)的控制和专业声望(特权与垄断)的提升。③ 弗雷德森认为,专业化的过程也是一个职业建立自身地位并取得排他性资格的过程。④ 有研究者依据一些明显的标志性事物对专业化过程进行分解和描述,进而出现了一些新的专业术语,如"接近建立的专业"(near)、"半专业"(semi-profession)、"建立型专业"(established)、"新专业"(new)词语。⑤ 可见,过程意义上的专业化是指某一职业在表示专业程度的连续体上不断改变位置的动态发展过程。

作为结果的专业化是人们依据一定的衡量标准判定一个职业是不是达到某种可以称之为专业的水平。将一般职业或非专业水平提升到理想的专业水准被认为是专业化的形成。受科学主义思想的影响,作为结果的专业化成为现代社会的一种追求,有研究者将专业化视为一种现代化与制度化的指标⑥,也有将其视为后工业社会的地位标准。⑦ 于是,专业化成了文明、科学、合理、标准、

---

① 曾淑惠:《评鉴专业化的概念与发展对我国教育评鉴专业化的启示》,载《教育研究与发展期刊》,2006年第3期。
② Vollmer, H. M. & Mills, D. L. *Professionalization* (Englewood Cliffs, N. J.:Prentice-Hall, 1996),p.136—158.
③ Larson, M. S. *The Rise of Professionalism:A Sociological Analysis* (Berkeley:University of California Press, 1997),p.6.
④ Freidson, E. *Professionalism Reborn:Theory, Prophecy, and Policy* (Cambridge:Polity Press, 1994),p.62.
⑤ Carr-Saunders, A. M. *Metropolitan Conditions and Traditional Professional Relationships*, in *The Metropolis in Modern Life*, ed. (Garden City, N. Y.:Doubleday, 1955),p.279—287.
⑥ 王政彦:《台湾地区成人教育行政专业化之可行策略》,载《成人教育》,1995年第24期。
⑦ [美]丹尼尔·贝尔:《后工业社会的来临——对社会预测的一项探索》,第144页,高铦等译,商务印书馆,1984年版。

效率的象征,在很大程度上代表着现代化。无论生产、管理、服务等活动还是日常生活,人们都在以专业化的水准审视和评价各种人类活动,倡导以专业化引领各项工作,不断有人提出教育工作的专业化①、社会工作的专业化②等主张。可见,社会的期待和行业利益的维护已经使专业化成为一种重要的追求目标。

2. 对专业化进程的研究

一些学者对专业化需要经历的过程进行研究。1954年卡普鲁(Caplow, T.)提出了专业化进程的四个步骤:建立专业协会,声明对某些领域的垄断性服务,制定一套专业伦理规范,在管理上鼓励采用证书和执照制度。③ 社会学家维纶斯基(Wilensky, H. L.)通过研究西方社会18种专业性职业的发展历史,总结出的职业的专业化分为五个步骤;第一是成为一种全职工作并有专门的领薪人员;第二是有专门的学校和训练课程开展专业性教育;第三是从业人员组成协会组织提供专业服务并维护本专业的利益;第四是权威部门通过法律或准入资格的方式保护专业活动的垄断地位;第五是制定正式的专业伦理守则对从业人员进行约束。④ 米勒森(Gerald Millerson)把专业化的过程分为以下步骤:以行业为基础的确定性知识和实践能力形成;为获得知识和能力提供机会;从业者自我意识的形成;外部对该行业专业地位的认同。⑤ 希拉·斯劳特和拉里·莱斯利指出,专业化过程理论把专业化视为仅有知识、理论、专门技能以及利他主义还不够,组织的、政治的以及经济的技能也同等重要。⑥

斯文松(Svensson)认为专业化的基础和标准随着社会、经济和市场环境的变化而变化。⑦ 对此有研究者从特征上认识不同时代专业工作呈现出的特点。布罗德本特(Broadbent, J.)等人认为早期的专业人员自主性较强,随着社会工

---

① 曲铁华:《专业化:教师教育的理念与策略》,载《教师教育研究》,2005年第1期。
② 童敏:《东西方融合:社会工作服务的专业化和本土化》,载《厦门大学学报(哲学社会科学版)》,2007年第4期。
③ Caplow, T. *The Sociology of Work* (Minneapolis: University of Minnesota Press, 1954), p. 70—89.
④ Wilensky, H. L. "The professionalization of everyone?", American Journal of Sociology 70, no. 2(1964):137—158.
⑤ Julia Evetts. "The Construction of Professionalism in New and Existing Occupational Context: Promoting and facilitating the Occupation Change", International Journal of Sociology and social Policy 23, no. 4—5(2003):22—35.
⑥ [美]希拉·斯劳特、拉里·莱斯利:《学术资本主义:政治、政策和创业型大学》,第128页,北京大学出版社,2008年版。
⑦ Julia Evetts. "The Construction of Professionalism in New and Existing Occupational Context: Promoting and facilitating the Occupation Change", International Journal of Sociology and social Policy 23, no. 4—5(2003):22—35.

作复杂程度的增加和劳动组织的变化,个人从业模式逐渐被集体合作模式代替,个人对集体的依附性开始增强。也有研究者根据从业者在专业活动中的社会关系和专业活动的复杂程度将专业活动划分为三个不同的阶段:专业人员单独从业阶段、专业人员团体合作阶段、复杂的跨学科服务阶段。①

进入 20 世纪以来,在科学技术的推动下,社会分工不断分化,职业的专业化进程不断加快,原有的专业不断分裂成新的专业领域。沃金斯(Jeff Watkins)和德鲁利(Lynn Drury)从历史的角度看专业的发展变化,他们认为专业现象在工业社会之前已经出现,在不同社会时期呈现出不同的专业形式。前工业化社会时期(pre-industrial)的专业以律师、神父、医师职业为主,该专业在 18 世纪已趋向成熟。工业革命的到来使人类开始进入工业化社会(industrial),出现了把农业经济转化成工业经济所需要的工程师、化学师、会计师等专业性职业。20 世纪中叶,随着社会财富的增加,人类进入福利社会时期(welfare state),出现了教师、社会工作者等福利性专业。20 世纪后期,市场经济社会对专业化的管理和商务人员产生了大量需求。人类将进入后工业化时代(post-industrial),以知识分子为代表的软件工程师、网络工程师、信息服务等将成为新的专业。②

可见,专业化过程存在一定规律,具有明显的阶段性和时代性特点。专业化的进程除了技术积累、专业组织建设、专业文化和标准建立等专业自身因素的影响之外,还有社会生产力的推动和政治、经济发展的需要,只有适应经济社会发展需要的职业才能发挥更大的社会影响力,取得专业的合法地位。随着科学技术的进步,一些新兴产业尤其是与信息技术相关的产业将不断发展壮大,这需要每个国家审时度势,抓住发展机遇,通过政策引导与扶持、加快人才培养来推动新兴产业的专业化发展。高校更应该以市场为导向,适时调整专业结构,跟上时代发展步伐,为经济社会发展提供智力支持和人才保障。

3. 对专业化标准的研究

专业化阶段的划分必然是以一定的衡量标准为基础,如何确立专业化的衡量标准、专业化标准包含哪些元素、衡量标准能否量化都是研究者关注的问题。

英国社会学家卡尔-桑德斯(Carr-Saunders)最早系统研究普通职业向专业

---

① Broadbent, J., Dietrich, M. and Roberts, J. (eds.). *The End of the Professions*? (London: Routledge,1997),p. 53.

② Jeff Watkins, Lynn Drury. "The Pressures on Professional Life in the 1990s", International Journal of the Legal Profession1, no. 3(1994):369—385.

化转变过程,认为专门技能和培训、薪资标准、专业协会和规范性职业伦理规范等要素是衡量专业化程度的重要标准。① 霍伊和米斯格(Hoy & Miskel)认为专业化需要有系统的学理基础、长期的训练、高深的知识结构、一套客观的行为规范、建立专业组织协会、拥有专业自主权力和伦理标准等。② 莫利(Moore)提出了六项公认度较高的专业化程度衡量标准,其中两项是:专业人员经过长期的教育、培训获得专门知识和技能;专业人员拥有良好的职业道德规范和职业素质,专业人员的服务意味着诊断技能、知识应用等要求。③ 20世纪70年代,卡伦(Cullen)曾对10多位社会学者所发表的相关论文进行研究,总结出决定专业化程度的主要要素,从权重上来看依次是有所组织、复杂职业、长期训练、伦理法规、人本定向、国家特许、利他服务、能力验证、高收入、高威信、自我雇用。④

在认识专业化标准的基础上,一些专业社会学研究者致力于专业测量标准的制定,试图通过量化测量的方式为专业化进程提供指导。我国学者赵康努力通过数学公式来测量专业化程度。他认为专业化是一个社会过程:在"国家"、"社会"、"大学"和"专业活动本身"四者相互作用的影响下,人类活动依次从"次级专长"、"准职业"阶段发展到"形成的职业"、"出现的专业"阶段,最终获得"成熟专业"的身份。⑤

可以看出,社会的现代化过程将是一个不断专业化的过程。很多学者对专业化的过程进行了大量研究,虽然在阶段划分、衡量的标准、主要参考元素等方面有不同的侧重点,但几乎所有的研究者都把接受高等教育的状况作为专业化进程的重要标准。大学已成为专业化的重要基础,对此,伯顿·克拉克(Burton R. Clark)认为,美国大学几乎在所有专业的变化中都起到了关键作用,缺乏自己独特课程的新专业会被认为不够完整或科学性不强。⑥ 可见,表征社会现代化程度的专业化过程离不开高等教育的参与,只有人才的专业化才能推动社会的现代化进程。

---

① Carr-Saunders, A. M. *Profession: Their Organization and Place in Society* (Oxford: The Clarendon Press, 1928), p. 31.
② 曾淑惠:《评鉴专业化的概念与发展对我国教育评鉴专业化的启示》,载《教育研究与发展期刊》,2006年第3期。
③ Greenwood, E. "The Attributes of a Profession", Social Work 2, no. 3(1957):45—55.
④ 转引自赵康:《管理咨询在中国:现状、专业水准、存在问题和发展战略》,第11—12页,中国社会科学出版社,2008年版。
⑤ 赵康:《专业、专业属性及其判断成熟专业的六条标准》,载《社会学研究》,2000年第5期。
⑥ [美]伯顿·克拉克:《高等教育系统——学术组织的跨国研究》,第212—213页,王承绪等译,杭州大学出版社,1994年版。

（三）对专业主义的研究

专业化的理念对现代社会生活产生了深刻的影响，成为人们思想意识的主导性思维方式。人们对专业化的强调逐渐上升为意识形态，形成了一种专业主义（professionalim）思想，并对社会、职业及个人产生了深刻影响。专业主义作为一种信仰和理念系统正在被社会学家从不同的背景、研究视角进行研究。

在研究领域，对"专业主义"的解读存在两种截然不同的认识倾向。积极、正面的专业主义意味着坚定的职业操守、认真的职业态度和严格的职业标准。生活中，对专业主义的强调主要体现在新闻媒体和医学领域。这些职业要求在工作中坚守高尚的价值理念，坚持严格的职业标准，不屈服于任何权力与威胁，不受外部利益诱惑。

也有一些学者认为专业主义是推动社会民主和文明进步的重要力量。弗雷德森认为专业化的工作模式隐含着民主的特质，人们在复杂的工作中以集体与合作的工作方式形成对自己的控制力。他指出，在共同完成工作的过程中，人们各尽其职并组成了一个合作共同体，在完成工作的同时又加强了彼此之间的联系。弗雷德森还认为，在专业主义理念的影响下，政府部门、组织、市场等方面能够为顾客提供高质量的规范化服务。[①]

在布莱德斯坦（Burton Bledstein）看来，专业主义更像一种文化。在复杂的工作环境和组织生活中，对专业主义的追求更能激发人的内在活力，通过专业的训练形成自己的判断能力，使人在工作中解放自我，学会自治，实现个人的自我价值。他还认为专业主义是形成美国自治性个人主义（autonomous individualism）的精髓，在生活中具有众所周知的重要意义。[②] 还有学者把专业主义看成使社会保持稳定、文明的一套价值和信念系统。在涂尔干（Émile Durkheim）看来，专业主义是建立在职业资格之上的道德社会表现形式。卡尔-桑德斯将专业主义视为抗拒工业压制和官僚机构统治威胁的稳定力量。在埃维茨（Julia Evetts）看来，专业主义既是迎合市场满足顾客的手段，也是用来激励员工的组织使命宣言和追求目标。[③]

[①] Freidson. E. *Professionalism Reborn: Theory, Prophecy, and Policy* (Cambridge: Polity Press, 1994), p. 3.

[②] Bledstein, Burton J. *The Culture of Professionalism: The Middle Class and the Development of Higher Education in America* (New York: W. W. Norton & Company, 1976), p. 87—88.

[③] Julia Evetts. "The Construction of Professionalism in New and Existing Occupational Context: Promoting and facilitating the Occupation Change", International Journal of Sociology and social Policy23, no. 4—5(2003): 22—35.

从积极的方面来看,专业主义以利他主义精神为指导,以增进社会财富、提高社会福利、促进公共安全、保障人类健康为使命,要求从业人员具备高深的专业知识、专门的技术能力和良好的职业操守,这使专业主义成为促进社会进步与文明的重要动力。

20世纪70年代以来,人们发现对专业主义的坚持阻隔了非专业人员参与决策的机会,大众在专业领域失去了话语权。专业化的身份也成为一些人保护自己、进而谋取私利的手段。由此,以消极、悲观的眼光审视专业主义的人开始增多。人们开始认为专业主义意味着权力领地的划分,专业主义者通过专业标准和准入资格的设置实现行业霸权的建立、从业机会的垄断、市场壁垒的构筑,于是,专业主义成为保护个人利益、免于市场竞争、排除其他利益相关者的武器。我国学者葛忠明认为,专业主义者容易凭借其技术优势将服务对象当作操控的目标,漠视服务对象的利益而以追求自身利益为目的。① 也有学者把专业人员在专业活动中凭借其专业知识、技能谋取自身利益和声望的功利性行为看作专业主义的活动。② 专业人员在消极专业主义的支配下确立自己地位的合法性和权威性,借助特殊的话语模式保持对专业领域的垄断地位。这将使大量知识分子获得特权身份,而大众却丧失了发言权,造成专业主义对民主的碾压。③ 专业主义的危害也引起了教育领域的关注,哈佛委员会就认为专业主义虽然是现代社会阶层提升的手段,但是,完全由专家控制的社会并非明智而有序的社会。④

在科学世界观的影响下,知识由统驭自然的能力演变成凌驾于"群盲"之上的权力。⑤ 20世纪70年代以后,专业主义的控制性、封闭性、权力垄断性以及利己性招致多方面的指责与批评,"去专业化"(deprofessionalize)的声音开始响起。人们呼吁专业领域要顺应消费主义和民主化的趋势,避免高度自治、封闭性的行业控制。不过,吉登斯(Anthony Giddens)认为,科学和专业知识的统治是无法取代的,外行的公众、组织和政府入侵科学家认为的自主领域将带来复

---

① 葛忠明:《从专业化到专业主义:中国社会工作专业发展中的一个潜在问题》,载《社会科学》,2015年第4期。
② 葛忠明:《从专业化到专业主义:中国社会工作专业发展中的一个潜在问题》,载《社会科学》,2015年第4期。
③ 蔡海榕:《专业主义和当代医学的宗教化》,载《科学技术与辩证法》,2002年第3期。
④ [美]哈佛委员会:《哈佛通识教育红皮书》,第41页,李曼丽译,北京大学出版社,2010年版。
⑤ 李文阁:《回归现实生活世界——哲学视野的根本置换》,第65页,中国社会科学出版社,2002年版。

第一章 绪论

杂的问题。① 那么,如何增强专业人员的自律意识、防止专业主义对他人的戕害并把人从专业主义的奴役下解放出来已成为专业教育无法回避的问题。

(四)对专业教育的研究

与自由教育、通识教育相比,国内对专业教育进行专门研究的比较少,目前涉及专业教育的文献主要从具体专业类别(如计算机专业、会计专业)或作为通识教育的比较对象进行研究,从概念、历史发展和比较的角度研究专业教育的较少。自中世纪大学出现以来,大学就肩负着专业教育的使命,近现代大学也建立在专业教育的模式之上,然而"专业教育"在高等教育领域作为一个耳熟能详的概念却很难找到统一的解释。语言的多义性和文化之间的差异使我们对"专业教育"的认识充满困难。

1. 对专业教育概念和内涵的研究

在我国,高等教育的本质被认为是一种专业教育,这种专业属性已被写入很多工具书和教材之中。《实用教育大辞典》指出,高等教育是建立在中等教育基础上的各种专业教育。② 《新编高等教育学》中的高等教育被视为建立在普通教育基础上的专业教育,并以专门人才培养为目标。③ 杨德广教授主编的《高等教育学概论》认为,高等教育是中等教育结束后在高等教育机关接受一年以上的专业教育。④ 薛天祥主编的《高等教育学》同样认为:"高等教育是在完全中等教育后的专业教育。"⑤

虽然人们普遍认为高等教育就是"专业教育",然而对"专业教育"的内涵缺乏较为全面的认识。国内通常将专业教育视为一种专门教育,既包括职业性教育又包括学术性教育。《辞海》将专业教育称为"专门教育",用于培养各级各类专业人才。⑥ 薛天祥主编的《高等教育学》认为高等教育是按专业类别培养人才的活动,并且具有高深和专门的特点。⑦ 周光礼认为专业教育既可以是职业性的,也可以是学术性的,可以涵盖综合性的学术教育、单科性的专业教育和职业

---

① [美]罗伯特·波斯特:《民主、专业知识与学术自由——现代国家的第一修正案理论》,第94页,左亦鲁译,中国政法大学出版社,2014年版。
② 王焕勋等:《实用教育大辞典》,第110页,北京师范大学出版社,1995年版。
③ 潘懋元等:《新编高等教育学》,第5页,北京师范大学出版社,1996年版。
④ 杨德广等:《高等教育学概论》,第28页,上海交通大学出版社,1991年版。
⑤ 薛天祥等:《高等教育学》,第56页,广西师范大学出版社,2001年版。
⑥ 《辞海》编辑委员会:《辞海》,第3036页,上海辞书出版社,1979年版。
⑦ 薛天祥等:《高等教育学》,第57页,广西师范大学出版社,2001年版。

教育。①

以上对专业教育的理解代表了我国学界对专业教育较为普遍的认识。这些认识普遍将"专业教育"等同于"专门教育",没有体现"专业"(profession)本身所特有的内涵。人们对专业教育的宽泛性认识最终只是描述了高等教育涉及的范围、领域等外部特征,并没有完全体现"专业教育"(professional education)作为一种培养高级专业人才的教育所具有的价值指向。

我国专业教育的发展历程是在我国高等教育自身发展的基础上不断学习借鉴西方先进经验的过程,对西方专业教育的系统深入认识将为我国的专业教育发展提供重要的启示和参考。不过,"英文中没有一个完全对应的名称可以涵盖中文的'专业'的内涵和外延"②。在英语中,表示专业的词语主要有program,major,specialization,profession,concentration 等。目前,我们在讨论专业教育时经常混淆中英文之间的差异,出现认识上的误区。

"专业教育"有常见的两种理解方式,一是专门教育,二是培养专业性人才的教育。在英文中正好对应"special education(同 specialized education、specialty education)"与"professional education"两组不同的词语,我们可以通过对这两组词语的分析来进一步澄清我们对"专业教育"的认识。

从词源上来看,"special"的词根"speci"表示"种类","special"具有"专门的"、"特别的"、"特殊的"含义。③"special education(specialized education、specialty education)"所表示的教育是一种特殊的、专门领域的教育,既包括学术类教育,又包括职业类教育,在我国有时也被翻译成"专业教育"。怀特海在《教育与科学》中所使用的"special education"在我国的译著《现代西方资产阶级教育思想流派论著选》中被翻译成"专门教育",④而在另一本译著《教育与科学理性的功能》中被译成"专业教育"。⑤ 这说明,我国对"专业教育"和"专门教育"所代表的含义还没有明确的区分意识,汉语中所使用的"专业教育"有时是在表达专门教育(special education)的含义。

在美国,对专业教育的认识也比较复杂,本-戴维在《学习中心》中将美国从

---

① 周光礼:《论高等教育的适切性——通识教育与专业教育的分歧与融合研究》,载《高等工程教育研究》,2015年第2期。

② 陈霜叶、卢乃桂:《大学知识的组织化形式:大学本科专业及其设置的四个分析维度》,载《北京大学教育评论》,2006年第4期。

③ 梁实秋等:《最新英汉辞典》,第1227页,远东图书公司,1984年版。

④ 华东师范大学教育系:《现代西方资产阶级教育思想流派论著选》,第121页,人民教育出版社,1982年版。

⑤ [英]怀特海:《教育与科学理性的功能》,第4页,黄铭译,大象出版社,2010年版。

事为特定职业做准备的专门化与非专门化的高等教育(specialized or nonspecialized higher education)统称为专业教育。在他看来,高等教育中通识教育之外的教育均为专业教育(professional education)。① 这些专业教育包括本科阶段通识教育之外的学术教育与非学术教育、研究生层次的学术型人才培养与应用型人才培养。美国学者帕森斯和普莱特(Talcott Parsons & Gerald M. Platt)在其著作《美国的大学》中将专业人才培养分为学术型专业教育和应用型专业教育(Training for the Applied Professions)。② 他们认为专业系统中出现了两个方向,一个是高深学问在社会结构中的制度化,另一个是高深学问的应用,前者属于学术性专业,后者是应用性专业。可见,在美国,在通识教育之外为从事专门职业(包括学术职业)做准备的本科教育和研究生教育均是专业教育(professional education)。

在欧洲,专业教育通常被认为是与学术教育不同的教育类型。不过本-戴维认为,19世纪德国以科学研究为主的教学也属于专业教育(professional education)的一种,因为这种教育以培养科学家、教师等高级专业人才为目的,而对其他高级职业来说这种研究工作可以提供基本的能力准备。③ 法国的专业教育(professional education)主要由大学校(grandes écoles)完成,大学校主要为行政、工程等行业培养管理人才。英国的专业教育由城市大学以及传统大学与行业协会共同培养完成。④ 苏联的专业教育属于一种专门教育(special education),其当时的专业一词相当于 specialization,只是一种学习领域的划分。

黄福涛通过对世界主要国家的专业教育进行比较,认为各国开展的专业教育都有一定区别:欧洲大陆的专业教育多指大学、特别是非学术型大学中提供的、旨在培养较高层次的实用和应用型人才的教育;美国大学中的专业教育包括为进入专业学院做准备的学习及为今后就业或从事特定职业做准备的课程学习;苏联所讲的专业义为 specialization,其所谓的专业教育在许多其他国家和地区"主要作为区别于通识教育或非专业教育意义上使用"⑤。我国对专业教

---

① Ben-David, Joseph. *Centers of learning: Britain, France, Germany, United States*(New York: McGraw-Hill, 1977), p.30.
② Talcott Parsons & Gerald M. Platt. *The American University*(Cambridge, Massachusetts: Harvard University Press, 1973), p.229—230.
③ Ben-David, Joseph. *Centers of learning: Britain, France, Germany, United States*(New York: McGraw-Hill, 1977), p.49.
④ Ben-David, Joseph. *Centers of learning: Britain, France, Germany, United States*(New York: McGraw-Hill, 1977), p.9—28.
⑤ 黄福涛:《高等学校专业教育:历史与比较的视角》,载《清华大学教育研究》,2016年第2期。

育的认识主要受苏联的影响。1952年我国开始使用专业教育一词,最初阶段主要强调通过高度细分的方式为特定职业或行业培养专门化人才,之后专业教育的内涵在我国逐渐扩大,高等教育中所有分领域实施的教育都被视为专业教育,包含以知识分类和职业分工为基础的学术性教育与职业性教育两种类型。以此来看,我国所使用的"专业教育"一词与"special education"所表达的内涵比较一致,都是表示专门领域的教育。有学者对此明确指出,我国高等教育理论和实践长期将"专业教育"理解为特定"学业门类"的教育,即special education,对专业教育(professional education)尚"缺乏"清晰认识。[1]

《英汉教育大词典》对"professional higher education"的解释是:"旨在培养大学生从事工科、农科、医药、师范、财经、法律等有关专业实际工作的高等教育,与academic higher education学术性高等教育相对。"[2]该词典对"academic higher education"的解释为"旨在培养大学生从事人文科学、自然科学等有关专业学术性工作的高等教育"[3]。顾明远主编的《教育大辞典》与上述解释基本一致。[4] 这两种解释同时将"professional higher education"视为培养应用型人才为主的教育,与培养学术人才的"academic higher education"相对。西方学者所罗姆和西德尼(Solomon & Sidney)认为,专业教育(professional education)是以一定的理论和研究为基础使学生适应某些专门领域的实践需要。[5] 英国学者皮特·扎维斯(Peter Jarvis)认为,专业教育(professional education)的目标是培养能够胜任专业工作的实践者(competent practitioner),并有三个主要特征:第一,专业教育所培养的学生应该具有能够理解完美实践和服务的专业理念;第二,专业教育应为新手提供足够的知识与技能,或提升在职人员的知识和技能水平;第三,专业教育要培养实践者的批判性思维能力。[6] 可见,以上认识将"professional education"与"academic education"相区别,将前者视为培养应用型专业人才的教育类型。

我国也有研究者认为,专业教育(professional education)不同于专门教育(special education),而是针对特殊职业的教育。陈学飞等认为,专业教育(pro-

---

[1] 徐今雅、朱旭东:《"专业教育"辨析——兼论专业教育与高等职业教育的关系》,载《复旦教育论坛》,2007年第6期。
[2] 卫道治、昌达等:《英汉教育大词典》,第266页,人民教育出版社,2005年版。
[3] 卫道治、昌达等:《英汉教育大词典》,第3页,人民教育出版社,2005年版。
[4] 顾明远等:《教育大辞典》,第2129页,上海教育出版社,1998年版。
[5] Solomon Hoberman and Sidney Mailick. *Professional Education in the United States* (Westport, Conn:Praeger,1994),p.16.
[6] Peter Jarvis. *Professional Education*(London:Croom Helm Ltd,1984),p.48.

fessional education)是一种专门性、系统性的知识培训,为学生从事传统的牧师、律师、医生以及现代工科、财经、管理、教育、技术等专业性工作做准备。① 孟现志也认为"专业"是社会职业谱系中不同于"普通职业"(trades)的"专门职业"(professions),并指出"专业教育"在西方国家(美国)称"professional education",意为"培养专门职业人的教育"。②

从总体上看,我国高等教育理论和实践中所说的"专业教育"主要是指"special education",也就是专门教育,该词与平时所讲的通识教育相对应。我国学者陈向明在辨析"专业教育"与"通识教育"的概念时用"specialty education"表示与通识教育相对的"专业教育",并认为"专业教育"(specialty education)的目的是让学生掌握本专业的基本知识和技能,成为该专业领域的高级专门人才。他还指出国家对专业的划分是以学科知识体系的分化以及社会分工的细化为依据。③ 该认识代表了我国教育领域对专业教育的基本理解,明确指出我国高校开展的专业教育其实是一种专门教育(special education),包括职业性和学术性两种教育类型。

2. "专业教育"定位

随着高等教育规模壮大、功能复杂化,为高等教育下定义和划分类型变成一件困难的事情。伯顿·克拉克等避开不断变化的教育形式,认为高等教育的职能相对稳定,具体职能包括三种:专业训练的职能、普通教育的职能和生产新知识的职能。④ 也有学者根据不同的标准将高等教育分成职业教育、学术教育、专业教育、通识教育等不同的类别。⑤ 但是,所有的划分方式都是一种理想类型的划分,是基于认识的需要,而不是纯粹、绝对意义上的区别。

联合国教科文组织制定的《国际教育标准分类法》(International Standard Classification of Education,简称 ISCED)以人才培养类型为标准对教育进行分类,反映了全球教育系统的演进,并得到国际社会广泛认可。该分类方式对我们进一步认识"专业教育"(professional education)的内涵有重要帮助。《国际教育标准分类法(2011年)》根据教育课程内容和资格证书将教育体系从低到高

---

① 陈学飞等:《美国、德国、法国、日本当代高等教育思想研究》,第59页,上海教育出版社,1998年版。
② 孟现志:《高等教育的专业性》,载《教育研究》,2009年第2期。
③ 陈向明:《对通识教育有关概念的辨析》,载《高等教育研究》,2006年第3期。
④ [美]伯顿·克拉克等:《高等教育新论——多学科的研究》,第210页,王承绪等译,浙江教育出版社,2001年版。
⑤ 王建华:《高等教育的理想类型》,载《高等教育研究》,2010年第1期。

分为9个等级,依次是0级早期儿童教育、1级初等教育(小学)、2级初级中等教育(初中)、3级高级中等教育(高中)、4级中等后非高等教育、5级短期高等教育(大专)、6级学士或等同教育(本科)、7级硕士或等同教育和8级博士或等同教育,形成一个完整的教育等级序列。该分类法中2—5级教育(大专及以下)均有两个类别定向,分别是普通教育和职业教育(general and vocational education),而6—8级教育(本科及以上)每个阶段的类别定向则成了学术教育和专业教育(academic and professional education)。该教育体系中的第6级是指学士或同等水平,主要为学习者提供中间层面的学术或专业知识、技艺和能力,其课程一般以理论为基础,也包括实践内容,分别针对最新的研究或最好的专业实践。①

依据该分类标准,本科教育阶段(第6级)属于高度专门化(specialisation)的学习阶段。根据教育内容和目标不同,该阶段包含两种教育类型:一类是以理论学习为主的学术教育(academic education),另一类是以专业事实和技能为主的专业教育(professional education)。而大专层次的技术类教育属于职业教育(vocational education),而不是专业教育(professional education)。简单地说,本科阶段的高等教育属于special education(专门教育),其中包括academic education(学术教育)和professional education(专业教育)两种类型。

如果结合《国际教育标准分类法(2011年)》的教育分类方式,从狭义的角度将专业教育(professional education)与学术教育(academic education)相区分,那么我们对高等教育尤其是本科教育中不同教育类型的关系便有了较为清楚的认识。如图1—1所示,本科阶段的教育主要包括两个部分即通识教育(general education)和在其基础上分门别类开展的专门教育(special education),而专门教育(special education)包含性质和任务不同的学术教育(academic education)和专业教育(professional education)两种类型。我们可以认为专业教育(professional education)是本科及以上教育层次中,在通识教育(general education)之外并与学术教育(academic education)相对的教育类型,是为从事面向实际的专业性工作做准备的专门化教育。

---

① International Standard Classification of Education. http://www.uis.unesco.org/Education/Pages/international-standard-classification-of-education.aspx,2017—3—3.

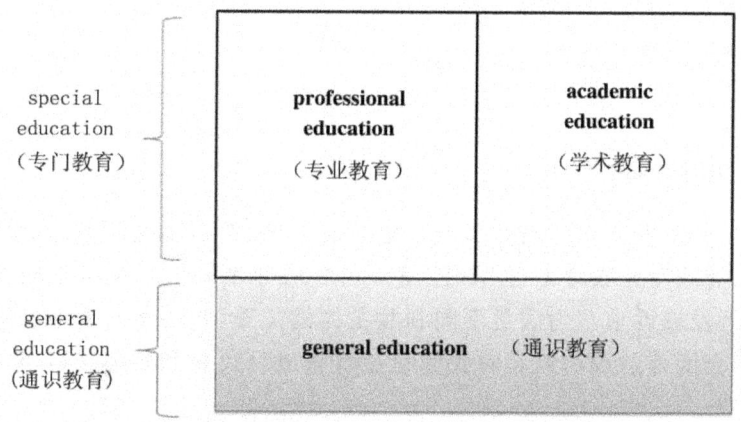

图 1—1　高等教育（以本科为主）中不同教育类型的关系

虽然在大多数情况下（尤其在欧洲），"professional education"仅用于指代律师、医生、工程师、教师、社会管理者、会计师等面向实际工作的应用型人才培养，但由于科学家被公认为是高级专业人员（professionals）①，人们（主要在美国）也将培养研究人员的专门化教育视为"professional education"。② 可见，"professional education"具有明显的广义和狭义之分。广义的"professional education"等同于"special education"，既包括以研究型人才培养为主的专门化教育，又包括以应用型人才培养为主专门化教育，而狭义的"professional education"仅指应用型专业人才培养，也即《国际教育标准分类法（2011年）》中所划分的"professional education"。

在现代汉语中，"专业教育"表达了丰富的含义，但"缺乏"准确性和针对性。受语言表达习惯的限制，我们难以更换汉语中"专业教育"词语的使用，但为了使问题更加聚焦，本研究所针对的教育类型主要是"professional education"（广义）意义上的"专业教育"，即本科及本科教育层次以上为满足特定行业对专业人才的需要而开展的专门化教育。

---

①　《国际标准职业分类（ISCO—08）》将科学家视为"professionals"。参见：ISCO—08 Structure, index correspondence with ISCO—88. http://www.ilo.org/public/english/bureau/stat/isco/isco08/index.htm, 2017—4—6.

②　本-戴维将德国柏林大学的科学教育视为"professional education"。参见：Ben-David, Joseph. *Centers of learning: Britain, France, Germany, United States*（New York：McGraw-Hill, 1977）, p.49.

五、整体思路与方法选择

（一）研究思路

时代发展对专业人才培养提出了更高的要求，然而国内对专业教育存在不同的理解，导致专业教育定位"不合理"，人才培养难以适应经济社会发展需要和人的长远发展诉求。为满足不同利益主体的需要，我们将对专业教育进行重新认识，结合国外的成功经验对我国专业教育进行反思和构建。以下是本书的整体思路：

首先，概念澄清，认识专业教育的内涵和类型定位。专业教育作为一种教育类型有其特殊的教育目标和规律，借鉴不同学科对专业和专业教育的认识，能够澄清我们对专业和专业教育内涵的理解。这也是开展专业教育研究、解决我国专业教育问题的基础。

其次，审视历史，认识专业教育的发展规律与趋势。通过对国外专业教育发展历史的梳理，有助于我们对专业教育发展规律和趋势的认识，能够为我国专业教育发展提供有效指导。

再次，反思现实，寻找我国专业教育中的问题和原因。通过对我国专业教育的历史回顾和现实审视，有助于发现我国专业教育在理念、实践方面存在的问题。通过挖掘思想文化、管理制度、组织形式等方面的原因，以便提出针对性改革措施。

最后，通过对专业教育内涵的认识和对国外专业教育发展趋势的总结，对我国专业教育提出合理的改革建议，使我国专业教育摆脱严重的学术化倾向、超越狭隘的功利性目标，为专业教育质量的提高和人的长远发展奠定基础。

（二）研究方法

研究方法是为了实现一定的研究目的而采取的方式和遵循的行为准则。研究方法具有较强的针对性和有效的解释能力。面对纷繁复杂的教育现象，选择适当的研究方法有助于发现规律性认识和对本质的把握。本书要通过追本溯源的方式认识专业教育的最初形态以及发展趋势，以便为我国开展专业教育提供借鉴，为此主要使用了历史研究法、比较研究法和案例研究法。

1. 历史研究法

专业教育在国内是耳熟能详的常用词语，然而人们对其概念和内涵的认识

"极其陌生、莫衷一是"。专业教育在国外是一个具有丰富文化内涵的概念,虽然经过长期的历史冲洗和时代选择,专业教育的形式和内容有了显著的变化,但所有的变化都无法摆脱其遗传基因的影响。我国的专业教育发展是在我国高等教育自身发展的基础上不断向西方学习、借鉴西方先进经验的过程,对西方专业教育发展历史的追溯能使我们透过表象找准专业教育的基石、抓住专业教育的规律。涂尔干指出:"现在无非是过去的进一步推演,一旦与过去割裂开,就将丧失大部分的意义。"[1] 阿伦特(Hannah Arendt)认为,记忆和纵深是同一的,只有经由记忆之路,人才能抵达纵深。[2] 为了正本清源,认识专业教育的本来面目和演变规律,本书拟通过对国内外大量相关历史资料的发掘、分析和整理来认识专业教育的内涵、特点和发展规律,以便为我国专业教育的长远健康发展提供建议。研究涉及的资料主要包括教育史资料、教育专著、政策文献、学术论文、有关高校的教学改革资料等。本书通过对国外专业教育历史脉络的梳理,进一步澄清概念,呈现专业教育发展的规律。同时,通过对国内专业教育演变的历史审视,进一步明晰我国专业教育的特殊性,以便找到解决国内专业教育问题的针对性措施。

2. 比较研究法

高等教育作为环境的产物,因各国政治、经济、文化、科技水平等不同而呈现出较大差异性。但是,随着经济全球化的到来,世界各国之间的依赖性逐渐增强,为获得国际认可并在国际劳动力市场竞争中获得优势,各国都在相互学习中努力打造国际标准的专业人才。我国是典型的后发外生型国家,高等教育的发展历史相对较短,其发展壮大是一个在自身发展的基础上不断向日本、德国、苏联、美国等国学习的过程。由于对专业教育的内涵和规律"缺乏"更加全面深入的认识,国内专业教育在功利性目标的影响下长期"偏离"内在的规定性,然而,随着高等教育大众化的到来和毕业生人数的增加,我国专业教育被长期掩盖的质量问题日益凸显。为改变国内对专业教育的"片面"认识,跟上世界专业教育发展新趋势,本书对国外不同专业教育模式进行了对比与分析,对专业教育发展的新趋势进行了总结,同时,根据国外专业教育的经验和教训来烛照我国专业教育所存在的问题,并以此为据,从理念、制度、组织等方面提出我国专业教育深化改革的针对性措施。

---

[1] [法]爱弥尔·涂尔干:《教育思想的演进》,第27页,李康译,上海人民出版社,2016年版。
[2] [美]汉娜·阿伦特:《过去与未来之间》,第89页,王寅丽、张立立译,译林出版社,2011年版。

3. 案例研究法

专业教育是一定时期经济、政治、科技、文化等因素的集中体现,其具体教学内容、组织管理形式、层次结构等在不同历史时期、不同国家均有不同表现形式。本书的重要目的在于力求澄清和深化国内对专业教育的认识,从而有效服务我国高等教育实践,解决当前我国高等教育人才培养与现实需要相对"脱节"的问题。事实是理论的依据,也是进行评价、鉴别、抽象、总结、概括的基础。为澄清人们对专业教育的认识,发现并解决我国专业教育存在的突出问题,本书将通过具体的专业教育案例来呈现专业教育的内涵特征、不利因素对专业教育的影响、专业教育发展演进趋势、各国专业教育的特点等,从而使专业教育理论研究建立在坚实的事实基础之上。

第二章 专业教育的基本内涵和特征

一、专业特征的识别及其启示

专业教育(professional education)的存在和发展在很大程度上源于专业(profession)领域对高级人才的需要。专业的内在规定性及其特征决定了专业人才选用的标准和专业教育的基本内涵。对专业的认识是我们深入理解专业教育的前提和基础,也是我们开启专业教育大门、把握专业教育内在属性和规律的重要钥匙。

(一)专业以高深学问为基础

成熟的专业除了需要实用且复杂的技术,更要拥有深奥、完整的科学知识体系,这是专业显得更加科学、权威的基础,也是专业获得社会认可、取得政府信任、赢得市场垄断地位的重要依据。知识的高深程度被视为判断某一职业是否能够成为专业的首要标准。[①] 塔尔科特·帕森斯(Talcott Parsons)认为,一个专业通常是具有特殊能力的职业团体,但这些能力并不完全是实际技能,作为技能的基础已经涉及一种知识的形式。这种知识通常超越实际需要的特定技能,作为一种广义的知识,不仅是科学知识的应用,还包括科学知识本身。[②] 他指出,在现代社会,一个群体很难获得令人尊敬的完全专业地位,除非其中的一个重要部分能够成为大学中的核心学科。[③] 尼古拉斯·史黛丝(Nicholas A.

[①] [美]亚伯拉罕·弗莱克斯纳:《现代大学论——英美德大学研究》,第23页,徐辉等译,浙江教育出版社,2001年版。

[②] Talcott Parsons. "Remarks on Education and the Professions", International Journal of Ethics 47, no. 3(1937):365—369.

[③] Talcott Parsons. "Remarks on Education and the Professions", International Journal of Ethics 47, no. 3(1937):365—369.

H. Stacey)同样认为,专业文化的智力性因素源于专业与大学的结合。① 当前,接受大学教育获得相关学位证书已成为获得专业身份的基本条件和专业人员的重要标识。19世纪美国律师职业的入职门槛较低,1879年,38个司法区中的23个不要求任何法律教育,只有3个司法区要求3年的法律教育。1904年有19各州要求3年的法律教育。1928年48个区的41个必须经过一定的法律教育。各州在20世纪初开始杜绝学徒制教育形式,1932年到1948年,美国参加律师资格考试的人中只有1.2%的是私人方式学习的,3.4%的是通过函授课程来学习的。而他们的通过率只有11.3%和11.2%,远低于法学院59.9%的通过率。② 从美国执业律师的受教育程度来看,1949年拥有法学院学位的比例为61.5%,1961年为84.5%,20世纪70年代达到92.7%。③ 由此可见,专业对大学的依赖程度正在加深,专业化程度的提高也意味着专业教育时间的增加和层次的提高。

除了较高的理论化程度,专业知识还要包含更多的理性认知和科学的精神。加塞特指出,当前过度的专业化追求导致了"科学家"愈多,而真正"有文化"的人就愈少。专业人员应该对所从事的职业有更深刻的理性认识,如果无视自身所从事的科学工作的哲学基础,他将从根本上全然蒙昧于科学的存在与延续的历史条件。④ 在塔尔科特·帕森斯看来,理想的专业人才不仅是超越特殊技能的技术专家,而且是融入伟大传统、受过高等教育的人。在欧洲传统的基础上,各种专业所特有的专业知识都有共同的基础即人文传统,如自由主义精神、追求智慧等。⑤ 对每个专业特有的那部分文化传统的维护、传播和推进,虽然不是大学的整体职能,但至少是整个职业的重要部分。⑥ 可见,合格的专业人才除了技术更应该具备对技术的理性认知和对专业精神的理解,这需要专业教育在不断延长教育时间、提高教育层次的同时,超越具体的知识和技术标准,

---

① Jarausch,K. H. (ed.). *The Transformation of Higher Learning 1860—1930:Expansion,Diversification, Social Opening, and Professionalization in England, Germany, Russia, and the United States*(Chicago:The University of Chicago Press,1983),p. 29.

② [美]理查德·L. 埃贝尔:《美国律师》,第66—67页,张元元、张国峰译,中国政法大学出版社,2009年版。

③ [美]理查德·L. 埃贝尔:《美国律师》,第321页,张元元、张国峰译,中国政法大学出版社,2009年版。

④ [西]奥尔托加·加塞特:《大众的反叛》,第110页,刘训练等译,吉林人民出版社,2004年版。

⑤ Talcott Parsons. "Remarks on Education and the Professions", International Journal of Ethics47,no. 3(1937):365—369.

⑥ Talcott Parsons. "Remarks on Education and the Professions", International Journal of Ethics47,no. 3(1937):365—369.

引导学生的精神发展。

(二) 专业以严格的入职标准来保持自身的垄断地位

专业文化并不耻于宣称专业人员对权力和地位的要求①,谋求较高的权力和地位已成为专业文化的鲜明特征。专业理念(professional ideal)之所以具有较大吸引力,是因为它代表精英阶层在无限竞争与财产安全之间的妥协意识,能够为人们提供择才而入的就业机会,同时又能保证他们过上体面的生活。②丹尼尔·贝尔也指出:"专业就意味着才能与权威(技术的权威和道义的权威),专业人员将在社会中取得神圣的地位。"③虽然并不是每个人都可以获得这种专业的荣誉,但这些充满优越感的专业仍然受到人们的觊觎。很多人想通过学校教育涉足专业领域,高等学校在功利性目标的驱动下也希望扩大专业教育的规模。专业人员通过在专家团体中的成员资格和地位而获得和捍卫他们对于专长的权力。④而从业者为维护专业的神圣地位和避免过度竞争的威胁,他们开始从知识、技术、伦理道德等方面对从业资格进行一定规范和限制。

沃伦斯基认为任何希望行使专业权威的职业都必须为其找到一个技术基础,主张专属管辖权,将技能和管辖权与培训标准联系起来,并说服公众确信其服务具有独特的可信度。⑤理查德·埃贝尔认为:"为了将专业服务同化为商品形式,必须将服务标准化;因为它们是无形的,这只能通过标准化培训来实现,使用输入性能指标将技术能力与教育经历和正式证书等同起来。"⑥在注重法制建设的国家,为维护专业人员和顾客的利益,它们都制定了较为严格的职业资格认证制度。为从业者的技术水平和从业资格设置一定可操作性的量化标准,这使考试和证书制度成为现代社会的重要调控和管理手段。郑也夫看来:"证书,它是一个人与其他人公平竞争后获得的,因而具有一定的权威,它是被专家

---

① [美]伯顿·克拉克:《高等教育系统——学术组织的跨国研究》,第101页,王承绪等译,杭州大学出版社,1994年版。

② Walter Rüegg, ed. *A History of the University in Europe*, Volume III: *Universities in the Nineteenth and Early Twentieth Centuries (1800—1945)* (Cambridge: Cambridge University Press: Cambridge, 2004), p. 387.

③ [美]丹尼尔·贝尔:《后工业社会的来临》,第411页,高铦、王宏周、魏章玲译,新华出版社,1997年版。

④ [加]尼科·斯特尔:《知识社会》,第277页,殷晓蓉译,上海译文出版社,1998年版。

⑤ Wilensky. "The Professionalization of Everyone?", American Journal of Sociology 70, no. 2 (1964): 137—158.

⑥ Richard L. Abel. "The Rise of Professionalism", British Journal of Law and Society 6, no. 1 (1979): 82—98.

系统乃至大社会承认的下限,是进入专家系统的前提。"①可见,以证书为代表的资格认证制度能够调控培训和就业之间的关系,发挥着排外性的目的,已成为专业人员垄断市场的重要机制。一些高级职业在科学培训和职业资格证明的保护下形成对市场的垄断和明显的竞争优势,专业人员的收入和社会地位由此得到保障,从而使专业活动本身具备较大的影响力和吸引力。在此影响下,专业性活动从以习俗和经验为指导的手工艺术转变为以学术知识与实践技能相结合的知性工作(intellectual pursuit)。这也要求学校教育与行业发展相接轨,按职业资格的标准培养人才。②

(三) 专业以利他主义为核心的伦理规范来建立自身的合法性

专业知识和技能只有在他人相信其价值的情况下才能发挥影响力,所以有学者指出:"专业生产的是服务,而不是产品。"③来自社会的信任是专业人员拥有市场垄断权力、实现专业自主的前提,而外部信任的建立源自行业组织的管理水平和自我控制机制,除了高度的认知标准、同行控制、政治和法律约束之外,还需要严格的职业伦理规范。④ 沃伦斯基,指出专业性工作仅有技术标准是不够的,必须制定与职业相关的道德规范,这样既能保证专业工作的质量,又能确保专业人员对服务理想的坚持,避免因个人或商业利益伤害客户的利益。⑤ 他认为,专业化程度不仅仅取决于专有技术能力的水平,还取决于服务理念及其支持职业行为规范的程度。⑥ 伦理规范既是职业竞争的结果,也是保持竞争优势的手段。一些新兴的职业团体希望通过普遍的智力标准、专门的专业标准和职业资格提高他们的地位,反对以继承为基础获得的特权地位和以教养为基础的模糊标准。为免受道德方面的攻击,新的专业协会开始制定并遵守一定的

---

① 郑也夫:《信任论》,第 215—216 页,中国广播电视出版社,2001 年版。
② Walter Rüegg, ed. *A History of the University in Europe*, Volume III: *Universities in the Nineteenth and Early Twentieth Centuries*(1800—1945)(Cambridge: Cambridge University Press: Cambridge, 2004), p. 385.
③ [美]理查德·L. 埃贝尔:《美国律师》,第 17 页,张元元、张国峰译,中国政法大学出版社,2009 年版。
④ [美]伯纳德·巴伯:《信任——信任的逻辑和局限》,第 131 页,牟斌等译,福建人民出版社,1989 年版。
⑤ Wilensky. "The Professionalization of Everyone?", American Journal of Sociology 70, no. 2 (1964):137—158.
⑥ Wilensky. "The Professionalization of Everyone?", American Journal of Sociology 70, no. 2 (1964):137—158.

伦理规范。① 伦理规范体现了共同的价值观和角色意识,能够在专业共同体内部形成较强的凝聚力,从而增强专业共同体对内的控制力和对外部的影响力,伦理规范还能构建经济和社会地位较高的限制性圈子,避免他人的竞争。② 于是,对伦理规范的遵守成为一种专业文化的认同,也是有效的自我保护机制。

对专业知识和技能的声明不足以获得外部的支持,只有保证用于公共利益而不是纯粹的自私目的才能被授予专业特权。为应对客户潜在的不信任,处于垄断地位的专业组织必须声明能够防止专业权力的滥用。在这种情况下专业人员需要比其他行业的员工更加注重客户利益而非自身的物质利益③,由此形成了利他主义的价值取向。

专业的利他主义价值取向与西方的宗教信仰和文化有直接密切的关系。西方发达国家具有普遍的基督教信仰。基督教以"博爱"精神为基础,强调道德"自律"。马克斯·韦伯认为,基督教的新教伦理是资本主义精神的代表,新教教派的核心教理是:"上帝应许的唯一生存方式……是要人完成个人在现世里所处地位赋予他的责任和义务。"④职业劳动被认为是一种天职,"是最善的,归根到底常常是获得恩宠确实性的唯一手段"⑤。马克斯·韦伯指出,一个人对天职负有责任乃是资产阶级文化的根本基础,"它是一种对职业活动内容的义务"⑥。这种思想赋予了劳动以神圣的使命。有学者也曾明确指出:"专业精神始终含有天职的伦理成分。"⑦但我们认为,西方国家这种利他主义价值取向中的宗教信仰和基督文化所强调的"上帝观念"是唯心主义的,是资产阶级的价值观,是资产阶级利益的体现,是必须批判和摒弃的。

日本管理大师大前研一认为,不能以职业的种类和职业资格作为判断专家的依据,专家的重要条件应该是"以顾客为第一位"⑧。在他看来,"顾客至上"是

---

① Ben-David, Joseph. *Centers of learning: Britain, France, Germany, United States* (New York: McGraw-Hill, 1977), p. 53.
② [美]兰德尔·柯林斯:《文凭社会:教育与分层的历史社会学》,第232页,刘冉译,北京大学出版社,2018年版。
③ Eliot Freidson. "Theory and the Professions", Indiana Law Journal 64, no. 3(1988):423—432.
④ [德]马克斯·韦伯:《新教伦理与资本主义精神》,第59页,于晓等译,生活·读书·新知三联书店,1987年版。
⑤ [德]马克斯·韦伯:《新教伦理与资本主义精神》,第140页,于晓等译,生活·读书·新知三联书店,1987年版。
⑥ [德]马克斯·韦伯:《新教伦理与资本主义精神》,第38页,于晓等译,生活·读书·新知三联书店,1987年版。
⑦ [美]罗伯特·N.贝拉等:《心灵的习性:美国人生活中的个人主义和公共责任》,第318页,翟宏彪等译,生活·读书·新知三联书店,1991年版。
⑧ [日]大前研一:《专业主义》,第3页,裴立杰译,中信出版社,2006年版。

区分专业技术工作者属于专业人员还是徒有虚名的重要标准,医生能否称为专家,关键看是否信守希波克拉底誓言,并以此履行自己的职责。① 丹尼尔·贝尔认为:一门专业体现出的社会关心标准不是说专业人员比他们的同胞们更乐善好施或者思想高超,而是说,由于服务道德先于自我利益的道德这一标准而使得人们对他们的行动抱有希望。② 在这些理性认识的影响下,很多协会组织明确把利他主义精神纳入自己的职业准则。美国律师协会职业行为示范规则(American Bar Association Model Rules of Professional Conduct)的导言强调:"一个法律人应当注意司法实施过程中的不足,想着穷人(有时即便不是穷人)得不到足够的法律援助的事实,并应当因此而投入自己的职业时间和公众影响来代表他们的利益。"③在医学领域,希波克拉底誓言作为职业道德"圣经"几乎成为医学生入学必学的一课。国际医学教育专家委员会指出 21 世纪新的医学职业精神是:应当推崇质量,提倡团队合作,有强烈的伦理意识,以患者和群众需要为己任。④

在利他主义精神的影响下,专业组织逐渐从一个以自我为中心的、传统秘方的发放者形象转变为一个要改善人类生活的、科学的改革者形象。因此,职业道德这个概念也改变了它的内涵,从协调竞争变为一种公共服务的精神。最后,从那种喜爱饮酒作乐的集体组织自行转变为一个以知识为基础、提倡职业利益和社会变革的团体。就这样,职业组织令人惊讶地将自我本位的需求与利他主义的言论结合起来。⑤ 可见,利他主义精神为专业活动注入了灵魂,强化了专业活动的服务意识,能够引导专业知识更好地造福人类。这也必然要求专业教育以职业伦理为中心,培育学生的利他主义精神。

(四)专业以较高的自治权力来维护自身的独立地位

专业以专门化的高深知识和复杂技术为基础,本身具有较高认识和技术门槛,外行很难理解和掌握专业的特殊性内容,难以对其进行评价和指导,而只有

---

① [日]大前研一:《专业主义》,第 10 页,裴立杰译,中信出版社,2006 年版。
② [美]丹尼尔·贝尔:《后工业社会的来临》,第 410—411 页,高铦、王宏周、魏章玲译,新华出版社,1997 年版。
③ [美]理查德·L. 埃贝尔:《美国律师》,第 16 页,张元元、张国峰译,中国政法大学出版社,2009 年版。
④ Julio Frenk,Lincoln Chen:《新世纪医学卫生人才培养:在相互依存的世界,为加强卫生系统而改革医学教育》,载《世界临床医学》,2011 年第 4 期。
⑤ [瑞士]瓦尔特·吕埃格:《欧洲大学史(第三卷 19 世纪和 20 世纪早期的大学 1800—1945)》,第 407 页,张斌贤等译,河北大学出版社,2013 年版。

同行才能做出较为客观、合理的评价。外部对专业事务的介入反而容易使专业发展的秩序和规律受到破坏。"由于涉及深奥的知识,就实际的能力和信用义务和信用责任而言,专业人员就需要、公众也必须接受一种范围广泛的自愿承担和自我控制的信任。"①伯纳德·巴伯还指出,知识性专业保持较高的自主权有助于知识进一步专业化。②

自治权力是保持专业自主发展、免受其他权力控制的重要保护措施。"所有的专门职业和正在专业化的行业都在积极地寻求在这个失范的大众社会中建构自己的共同体——在其他职业坚持自利主义时坚持利他主义,用自我管理来抗衡越来越统一的庞大的国家。"③美国律师协会的职业行为示范规则的导言中强调:"一旦法律人承担了他们专业天职(calling)所赋予的责任,政府的管制就应当被摒弃。自我管理也能帮助法律职业保持独立于政府的统治。"④

西方国家行业协会在社会中充当的独立角色和保持的自治传统与其社会文化和政治经济体制有直接关系,也是政治管理体制的进一步延伸,具有一定的特殊性。其长期存在也在说明专业协会组织在专业事务中的话语权更有助于专业本身的健康发展。由此可见,在专业人才培养中倾听行业专家的声音,将教育目标与行业标准相结合,能够使专业教育更加符合现实的需要,并具有更广阔的发展空间。

二、对专业教育基本内涵和主要特征的认识

长期以来,人们对专业缺乏统一的认识,致使对专业教育的理解也充满了不同的意见。为此,有学者叹言:"专业教育不仅在非英语国家和地区,即使在英语国家和地区也未必能明确区分。"⑤为使问题更加聚焦,本书根据我国高等教育的特点和实践需要,在关注广义专业教育的同时,还重点对狭义的专业教育即以应用型人才培养为主的专业教育进行考察。作为遗传和环境的产物,专

---

① [美]伯纳德·巴伯:《信任——信任的逻辑和局限》,第132页,牟斌等译,福建人民出版社,1989年版。
② [美]伯纳德·巴伯:《信任——信任的逻辑和局限》,第131页,牟斌等译,福建人民出版社,1989年版。
③ [美]理查德·L.埃贝尔:《美国律师》,第14页,张元元、张国峰译,中国政法大学出版社,2009年版。
④ [美]理查德·L.埃贝尔:《美国律师》,第16页,张元元、张国峰译,中国政法大学出版社,2009年版。
⑤ 黄福涛:《高等学校专业教育:历史与比较的视角》,载《清华大学教育研究》,2016年第2期。

业教育(professional education)继承了欧洲文化的众多基因。有学者认为,欧洲是现代大学的主要发源地,专业也是从欧洲文化传统的基础上发展而来的。① 鉴于此,欧洲国家对专业教育的理解更有助于我们认识专业教育的主要特征。

(一) 专业教育在部分欧洲国家的"自画像"

欧洲国家所谈论的专业教育(professional education)主要是以应用型人才培养为主的狭义专业教育。根据欧洲高等教育院校协会(European Association of Institutions in Higher Education,EURASHE)②的研究,在欧洲开展专业教育的机构存在较大差异,一部分国家的专业教育由专门教育机构提供,而另一部分国家的专业教育隶属于综合性大学,与学术教育同时开展。具体来讲,在双元制教育体系(binary/dual systems)中,大学(universities)以高等学术教育为主,高等专业教育由专门的机构(specialised institutions)提供,这些国家包括比利时、捷克、马耳他、荷兰、芬兰、丹麦、斯洛文尼亚和德国等。③ 在混合式教育系统(mixed systems)中大学和其他机构没有明确区分,如波兰的大学(university)可以提供高等专业教育,专业教育机构也可以提供学术教育。④ 在部分单

---

① Talcott Parsons. "Remarks on Education and the Professions", International Journal of Ethics47, no. 3(1937):365—369.

② 1990年,欧盟国家成立欧洲高等教育院校协会(The European Association of institutions in Higher Education,EURASHE),致力于推动欧洲各国高等教育的协调与发展,欧洲高等教育院校协会连续发布了《高等专业教育的使命》、《欧洲高等专业教育协调发展》、《高等教育多样化中高等专业教育的现代化发展》等报告,并发起了《高等专业教育卓越》、《欧洲高等专业教育能力建设》等致力于提升专业教育质量的研究项目。该组织力图在各方努力下形成统一的认识和标准,达成一致的行动目标,为专业教育的发展制定详细的规划,通过提升学生的就业能力、促进产业发展和社会进步,推动欧洲高等教育的现代化进程。

③ 比利时提供的专业教育的机构主要是综合性大学(通过专业学士学位)(university)、应用科学大学(hogescholen);捷克的是第三级专业学校(tertiary professional schools)、非综合性大学中的高等教育机构(higher education institutions of the non-university type);德国的是应用科学大学(universities of applied science)、合作院校(cooperative universities);马耳他的是旅游学院(institution of tourism studies)、马耳他艺术与科技学院(Malta college for arts, science and technology);芬兰的是多科技术大学(polytechnics);丹麦的是高等专业教育学院(academies of professional higher education)、大学学院(university colleges);斯洛文尼亚的是高等职业院校(higher vocational colleges)、大学中的专业学院(higher professional colleges within universities)。参见:EURASHE. Professional Higher Education in Europe: Characteristics, Practice Examples and National Differences. https://www.eurashe.eu/library/phe_in_europe_oct2014-pdf/,2017-9-10.

④ 波兰的专业教育机构主要是专业的高等教育机构(professional higher education institutions)、非综合性大学的高等教育机构(Non-University HELs)。参见:EURASHE. Professional Higher Education in Europe: Characteristics, Practice examples and National differences. https://www.eurashe.eu/library/phe_in_europe_oct2014-pdf/,2017-9-10.

元制体系(partial unitary systems)内,由大学中的专门机构(如法国)提供高等专业教育。① 单个教育机构承担不同类型的高等教育,这使"专业"与"学术"活动之间有明显的交叉。②

在不同的欧洲国家,实施专业教育的机构名称有很大差别。随着使命的多样化和"学术漂移",以"应用科技大学"(university of applied sciences)③来指称这类以职业性或专业性定位的教育机构被人们逐渐接受,并开始取代"大学学院"(university college)的说法。不过"大学学院"(university college)④仍在英国以及承袭英国教育传统的国家使用。

在欧洲高等教育院校协会所考察的欧洲国家中,各国专业教育所处的教育层次具有较大差别,通过将其与欧洲职业资格框架(EQF)的层次进行对照,我们可以对这些差别形成清晰的认识。

表2-1 欧洲部分国家专业教育在欧洲职业资格框架(EQF)中所处的水平

国 别	在欧洲职业资格框架中的等级水平			
	EQF5	EQF6	EQF7	EQF8
比利时	●	●		

---

① 法国的专业教育机构主要是科技大学(technological university institutes)、学术型高等教育中的专业硕士培养机构(professional masters in academic higher education)。参见:EURASHE. Professional Higher Education in Europe: Characteristics, Practice Examples and National Differences. https://www.eurashe.eu/library/phe_in_europe_oct2014-pdf/,2017-9-10.

② EURASHE. Professional Higher Education in Europe: Characteristics, Practice Examples and National Differences. https://www.eurashe.eu/library/phe_in_europe_oct2014-pdf/,2017-9-10.

③ "应用科技大学"("Universities of Applied Sciences")这个术语是德语"Hochschule für angewandte Wissenschaften"的翻译。瑞士、奥地利、荷兰、芬兰和波罗的海国家都使用相同的名称。在立陶宛,"University"只是研究型大学的标志。丹麦和比利时(主要是法兰德斯)继续使用"大学学院"一词,因为"应用科学"一词似乎排除了人文科学(经济学除外)和艺术学院。克罗地亚采取中间路线,选择了"大学应用科技学院"("University Colleges of Applied Sciences")这个术语。参见:Talcott Parsons. "Remarks on Education and the Professions", International Journal of Ethics47, no. 3(1937):365-369.

④ 大学学院(university colleges)是以前的学院(colleges)。这类学院既有单科性、教学先进、职业导向的训练,还有尚未达到大学(university)标准的多科学院,它们通常达不到五个院系或学科,在校生不到5000人,没有博士学位等等。现在"大学学院"在英国主要指以上类型的高等教育机构,这些机构通过专业人才培养已经与其相关的用人单位建立了密切的联系。参见:Talcott Parsons. "Remarks on Education and the Professions", International Journal of Ethics47, no. 3(1937):365-369.

续表

国别	在欧洲职业资格框架中的等级水平			
	EQF5	EQF6	EQF7	EQF8
捷克		●	●	
德国		●	●	
丹麦	●	●		
爱沙尼亚		●	●	
芬兰		●	●	
法国	●	●	●	
克罗地亚	●	●	●	
爱尔兰	●	●	●	●
立陶宛		●		
马耳他	●	●		
荷兰	●	●	●	
波兰		●	●	
葡萄牙	●	●	●	
斯洛文尼亚	●	●		

资料来源：EURASHE. Professional Higher Education in Europe：Characteristics，Practice examples and National differences. https://www.eurashe.eu/library/phe_in_europe_oct2014－pdf/，2017－9－10.

欧洲资格框架中的第5－8级分别相当于欧洲高等教育区资格框架(QF-EHEA)中的短期高等教育、学士、硕士和博士学历层次。[①] 从表2－1可以看出，几乎所有国家的专业教育主要集中在欧洲职业资格框架中的第6等级即本科教育层次，只有比利时、丹麦、法国等少数国家将相当于我国专科层次的短期高等教育视为专业教育，更多国家的专业教育已开始向硕士阶段(相当于EQF7)延伸，爱尔兰的专业教育已延伸到博士阶段(相当于EQF8)。

为制定统一的专业教育发展框架、推动欧洲专业教育的共同发展，欧洲高等教育院校协会围绕专业教育的定义和特征对欧洲多国教育部、教育委员会、专业教育协会、教育研究人员、学术大学、应用科技大学、商会、企业、学生代表等不同利益相关者进行了大范围的访谈和调查。调查结果显示，受访者对专业

[①] 阚阅：《欧洲资格框架解析》，载《教育发展研究》，2009年第19期。

教育的特征尚缺乏明确统一的认识,大约40%的利益相关者对这一术语的理解非常有限,但也表现出了一致的认知倾向。其中,对专业教育特征认同度较高的项目依次为:强调应用性研究(59%);课程强调实践和技能方面的要素(56%);学习计划包括以实习和/或工作的形式扩展实践经验(56%)。①该调查结果在一定程度上反映了欧洲社会对专业教育的整体认知和定位,突出显示了专业教育是一种与学术教育不同的教育类型。

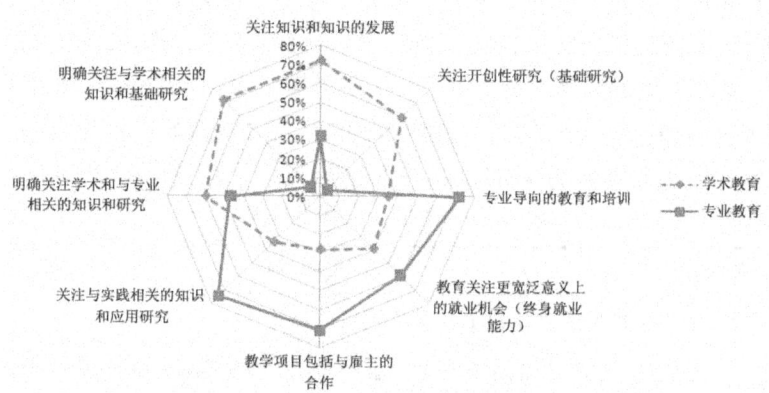

图 2—1　高等学术教育与专业教育的自我画像

注:其中的"%"表示的是被调查者对某一特征的认同比例。

资料来源:EURASHE. Professional Higher Education in Europe:Characteristics, Practice examples and National differences. https://www.eurashe.eu/library/phe_in_europe_oct2014-pdf/,2017-9-10.

在欧洲高等教育院校协会对专业教育认知的调查中,被调查者对高等教育中学术教育(Academic higher education,AHE)和专业教育(Professional higher education,PHE)的特征有不同定位。为了更直观认识两者的区别与联系,图2—1将被调查者对两类教育特征的认同情况集中在一起呈现。通过比较,我们可以清晰地看出学术教育和专业教育在主要职能和目标上各有侧重:专业教育倾向于知识的应用与实践,关注学生的职业需要和就业能力培养,70%以上的人认为专业教育具有"专业导向的教育和培训"、"关注与实践相关的知识和应

---

① 其他特征的认同情况为:学术和专业元素相结合(45%);学习计划应该针对具体工作的实践内容(44%);在高等教育范围之外强调高等教育机构与企业合作,包括研究和教育(42%);高度重视实际应用研究(40%);高等教育提供更新或升级的教育和培训帮助有工作经验的学生提升资格水平(如在职培训)(33%);为非传统群体提供资格证书(用灵活方式满足成人学习者和弱势群体的学习需要)(13%)。EURASHE. Professional Higher Education in Europe:Characteristics, Practice Examples and National Differences. https://www.eurashe.eu/library/phe_in_europe_oct2014-pdf/,2017-9-10.

用研究"、"教学项目包括与雇主合作"的特征；学术教育更加重视基础性研究及知识的创新与发展，70%以上的被调查者认为学术教育具有"关注知识和知识的发展"、"关注与学术相关的知识和基础研究"的特征。从图2—1中两者重叠的部分可以看出，学术教育和专业教育作为高等教育的重要组成部分也有很多相类似的特征，比如关注学术与专业相关的研究、关注知识的发展、关注就业机会等。另外，欧洲高等教育院校协会的调查结果显示专业教育和职业教育（vocational education）也有一定区别，专业教育更多关注知识和知识的发展、与实践相关的知识和应用研究，职业教育则比较强调与雇主合作、工学交替。①

为全面展现专业教育的类型特征，欧洲高等教育院校协会对专业教育的政策制定、人才培养目标、教育服务方向、课程开发方法、教学内容、教学方法、教学团队结构、学习场所等方面的核心特征进行了系统总结。其如表2—2所示：

表2—2 专业教育的核心特征

考察内容	核心特征
政策和策略	与工作世界合作确定教育政策与战略。
目标和成果	专注于提高与工作有关的技能和能力，以增强学生的就业能力。强调结果导向和应用性研究。
区域一体化	植根于与工作世界的区域合作伙伴关系。
课程开发方法	课程是由学术界与利益相关者合作开发的，在工作领域方面与未来实践和就业环境的需要相结合。
学习成果	学习结果强调与具体专业要求相关的基本知识、技能和态度，但不局限于此。此外，需要学生在不断变化的工作环境中以创新和自主的方式获得专业及生活技能，使他们能够成功行事。学生要参与研究、发展和创新活动，以使其获得更好的专业实践能力。
教学内容	学习内容是将理论与实践有效地结合起来以作为解决实际工作中复杂问题的基础。学习内容来自工作世界和学术界的最新研究、趋势和参考。
学习方法	学习方法包括主动的、协作的和自组织学习的方法，同时侧重于基于经验的学习方法，以基于模拟的学习（SBL）、基于情景的学习（SBSL）、基于问题的学习（PBL）和其他真实情境中的学习为主。采用能反映具体专业学习特点的形成性评价和总结性评价。

---

① EURASHE. Professional Higher Education in Europe: Characteristics, Practice Examples and National Differences. https://www.eurashe.eu/library/phe_in_europe_oct2014—pdf/，2017—9—10.

续表

考察内容	核心特征
学习环境	学习经验的场所包括教育机构和工作世界。实习和工作实践是在实践中学习理论的重要方式。
教学团队	所有参与设计、评估的人员应体现出学术背景和工作经验的结合。

资料来源：EURASHE. Professional Higher Education in Europe: Characteristics, Practice Examples and National Differences. https://www.eurashe.eu/library/phe_in_europe_oct2014-pdf/, 2017-9-10.

我们可以从表2—2看出，以应用型人才培养为主的专业教育与行业间、社会实践领域具有紧密的联系，从教育策略的制定到教育目标的确立，从教学内容的选择到人才培养的过程，都有行业人员或用人单位的参与。这使专业教育（狭义）具有较强的开放性和实践性，体现了"学以致用"、"用以致学"的教育思想以及以职业为导向、理论与实践高度结合的特点。

欧洲高等教育院校协会对专业教育的考察为我们画出了较为完整的专业教育（狭义）图式，使我们对专业教育有一个整体性认识，但这些认识主要是对专业教育表象特征的总结，而对专业教育的理念和思想缺乏深层次挖掘和总结。我们将结合欧洲专业教育的特点和对专业特征的认识来进一步解读专业教育的深层内涵与本质特征。

（二）对专业教育内涵和特征的认识

专业和专业教育都具有一定的时代性，我们结合专业的特征以及现代部分欧洲国家对专业教育的认识，可以看出专业教育具有以下内涵特征。

1. 职业性是专业教育的基本特征

从广义上来看，无论是研究型专业教育还是应用型专业教育，其目标都是要为受教育者毕业后从事一定的职业做准备，受教育者也想借此教育经历获得一定的从业资格，实现谋生的目的。从狭义的角度来看，应用型专业教育属于职业类型的教育，侧重于知识的转化与应用，以解决现实问题为目标，与培养研究型人才为主的学术教育存在较大差别。职业性被认为是应用型专业教育的基本属性，该类教育既有普通高等教育的属性，又从属职业教育的范畴。[①] 从历史上看，作为现代专业教育的主要源头——中世纪大学具有明确的职业目的，

---

① 邵波：《论应用型本科人才》，载《中国大学教学》，2014年第5期。

无论从学生的求学目的、课程内容、教学目标还是从学生毕业后的出路来看，中世纪大学教育表现出了明显的职业性特征，这已成为众多学者的共识。① 无论从狭义的角度还是从广义的角度来看，所有的专业教育都是为满足一定职业（学术工作也是一种职业）的人才需求而开展的职业型教育。

专业教育的职业属性体现了教育社会价值和工具价值，要求人才培养要以市场需求为导向，人才培养规格要符合一定的行业标准。这虽然有助于强化学校与外部社会的关系，提高学生的就业能力，却容易导致教育活动受外部标准的制约。如果职业资格或岗位胜任能力成为专业教育的最终目标，学校教育的功能将被严重简化。由于职业资格证书在一定程度上代表着受雇人提供服务的价值②，一些大学便依据认证资格来选择性地设置院系。③ 在美国，20世纪30—80年代律师资格考试的通过率在不断上升，原因在于很多法律专业学生将他们85%的学习时间花在与律师职业资格相关的科目上，48所法学院中有36所开设的课程与律师考试要考的科目紧密相关。④ 这也是学生不断向老师施压和教师迎合学生需要的结果。为此，劳伦斯·维塞（Laurence R. Veysey）指出："实用主义导向的大学在美国是和职业化同时成长的。"⑤赫钦斯（Robert Maynard Hutchins）曾坚决反对大学过度职业化的倾向，认为教育的职业化倾向容易导致浅薄和孤立，贬低课程和教职人员的价值。⑥ 也有学者指出："一旦教育变成了个人职业的工具，它就不再能告诉我们个人的意义或公民文化了。"⑦

对此，我们应该认识到，专业教育的职业性只是表明专业教育直接受到外部市场的影响和制约，职业的需要和标准是专业教育的重要的依据和尺度，但职业性不是专业教育的唯一属性。"人"才是教育的最终目的，个人除了低层次的生存需要，还有更高的精神需求，为此，专业教育不能局限于对社会职业的被动适应，更应该满足个人的长远发展需要和更高层次的追求。

---

① 贺国庆：《中世纪大学若干特征分析》，载《教育学报》，2008年第6期。
② [美]理查德·L.埃贝尔：《美国律师》，第28—29页，张元元、张国峰译，中国政法大学出版社，2009年版。
③ [美]理查德·L.埃贝尔：《美国律师》，第23页，张元元、张国峰译，中国政法大学出版社，2009年版。
④ [美]理查德·L.埃贝尔：《美国律师》，第281页，张元元、张国峰译，中国政法大学出版社，2009年版。
⑤ [美]劳伦斯·维塞：《美国现代大学的崛起》，第87页，栾鸾译，北京大学出版社，2012年版。
⑥ [美]罗伯特·M.赫钦斯：《美国高等教育》，第22页，汪利兵译，浙江教育出版社，2001年版。
⑦ [美]罗伯特·N.贝拉等：《心灵的习性：美国人生活中的个人主义和公共责任》，第404页，翟宏彪等译，生活·读书·新知三联书店，1991年版。

2. 教育性是专业教育的根本属性

专业教育是高等学校开展的专业人才培养活动,归根到底仍然属于教育的范畴,其教育内容、过程和方法仍然要遵循教育的基本规律。"教育性"是学校教育的根本特性[1],也是专业教育的根本属性。怀特海指出:"并没有一门课程只给学生普通陶冶,而另一门课程只给专门知识。"[2]可见,教育性是专业教育不可分割的一部分。

对"教育"内涵的认识也有助于我们确立合理的专业教育价值取向。在西方表达"教育"含义的词语中,英文中的 Education 和德文中的 Erziehung 都来源于拉丁语 Educare,该词具有"训练或养育儿童"("to train or bring up a child")的含义,不过也有研究者认为该词来源于拉丁语 Educere,而 Educere 的含义为"引出"("to draw out")。[3] 依此来看,"教育"便是有意识地引导人的身心发展。我国也通常将"教育"理解为使受教者成善的活动。[4] 可见,教育活动最根本的任务是促进人的健康成长。这是所有学校教育的根本任务,也是专业教育无法回避的责任。

工作只是个人生活的一部分,人在生活中的众多诉求也需要教育给予适当引导。作为大学教育的一种类型,专业教育必然要肩负教育的一般职能,既要培养会工作的人,又要培养能够掌舵生活方向的人。只获得态度、知识和技能并不能表明学习者受到了教育,因为学习者作为个体可能并没有得到成长,或者说个体还缺乏对什么是好的实践、什么是有意义的知识、什么是适当的技能等情况的辨别能力。[5] 专业性工作的过程通常寓居于社会文化大环境中,充满了不确定性和复杂性,这需要专业人员在技术精湛、知识渊博之外还要具备良好的个人能力、社会能力和方法能力,为此,专门化能力发展必须与全面素质的发展相结合。[6] 对此,爱因斯坦曾明确反对学校教育生活中直接用到的特定知识和技能,他认为学校教育应该使学生离开学校时是一个和谐的人,而不是一个专家。[7] 传统的专业教育将目标指向态度、知识和技能,而这只能产生特定的

---

[1] 张应强:《地方本科高校转型发展:可能效应与主要问题》,载《大学教育科学》,2014 年第 6 期。
[2] 华东师范大学教育系:《现代西方资产阶级教育思想流派论著选》,第 121 页,人民教育出版社,1996 年版。
[3] Peter Jarvis. *Professional Education*(London:Croom Helm Ltd,1984),p.1.
[4] 叶澜:《教育概论》,第 3 页,人民教育出版社,1991 年版。
[5] Peter Jarvis. *Professional Education*(London:Croom Helm Ltd,1984),p.42.
[6] 徐国庆:《职业教育课程论》,第 199 页,华东师范大学出版社,2008 年版。
[7] [美]爱因斯坦:《爱因斯坦晚年文集》,第 36 页,方在庆等译,海南出版社,2000 年版。

制成品(end-product)①,难以适应社会需求的变化,只有尊重个体的价值,将专业教育的目标指向人的成长与发展,才能使人跟上时代发展的需要。

理性的有限性使人们无法准确预测未来的工作与生活,同时,现代社会中知识更新之迅速、技术更迭之频繁使一次性学校教育很难满足个人和社会的长远发展需要,这决定了专业教育必须发挥一定的基础性作用,除了培养人的生存能力之外,更要强调教育效果的长期性。

3. 知识性是专业教育的基础

专业的社会威望和地位建立在长期的知识学习和技术训练基础之上,知识的高深性、系统性和完整性成为专业化的重要标志。彼特·扎维斯指出,专业实践以专业知识和技能为基础是不证自明的事实。对知识的掌握也是专业主义概念的本质内容。② 美国社会学家古德(Goode)曾总结出专业知识的七个主要特征:具有抽象、系统的理论体系;对生活中的实际问题来说是实用的;被相关的社会人士认为能够解决问题;持有专业知识意味着问题能够被解决;在创造、组织和传播中需要有专业的途径;应该是技术问题有效解决方案的仲裁者;知识的数量和获取的难度应该足够大以便为持有者带来神秘的光环,而不是给普通人。③ 这些特征从专业知识的存在形式、功能、传播方式等方面进行了整体概括,显示了专业知识的独特性、高深性和实用性。虽然说专业性工作集中在狭窄的、专门化的情境之中④,但专业与普通的技艺性职业在知识的广度上存在较大差别。徐国庆曾主张将知识与工作任务之间关系的确定性程度视为区分专业性工作与职业性工作的重要标准。虽然专业性与职业性工作之间没有明确、清晰的界限,但职业性工作的内容相对单一、标准比较固定,工作任务的确定性越高越职业性则越强,而专业性工作的工作任务具有较强的复杂性、综合性和不确定性。⑤ 专业的这些特点使专业教育具备以下知识特点:

一是专业教育以较宽的知识广度为基础。专业活动具有更加明显的复杂性、多变性和宽泛性的特点,需要从业者根据工作情境的变化调动不同的知识组合,只有以宽广的知识储备为基础才能处变不惊、游刃有余,避免捉襟见肘的窘迫。专业涉及的知识体系通常比较复杂,凯洛(Kyro)曾将专业方面的知识体

---

① Peter Jarvis. *Professional Education* (London:Croom Helm Ltd,1984),p. 42.
② Peter Jarvis. *Professional Education* (London:Croom Helm Ltd,1984),p. 35.
③ 转引自:Peter Jarvis. *Professional Education* (London:Croom Helm Ltd,1984),p. 74.
④ [美]约翰·S.布鲁贝克:《高等教育哲学》,第88页,王承绪等译,浙江教育出版社,2001年版。
⑤ 徐国庆:《新职业主义时代职业知识的存在范式》,载《职教论坛》,2013年第21期。

系分为两个部分:一类是"为这一专业"(for the profession)的知识,主要是指从事该专业活动所需要的核心知识,通常以一个学科领域为主,如律师以法律学科为主、教师以教育学科为主,这一领域的知识通常是从事该专业活动必备且区别于其他专业活动的知识。另一类是"关于这一专业"(about the profession)的知识,指的是与该专业实践相关的知识。专业实践活动的社会性以及过程的复杂性通常会涉及不同学科领域的知识,只有借助不同学科领域的知识和经验才能使专业任务得到合理解决,管理专业的"关于这一专业"的知识可能会涉及工程学、计算机科学、环境科学、社会科学、心理学、统计学、法学等众多知识领域。① 只有为学生的心灵世界提供一个完整的文化系统,才能使学生在文化生活和正义的标准下解决好专业问题。② 由于专业实践往往会涉及不同领域的知识,专业教育只有与通识教育相结合,拓宽学生的知识基础,才能有效解决综合性、复杂性的专业问题。为拓宽专业教育的知识基础,美国不断强化本科教育的基础性功能并将专业教育提升至研究生层次,欧洲国家的专业教育层次也在不断提升。从该意义上来讲,合理的专业教育也是建立在通才教育基础上的专才教育。

二是专业教育强调原理性知识的学习。彼特·扎维斯认为专业教育和培训存在两种类型的知识基础:一个是关于"知道是什么"的知识(knowledge that),另一个是"知道如何"的知识(knowledge how)。③ 前者指的是一种普遍的事实、理论或规律,后者是基于情境的实践技能或策略。对从业者来说,掌握技术的理论基础是专业实践的基本要求。④ 理论作为行动的向导,一方面对人的实践活动具有较强的指导能力,另一方面理论作为知识大厦的基础,是知识构建、认识发展的根基。知识愈是以一般化和系统化的理论为基础,它就愈能对人的行为系统产生重大的影响。⑤ 对理论的掌握能增强人的创新能力和适应能力,有助于应对技术更新和职业岗位变迁所带来的不确定性因素的挑战。20世纪80年代之后,随着技术革新、劳动组织模式演变、人们对品质服务的更高

---

① Kyro,P. *The Management Consulting Industry Described by Using the Concept of "Profession"* (Helsinki, Finland:Department of Education,University of Helsinki,1995),p.119—123.
② Jarausch,K. H. (ed.). *The Transformation of Higher Learning 1860—1930:Expansion, Diversification, Social Opening, and Professionalization in England, Germany, Russia, and the United States*(Chicago:The University of Chicago Press,1983),p.317.
③ Peter Jarvis. *Professional Education*(London:Croom Helm Ltd,1984),p.68.
④ Peter Jarvis. *Professional Education*(London:Croom Helm Ltd,1984),p.34.
⑤ [美]伯纳德·巴伯:《信任——信任的逻辑和局限》,第130页,牟斌等译,福建人民出版社,1989年版。

追求,以"训练主义"为特点的职业人才培养模式已无法适应频繁变动的工作任务。新学徒制、生涯教育、就业适应、关键能力、职业迁移能力等词语成为新时代职业类教育发展的重要特点,其突出特点就是对理论知识更加强调。① 彼特·扎维斯认为,专业知识主要是指学术原理或实践背后的学科知识。② 与普通职业技术人才相比,专业性人才需要更多宽广、抽象、概括性和普适性的理论知识,以便通过本质性、规律性知识的把握以一驭万,解决现实中各种不确定性的问题。从经验来看,医生和工程师肯定要比护士、建筑工人需要更多理论知识。③ 在陈桂生教授看来,无论学术性专业还是应用性专业都建立在一定的理论基础之上,否则普通高等教育与高等职业教育就没有区别了。④

4. 专业教育以增强人的智识为重点

智识不同于简单的知识,它是在领悟知识的基础上可以统领行为的智慧,能够增强人在不确定性情况下的适应能力。有学者认为,只有以智慧为归依的知识才能称得上真正有价值的知识,可见,转"识"成"智"应该是教育的更高追求。这不仅要求学习者掌握足够的知识,而且需要其在慎思、明辨的基础上驾驭知识、合理利用知识。

《庖丁解牛》告诉我们"道也,进乎技矣"(《庄子·养生主》)的道理,也就是掌握事物的内在规律比娴熟的技艺更胜一筹。"道"明方可"术"得,高超的技艺不能囿于技术本身,只有将万物机理了然于心,才能使技术得心应手、运用自如。这意味着更高层次的技术学习是对技术背后"道"的领悟和体会。战国时期田忌赛马的故事说明了技术虽然重要,但利用智慧进行对比分析、甄选适当的策略更有价值。这说明,专业工作对技术外的能力还有更多要求。美国"反思性教学"的倡导者唐纳德·舍恩认为,在专业实践的地图中,有实践者可以利用理论知识和技术解决的"坚硬高地",也有简单的技术手段难以解决的"沼泽地"。⑤ 由于沼泽地情况复杂、虚实难辨,其问题的解决需要依赖于专业人员的思考判断能力。弗莱克斯纳也认为,"专业的本性来自理智"⑥,对专业人才的培

---

① 徐国庆:《新职业主义时代职业知识的存在范式》,载《职教论坛》,2013年第21期。
② Peter Jarvis. *Professional Education* (London:Croom Helm Ltd,1984),p.35.
③ 徐国庆:《新职业主义时代职业知识的存在范式》,载《职教论坛》,2013年第21期。
④ 陈桂生:《"教师专业化"面面观》,载《全球教育展望》,2017年第1期。
⑤ [美]唐纳德·舍恩:《培养反映的实践者:专业领域中关于教与学的一项全新设计》,第3页,郝彩虹等译,教育科学出版社,2008年版。
⑥ [美]亚伯拉罕·弗莱克斯纳:《现代大学论——英美德大学研究》,第23页,徐辉等译,浙江教育出版社,2001年版。

养不能完全局限于现成的专业标准和规格,以不变应万变的心态在今天这个知识爆炸的时代无疑是作茧自缚。

今天,"我们生活在一个非常动荡的时代——无论技术、国际政治、航空旅行、国际金融市场、气候变化……我们在每个领域都会面对 VUCA——易变性、不确定性、复杂性、模糊性"①。随着技术的发展、职业的快速转换、生产组织方式的变革,以及工作观念的变化,那种培养工人按部就班、严格执行地进行工作的职业教育早已不能适应现代社会、经济和人性的要求。② 希望通过一次高等教育就获得某一职业永久从业资格的可能性正在不断丧失。③

科学教育学之父赫尔巴特(Johann Friedrich Herbart)曾将智育视为全部教育的中心,认为智慧的启迪能够使人免遭被动服从的命运。④ 赫钦斯也指出,每个有学问的专业都拥有伟大的理智遗产,对专业论题的思考能使专业学院的学生更好地适应将来的实际工作。⑤ 彼特·扎维斯认为专业教育的价值除了培养专业的理念、必备的知识和技能,还在于对专业知识和技能的批判性理解。⑥ 最初,中世纪大学中的专业教育便重视以辩论式教学促进学生的理性思维,德国柏林大学为培养具有独立思考能力的专家采用了习明纳教学模式。承认职业的全部理智,启发学生的智慧和首创精神,能够使未来的从业人员更好地适应不断变化的情况而不盲目地听天由命。⑦ 在知识经济时代,显性的知识和技术难以应对多变的现实,确保专业活动顺利开展的"源头"、"活水"不是现成的操作手册,不是条分缕析的行为规范,更不是书本或课堂上的案例,而是学习中逐渐形成的判断、分析、决策等综合性智慧。这些内在智慧和见识为个人提供了解决问题的心理图式,即使面对新的挑战也可以凭借经验按图索骥,重新组建起新的知识结构。这需要我们以一种超越的意识迎接未来的难以预测的挑战,在专业教育中更加重视理智的开发和训练。

5. 专业教育以利他主义的伦理精神为灵魂

以工具理性为目的的技能训练和理智培养未必能够经得起价值理性的考

---

① [美]费尔南多·M.赖默斯等:《21世纪的教与学:六国教育目标、政策和课程的比较研究》,第2页,金铭等译,北京语言大学出版社,2016年版。
② 徐国庆:《职业教育课程论》,第183页,华东师范大学出版社,2008年版。
③ 王建华:《高等教育的理想类型》,载《高等教育研究》,2010年第1期。
④ [德]赫尔巴特:《普通教育学·教育学讲授纲要》,第174页,李其龙译,人民教育出版社,1989年版。
⑤ [美]罗伯特·M.赫钦斯:《美国高等教育》,第33页,汪利兵译,浙江教育出版社,2001年版。
⑥ Peter Jarvis. *Professional Education* (London: Croom Helm Ltd, 1984), p.104.
⑦ [美]约翰·杜威:《民主主义与教育》,第337页,王承绪译,人民教育出版社,1990年版。

验,急功近利的目的性可能会对人类的生存和自然的和谐带来潜在的威胁。在"知识就是力量"的呐喊声中,人们见证了科技在 20 世纪的狂欢与肆虐,"自然的祛魅"导致"自然失去了所有使人类精神可以感受到亲情的任何特性和可遵循的任何规范"。① 随之而来的是环境污染、资源枯竭、核战阴云等危机,这已严重威胁到人类的生存。为此有学者指出,"危险的来源不再是无知而是知识;不再是因为对自然缺乏控制而是控制太完善了;不是那些脱离了人的把握的东西,而是工业时代建立起来的规范和体系"②。在现代人的认知结构中,事实与价值相割裂,理性与信念相分离,知识分子与专家已分道扬镳。人们认为大学教育对此结果难辞其咎。爱因斯坦指出:"在我们的教育中,往往只是为着实用和实际的目的……已经直接导致对伦理价值的损害。"③杰勒德·德兰迪(Gerard Delanty)认为,是"大学丧失了它在启蒙时期拥有的判断价值以及客观事实正名的权力"④。

在怀特海看来:"贫瘠的知识毫无价值,事实上乃是灾祸。"⑤为防止知识的滥用,爱因斯坦主张一切技术上的奋斗始终应该将关心人的本身视为主要目标,以保证我们科学思想的成果会造福于人类,而不致成为祸害。他把人类的希望寄托在"伦理教育"上,认为没有"伦理教育",人类就不会得救。⑥ 伦理是在一定价值观念的指导下处理人与人、人与社会、人与自然等关系的行为规范和道德准则。人是社会关系的产物,在充满复杂联系的社会中需要一定的伦理准则来规范人的行为,从而使社会秩序得到维系。以服务他人为目的的专业更是注重利用严格的伦理准则来打造自己的专业形象。对专业人员来讲起决定性作用的知识领域是道德价值观。⑦ 为获得社会认可并维护自身的垄断地位,不同专业均以利他性为服务宗旨,从而形成了以利他主义为核心的专业文化。伯顿·克拉克指出,真正的专业文化通常把利他主义作为自己的使命,把创造知

---

① [美]格里芬:《后现代科学——科学魅力的再现》,第 3 页,马季方译,中央编译出版社,1995 年版。
② [德]乌尔里希·贝克:《风险社会》,第 226 页,何博闻译,译林出版社,2004 年版。
③ [美]爱因斯坦:《爱因斯坦文集》,第 293 页,许良英等译,商务印书馆,1979 年版。
④ [英]杰勒德·德兰迪:《知识社会中的大学》,第 51—52 页,黄建如译,北京大学出版社,2010 年版。
⑤ 转引自[美]厄内斯特·博耶:《大学:美国大学生的就读经验》,第 102 页,徐芃、李长兰、丁申桃译,北京师范大学出版社,1993 年版。
⑥ [美]爱因斯坦:《爱因斯坦文集》,第 294 页,许良英等译,商务印书馆,1979 版。
⑦ Peter Jarvis. *Professional Education*(London:Croom Helm Ltd,1984),p.35.

识、传递文化遗产、训练青年以便发挥他们的潜力作为服务社会的最高级形式。①

利他性的服务意识和精神追求将决定专业知识和技术的真正价值,这也为专业教育提出了更高目标。功利主义哲学家约翰·穆勒(John Stuart Mill)认为幸福不是享乐主义而是需要牺牲个人利益为他人谋利益。他指出:"培养利他主义(altruism),使利己主义(egoism)服从利他主义,这一任务远远超出道德的责任,而应当是个人和集体教育的主要目标之一。"②亚当·斯密(Adam Smith)在《道德情操论》中着重强调了以伦理道德维护社会秩序的重要性,认为人要实现自己的利益必须以他人为中心,而不是以自己为中心。③ 为体现职业伦理的重要性,国际医学教育专家委员会强调专业教育应该反复灌输职业精神,要推动职业角色认定、价值观的择取、职业承诺和职业性格养成。他们认为未来的医学教育是要使所有国家医学卫生人才都掌握运用知识、批判性思辨和注重伦理行为的能力。④ 2003 年,美国科学基金委员会组织召开"绿色工程"研讨会,该会议将"维护人类健康与幸福,保护和改善自然生态环境"视为工程教育的重要指导原则。⑤ 可见,利他性的伦理精神正在成为专业教育的重要指导思想。

6. 专业教育(狭义)以实践为目的和依据

专业教育的职业属性指的是"如何去做"的问题,属于实践论的范畴。对顾客来讲,只有理论知识而缺乏实践能力与只有技术而没有知识一样缺少价值。为此,专业教育(professional education)的目的是要培养称职的实践者。⑥ 他们既要有知识又要有技术才能满足工作需要。帕森斯和普莱特指出,应用型专业人员的任务是要利用知识资源为实践目标服务,关注智力和能力的整体性贡献,并以此满足顾客的委托。⑦

---

① [美]伯顿·克拉克:《高等教育系统——学术组织的跨国研究》,第 101 页,王承绪等译,杭州大学出版社,1994 年版。
② F. W. Garforth. *John Stuart Mill's Theory of Education*(Oxford:Martin Robertson & Company Ltd,1979),p. 80.
③ [英]加文·肯尼迪:《亚当·斯密》,第 136 页,苏军译,华夏出版社,2009 年版。
④ Julio Frenk,Lincoln Chen:《新世纪医学卫生人才培养:在相互依存的世界,为加强卫生系统而改革医学教育》,载《世界临床医学》,2011 年第 4 期。
⑤ 李晓强、孔寒冰、王沛民:《建立新世纪的工程教育愿景——兼评美国"2020 工程师"〈愿景报告〉》,载《高等工程教育研究》,2006 年第 2 期。
⑥ Peter Jarvis. *Professional Education*(London:Croom Helm Ltd,1984),p. 31.
⑦ Talcott Parsons & Gerald M. Platt. *The American University*(Cambridge ,Massachusetts:Harvard University Press,1973),p. 230.

专业教育源于专业实践对人才的需要。弗莱克斯纳认为,任何专业都不仅仅是学术和理论上的,专业人员必须有一个绝对确定和实际的目标。① 最初的中世纪大学便是以培养应用型专业人才为主要目标。我国学者贺国庆指出:中世纪大学主要培养市政和教会管理人员以及医生、律师,而非文学学者、哲学家或纯科学家。② 随着科学技术对经济生活的渗透,社会日益需要更多能够将知识和技术转化为现实生产力的应用型人才。丹尼尔·贝尔(Daniel Bell)指出:"后工业社会的主要问题是要有足够数量的受过训练的具有专业和技术能力的人才。"③知识本身不再是教育的最终目的,发掘知识的应用价值开始成为高等教育的主要追求。管理大师德鲁克(Peter F. Drucker)明确指出,知识社会最有价值的是专门性和实践性知识,传统受过教育而缺乏实践能力的人只能被视为"半吊子"。④ 大学作为社会发展的引擎,其功能也在从早期的"传播知识"、"发展知识"演变为"应用知识"。可见,满足实践需要是专业教育与生俱来的职能,也是现代社会赋予的职责。

将学科知识转化为职业所需的行业知识离不开实践的过程。有研究者根据教育目的和人才培养模式特点总结出应用型专业教育应该定"性"在行业、定"向"在应用、定"格"在复合、定"点"在实践。⑤ 该认识体现了专业教育"学以致用"和"用以促学"的显著特点,突出了实践作为专业教育出发点、支撑点和落足点的本质。专业知识由一套来自经验的原则和行为规范组成⑥,以现场取向的实践知识为主,而实践知识需要"在实践中认知"、"在行动中反映"⑦,学习的过程是我们能够实现却难以言表的行动过程。因此,舍恩主张实践知识的获得要与具体的情境相结合。现实中的问题解决充满了个性和随机性,不符合任何抽象的知识分类,难以准确预见,我们很难在课堂上、书本里找到解决实践问题的现成答案。赫尔巴屈(D. R. Herschbach)指出:"在技术知识中,我们并不能找到物理学、生物学和经济学中的那种普遍化结构。技术知识在特定的人类活动中获得形式和目的;它的特征是根据它的应用来定义的,它的目标是效率而不

---

① 亚伯拉罕·弗莱克斯纳:《社会工作是一门专业吗?》,载《中国社会工作研究》,2013年第10期。
② 贺国庆:《中世纪大学若干特征分析》,载《教育学报》,2008年第6期。
③ [美]丹尼尔·贝尔:《后工业社会的来临》,第256页,高铦、王宏周、魏章玲译,新华出版社,1997年版。
④ [美]彼得·德鲁克:《后资本主义社会》,第49页,张星岩译,上海译文出版社,1998年版。
⑤ 史秋衡、王爱萍:《应用型本科教育的基本特征》,载《教育发展研究》,2008年第21期。
⑥ [瑞士]瓦尔特·吕埃格等:《欧洲大学史》(第三卷),第385页,张斌贤等译,河北大学出版社,2013版。
⑦ [美]唐纳德·舍恩:《培养反映的实践者:专业领域中关于教与学的一项全新设计》,第27页,郝彩虹等译,教育科学出版社,2008年版。

是理解。"①

建构主义认为,个人能力的增长不是机械式的知识累积,而是个人在经验基础上对知识的自主建构。职业教育研究者劳耐尔(Felix Rauner)曾指出,专业知识只是新手发展成专家的手段,只有在个人经验的基础上建构系统的专业知识,才能达到专家的技术水平。② 这意味着实践是专业教育的基础,专业教育的重心应该放在实践领域。为此,拉图卡和斯塔克认为本科阶段的专业类主修(professional major)(如建筑、商业、教育、工程、护理、社会工作)所学习的知识通常是基于未来专门职业中技术、态度、行为的需要,应该在未来将要从事的工作环境中开展实践练习。③ 塔尔科特·帕森斯同样认为,高水平专业技能的形成不能只学习抽象知识,必须依靠实际的工作情境才能使它在应用中变得娴熟。他认为医学教育的核心部分始终是学徒式训练,未来的医生不仅要"学"医学,更应该在监督下实际"行"医;不仅学习具体科目,更应该在实践中练习。④ 以此来看,学习商业的地方离不开商店,学习农业不能脱离农场,学习法律需立足于法院。欧洲应用型大学与企业建立的密切联系已被普遍认为是专业实践能力培养的典范。受职业属性的影响,"从实践中来,到实践中去"的教育理念和人才培养方式正在成为专业教育(狭义)的必然选择。

(三) 两种不同专业教育思想的冲突及关系厘定

专业教育的内涵由两方面因素决定,一方面是学校作为专业教育的主体,要求专业教育必须遵循教育发展的规律,以教育性为根本属性,为人的成长和长远发展做准备;另一方面是专业教育以满足外部市场的人才需要为目的,这需要专业教育以职业需求为导向,以一定的专业标准为依据来培养人才。这两种不同价值取向的存在直接导致了专业教育领域"教育性"与"职业性"两大教育思想的长期矛盾与冲突,在很大程度上造成了人们对专业教育理解的困惑,也对人才培养目标、方式,甚至对学校的组织结构、管理制度等产生了深刻影响。

教育性和职业性都是专业教育内在属性,然而体现了不同利益群体的价值

---

① 转引自徐国庆:《职业教育课程论》,第77页,华东师范大学出版社,2008年版。
② 转引自徐国庆:《职业教育课程论》,第82页,华东师范大学出版社,2008年版。
③ Lisa R. Lattuca, Joan S. Stark. *Shaping the College Curriculum: Academic Plans in Context* (San Francisco: Jossey-Bass, 2009), p. 34.
④ Talcott Parsons. "Remarks on Education and the Professions", International Journal of Ethics 47, no. 3(1937): 365—369.

诉求。教育性代表教育内在的本体价值和个体价值,注重对知识、真理、道德的追求,侧重于人性的塑造;职业性是专业教育外在工具价值和社会价值的体现,注重服务社会、满足社会的各种需要,侧重于人才的培养。在专业教育演进的历史中,人们在功利主义、实用主义思想的驱使下总是以社会为本位,过度强调专业教育的职业性,而忽视专业教育的教育性,导致专业教育的职能被严重简化。中世纪大学虽然采取文学院与专业学院相结合的组织形式,但在宗教、世俗王权以及求学者功利性目标的影响下,神、法、医专业在大学中具有较高的地位,而以自由教育为主的文学院地位旁落,职业性被认为是中世纪大学的主要特征。① 在文艺复兴的影响下,封建贵族所推崇的自由教育曾在牛津、剑桥等传统大学中长期占据主导地位,并拒绝现代科学知识和技术,无视经济社会发展需要,进而导致社会的不满。然而,传统大学对自由教育理想的坚持最终无法抵挡工业革命的冲击。在新兴资产阶级的推动下自然科学、工艺技术等实用学科开始涌进大学,随着专门学校、城市大学、赠地学院的崛起和"威斯康星思想"的流行,专业教育呈现蓬勃发展之势,虽然有纽曼、赫钦斯、怀特海、雅斯贝尔斯等人对自由教育理想的呐喊、耶鲁大学对自由教育的坚定捍卫以及哈佛大学对自由教育精神的长期呵护,但这些教育价值的坚守终究无法抗拒实用主义浪潮的冲击。布鲁贝克指出,政治论哲学和认识论哲学曾在高等教育领域交替占据统治地位,然而,工业革命后,政治论的高等教育哲学开始呈现压倒认识论的哲学的趋势。② 于是,各类职业为提升自身的专业化程度和社会地位而纷纷进入大学,新的专业学院不断涌现,专业的数量和教育的规模迅速膨胀。教育制度作为整个社会机体的产物③受到各国文化传统和管理体制的影响和制约,国际上开始出现不同的专业教育模式,最典型的是以苏联为代表的"专才"教育模式和以美国为代表的"通才"教育模式。"专才"教育模式以培养"现成的工程师"为目标,强调教育的职业针对性。该教育思想将国家需要作为教育的最高宗旨,为短期内快速提高苏联的工业实力而无视人的价值和追求,最终导致了苏联经济结构严重失衡,社会发展难以为继。"通才"教育模式注重知识的完整性和人的长远发展需要,凸显了专业教育的本体价值和个体价值。这也是美国在科学技术和经济文化领域长期保持领先地位的重要原因。"专才"教育模式对

---

① 孙华、郝瑜:《西方大学专业教育与自由教育理念的 1000 年分野》,载《现代大学教育》,2012 年第 6 期。
② [美]约翰·S.布鲁贝克:《高等教育哲学》,第 15—17 页,王承绪等译,浙江教育出版社,2001 年版。
③ 许美德、俞理明:《西方大学的形成及其社会根源》,载《教育研究》,1981 年第 12 期。

职业性的片面强调实质上是要求学校教育迎合外部的用人标准,片面追求外在的工具价值和社会价值,而"悬置"学校教育的内在要求,使大学教育失去了丰满的精神内涵,被窄化为技术培训机构。这种狭隘的教育理念使专业教育的目标局限在当前的技术水平和工作岗位,难以适应知识更迭和职业变迁的需要,同时,远离了人的需要,不利于人的道德建立和全面发展。① 为改变"专才"教育的短视效应,联合国教科文组织指出以职业需求为教育目的的专业资格概念已经过时,呼吁教育界将学会认知、学会做事、学会共同生活、学会生存作为个人终身发展的"知识支柱"。②

我们也应该看到,专业性工作的合法性建立在道德水准之上,对从业者的人格具有较高的要求。从专业本身来看,深厚的理论基础和复杂的技术虽然是专业人员解决现实问题、保持较高社会地位的基本依据,但专业人员在专业领域的垄断地位和享有的崇高社会声望主要建立在其长期秉持的利他主义精神和对职业伦理道德的严格遵守,否则很难取得社会的信任和政府所授予的排他性权力。专业(profession)在西方社会被视为一种天职,意味着一种责任和担当,不是通过单纯的知识积累和技术训练便可从事的职业。专业性工作通常事关人的生命、财产等复杂性、重要性的问题,只有具备高尚的伦理道德和利他主义精神才能获得信任并授予重托。然而,崇高的利他主义精神和伦理规范意识不是从业者与生俱来的,专业教育只有对行业的思想文化和伦理精神进行有效的挖掘与传承才能获得广泛的认可。可见,开展道德教化、提高人的精神境界是专业性工作的内在要求,这也是专业教育无法忽视教育性的特殊原因。

高等教育的内外部关系原理同样告诉我们教育性在专业教育中的根本性地位。高等教育作为现代社会的中心,已同整个社会系统交织融合在一起,并日渐游离出"教育"本身的内涵而呈现出高度的复杂性。③ 虽然高等教育发展受到经济、政治、文化等外部因素的制约,还要为之服务,这已被视为高等教育发展的外部规律。从历史上看,高等教育基本职能的扩展、层次结构的变化、办学类型的多样化等都受到了外部社会的影响和制约。从中世纪大学的出现、赠地学院的诞生到"巨型大学"的形成,无一不是政治、经济、科技文化等外部因素推

---

① [美]弗兰克·H.T.罗德斯:《创造未来:美国大学的作用》,第46页,王晓阳等译,清华大学出版社,2007年版。
② 联合国教科文组织国际21世纪教育委员会:《教育——财富蕴藏其中》,第75页,教育科学出版社,1996年版。
③ 张应强:《教育内外部关系规律及其对高等教育学学科建设的意义》,载《山东高等教育》,2015年第3期。

动的结果。然而,促进人的发展这一教育内部的基本规律或总规律始终制约着各级各类的教育及教育过程。尽管教育的外部规律制约着内部规律,但外部规律终需经内部规律来实现。① 教育具有相对的独立性和主动性,对外部社会的被动适应容易造成工具理性、政治理性、经济理性、实践理性等对认知理性的"僭越",导致对个人全面发展的忽视。任由外部规律的片面主导,教育领域将成为其他社会系统的"殖民地",人在教育中容易被改造成某种外在目的的工具,甚至沦为现代社会中规范化、标准化、程序化规则和流程的"奴隶"。无视人之内在精神、人格的塑造,容易使专业人员集卓越、傲慢、偏见、愚昧于一身,甚至成为"有知识的无知者"(learned ignoramus)②。专业教育所赋予的毕业证、成绩合格证、职业资格证只是对学习成果确认的符号。这些迈向社会的"通行证"虽然为生存提供了前提和基础,但并不是个人生活质量的根本保障。印度学者阿马蒂亚·森(Amartya Sen)也指出,外部的职业发展需求仅属于工具性范畴,最终是为了服务于人的发展和福利。③ 可见,满足人的长远发展需要才是专业教育的永恒目的,人们不能因为社会需要是高等教育的"风向标",而将专业教育变成社会职业需要的"应声虫"。

学校教育的性质决定了教育性是专业教育的根本属性。大学是开展正规专业教育的主体,而促进人的全面发展是各级学校教育的共同目的。以此来看,职业性只是专业教育的部分属性,教育性才是专业教育的根本特性。学校与职业培训机构不同,学校教育要为人的全面发展负责而不是局限于眼前的职业需要。"成人"是"成事"的基础,学生只有是一个精神健全、人格完整、价值观端正的人才能有效驾驭知识、服务社会。以人为目的的学校教育特征决定了专业教育不能因为满足当下的职业需要而不顾人的长远发展。

综上所述,"教育性"和"职业性"虽然都是专业教育本身固有的重要属性,但两者之间的地位是不平等的。专业教育中的"教育性"应该统帅"职业性",而不是以"职业性"目标排挤"教育性"的根本地位。在教育性、职业性因素的共同制约下,专业教育可被视为一种以深厚基础知识和专业精神为基础、以人的长远发展为目的的职业型教育。

---

① 潘懋元:《潘懋元文集》(卷一·高等教育学讲座),第37页,广东教育出版社,2010年版。
② [西]奥尔托加·加塞特:《大众的反叛》,第107页,刘训练等译,吉林人民出版社,2004年版。
③ [印度]阿马蒂亚·森:《以自由看待发展》,第295页,任赜、于真译,中国人民大学出版社,2002年版。

三、相关概念辨析

（一）专业与职业

职业(occupation)源于社会分工的需要，是人们为了生存和发展的需要而从事的相对稳定、有一定收入的专门性社会劳动。社会学意义上的专业(profession)从职业领域中分化出来，是以一定高深知识为基础并与人类的关键需求紧密相关的职业。① 可见，职业以社会分工为基础，包含不同的工作类型，而专业作为职业中的特殊类型，在工作的复杂程度、从业者的资格、社会地位和影响力等方面都不同于普通的职业。

专业作为一种以一定理论知识为基础的高级职业，离不开高等教育所提供的专门性教育。能否进入高等教育系统已成为一种职业能否称得上专业的重要标志。专业是一个富有历史、文化含义而又变化的概念，与一般职业的主要区别在于其对知识、技能以及伦理道德方面的特殊要求。系统的知识和复杂的能力是专业化的基础，由于专业知识体系的系统化、结构化、合法化和传承主要是在高校完成的②，人们便将专业与高等教育的天然联系视为专业和普通职业的本质区别③，接受高等专门教育成为专业的标志。④ 埃齐奥尼(Etzioni)还根据从业人员需要接受高等教育的年限将专业分为专业和半专业，他认为从事专业领域的工作至少需要5年的高等专业教育，而半专业性的职业只需要3年。⑤

《国际标准职业分类》对职业等级的划分能够使我们更清楚地认识职业和专业的关系。2008年国际劳工组织颁布的《国际标准职业分类(2008)》将职业分为四个技术层级，共包括10个大类(major group)、43个中类(sub-major group)、130个小类(minor group)和436个细类(unit group)。在10个职业等级中，等级最高的专业人员(professionals)需要的技能等级(ISCO skill level)为4级，而其他职业等级的从业人员所需要的技能等级分别处在1—3级之间。如表2—3所示，不同技能等级之间所面对的工作任务、所需要的技能和教育水平

---

① Hillmert, S., Jacob, M. "Social Inequality in Higher Education", European Sociological Review 19, no. 3 (2002): 319—334.
② 赵康：《专业、专业属性及其判断成熟专业的六条标准》，载《社会学研究》，2000年第5期。
③ 教育部师范教育司：《教师专业化的理论与实践》，第18页，人民教育出版社，2001年版。
④ 董秀华：《专业认证：高等教育质量保障的重要方法》，载《复旦教育论坛》，2008年第6期。
⑤ Etzioni, A. (ed.). The Semi-Professions and Their Organization (New York: The Free Press, 1969), p.147—154.

上都有明显的区别。

表2-3 《国际标准职业分类(ISCO-08)》的技能水平划分

观测点	技能等级1	技能等级2	技能等级3	技能等级4
典型任务	简单和常规的体力劳动与任务；使用的工具比较简单	操作机器和电子设备；驾驶车辆；电气和机械设备的维护和修理；信息操作、整理与存储	需要面对复杂的技术和实践任务，涉及专门领域中大量的事实、技术和程序知识	特定领域内的基于丰富的理论和实践知识解决复杂问题；需要一定的创造性和决策能力
所需技能	具备一定的体力和耐力；基本的识字和算术技能	需要较好的读写算能力和沟通能力，如能够阅读安全指示之类的信息，完成工作的书面记录；需要较高的手工技能	高水平的读写算能力和良好的人际沟通技巧，如理解复杂的书面材料、准备事实报告和在困难环境下口头交流的能力	拥有高超的读写算能力以及人际沟通能力，可以理解复杂的书面材料，沟通复杂的想法(书籍、图像、表演、报告和口头报告)
教育背景	初等教育或小学教育；一些短期的在职培训	以中等教育为主；部分需要专门的职业教育和岗位培训	1-3年的高等教育或者具备丰富的工作经验和长期在职培训	3-6年的高等教育，拥有学士学位或更高学位；除了正规教育还需专门的从业资格
典型职业	清洁工、搬运工、园艺工作者、厨房助手等	屠宰人员、公交车司机、秘书、会计、机械师、裁缝、销售助理、警察、理发师、建筑电工等	商店经理、医学实验室技术人员、销售代表、计算机设备技术支持人员、医疗诊断放射技师、法律秘书、广播和录音技师等	销售和市场经理、土木工程师、科学家、中学教师、医生、音乐家、手术室护士、计算机系统分析师等

处于"技能等级4"的专业性职业需要从业者具备较高的文化水平，掌握系

统的专门知识,形成独特的心智判断能力、表达沟通和解决复杂问题的能力,通常还需要具备专门的执业资格。从职业的外部特征来看,从事专业工作的人员通常以"白领"为主,工作地点也以医院、法庭、教室等高级场所为主;普通职业的工作者以技术性的"蓝领"为主,工作地点则在商店、工地、农场、工厂等场所。① 专业工作的报酬和社会地位也通常高于普通职业。

专业和职业间的差异也是相对的。在科学技术的渗透和改造下,一些普通职业的专业化程度也在不断提升,在ISCO-88版中的专业人员(professionals)所从事的专业有73个类别,而在ISCO-08版中增加为84个专业类别。② 在过去的一个世纪里,美国领取薪金的经理和专业人员在所有职业人员中所占的百分比增加了7倍。③ 这说明随着社会发展,专业人员在劳动者中的比例在逐步提高,普通职业从业人员所占的比例则相对减少。

(二)专业教育与职业教育

大学职能从知识传承、理性培养、科学研究扩展到服务社会的历程也是一个充满争论的过程。一些学者为了维护大学的神圣性与高深性,坚决反对大学过度迎合市场而从事职业教育和培训工作。为此,什么是职业教育(vocational education)、什么是大学可以从事的专业教育(professional education)引起了人们的关注。

职业教育(vocational education)和专业教育(professional education)都是以一定的职业为背景、按照经济社会发展的实际需要培养专门人才的教育;两者都注重培养学生解决实际问题的能力,并具有明显的实践性、职业性、应用性等特征;在人才培养过程中都注重以市场为导向,强调理论与实践相结合和校企合作的重要性。不过,专业教育和职业教育在知识的系统性、理论化程度、教育层次、教育年限、工作对象的复杂程度、从业标准等方面还存在明显差别。④

从宽泛的意义上来讲,为满足社会职业需要而培养人才的教育都是职业教育,当然也包括培养科学家、学者的学术教育。该认识囊括了所有高等教育类型,但无助于我们对教育类型的区分。在现实中,人们已经形成对职业教育的

---

① 李海萍、上官剑:《自由教育、职业教育与通识教育——西方高等教育思潮谱系溯源》,载《教育研究》,2017年第9期。
② ISCO-08 Structure, Index Correspondence with ISCO-88. http://www.ilo.org/public/english/bureau/stat/isco/isco08/index.htm,2017-4-6.
③ [美]S.鲍尔斯、H.金蒂斯:《美国:经济生活与教育改革》,第307页,王佩雄等译,上海教育出版社,1990年版。
④ 马骥雄等:《战后美国教育研究》,第118页,江西教育出版社,1991年版。

固定认识,职业教育不单是一种教育类型,更代表的是一种教育层次。"vocation"除了表示具有使命感的职业外,还专门用来表示受过培训的技术性职业。"职业教育"由于对知识文化水平的要求相对较低,通常被认为是一种低层次的教育。

弗莱克斯纳比较关注大学教育中专业与职业的区别,并对两者进行认真辨析。他指出职业教育是一种注重技术培训和就业需要的教育,而专业教育却有更高的追求和价值目标,并认为专业以高深学问为基础,扎根于一定的文化和理想主义土壤,而不含学问的专业只能是职业。① 在他看来,专业的价值在于崇高的利他性,而以谋生、商业利益为目的的职业不能称为专业(profession),并坚持认为大学以高深学问为基础、以增进人的理智为目的,所开设的专业教育应具有较高的准入标准,而以谋生、就业为目的的职业教育没有资格进入大学。

《国际教育标准分类》以教育层次为标准对专业教育与职业教育进行区分。在《国际教育标准分类(2011)》中,2—5级教育阶段(大专及以下)被分成普通教育和职业教育(general and vocational education)两种类型,在6—8级教育阶段(本科及以上)则分为学术教育和专业教育(academic and professional education)两种类型。显然这种划分方式将职业教育视为大专及以下层次的教育,而将专业教育视为本科及以上层次的教育。

陈桂生教授认为:职业包括专业性的职业与事务性的职业。前者的从业人员须具有相当专门的理论修养与实践能力;事务性职业为通用的职业,是无须专门训练、单凭体力就可胜任的职业。出于对事务性职业的歧视,一般把事务性职业称为"职业",而把专业性职业称为"专业"。与之相应,人们把这两类职业从业人员的就业准备教育分别称为"职业教育"与"专业教育"。② 可以看出,专业教育(professional education)侧重于系统知识的教育,而职业教育(vocational education)以传授具体的技能为主。

虽然说专业教育比一般性职业教育(vocational education)更加复杂,但随着职业的复杂性增加,一些职业教育的对象会上升至专业教育的领域,如专业教育中的会计学、图书馆学、护理学、医学检验技术、医学影像技术等都是从职业教育逐步发展而来的,这使专业教育与职业教育之间的区别变得模糊。③

---

① [美]亚伯拉罕·弗莱克斯纳:《现代大学论——英美德大学研究》,第23页,徐辉等译,浙江教育出版社,2001年版。
② 陈桂生:《"职业教育"辨析》,载《江西教育科研》,2005年第10期。
③ 王建华:《高等教育的理想类型》,载《高等教育研究》,2010年第1期。

（三）专业教育与通识教育

通识教育（general education）也被称为普通教育，是在欧洲自由教育（liberal education）基础上发展起来的教育模式。源于古希腊的自由教育最初是以自由学科（liberal arts）为基础，以培养自由人的理性、气质和修养为主要目的。通识教育是以培养"通才"为目标的教育。它在继承自由教育理念的基础上，还要进一步弥补高等教育专门化所带来的偏狭，使受教育者具备更加宽广的知识视野、社会责任感与人道主义精神。为突破日趋细密的学科体系，使学生对相关的跨学科知识和人类发展所必需的基本理论有所了解，通识教育强调知识的全面性，主张通过历史和文化、科学与人文、自然与社会等方面的了解，使学生认识通达，形成完整的知识结构和高尚的道德修养。总之，通识教育将人作为教育的目的，是关于"做人"的教育，强调内塑于心，为人的行为提供合理的知识基础和价值指导。

专业教育（professional education）作为社会分工的产物，是要通过对教育内容的针对性选择为特定职业培养专门性人才，是一种强调"外达于行"、能够"做事"的教育。专业教育以一定的职业标准为依据，通常着眼于某一专业领域的知识学习，排斥与专业无关的知识，对知识的整体性和个人的全面发展"缺乏"关注。专业教育的专门化和功利化倾向容易使人视野狭隘，所造就的"专才"难免会变成工具理性下的"奴隶"或专业领域中的"霸权主义者"。

通识教育与专业教育在不同历史阶段具有不同的地位。在当前工具理性主义甚嚣尘上的社会背景下，专业教育成为高校中的主角，通识教育逐渐被边缘化。有学者不禁惋惜：当职业教育羽毛已丰、翅膀已硬、成长为专门教育时，已看不起当年呵护它的通识教育。[①] 专业教育虽然能够解决个人低层次的谋生需要，满足社会生产对劳动力的需要，但其过窄的知识视野、过弱的人文关怀不利于知识的综合与创新，更不利于知识和技术的合理使用。

通识教育与专业教育各有侧重，却能够相互补充，均是高等教育不可缺少的部分。片面强调任何一个方面，割裂两者之间联系的做法将对个人和社会带来巨大伤害。在科学知识高度分化又趋向高度综合的时代背景下，夸大通识教育的作用，回归古典自由教育的理想，培养只"通"不"专"的"万金油"式人才，既不现实又无法适应社会分工的需要；过度推崇专业教育，打造只"专"不"通"的"专家"，容易使其作茧自缚，丧失无限发展的可能性。"专精"式"专才"与"博

[①] 黄坤锦：《美国大学的通识教育——美国心灵的攀登》，第207页，北京大学出版社，2006年版。

通"式"通才"相互结合才能在变动不居的现实中游刃有余、自在无碍。理想的专业教育应该与通识教育有效结合,通过优化学生的知识结构,提高学生的综合素养,使学生成为"通才"基础上的"专才"。

(四) 专业教育与学术教育

现代大学中的专业教育源于中世纪大学对法官、神职人员、医生、教师等从事社会实际工作者的培养。中世纪大学中的专业教育主要是以应用型人才培养为主的教育。从19世纪开始,专业教育所涵盖的领域发生了本质的变化。以德国柏林大学为代表的研究型大学纷纷出现,它们主要培养以发现真理、探索新知、从事学术研究为职业的科学家、理论家、学者和大学教师等。如果将培养专业人才(professionals)的教育视为专业教育,那么研究型大学中开展的学术教育也是专业教育的重要部分,有学者也将其称为学术型专业教育。[①] 这种包含学术教育的专业教育属于广义的专业教育。

如果从狭义的专业教育来看,专业教育(professional education)与学术教育(academic education)属于两种不同的教育类型。根据《国际教育标准分类法(2011年)》对教育体系和类型的划分,学术教育和专业教育在教育序列中同处第6—8级即本科及以上阶段,两者作为一种分门别类的专门化教育通常建基于通识教育之上,都需要具备足够的理论知识基础,前者以理论学习和研究为主,后者以专业事实和技能教育为主。[②] 在培养目标上,学术教育侧重于学生的理论研究与知识创新能力,主要培养以学术为职业的科学家、学者等;专业教育偏重于学生的知识应用与转化能力,主要培养律师、医生、工程师等应用型人才。从教育过程来看,学术型专业以知识的结构为基础,知识领域较为固定,这使学术教育具有较强的封闭性,与现实生活保持一定距离;应用型专业的设置根植于现实需要,专业的知识范围有较大的变动性、开放性和综合性,这需要应用型专业教育深入现实,与社会保持紧密联系。[③] 从教育的对象和社会需求来看,专业教育服务于大多数人,而学术教育只服务于少数学术研究工作者。社会需要较多的是应用型的专业人员而非科学研究人员,因此,培养应用型专业人才的专业教育应该在大学中占据较大比重。

[①] 黄福涛:《高等学校专业教育:历史与比较的视角》,载《清华大学教育研究》,2016年第2期。

[②] International Standard Classification of Education. http://www.uis.unesco.org/Education/Pages/international-standard-classification-of-education.aspx,2017—3—3.

[③] Talcott Parsons & Gerald M. Platt. *The American University* (Cambridge , Massachusetts: Harvard University Press,1973),p.229—230.

从狭义的角度将学术教育与专业教育视为两种不同的教育类型主要是为了认识的需要,毕竟爱迪生(Edison)式应用型人才与爱因斯坦(Einsten)式的学术人才属于不同类型的人才,他们需要接受不同类型的教育。正如生活中没有界限分明的学术人才与专业人才一样,学术教育与专业教育之间也不是非此即彼的关系,两者之间存在很多相通的因素。从事知识创新、基础理论研究的人员本身就是以学术为职业的高级专业人员,同时,他们也能够利用自己的知识优势从事实际工作,比如教学;从事实际工作的专业人员如教师、医生、工程师也需要开展一定的学术研究,并把最新的知识、理论应用于实际,而新知识的应用本身也是一种"科学研究"的过程,是知识的再创造过程。[①] 博耶曾结合大学的不同职能,将学术活动分为四种不同的类型:发现的学术、综合的学术、应用的学术和教学的学术。[②] 由此可见,学术活动也有应用的功能,而以应用为主的职业性活动也包含学术研究的因素。

长期以来,我国本科阶段的人才培养"缺乏"明确的类型区分,其重要原因在于我们对专业教育与职业教育、通识教育、学术教育之间的关系"缺乏"足够的认识,尤其是在思想认识上"缺乏"狭义专业教育的概念。这种认识上的不足直接导致了我国高校人才培养结构的失衡。以上对专业教育概念的澄清将有助于我们有效聚焦国内高等教育中的问题并提出针对性意见。

[①] 周川:《关于"高级专门人才"三对范畴的辨析》,载《教师教育研究》,1991年第4期。
[②] 吕达、周满生:《当代外国教育改革著名文献》(美国卷·第三册),第7页,人民教育出版社,2004年版。

第三章 国外专业教育的演变历程

布鲁贝克将认识论和政治论作为高等教育发展的哲学基础,其中认识论高等教育哲学强调教育以知识本身为目的,并重视人的理性培养;政治论哲学以实践主义为核心,强调人的社会行动者身份。[①] 该认识揭示了知识发展、社会需求等影响因素对高等教育发展的决定性作用,为我们进一步揭示专业教育发展的历史规律提供了重要启示。

随着高等教育系统日益膨胀和功能不断地扩展,不同利益群体对高等教育的诉求也在不断变化,他们为维护自身利益而导致不同教育思想的激烈冲突,在专业教育的历史演进过程中,我们可以看到教育内部的知识发展和外部的职业需求两种力量此消彼长并不断冲突。其中,知识发展主要是强调教育内在的本体价值和个人价值,职业需求主要是强调教育外在的工具价值和社会价值。其前者以知识、真理、道德人才的全面发展为追求,后者以服务社会、满足社会需求为宗旨,两类不同的价值倾向在冲突与融合中共同主导了专业教育曲折的发展历程。

一、经验知识主导下的师徒模式

人类在与环境的交互作用中产生了最初的知识即经验知识。经验知识是个人经过日积月累的生产、生活体验而凝聚在自己的意识和行动之中,是个人感性能力和知性能力的集中体现。受认识能力和水平的限制,人类最初的知识以碎片化、个体化的经验知识为主,缺乏一定的理论化和系统化。该类型知识通常"技随人走",因人而异,只可意会而难以言传。同时,经验知识根植于一定的情境,侧重于解决具体问题,依据的是实践理性,需要在实践中展现和体验。经验知识的这些特点也就决定了人类社会早期的教育尤其是技术能力的传承需要与劳动生活紧密结合在一起,主要依靠父子相传、师徒相授的方式来进行。

---

① 周光礼:《培养理性的行动者——高等教育目的再思考》,载《高等工程教育研究》,2015年第3期。

(一) 社会分工对专业教育萌芽的催生

专门化教育的出现从根本上来讲是社会分工的结果。早期的人类生活方式受到客观自然条件的严格限制,为解决生产力低下条件下个人能力的局限性,人类社会出现了依赖集体共同生活的氏族部落。此时,地理环境、气候条件、生理特点决定了最初的劳动分工。正如涂尔干所说:"倘若人类产生了专业化倾向,他们也会被引到自然差异所指定的道路上去,因为这种做法可以取得事半功倍的效果。"①在部落生活中,女人以采集、制作衣服、准备食物、照料小孩、处理家务等活动为主;原始农业出现之后,女人还要从事农作物种植、饲养牲畜等事务;男人主要从事狩猎、作战、捕鱼等与体力相关活动。部落中的长者凭借丰富的生活经验和威信负责指挥、安排部落中的活动与分工,并向未来的部落成员传授生产、生活方面的知识经验和宗教信仰、戒律等内容。该阶段的知识以个体经验为主,教育仅限于言传身教,父母和部落中的长者会在生产、生活中对下一代进行经验式说教与指导,他们针对男女将来所从事的不同活动教授必备的生活知识与技能。该阶段的教育建立在明显的血缘关系之上,与劳动融为一体,并带有偶然性、随机性、分散性的特点,同时,缺乏专门的教育场所和教育人员。

在自然分工基础上,人类劳动熟练程度的逐渐增加促进了生产技艺提升和劳动工具的改进。随着剩余产品的增加,一些人开始脱离直接的生产劳动,致使生产部门外出现新的工种。其中,一部分人从事特殊的职业,如医生、牧师、占卜人员,进而形成了专业化的团体。这也是部落或氏族能够延续下去所必需的专门职业。这些特殊职业的传承需要选择部分成员接受专门的教育,以便掌握其中的技术、技巧、秘诀等。特殊职业的从业者被奉为部落中的智者,并获得一些特殊权利,成为部落中的特权阶层和统治人员,这也是人类最初具有专业特征的人员。"仪式"是原始社会生活的核心,在这个泛灵论的历史阶段,仪式也是重要的教育形式,具有重要的演示、叙述功能。作为仪式的主持者——"巫"通常是神秘知识的占有者、垄断者和真理的代言人,被认为是原始社会最具权威的知识分子,是当时真正的老师,也是人类社会最早的专业人员。

原始社会晚期,继农业劳动(以种植和养殖为主)和采猎劳动(以采集与狩猎为主)分离之后,人类再次经历了一场大的社会分工即手工劳动从农业生产

---

① [法]埃米尔·涂尔干:《社会分工论》,第 222—223 页,渠东译,生活·读书·新知三联书店,2000 年版。

中分离。随着金属加工的出现和铁器的使用,农业劳动生产率大幅提升。在金属工具的推动下,手工劳动逐渐从农业生产中脱离出来,这便形成了人类第二次大分工。① 于是,新的专业人员开始陆续出现,如建筑师、兵器师、纺织师、驯兽师等。这些具有特殊技能的人员对相应职业形成了垄断之势。为通过特殊技艺获取或巩固行业人员的地位,在接班人的教育过程中,"所有的成员都宣誓保密,在严厉惩罚的威胁下保证在任何时候都不把秘密透露给非垄断团体的人"②。

虽然,在人类社会初期,经验相对贫乏,知识积累相当薄弱,但从当时的认知水平来看,这些经过挑选并接受专门训练的人堪称特定职业领域中的专家能手和最高权威,其充当的职业角色不可替代,如同我们当前社会中所公认的专业人员。由于该时期培养高级人才的"专业教育"主要建立在经验基础之上,以师徒之间的口耳相传为主,缺乏一定的理论总结和规范的制度化培训过程,教师身份的确立也没有严格标准,更没有固定的教学场地和教学规范,我们只能将其视为是一种专业类型的教育或准专业教育。

(二)学徒制——专业教育制度化的雏形

1. 商品经济对规范化人才培养的需要及学徒制教育的出现

在原始社会向奴隶社会过渡中商品贸易的规模不断壮大,在产品交易环节出现了专门从事商品贸易的商人,这也是人类社会的第三次大分工即产业劳动与商业劳动相分离。商业劳动的独立化和专门化使商品交换更加便利,从偶然的、个别的剩余物交换开始发展成大规模、经常性的商品交换。

在自给自足的自然经济阶段,商品贸易不够发达,职业相对稳定,以家庭为单位的小范围技术传承便可满足社会的需要。但是,随着生产力的发展和商品贸易的增加,以血缘关系为基础的生产组织形式和技术传播方式已无法满足市场的需求,技艺的传承开始超出世袭的范畴以及传统的血亲关系,并最终走向社会。社会化的师徒关系需要以双方认同的契约形式规约师徒双方的责任与义务,于是形成了建立在社会关系基础之上的契约式学徒制(indentured apprenticeship)。这种契约式学徒训练就成为培养技术工匠甚至其他专门人才的

---

① 中共中央编译局:《马克思恩格斯选集》(第四卷),第163页,人民出版社,1995年版。
② [美]S. E. 佛罗斯特:《西方教育的历史和哲学基础》,第12页,吴元训等译,华夏出版社,1987年版。

主要形式①,也意味着的学徒制教育形式的初步形成。

11世纪前后的欧洲,随着商品化程度的提高、贸易和市场的扩大、人口的大量聚集,城市开始兴起。由于商品的生产过程、经营方式、价格体系和质量标准都需要统一的认识和管理,商人和手工业者为维护自身利益开始联合起来建立各类互助合作性的行会(guild)组织。② 行会基本上是一个享有封建特权的封闭性组织,对外拥有就业垄断权,对内实行超经济的强制性管理和监督。③ 行会成员的水平和质量是行会组织立足社会、保持行业声望的基础,为培养合格的接班人、限制竞争、维护经营的稳定、达到市场垄断的目的,行会组织将业内学徒培养的过程纳入自己的管理范围,并进一步完善契约内容,以提升学徒契约的公信力。13世纪中期到15世纪中期,学徒制从私人性质的制度过渡到公共性质的制度化、规范化的技能人才培养方式。学徒制教育形式也几乎涉及社会中所有具有一定技术难度的职业。

2. 与职业紧密结合的学徒制专业人才培养过程

学徒制教育的过程长期与职业生活融为一体。中世纪行会制度确立以后,学徒制教育的规范化程度进一步增加。通常情况下,学徒在被师傅接纳后,需要订立契约并缴纳一定的学费,并在师傅的家庭和作坊里长期学习和生活。师傅除了技艺传承外,还负有育人的责任。学徒必须听从师傅的命令,辛勤工作,不能结婚,不能做违反道德的事。学徒通常是在师傅的示范下,边看、边学、边干,但师傅很少能够传授系统的理论知识,教学效果和师傅本人的态度和专业技术能力有直接关系。学徒在耳濡目染中去领悟和掌握相关的工作流程、技术诀窍。在学徒制期满后,由师傅向行会申请审核,学徒通过满徒考试后,经过相关的仪式,成为工匠。

在工匠期,工匠开始到处游历,不断向其他师傅学习,扩展视野,完善知识和技能,同时还要以很低的薪水为原来的师傅服务若干年。工匠期结束时,受训者必须做出称得上"杰作"(masterpiece)的作品,只有通过师傅们的评审考试后,才能获得师傅的称号并拥有独立开业的资格。德国律伯克金饰匠行会曾规定工匠要晋升为师傅必须做出三件"杰作",即精工的戒指、订婚的手镯(英国雕花式)、剑柄上用的烤蓝色的环。工匠经行会组织的评审会考评通过后,还要举

---

① 贺国庆、朱文富:《外国职业教育通史》(上卷),第7页,人民教育出版社,2014年版。
② 孙祖复、金锵:《德国职业技术教育史》,第3页,浙江教育出版社,2000年版。
③ 金志霖:《英国行会史》,第5页,上海社会科学院出版社,1996年版。

办宴会仪式以示庆贺。① 学徒及工匠的期限通常是四年到七年,甚至更长,不同行业和国家都不相同。中世纪的学徒主要来自中等社会阶层,如商人、自耕农、绅士和工匠的儿子等,进入行会是个人获得职业资格、满足生存需要的保障。因此,漫长的学徒制教育对很多人具有一定的吸引力。

3. 机器大工业对学徒制教育的淘汰

在专业院校产生之前,以行会为基础的学徒制教育在很大程度上承担着专业人才培养的使命。很多行业(如会计、工程、建筑、牙科甚至传统的法学和医学等)并不依赖于大学教育,而是致力于行业组织建设,并争取获得政府颁发的许可证。美国医学专业人才培养长期由操业医师在诊所授徒培养,独立战争结束时,美国共有医师约3000名,其从美国获得医学学位者仅51人,从别国获得医学学位不足350人,所余约2600人接受的是学徒制培养。②

虽然学徒制教育保障了技艺的传承,为社会培养出了大量技术精湛的专业人才,避免了行业内恶性竞争和人才浪费,但也在很大程度上限制了技术和工艺的广泛传播。随着科技的发展,机器被引入生产过程中,机器的优越性能使人类从工场手工业走向了机器大工业生产时代。机器大工业生产对原有相对分散、规模较小的作坊式生产进行重新整合,使相对落后的生产方式退出历史。为了效率和竞争的需要,不同领域的社会生产过程都相继进入到相对组织化、专业化的运行状态。社会日益需要大量经过规范化训练的高级职业人才,正如英国技术机构联盟主席威廉·卡尔德沃德(William Carderward)所说:"到处都需要越来越多的专门人才。"③大机器生产需要的是科学技术知识和技能,而不是传统的生产经验和劳动技艺,需要对从业者进行系统化、标准化的基础知识和技能教育。而学徒制教育是在完整自然的生产过程中随机学习,师傅没有系统的培训计划,且缺乏系统的理论知识,教育的偶然性很强且效率比较低。在近代工业化之后,长达六至八年的学徒期对学徒本人和工场主来说都是无法忍受的。④ 于是,学徒制教育开始在工业化进程中渐失吸引力。

人类历史是一个不断选择和适应的过程,社会对专业人才的需要不会因为旧的教育形式不适应而停止。知识积累的增加和社会主要领域对高级专门人才的大量需求使人们最终选择了更具生命力的教育形式即大学教育。

---

① 刘明翰:《世界史》(中世纪史),第52页,人民出版社,1986年版。
② 腾大春:《美国教育史》,第419页,人民教育出版社,1994年版。
③ 王川:《西方近代职业教育史稿》,第44页,广东教育出版社,2011年版。
④ 王川:《西方近代职业教育史稿》,第75页,广东教育出版社,2011年版。

二、知识发现与传统大学①中专业教育的兴起与衰落

（一）中世纪大学拉开专业教育的序幕

中世纪大学被认为是现代大学的起源②，其开展的法学、神学、医学教育建立在系统的高深基础知识之上，分学院为不同专业领域培养人才，并具有严格的考核标准和学位等级，这也是正规化专业教育的正式开端。

1. 中世纪大学诞生的知识和政治经济基础

以专业教育为主的中世纪大学的出现有复杂的原因，其中知识积累和社会对专业人才需求的大量增加为最重要的推动因素。

（1）知识体系的形成为中世纪大学专业教育提供了基础和依据

大学组织以生产、保存、传播和应用知识为主要职能，与知识的关系密不可分。中世纪大学的诞生也被视为知识制度化的结果。③ 知识的丰富与聚集、学术探究之风和知识共同体的形成、学术领军人物的出现逐渐孕育出大学组织。虽然公元475年罗马帝国的灭亡使欧洲社会陷入黑暗的中世纪，但在十字军东征的影响下，欧洲迎来了被长期隔绝的古希腊罗马文明。12世纪的欧洲开始掀起以翻译希腊罗马古典文献为标志的文艺复兴，这场翻译运动为蛮荒笼罩下的欧洲带来了思想、知识、智慧的源泉。其中，《亚里士多德全集》的译介更是为西方思想家打开了崭新的知识世界，其逻辑学、哲学方面的论著被正在兴起的大学迅速吸纳，加上托勒密的《天文学大成》、阿基米德的《力学》等著作的翻译，新的知识汇入使原来的"七艺"得到了充实和发展。除此之外，神学、法学、医学也在不断吸收、综合该领域的认识成果，并初步形成了系统的学科体系。在医学领域出现了百科全书式的《病痛记》（Passionarius），也有将临床处方进行总结的《解毒方》（Antidotarium），④ 加上流传和翻译过来医学著作盖伦的《医技》、拉齐

---

① 在高等教育研究领域，人们通常将19世纪以前的大学视为传统大学。19世纪之后的大学被称为现代大学。参见张应强：《高等教育现代化的反思与建构》，第65页，黑龙江教育出版社，2000年版。
② 贺国庆、朱文富：《外国职业教育通史》（上卷），第34页，人民教育出版社，2014年版。
③ 史静寰：《构建解释高等教育变迁的整体框架》，载《清华大学教育研究》，2006年第3期。
④ 宋文红：《欧洲中世纪大学：历史描述与分析》，第31页，华中科技大学博士学位论文，2005年版。

(Rhazes)的《医学大全》、阿维森纳(Avicenna)的《医典》等,医学知识的体系开始形成。东罗马帝国的皇帝查士丁尼(Justinian)曾收集整理了官方与民间的罗马法律,形成了体系完整的《民法大全》。博洛尼亚法律学校的建立者、法学家欧内乌斯(Irnerius)对该内容进行全面的研究和评注,进而建立了完整的罗马法学科体系。1140年,法学教师格林辛(Gratian)将宗教法规综合汇编成《教令集》,出版后成为公认的法学教材,之后宗教法成为博洛尼亚大学的一门学科。[①]在神学领域以《圣经》为中心,加上经院哲学家的神学著作如《督教教义大全》、《格言大全》、《神学历史》、《神学大全》等,形成了庞大的神学体系。[②] 神学、法学、医学等学科知识体系的形成为中世纪大学开展专业教育提供了知识基础和依据。课程内容的丰富开拓了欧洲人的视野,唤醒了西方世界的求知热情。[③]这使大学开始成为众多求知者热衷追逐的对象。

(2) 世俗与宗教二元社会结构为中世纪大学诞生提供了外部推动力

大学的运行需要一定的物质基础和社会保障,同时大学也要以其社会价值换取必要的支持。中世纪时期的欧洲社会四分五裂、邦国林立,而教会权倾天下,影响无处不在,不同的利益诉求导致不同势力之间争端不断。从整体上看,世俗政权与宗教势力两种政治权力相互斗争而又相互依赖,形成了独特的二元社会结构。然而,世俗政权和宗教团体对知识和人才都有相同的需要,也希望通过大学来扩大各自的社会影响。这使大学能够在这种分裂又分权的社会的夹缝中存在下来,并受到适当保护。

城市的兴起和经济的复苏为大学提供了必要的经济基础,同时提出了更多的职业需要。教育史学者瓦尔特·吕埃格指出:"大学和孕育了大学的社会之间是彼此作用、互相影响的关系,如果没有理性主导的探索知识的精神冲动,就不会有大学,但是精神本身并不能创造大学,作为新的社会制度,大学只有在中世纪某些具有特殊的政治、经济和社会条件的城市中,才可能出现。"[④]中世纪西欧社会经济的逐步复苏,具有经济职能的自治城市在欧洲西部和南部出现。

[①] 宋文红:《欧洲中世纪大学:历史描述与分析》,第35页,华中科技大学博士学位论文,2005年版。

[②] 李海龙:《大学为何兴起于西方》,第171页,南京师范大学博士学位论文,2016年版。

[③] [美]戴维·林德伯格:《西方科学的起源》,第213页,王珺等译,中国对外翻译出版公司,2001年版。

[④] [瑞士]瓦尔特·吕埃格:《欧洲大学史》(第一卷),第13页,张斌贤等译,河北大学出版社,2007年版。

"城市吸引了由于人口的增长、农业技术改进、领主管制放松而空闲的人"①,人口的聚集孕育了巨大的市场,也使一些人有机会和条件从事专门的知识活动。亚当·斯密曾指出,分工的程度受交换能力大小的制约,只有在市场高度发展的基础上人们才能有条件终生专务一项职业。② 中世纪城市的发展意味着市场范围的扩大,这将进一步推动劳动分工的深化和专业化程度的提高。基于商业活动与城市建设、管理的需要,新兴城市对各种职业人才的需求也日益增多,不但需要能书会写的文职人员,而且需要大量能够解决法律纠纷的律师、医治病患的医生和传教布道的牧师。大量不同出身的人相互接触,为知识和精神的丰富提供了可能性。

中世纪的教会势力笼罩着西欧,集多重身份于一体,掌管着文化、政治、经济和社会的各项权力,成为所有社会事务的全面管理者。③ 教会对社会的统治离不开人才。宗教思想的传播、教义的维护、教会内部事务的管理和对社会事务的掌控都需要大量较高水平的专业神职人员和文书、法律等方面的专业人员。为满足自身对各类专业人才的需要,教会通过直接创办大学或颁发特许状、设立教会奖学金制度、规定教学内容等方式实现对大学的全面控制。④ 教会除了要求所有的学科知识都要接受神学的检验之外,还为大学提供适当的保护和经济资助,这在一定程度上推动了大学的发展。

在多重因素的影响下,从11世纪开始,西欧社会在医学、法律、神学等知识领域开始出现复兴的迹象。⑤

2. 专业教育在中世纪大学中的最初形式

受知识积累、社会需求和人才数量的局限,最初的大学大多是在一些有特色的城市出现,通常建基于有一定学科专长的专门学校。这些学校将传统教育置于经验观察和理性分析的基础之上,逐渐发展成为中世纪的主要大学。这种发展渊源使大学建立之初便具有以高深知识为基础的专业性教育特征。从被称为"大学之母"的原型大学来看,萨莱诺(Salerno)大学、博洛尼亚(Bologna)大

---

① [法]雅克·韦尔热:《中世纪大学》,第16页,晓辉译,上海人民出版社,2007年版。
② [英]亚当·斯密:《国民财富的性质和原因研究》,第16页,郭大力、王亚南译,商务印书馆,1972年版。
③ [美]汤普逊:《中世纪经济社会史》(下册),第261页,耿淡如译,商务印书馆出版,1997年版。
④ [瑞士]瓦尔特·吕埃格:《欧洲大学史》(第一卷),第18—19页,张斌贤等译,河北大学出版社,2007年版。
⑤ [美]查尔斯·霍默·哈斯金斯:《12世纪文艺复兴》,第4页,夏继果译,上海人民出版社,2005年版。

学和巴黎大学都是建立在这种发展方式之上。

萨莱诺大学位于意大利南部的沿海城市萨莱诺,该城市是当时闻名遐迩的疗养胜地,并以医学研究和治疗著称于世,除了建有医院,还在公元9世纪建立了医学学校。萨莱诺大学建立在原有医学学校的基础之上。1231年,国王腓特烈二世颁发特许状承认其办学地位,使其成为欧洲最早传授和研究医学知识的单科性大学。① 到这里接受医生训练的学生需经过三年的文科学习和五年的医科教育,学生获得文凭后,在其他国家也具有一定的优先权。②

诞生于1088年的博洛尼亚大学位于意大利北部繁荣商业和物资中心博洛尼亚城,该大学最初是一个专门的法律学校。该地区所处的特殊位置使其涉及较多的商业往来和宗教事务,世俗与宗教事务的纠纷凸显了法律的重要性。该学校后来发展成以法学教学和研究闻名于世的多科性高等学府。③

巴黎作为法兰西王国的首都,既是欧洲重要的政治、经济和文化中心,又是基督教教育和学术活动重镇,随着不断扩展的宗教事务对知识型人才的大量需要,当地的修道院学校和教堂学校获得迅速发展。巴黎大学也由此应运而生,学校将专注同一知识领域的人聚集在一起,最终形成不同的学院。学院在教学管理、评价、学位授予方面具有较大自主权,这也便于对专门人才实施针对性教育。12、13世纪的巴黎大学主要由文学院和神学院组成,之后又增加了法律学院和医学院。各学院相互独立而地位却不相同,地位较高的学院包括神学、教会法和医学三个学院,地位较低的学院为文学院。④ 文学院开展"七艺"方面的自由教育,是进入法学、神学、医学等专业学院前的预备阶段,而神学院在早期的大学史上始终处于至尊的地位,受到教皇的支持和庇护。巴黎大学集多个学科于一体,并将自由教育与专业教育相结合,成为综合性大学的最早典范。

3. 中世纪大学教育的职业性特征

职业性是专业教育的典型特征,强调专业教育工具价值和社会价值。这种以职业为导向的实用主义价值取向在中世纪大学中得到了明显体现。

---

① 张正军:《大学的起源与演进——组织视角下的历史和逻辑》,第140页,社会科学出版社,2015年版。
② [美]S.E.佛罗斯特:《西方教育的历史和哲学基础》,第163页,吴元训等译,华夏出版社,1987年版。
③ 张正军:《大学的起源与演进——组织视角下的历史和逻辑》,第142页,社会科学出版社,2015年版。
④ [美]查尔斯·霍默·哈斯金斯:《12世纪文艺复兴》,第116页,夏继果译,上海人民出版社,2005年版。

第三章 国外专业教育的演变历程

首先,中世纪大学的教育目标和内容具有明显的职业性倾向。目前,关于中世纪大学的起源还存在不同的认识,出现了求知说①、社会需求说②、意识形态说③、自我保护说④以及不同因素的综合说⑤。但是,中世纪大学以高深知识为基础并按不同知识门类来培养人才的事实是确定的。同时,多数学者倾向于认为中世纪大学的基本目的是职业训练。从目的来看,进入大学中的不同主体几乎都是为了满足一定职业目的的需要。教师想利用大学这一行会组织的保护来研究问题、传播自己的思想学说或者解决自己的生计需要;学生求学的目的更多是出于就业的需要,他们多数是为了获得教学许可证或相关职业所需要

---

① 奥尔托加·加塞特认为,中世纪时期的大学不从事任何研究,而且与专业或职业教育也几乎没有什么关系,所有学科都属于"基本文化修养",如神学、哲学和"艺术"等学科。参见[西]奥尔托加·加塞特:《大学的使命》,第54—55页,徐小洲、陈军译,浙江教育出版社,2001年版。加拿大许美德等认为,中世纪大学培养学者的纯粹目的是传播学问,为政府和教会要职培训人员是大学的次要功能;参见许美德、俞理明:《西方大学的形成及其社会根源》,载《教育研究》,1981年第12期。而英国杰勒德·德兰迪认为,中世纪大学只是一个进行指导的地方,而不是一个教学、生活和研究的地方。参见[英]杰勒德·德兰迪:《知识社会中的大学》,第34页,黄建如译,北京大学出版社,2010年版。

② 艾伦·科班认为:"很大程度上,中世纪的大学大都是职业类型的学校。他们训练学生掌握某些领域的知识,以便从事诸如法律、医学或教学等世俗职业以及为教会服务。"参见[英]艾伦·科班:《中世纪大学:发展与组织》,第183页,周常明、王晓宇译,山东教育出版社,2013年版。布鲁贝克认为,中世纪的大学把它们的合法地位建立在满足当时社会的专业期望上。参见[美]约翰·S.布鲁贝克:《高等教育哲学》,第3页,王承绪等译,浙江教育出版社,2001年版。伯顿·克拉克指出:"这时的大学主要是培养专业人才的职业学校,只是在有限的意义上可以说它是为学习本身的概念而存在的。"参见[美]伯顿·克拉克等:《高等教育新论——多学科的研究》,第29页,王承绪等译,浙江教育出版社,2001年版。英国海斯汀·拉斯达尔说道:"我们也曾认为中世纪大学的任务是完全独立于职业教育的博雅教学,但事实上许多大学却只展示出了彻底的职业教育。"参见[英]海斯汀·拉斯达尔:《中世纪的欧洲大学——博雅教育的兴起》,第274页,邓磊译,重庆大学出版社,2011年版。德国鲍尔生也认为,大学的三个高级学院本质上就是"技术学院",是针对实际职业的培训学院。参见[德]鲍尔生:《德国大学和大学学习》,第112页,张弛等译,人民教育出版社,2009年版。

③ 马克思的观点是:"资本家们和帝国主义的史学评论频繁地反复重申这个命题,即存在着与阶级和阶级斗争毫无关系的纯粹的学术和大学理念……历史已经揭示出那是一个错误、一种曲解……学校和高等教育机构是为了训练那些维护统治阶级的统治所需要的人才而建立的。"参见[瑞士]瓦尔特·吕埃格:《欧洲大学史》(第一卷),第11页,张斌贤等译,河北大学出版社,2007年版。

④ 美国基督教会史作家威利斯顿·沃尔克认为:"大学带来的变化不在于过去从未有过教学活动的地方建立了教学活动,而在于采取手工业行会的形式,把学生和教师结合为团体,这主要是为了防卫并维持良好的秩序,此外也为了更有效地管理,使教书这个职业得到承认,有规可循。"参见[美]威利斯顿·沃尔克:《基督教会史》,第104页,孙善玲等译,中国社会科学出版社,1991年版。

⑤ 瓦尔特·吕埃格认为,中世纪大学的出现是为了获得和传授科学的与学术的知识,与此同时,获得在等级社会结构中从事职业活动的正式资格,只是次要目的和产品。参见[瑞士]瓦尔特·吕埃格:《欧洲大学史》(第一卷),第32页,张斌贤等译,河北大学出版社,2007年版。1920年,我国教育家许崇清认为:中世纪时代并无教授与研究之别。所谓神学只是疏证"耶教"的义理。所谓医学、法学只是领对希腊、拉丁的医书、法典。研究学术、发明新理,实属当时学子思念所不及的事。参见杨东平:《大学精神》,第102页,辽海出版社,1999年版。

的学位①;而从大学教育的支持者——教会和世俗政权来看,他们都希望大学能够为其培养更多实用人才。从教育的内容来看,当时法学、神学、医学等专业教育的内容直接服务于现实的需要:以《教令集》为教学内容的教会法教育和以《民法大全》为内容的民法教育都是为了维护社会关系、规范社会秩序;医学教育选择众多希腊和阿拉伯人的医学名著也是为了让学生学会治病救人;神学教育的目的是要坚定信仰,维护基督教的统治地位,使学生能够传播教义、解救灵魂、守护信仰、开展一些宗教活动。

  受当时行业准入制度和门第身份的限制,很多人在文科教育之后选择高级的专业学习就是为了获取这些专业所能够带来的理想职业。如果是为了发展智力、提高自己的语言能力和分析能力,完全可以通过初级的文科教育解决。由于求知生活以及学术职务可以保障人们的社会地位②,为他们带来从业资格,所以来自各地的学生愿意花费大量时间、精力、金钱,忍受刻板、孤寂的学习生活,甚至承受物质匮乏、生活拮据的折磨。

  当时,就连文学院的教育同样被认为是从事职业的必要准备。其中,有助于书信写作和散文写作的艺术科目也被视为通往世俗成功的捷径。③ 伯顿·克拉克曾指出,文学部在功利性和职业性方面不亚于专业部,文学部通过读写、辩论、计算、测量和自然科学基础知识方面的训练,以便学生承担教会和世俗政府中的职业。④ 从就业来看,当时的毕业生普遍倾向于从事主教、政治家、学校领导等实际工作,而不是做思想家、神学家、哲学家或学者。⑤ 为吸引更多的学生,增加自己的课酬金,很多教师在教学过程也极力迎合学生的需要,在教学内容上会选择学生就业所需要的知识。

  艾伦·科班对此总结道,无论大学的产生与希腊、罗马或阿拉伯精神生活的推动力有多少关联,具体的中世纪大学都是一个全新的起点,从一开始就是

---

  ① [美]S.E.佛罗斯特:《西方教育的历史和哲学基础》,第167页,吴元训等译,华夏出版社,1987年版。
  ② [英]海斯汀·拉斯达尔:《中世纪的欧洲大学——博雅教育的兴起》,第261页,邓磊译,重庆大学出版社,2011年版。
  ③ [英]艾伦·科班:《中世纪大学:发展与组织》,第20页,周常明、王晓宇译,山东教育出版社,2013年版。
  ④ [美]伯顿·克拉克等:《高等教育新论——多学科的研究》,第31页,王承绪等译,浙江教育出版社,2001年版。
  ⑤ [英]阿什比:《科技发达时代的大学教育》,第9页,滕大春、滕大生译,人民教育出版社,1983年版。

为了满足扩大的城市化社会里职业教育领域的需求。①

其次,教学方法的选择也是以职业能力培养为目标。中世纪的教学方法通常采用讲授、辩论和练习相结合的方式。辩论作为讲授的必要补充,通常以真实问题为主②,用于锻炼学生的辩论能力,也便于用所学知识解决实际问题。以辩论为主的教学方式对教师、神职人员、律师以及社会管理工作者来说都是必不可少的能力和技巧,它能够使学生能言善辩,以便他们在布道、法庭听证和政府讨论中崭露头角。③ 在医学教育领域同样注重实践能力培养。很多医学教授在教学的同时也在从事医疗工作。巴黎大学医学院对学生的实习有明确规定,在获得医学硕士学位之前,候选人须在教师指导下在巴黎行医2个夏季,巴黎周边若无教师指导需要行医2年。④ 中世纪大学通过这种理论和实践相结合的方式来培养医学学生未来独自行医的能力。

另外,中世纪大学还建立了与从业紧密相关学位制度。在中世纪大学模仿行会中的等级和出师考核制度,对毕业生进行考核并授予不同的学士、硕士或博士学位,以作为持有者学习经历的证明和从业资格的保证。

4. 中世纪大学对专业教育发展的影响

(1) 中世纪大学的积极影响

首先,中世纪大学提升了专业教育的理论化程度。受人类认识能力和水平的局限,中世纪大学的知识虽然原始、分散、粗糙、肤浅,但其教学活动方式、课程内容的组织和学科专业建制为人类知识的传递和不断分化发展奠定了基础。人类在不同专业领域的深入发展通常建基于中世纪大学按学科专业进行教育和管理的基本范式。

中世纪大学的产生改变了知识口耳相传的教育方式。大学将各种知识整合到一起,使之按照一定的内在关系变成系统化、理论化的知识体系;同时,将零散的教育活动组织在固定的机构,并发展出一套制度化的人才培养模式,使课程、教学、评价、学籍与学位成为规范化的体系,提升了大学教育的专业化、理

---

① [英]艾伦·科班:《中世纪大学:发展与组织》,第25页,周常明、王晓宇译,山东教育出版社,2013年版。
② [法]雅克·韦尔热:《中世纪大学》,第49页,王晓辉译,上海人民出版社,2007年版。
③ [美]伯顿·克拉克等:《高等教育新论——多学科的研究》,第31页,王承绪等译,浙江教育出版社,2001年版。
④ 转引自高建红:《12—16世纪欧洲的医生:一项医疗社会史的研究》,第52—53页,复旦大学博士学位论文,2011年版。

论化程度。"评注"教学方式的引入直接促进了大学教育向理论化方向的发展,使教材中经验性的总结具备了更多理性成分,提高了专业内容的理论化程度和学术水平,表明专业教育从实践向理论的转向。医学教育从最初的医生处方收集和编撰转向评注的形式,推动了医学教育的理论化,这也反映在一些医学术语的变化中。拉丁语中的 medicus 主要是指普通的医学从业者,physicus 用来指自然哲学或自然科学方面的学生,而在 12 世纪之后,physicus 越来越多地用于指受过教育的医生,萨莱诺大学的医学博士也用 physicus 来表示,这表明医学从业者不再只是具备实践技能,其本身的哲学与科学能力也在提高,或者说只有具备更多的哲学和科学修养才能称得上合格的医生。中世纪大学作为法律研究中心,在聚集法律知识的同时使法律知识理论化、系统化为独立学科。法学教育将理论学习与辩论技能相结合,使律师的专业技能建立在高深法学理论基础之上,为律师职业的专业化奠定了基础。[1]

与普通行会中的学徒制人才培养相比,中世纪大学的法、神、医教育作为专业教育的雏形,不但具有实用性和实践性,而且建立在一定的哲学理论基础之上,使大学教育成为一种建立在高深理论基础之上的专门化教育。这种专门化的教育形式也是中世纪大学与其他教会组织和世俗教育机构的本质区别[2],它能更好地适应社会分工和知识分化的需要,便于知识向纵深领域发展。

其次,中世纪大学为专业知识发展提供了理性基础。基督教的统治基于人们的信仰,但随着其统治地位的确立,宗教信仰的基础不时遭到异端思想的质疑。为进一步维护自己的统治地位,证明上帝创造世界的真实性和规律性,一些宗教学者开始借助哲学思想尤其是亚里士多德的理论对基督教教义进行重新论证,致力于构建严密、精致、系统化的宗教哲学体系,实现理性为信仰服务的目标。诉诸理性的方式最终产生了经院哲学。[3] 然而,理性的自信超越了信仰的驾驭能力,研究者逐步突破宗教教义的精神枷锁并建立自己的哲学体系[4],经院哲学家最终勤劳地织出一副科学的蛛网[5],为科学发展铺平了道路[6],使人类迎来了新的曙光。近代科学的发展正是得益于教会的教育,许多著名的科学

---

[1] 袁广林:《中世纪大学:法律职业专业化分析》,载《国家教育行政学院学报》,2012 年第 8 期。
[2] 林蕙青:《高等学校学科专业结构调整研究》,第 25—26 页,厦门大学博士学位论文,2006 年版。
[3] [法]爱弥尔·涂尔干:《教育思想的演进》,第 243 页,李康译,上海人民出版社,2016 年版。
[4] 尹建锋、吕晓燕:《变迁中的大学知识范式和权力:西方大学章程的历史演变及其启示》,载《高等教育研究》,2016 年第 8 期。
[5] 曹孚:《外国教育史》,第 55 页,人民教育出版社,1979 版。
[6] [英]W.C.丹皮尔:《科学史及其与哲学和宗教的关系》,第 3 页,广西师范大学出版社,2009 年版。

家如哥白尼、伽利略、开普勒、波义耳、牛顿、拉瓦锡、威廉·哈维等人都是虔诚的基督徒。理性使他们走向了传统认识的对立面，新的发现不断侵蚀着信仰的基础，最终对宗教思想体系产生了毁灭性的打击；同时，也为专业知识的分化和科学发展开辟了道路。

另外，中世纪的专业教育满足了更多人的求知和职业需要，培养了大量教师、医生、律师、牧师、会计、公务管理等专业人员。民众文化程度的提升有助于增进社会管理的专业化水平和社会的文明程度。律师阶层的出现更是在维护社会公平、正义和建立良好的社会秩序方面发挥了重要作用。

（2）中世纪大学的消极影响

首先，中世纪大学僵化的教学思想阻碍了知识的进步。该时期，以神学和形而上学为主的知识被赋予终极性、决定性和神秘性的色彩，为此，引经据典、服从权威成为教学和研究活动的基本前提。神学课程以《圣经》及其教义的注释为主，其他专业也是以经典著作学习为主，教育的目的是使教义永恒化，而不是培养学生独立思考的能力。[1] 拉什达尔指出，中世纪大学教育的主要缺陷在于过度教条主义以及喋喋不休的论辩，对亚里士多德等即成权威的迷信。[2] 哈斯金斯也认为那是一个唯书本是从的时代[3]，最终使学生养成一种僵化保守、服从权威的意识，严重阻碍人类认识的进步。在医学上，人们受盖伦医学思想的影响曾坚决反对帕拉切尔苏斯（Paracelsus，1493—1541）所提出的疾病是外界和自然原因造成的，反对他使用实验方法并不同意化学药品治病。[4] 直到17世纪中期，一位医学博士的学术命题由于触犯了亚里士多德权威思想，竟然被英国外科医师学会以投入监狱相威胁而强迫其收回论断。[5] 甚至到1877年，在波斯首都的本地医生除了阿维森纳的医学以外，其余一概不知。[6] 为此，拉斯达尔认为该阶段的

---

[1] ［英］艾伦·科班：《中世纪大学：发展与组织》，第185—186页，周常明、王晓宇译，山东教育出版社，2013年版。

[2] ［英］海斯汀·拉斯达尔：《中世纪的欧洲大学——博雅教育的兴起》，第268页，邓磊译，重庆大学出版社，2011年版。

[3] ［美］查尔斯·霍默·哈斯金斯：《大学的兴起》，第18页，梅义征译，上海三联书店，2007年版。

[4] ［美］阿尔文·施密特：《基督教对文明的影响》，第220页，汪晓丹、赵巍译，北京大学出版社，2004年版。

[5] ［英］海斯汀·拉斯达尔：《中世纪的欧洲大学——博雅教育的兴起》，第268页，邓磊译，重庆大学出版社，2011年版。

[6] ［美］查尔斯·霍默·哈斯金斯：《大学的兴起》，第23页，梅义征译，上海三联书店，2007年版。

教育史是一段愚昧的因循守旧与狭窄的片面性相交织的心酸史。①

其次,中世纪大学对技术人才的歧视阻碍了相关专业的发展。中世纪大学教育虽然具有较强的职业性和实用性,但也继承了希腊文化中追求知识和理性的传统,形成了重学轻术、重理论轻实践、重思辨轻技能的思想。柏拉图曾认为,有理性和智慧的人统治体力劳动者是社会正义的体现。该思想体现了古代西方社会对体力劳动的鄙视。"自13世纪圣托马斯与俗间神甫达成一致,宣称体力活动与智力活动不可相容。这一信念延续至后几世纪。"②受此影响,该时期的大学教育崇尚智能训练,追求智力的提升,而排斥有形的技艺。对基督教来说,教育的目标不是具体技能,而是在心智的形塑。③ 该时期,医学教育以培养内科医生为目标,外科医生被认为是理发师一样的职业,在社会中缺乏地位。中世纪萨莱诺的医生们常常只是写一下外科治疗方法,而将外科手术留给外科医生和理发师等手工艺者。14世纪时期,巴黎的医学生在领证书时还要发誓永不做外科手术。④

其实,中世纪社会还需要很多不同的专业人才,若考虑社会的需要,如建筑、军事技术、造船术、机械制造和开采矿业方面的技术科学以及像农业、兽医和制药方面的应用科学,都应该出现在大学里面。如果从知识准备的情况来看,早在古希腊、罗马时期已经产生了丰富的艺术、建筑、哲学、物理学、化学、数学等方面的学术成果,建筑专业也应该是一门古老而实用的专业。罗马人瓦罗(Varro)(公元前116年至前27年)汇编《论九门科目》(De Novem Disciplinis),已把建筑学列入九种科目(文法、逻辑、修辞、几何、算术、天文、音乐、医学和建筑)中。⑤ 从13世纪开始,建筑物的数量得到前所未有的增长,建筑师在大项目的设计和管理中显得日益重要,而且在社会上的地位日益受到尊重。无论是社会的需求,还是学科发展都很难解释古老而实用的建筑学被排斥在大学之外的原因,其他技术类专业也同样如此。

中世纪大学以一个文学院和法、神、医三个专业学院相结合的教育模式一直持续到19世纪,在此期间,那些实用性、技术性强的专业很难进入大学领域。这种自我封闭并倾向务虚的状态使大学渐失活力和吸引力,日益成为贵族的

---

① [英]海斯汀·拉斯达尔:《中世纪的欧洲大学——博雅教育的兴起》,第268页,邓磊译,重庆大学出版社,2011年版。
② [法]雅克·韦尔热:《中世纪大学》,第156页,王晓辉译,上海人民出版社,2007年版。
③ [法]爱弥尔·涂尔干:《教育思想的演进》,第41页,李康译,上海人民出版社,2016年版。
④ [法]雅克·韦尔热:《中世纪大学》,第156页,王晓辉译,上海人民出版社,2007年版。
⑤ [瑞士]瓦尔特·吕埃格:《欧洲大学史》(第一卷),第26—30页,张斌贤等译,河北大学出版社,2007年版。

天堂。

(二) 人文主义兴起所带来的专业教育边缘化

1. 传统大学向人文主义回归

在文艺复兴运动、宗教改革运动和近代科技革命的影响下,欧洲的政治、经济和文化都发生了根本性变化,并对高等教育产生了巨大影响。从 14 世纪开始,欧洲新兴资产阶级开始借助古希腊、罗马文化来表达自己世俗性的文化主张,开启了长达三个世纪的资本主义文艺复兴运动。在文艺复兴运动的影响下,人文主义逐步取代神学的统治地位并成为影响欧洲社会发展的重要思想,"大约到十七世纪末,对于神学、有时甚至对于宗教和来世的怀疑和冷漠,已经成了知识分子的最普遍的态度"①。人们的注意力从神秘的教堂转向了清新的自然,从对神的膜拜转向对自身的崇拜与讴歌。教育的目标和主导思想也随之发生改变,神学的权威受到怀疑和挑战,培养人的理性开始成为教育的主导思想。②

随着宗教信仰的危机和教会势力的衰落,民族国家纷纷建立,世俗王权逐步取得了大学的控制权。在爱德华和玛丽统治时期,英国曾成立了皇家委员会全面检查大学事务。法国国王干脆绕开巴黎大学而成立法兰西学院专门从事科学研究。德国的一些新教大学如柯尼斯堡、耶拿、马尔堡、爱尔福特大学直接由王候创办或资助并受当地政府管理和监督。有关研究显示,意大利、法国、英国根据教皇训令建立的大学在 13、14、15、16 世纪分别为 3、8、13、0 所,相同时间阶段,根据皇帝敕令成立的大学则分别为 1、3、0、7 所。③ 16 世纪之后,在大学的控制方面,世俗政权已经明显超越了宗教势力。从此,大学从教会的侍女开始变成国王"下金蛋的母鸡",成为世俗政权的工具,并开启了大学发展的新篇章。

传统大学并没有因回归世俗社会而将培养目标放在社会对专门人才的需要上,而是改变以往的职业性特点,为迎合统治者和社会新贵阶层的需要而培养能够效忠、并践行他们意志和理想的绅士。伯顿·克拉克等指出,在 1500 年

---

① [德]鲍尔生:《德国教育史》,第 64—65 页,滕大春、滕大生译,人民教育出版社,1986 年版。
② 黄福涛等:《外国高等教育史》,第 60 页,上海教育出版社,2008 年版。
③ 宋文红:《欧洲中世纪大学:历史描述与分析》,第 74—75 页,华中科技大学博士学位论文,2005 年版。

至 1600 年期间,大学从专业的训练机构开始转变为维护社会统治的工具。① 从此,大学变成了人文学者的团体,以心智训练为主的自由教育理念在大学中占据了主导地位,教育的本体价值和个人价值开始碾压外在的工具价值和社会价值,以实用性内容为主的专业教育被排挤。自由教育主要以古典文学、艺术、语言、哲学、数学等学科为主要教学内容,对古希腊、罗马的人文知识尤其重视。他们试图通过古典语言、文学等方面的教育,追求人格的完善,达到培养绅士的目的。这些自由学科的教育不再是专业教育前的准备,而成为教育的直接目的。这使大学教育开始偏离职业的轨道。15、16 世纪英国的牛津大学、剑桥大学的教育目的已从专业训练转向道德教育,注重培养贵族和绅士所需要的美德,古典人文教育开始成为课程的核心。16 世纪中期,德国大学的课程内容也发生了改革,经院哲学逐渐减少,古代诗歌、雄辩术、修辞学以及生动活泼的古希腊语、希伯来语、拉丁语进入了课堂,各大学还设立了希腊语和文学方面的讲师职位。即使到了 18 世纪,牛津大学新增设的教授职位(professorship)仍主要分布在人文社会科学领域,先后又增加了诗歌与古典文学教授职位(1708)、近代历史与语言教授职位(1724)、英国法教授职位(1753)、钦定神学教授职位(1764)以及历史学教授职位(1779)。② 而法国的大学比较守旧、闭塞,对人文主义思潮反应冷淡,对新哲学和自然科学的发展置若罔闻。③

2. 传统大学对时代召唤的拒绝与专业教育的萎缩

随着宗教神学统治地位的瓦解,人类在天文学、力学、物理、化学、生物学、植物学、解剖学等领域不断取得新的认识,"科学在 17 世纪收到奇伟壮丽的成功"④,并出现了一批重要的科学家。科学尤其是自然科学的吸引力开始逐步提升,职业的声望也在发生变化。从相关研究可以看出,17 世纪英格兰知识精英的职业初始兴趣开始从传统的宗教领域转向科学和学术研究。17 世纪初期在不同社会职业中选择宗教职业的人员占 7% 左右,到 17 世纪末该比例降为 1.9%;选择科学的比例从最初的 1.7% 变为 5.2%;选择学术的比例从 3.1% 变

---

① [美]伯顿·克拉克等:《高等教育新论——多学科的研究》,第 33 页,王承绪等译,浙江教育出版社,2001 年版。
② 黄福涛:《欧洲高等教育近代化——法、英、德近代高等教育制度的形成》,第 47 页,厦门大学出版,1998 年版。
③ 贺国庆、王保星、朱文富:《外国高等教育史》,第 95 页,人民教育出版社,2006 年版。
④ [英]罗素:《西方哲学史》(下卷),第 43 页,商务印书馆,1976 年版。

为 7.1％。① 17 世纪 70 年代牛津大学和剑桥大学共有 1240 名学生,其中约有 400 名想任神职,160 名想从事法律职业,30 名想做医生,约有半数想从事教师、政治、商业职业,而这后三种职业以前是缺乏这种吸引力的。② 17 世纪末,人们对高不可模拟的古典文学充满了睥睨之意。③ 此时,科学和技术已成为近代西方社会生活的重要主题,并出现了崇尚科学的时代潮流,然而传统大学长期受自由教育思想的影响,重视理性和人的全面发展,歧视体力劳动和技能培训,抵制自然科学,已变得极度封闭、保守。文艺复兴运动之后,传统大学办学理念的保守与滞后越发突出,在很大程度上阻碍了新知识的传播,不利于科学发展。

16—18 世纪剑桥大学设置的 19 个教授讲座中与自然科学相关的职位只占 40％左右,且主要属于基础性理论性学科,此时与工业生产相关的实用技术类学科几乎没有出现。新增职位大多属于人文社会科学类的内容,且局限在哲学系,属于为高级专门教育做准备的基础知识和预备教育。在伯顿·克拉克看来,英国大学中即使引进了现代科学的专业学科,但专业教育的目的绝不是为了获得实际的技能,它是训练思维的最好方式,其本身就是目的。④

以知识为安身立命之基的传统大学在科技的进步中无所作为,大学的价值以及存在的合法性受到质疑,马丁·路德将大学教师视为"驴子"和"猪锣",认为他们"除了把人变成驴子,是不能给青年任何其他东西的"。⑤ 大学的社会影响力也普遍较低,这使很多人选择离开大学。17 世纪中叶,担任剑桥大学希腊语教授的艾萨克·巴罗哀叹自己在课堂上像一个孤零零的猫头鹰,而自然哲学的课堂却是满满的。于是,他于 1663 年辞去这一教席而接受了卢卡西的数学教席。⑥

鲍尔生曾指出:"一切与学习有关的公共机构,都是由社会需求催生的,而首先则是由技术、实践的需要催生的。"⑦现实需要是教育存在的基础和依据,大学教育的发展方向与趋势无法背离现实的需要,否则将被时代抛弃。随着科技的应用,资本主义经济获得了快速发展,社会需要更多专业技术人才。然而,大学中的高级专业学院严重萎缩,大学不再按照职业的需要开展教育,而只是把

---

① [美]默顿:《十七世纪英格兰的科学、技术与社会》,第 65 页,范岱年等译,商务印书馆,2000 年版。
② 滕大春:《美国教育史》,第 5 页,人民教育出版社,1994 年版。
③ [德]鲍尔生:《德国教育史》,第 68 页,滕大春、滕大生译,人民教育出版社,1986 年版。
④ [美]伯顿·克拉克等:《高等教育新论——多学科的研究》,第 214 页,王承绪等译,浙江教育出版社,2001 年版。
⑤ 朴雪涛:《知识制度视野中的大学发展》,第 204 页,人民出版社,2007 年版。
⑥ [美]默顿:《十七世纪英格兰的科学、技术与社会》,第 136 页,范岱年等译,商务印书馆,2000 年版。
⑦ [德]鲍尔生:《德国大学和大学学习》,第 111 页,张弛等译,人民教育出版社,2009 年版。

学位看成一种荣誉，学习内容和文学院相似，学生接受近乎形式的练习并交付学费就可以获得高一级的学位。随着专业教育被排挤出大学教育，专业人才培养不得不依靠传统的学徒制。19世纪初，英格兰的内科医生毕业于牛津大学、剑桥大学的仅百名，而更多的内科医生没上过大学；外科医生协会成员中的大学毕业只占千分之一；法学界最重要的部门有800多人的诉讼师队伍，其中受过大学教育的也仅占千分之一。① 由于忽视自己的社会功能、远离社会生活，传统大学逐渐失去了往日的声望和吸引力，并陷入生存危机。据记载，牛津大学人数最多的学院在1750年时仅83人，1781年剑桥大学在校生人数达到50人以上的只有3个学院。有统计显示，牛津大学17世纪20年代每年的学士有230人左右，从1660年到18世纪20年代为150人，18世纪50年代仅剩100人左右。1760—1780年，剑桥大学约有1/3的学生流失。② 鉴于此，阿特巴赫（Philip G. Altbach）将17和18世纪称为欧洲高等教育的黑暗时代。③

中世纪时期后期，乃至19世纪以前，大学的功能极其狭隘。从规模上看，大学只能为社会少数人提供教育机会；从教育内容上来讲，大学教育沿袭传统，内容陈旧，脱离生活。传统大学除了开设文、法、神、医等专业之外，极力排斥自然科学和以实用为目的教育内容，与社会职业有关的教育内容大多被排斥在大学之外，18世纪下半叶，巴黎大学的医科学生只剩60人。④ 德国大学的生源也遭遇同样的命运，海德堡大学在1701—1705年，平均每年只招80名学生，1700年德国大学平均不到290人⑤。然而，社会对专业人才的需求有增无减，与大学中抽象的理论教学相比，学徒制作为一种技艺传承方式所表现出的实践针对性对普通民众更具吸引力。

总体上看，受上层社会意识形态的影响，传统大学以培养为统治者服务的社会精英为主，具有明显的贵族化倾向，在教育内容上以自由学科为主，这些艰难摆脱神学魅影的传统大学却沉迷在一个理想的自由王国，坚持教育的本体价值和个人价值，排斥外在社会价值和工具性目的，与古典为伴，注重智力、道德、修养和理性的培养，鄙视体力劳动和技能，排斥教育中的实用性和功利性，无视国家和工商业界对大量高级应用性专业人才的需要，脱离时代发展的轨道，严重阻碍了社会进步和生产力的发展。J. D. 贝尔纳指出："不能期望各大学对此

---

① 张金泰：《英国的高等教育：历史·现状》，第25页，上海外语教育出版社，1995年版。
② 贺国庆、王保星、朱文富：《外国高等教育史》，第74—75页，人民教育出版社，2006年版。
③ [美] F. G. 阿特巴赫：《比较高等教育》，第30—31页，符娟明等译，文化教育出版社，1985年版。
④ 贺国庆、王保星、朱文富：《外国高等教育史》，第95页，人民教育出版社，2006年版。
⑤ 贺国庆、王保星、朱文富：《外国高等教育史》，第103页，人民教育出版社，2006年版。

有什么作为；它在18世纪已经陷入空前严重的懒惰、无知和顽固的深渊中。"①然而,大学之外的学徒制教育难以提供系统的文化和理论教育,所培养出的人才难以适应科学和技术发展的需要,这也意味着大学教育必将迎来一个崭新的时代。

三、科学发展与专业教育多样化的形成

(一)科学时代来临与职业需求的变化

大学建立在知识的基础之上,知识的积累、转型以及生产方式和组织形态上的变化必将引起大学组织的改变。文艺复兴运动打破了宗教神学对人的精神禁锢,为学术界带来了思想自由。1543年哥白尼《天体运行论》的发表使科学取代了上帝的位置,拉开了科学革命的序幕。一些学者开始摆脱神学的羁绊并对不同领域进行科学探索,逐步在物理学、化学、天文学、地理学、生物学、解剖学、植物学、动物学、地理学等领域取得大批重要成果。知识发现的增殖将传统学问改造为现代科学,新的学问开始沿着学科的界限或围绕不同的核心问题而组织起来,这使知识逐步分化,众多学科开始从哲学母体中分离出来。与此同时,科学知识直接推动了技术的发展和进步,随着科学的技术化,新的发明成果层出不穷,听诊器、蒸汽火车、汽船、电报机、缝纫机、打字机、电话机等新发明不断出现和使用。其中,蒸汽机的发明和应用使机器生产逐步代替了手工劳动,人类开始从农业社会向工业社会迈进。

人类通过将科学进步应用到新的技术推动了社会的工业化进程。② 在社会的工业化进程中,技术的科学化程度在不断提高,非技术岗位大量减少,社会对劳动力的文化程度和技术水平提出了更高要求。此时的工业技术不再以经验为依据,而是一种工艺学技术,增加了更多理智内容,需要从业者具备一定的文化修养,认识职业的科学和社会的基础以及职业的意义。③ 该时期,从业者虽然还保留了社团的习俗和言辞特点,但逐渐从一种有学问的匠人意识开始向以科

---

① [美]J.D.贝尔纳:《科学的社会功能》,第66页,陈体芳译,商务印书馆,1995年版。
② [美]兰德尔·柯林斯:《文凭社会:教育与分层的历史社会学》,第6页,刘冉译,北京大学出版社,2018年版。
③ [美]约翰·杜威:《民主主义与教育》,第332—333页,王承绪译,人民教育出版社,1990年版。

学为基础的服务人类之精神转变。① 针对科学知识对生产、生活产生的巨大影响,托·亨·赫胥黎(Huxley)指出,自然科学知识已成为重要的生活工具,对职业而言,某些科学知识几乎是直接有用的。② 斯宾塞(Spencer)更是喊出"科学知识最有价值"的时代强音。

科学大发展不但改变了技术,而且确立了资本主义生产方式。机器大工业生产需要更多专业技术人员去操作,市场的不断开拓需要更多航海、商业、军事、工程等方面的高级专业人才。资本主义的发展对高水平科学技术人才的需要急剧增加,也直接改变了人们的职业兴趣和对教育选择。美国社会学家兰德尔·柯林斯指出,19世纪后期,对从事主流专业的人士而言,大学教育已不可或缺。③ 从表3—1来看,19世纪牛津大学毕业生选择法律、医学等专业性工作的比例在1818—1819年为7.1%,而到1897—1898年增长为20.7%,从事商业、财政、工业、工程等职业的比例在此期间从0.8%增加到7.8%,从事教育和行政性职业的比例均有大幅提升,而从事宗教职业的比例从1818—1819年的51.7%到1897—1898年下降为17.3%,经营农业的比例从15.5%下降到4.8%。可见,随着社会的发展,社会知识精英对以科学知识为基础的职业更加青睐,同时也表明众多社会职业的科学化、专业化程度在不断提升。

表3—1 19世纪牛津大学毕业生从事的职业

职业	录取年份									
	1818—1819		1848—1849		1879—1880		1897—1898		总计	
	人数	%	人数	%	人数	%	人数	%	人数	%
土地所有者	123	15.5	105	11.8	145	9.8	82	4.8	455	9.3
教会	410	51.7	438	49.2	453	30.6	298	17.3	1599	32.7
专门职业	56	7.1	71	8.0	279	20.0	357	20.7	763	15.6
教学	16	2.0	65	7.3	167	11.3	275	16.0	523	10.7
政府	18	2.3	45	5.1	87	5.9	283	16.4	433	8.9
商业	6	0.8	13	1.5	54	3.6	153	7.8	208	4.3
不详	164	20.7	154	16.3	297	20.0	293	17.0	908	18.6
总计	793	16.2	891	18.2	1482	30.3	1723	35.2	4889	

注:"土地所有者"=地主和独立业主;"教会"=教士和其他宗教性工作;"教学"=高等教育、学校教学;"政府"=军队、行政工作;"商业"=商业、财政、工业、工程;不详=早逝的年

---

① Walter Rüegg, ed. *A History of the University in Europe*, Volume III: *Universities in the Nineteenth and Early Twentieth Centuries* (1800—1945)(Cambridge: Cambridge University Press, 2004), P.370.

② [英]托·亨·赫胥黎:《科学与教育》,第80页,单中惠等译,人民教育出版社,2005年版。

③ [美]兰德尔·柯林斯:《文凭社会:教育与分层的历史社会学》,第10页,刘冉译,北京大学出版社,2018年版。

轻人、不详。

资料来源：[瑞士]瓦尔特·吕埃格等：《欧洲大学史》（第三卷），第396页，张斌贤等译，河北大学出版社，2013年版。

科学对技术的改造与渗透改变了传统以经验为主的职业内涵和从业标准，人们需要通过科学知识的学习来适应社会职业发展的需要，这也要求学校提供更加科学实用的教育内容。正如涂尔干所言，在这种复杂的社会变革背景下，纯粹世俗性、非道德性的社会需要使教育开始对自然科学产生了兴趣，社会需要学校选择派得上用场的知识，使学生能够承担日后将会选择的职业。① 可见，科学技术带来生产力水平的提高不但改变了世界的面貌，也改变了人们对科学的认识，致使社会对正规科学技术教育的需求不断增加。以科学为基础的职业需要从业者接受更长时间的正规教育；教学方式也应以更加科学的方法替代权威著作的解读；职业认证考试也要变得更加细致和严格，并增加有关专业知识和职业技能的内容。然而，传统大学局限在文、法、神、医等狭隘的专业范围内，且以理论知识的传授为主，很难对科学发展和社会的人才需求做出积极的回应。为跟上时代步伐，满足经济社会发展对不同人才的大量需求，各国政府和工商业资产阶级开始通过不同的途径来发展科学和技术教育。

（二）专业教育的分化

进入19世纪，科学技术的发展和社会需求的变化对大学的职能产生了重要影响，专业教育也随之分化出不同的形态，并开始沿着不同方向发展，出现了狭义与广义的专业教育之分。狭义的专业教育以法国专门学校、英国城市大学、德国工科大学和美国赠地学院为代表，它们将工业商业领域的应用型人才培养纳入专业教育的范畴，开展的是职业性专业教育。广义的专业教育除了上面的应用型人才培养，还包括以学术研究为主的学术性专业教育。该类型以德国研究型大学和美国研究生院为代表。它们主要培养大学教师和以学术为职业的学者、研究人员、科学家等。帕森斯也曾将专业系统分为学术性专业与应用性专业两个部分，学术性专业将社会知识制度化，而应用性专业是对学术知识的应用。② 他认为学术型专业人员以探究真理、创新知识为职业，需要具备高深的专门知识和长期的专业训练，并将培养研究型人才的教育视为学术性专业

---

① [法]爱弥尔·涂尔干：《教育思想的演进》，第301页，李康译，上海人民出版社，2006年版。
② 参见刘思达：《职业自主性与国家干预——西方职业社会学研究述评》，载《社会学研究》，2006年第1期。

教育。① 受政治体制、文化、教育传统的影响,专业教育在不同国家呈现出不同特点。

1. 应运而生的学术性专业教育

科学的进步为人类带来了光明与希望,也进一步激发了人们的求知欲和征服欲,伴随着工业革命的步伐,西方社会逐步形成了崇尚科学的氛围。法国空想社会主义者圣西门指出,以前将掌握希腊语和拉丁语作家的著作视为接受出色教育的标准,而今天则变成是否精通实证科学和实验科学。② 科学作为技术发明和应用的基础,不但受到了政府和学者们的关注,而且日益成为民众向往的职业。随着工业革命的到来,科学已被推到生产技术前面,成为开路先锋和指路明灯。③ 传统大学为摆脱生存危机,开始从变革中寻找出路,其中,德国大学的改革运动开创了新的大学模式,并成为各国效仿借鉴的对象。

(1) 学术性专业教育在德国的初步发展

以科学研究为主的专业人才培养肇始于德国大学。④ 受启蒙运动的影响,哈勒大学和哥廷根大学首先开展教育改革,为学术活动营造了相对宽松的氛围。19世纪初,普鲁士在普法战争中的战败使其将民族精神的振兴视为强国的首要任务。为实现"文化国家"的目标,新创建的柏林大学将教学与科研相结合,以便通过对真理的探索与发现为国家培养大量学者、大学教师、科学家、研究人员等。洪堡等新人文主义者反对大学的世俗化和功利化追求,在他们看来,大学不是谋生的工具,不是国家的机器。他们把发展知识作为教育的首要目的,其次才是在能够增进知识的层次上训练专业人员和公务员。洪堡作为柏林大学的创始人,其教育思想对柏林大学的创办产生了直接影响。洪堡认为,大学的本质是要做到客观学问与主观修养的结合,大学教育就是要通过纯粹科学的探讨使学生获得修养,即"由科学而达至修养"。在他看来,科学活动是一种纯粹的精神活动,需要排除各种实际利益的干扰。柏林大学建成之后,科学被寄予无限期望并像宗教一样被崇拜。柏林大学还建立了新型的教学形式,自然科学领域主要是成立研究所(Institute),人文和社会科学领域开创了"研讨

---

① Talcott Parsons & Gerald M. Platt *The American University* (Cambridge, Massachusetts: Harvard University Press,1973),p.225.
② [法]圣西门:《圣西门选集》(第一卷),第43页,王燕生等译,商务印书馆,1979年版。
③ 周川:《科学的教育价值》,第27页,江苏教育出版社,1993年版。
④ [英]J.D.贝尔纳:《科学的社会功能》,第283页,陈体芳译,商务印书馆,1995年版。

班"(Seminar)教学形式。研讨班从最初的教学辅助手段演变成教学与科研相结合的基本形式,并扩展到各个学科领域,这使科学研究真正成为大学教育的重要组成部分。从此,科学有了越来越正式的组织,研究科学开始成为与古老法律和医学专业相类似的专业。①

19世纪,德国柏林大学所开创的科学研究模式为德国培养了大量世界一流的科学家,使德国在科学研究领域走在了世界前列。凭借强大的科研能力,19世纪后半叶德国已经成为世界市场的主要垄断者。德国大学开启了学术研究专业化的道路,促进了19世纪知识体系的初步发展,但由于过度偏重基础研究,对应用研究重视不足,远离社会需求,缺乏社会服务意识,最终使德国无法跟上科技发展的步伐,并在20世纪失却了世界科技中心的地位。与此同时,受实用主义文化的影响,美国在借鉴德国大学研究经验的基础上选择了一条更具现实性的学术发展之路。

(2)美国对学术性专业教育的创新与发展

为专业领域提供教育(education for the professions)是影响美国高等教育创新的最重要因素。美国教育的进化首先体现在移植德国大学教育模式的约翰霍普金斯大学。1867年吉尔曼(Daniel C. Gilman)领导创办的约翰霍普金斯大学直接把科学研究放在首位。他最初是想学习德国教育模式并开展纯粹的研究生教育,通过人文、科学、医学、法律等领域开展高级培训,以培养青年科学家、促进科学进步。在组织结构上,他将专业学院和研究生院作为大学的主体并建立在文理学院之上,使不同教学单位承担不同职能:文理学院负责以通识教育为主的本科生培养,专业学院和研究生院负责精英教育和科学研究。然而,与德国大学的"象牙塔"式研究生教育不同,约翰霍普金斯大学将现实需求与科学研究紧密结合,到1901年已形成了拥有1个哲学系、13个专业系和1个医学院的组织结构。②

有能力的学者和科学家通常根据大学的声望而择业,一旦有机构坚持要开展研究和研究生教育,其他精英层次的院校便不得不跟随这种趋势。③为争夺科学家和学者,其他大学纷纷建立研究生院。19世纪后期,美国许多传统大学

---

① [英]J. D. 贝尔纳:《历史上的科学》,第319页,伍况甫等译,科学出版社,1959年版。
② Brubacher,J. S. & Rudy,W. *Higher Education in Transition:A History of American Colleges and Universities*,*1636—1976*(New Brunswick,NJ:Transaction Publishers,1997),p. 181.
③ Ben-David,Joseph. *Centers of learning:Britain,France,Germany,United States*(New York:McGraw-Hill, 1977),p. 61.

如哈佛大学、耶鲁大学、哥伦比亚大学和宾夕法尼亚大学相继开展研究生教育。① 到19世纪90年代,学术探究精神开始控制美国大学,并成为一种无法抵挡的趋势。据统计,1900年美国大约有150所左右学院和大学开设了研究生课程,其中1/3左右的学校设置了博士课程,全年共授予250人博士学位,为1890年的2倍。② 从此,美国大学研究生教育体制初步建立,并成为美国大学的重要特征。

受美国实用主义文化的影响,美国研究生教育具有"学""术"兼顾的特点,既培养注重理论研究的科研人才,又重视培养应用研究人才。吉尔曼虽然主张大学以研究为中心,需致力于真理的无尽探索,但他还认为大学的教学和研究工作应该与日常生活紧密相连,指导人们和解决人们所面临问题。③ 哈佛大学作为美国研究型大学的重要代表,在校内设置了众多专业学院④以培养研究生层次的实用型人才。这种将学术研究与社会需求相结合的做法成为美国实用主义精神的最好诠释。克拉克·科尔指出,德国模式与"土地拨赠"的结合使哈佛大学这样的学术型大学走向了康奈尔大学的办学道路,"纯粹的智力与新的实用主义结成了未必牢靠但却是成功的联盟"⑤。美国在博士生教育的初级阶段只有学术性哲学博士学位,1920年,哈佛大学首次设立教育博士学位(Ed. D)并得到广泛接受,其他专业性博士学位如商业、药学、公共卫生学等也相继出现。从各专业所占比例来看,1920年到1940年,美国每年授予的管理类博士学位从4.2%上升到6.2%,教育专业从3.6%升至8.7%,工科由1.8%变为3.2%。可见以应用为目的的专业博士学位授予数量不断上升。⑥

在德国大学中的学术被视为追求真理的方式,在美国被看作服务的工具。成功的学术教育最终使美国在科技和经济领域超越了其他资本主义国家,也为美国打造了众多世界一流的研究型大学,并在国际上产生了广泛影响。有统计显示:1904年有来自74个国家的2673名学生在美国大学学习,1911年为5227

---

① 谢安邦等:《比较高等教育》,第42页,广西师范大学出版社,2002年版。
② 黄福涛等:《外国高等教育史》,第142页,上海教育出版社,2003年版。
③ Wolfle D. *The Home of Science. The Role of the University* (New York: McGraw-Hill Book Company, 1972), p. 77.
④ 哈佛大学除了哈佛学院(1636)、文理研究生院(1872)之外,还根据社会需要不断建立新的专业学院:医学院(1782)、神学院(1816)、法学院(1817)、牙医学院(1867)、商学院(1908)、设计学院(1914)、教育学院(1920)、公共卫生学院(1922)和肯尼迪行政管理学院(1936)、工程与应用科学院(2007)的庞大规模。
⑤ [美]克拉克·科尔:《大学的功用》,第34页,陈学飞等译,江西教育出版社,1993年版。
⑥ 陈学飞等:《西方怎样培养博士:法、英、德、美的模式与经验》,第220页,教育科学出版社,2002年版。

名,1920 年留学人数则上升到 8357 名。①

(3) 其他国家的学术性专业教育

英国著名科学家 J. D. 贝尔纳指出,19 世纪中叶以前,科学并没有在传统大学生根,伟大科学家的科学知识主要靠自学。② 该认识说明传统大学对现代科学采取了抵制和排斥的态度,这种现象在英国和法国较为突出。

工业革命初期,英国和法国的科学研究活动主要在大学之外的科研机构进行。1662 年,英王查理二世正式批准成立"以促进自然知识为宗旨的皇家学会",简称英国皇家学会,这是一个由众多科学家组成的独立的、自治的社团。在法国,1666 年成立了法兰西科学院,1793 年组建国家自然历史博物馆。这些机构以探索新知、促进科技发展为使命,它们的研究内容侧重于基础科学或者说是纯科学研究,而缺乏与应用相关的技术研究。为推动技术的研发与进步,一些地方性的研究机构、科技协会和学术团体纷纷成立,如法国农业研究所(1761)、法国药学研究所(1803)、巴黎地理学会(1821)、巴黎自然历史协会(1821)、法国园艺协会(1827)、法国地质协会(1830)等,这些研究所(academie)、协会(societe)的建立打破了国家对科学研究的垄断局面。③ 类型繁多的协会和学术团体在一定程度上满足了资本主义工商业对科学技术的需要,但也说明了法国高等教育领域科学与研究相互分离的事实。

英国的牛津大学、剑桥大学在固守传统的基础上,最终也接纳了柏林大学的研究模式并发展自己的研究队伍。1868 年牛津大学建立起克莱伦敦实验室,1873 年剑桥大学建立卡文迪什实验室。19 世纪末,剑桥大学在自然科学研究领域已开始崭露头角,卡文迪什实验室也发展成为当时世界上最有名的研究机构。④

2. 艰难前行的职业性专业教育

19 世纪之前,社会生产还主要处在经验层面,并不需要太多的理论基础,科学与工业实践之间的联系还比较少。工业革命以后,理论技术的出现以及对扩

---

① 王英杰:《美国高等教育的发展与改革》,第 19 页,人民教育出版社,2001 年版。
② [英]J. D. 贝尔纳:《科学的社会功能》,第 284 页,陈体芳译,商务印书馆,1995 年版。
③ 黄福涛:《欧洲高等教育近代化——法、英、德近代高等教育制度的形成》,第 106—107 页,厦门大学出版社,1998 年版。
④ 谢安邦等:《比较高等教育》,第 42 页,广西师范大学出版社,2002 年版。

大技术工人数量的需要,促使人们探索通过"教育"来培养人才。①

(1) 传统势力对职业性专业教育的抵制

职业的专业化过程也是教育改革者和传统的保守主义者长期斗争的结果。19世纪是工业革命大力推进的时期,"什么知识最有价值"命题的提出是科学向古典人文主义发出的直接挑战,使传统以道德和修养为核心的教育思想遭受到前所未有的冲击。面对日益高涨的科学主义思潮,约翰·亨利·纽曼(John Henry Newman)作为英国传统教育思想的集大成者,坚决捍卫古典人文主义教育理念,坚持教育对人性的陶冶和心智培养,认为大学的天职是追求知识、真理和道德,拒绝任何的工具性价值,反对大学开展专业教育、培养专门化的技术或科学人才。他将大学视为"教授全面知识的地方"②,其目标是提高社会的心智水平,培养公众的心智,提高国民的品位。③ 他认为良好的心智状态便于个人从事任何一种学科和专业。以他为代表古典人文主义者普遍认为非职业性的古典数学研究不仅比专业教育所传达的"信息"更具有教育价值,而且具有较高的社会价值。这种认识在很大程度上抹杀了商业、贸易、科学、技术技能与体力劳动的所有区别。他们对商业和劳动的传统性蔑视足以瓦解所有试图进入大学的实践性和专业性科目。1867年,约翰·斯图亚特·密尔(John Stuart Mill)在圣安德鲁大学的校长致辞中将反专业教育的精神进行了淋漓尽致的表达。他极力反对教育的谋生目的,主张培育有能力和教养的人。在美国,为适应工业化发展的需要,哈佛大学校长乔治·梯克诺(George Ticknor)等人倡导推行自由选课制度以便引入自然科学和应用学科方面的课程内容,但这些进步的教育主张很快受到保守派的抵制和反对。以哈佛大学约瑟夫·昆西(Joseph Quincy)、耶鲁大学杰里麦亚·戴(Jeremiah Day)、普林斯顿大学的詹姆斯·考什(James Cosh)为代表的保守派坚决反对课程改革,极力维护传统的课程结构和内容。

耶鲁学院曾高举古典主义的旗帜,反对在大学开展技艺性专业教育,通过发表《1828耶鲁报告》来全面倡导自由教育思想,呼吁大学致力于心灵训练和教养方面的教育。《1828耶鲁报告》的出台扩大了保守势力的影响力,强化了古典课程在大学的地位,在很大程度上遏制了19世纪上半叶美国高等教育改革的势头。由于19世纪上半叶以耶鲁大学为代表的传统教育思想占据优势,改革派的教育主张惨遭挫败,密歇根大学的亨利·塔潘(Henry Tappan)、哈佛大学

---

① 徐国庆:《职业教育课程论》,第21页,华东师范大学出版社,2008年版。
② [英]约翰·亨利·纽曼:《大学的理念》,第21页,高师宁等译,贵州教育出版社,2003年版。
③ [英]约翰·亨利·纽曼:《大学的理念》,第161页,高师宁等译,贵州教育出版社,2003年版。

的乔治·梯克诺、布朗大学的弗朗西斯·韦兰德(Francis Wayland)等教育改革者在保守势力的压力下被迫辞去校长职务。

在德国,19世纪早期的大学拒绝"实用性"的教育或培训,只接受几乎完全是"纯理论"的科学教育和训练。19世纪60年代,德国政府将技术教育内容整合进大学的努力受到大学的顽固抵制,原有大学坚持否认技术教育是大学教育的一部分。受此影响,德国应用型专业人才培养只能另辟蹊径,建立新的学校,而不是在原有大学的基础上增加新的功能。

影响大学开展职业性专业教育的阻力还来自于行业组织本身。一些行业组织怀疑理论学习对行业本身的重要性,他们坚信自己独特的专业人才培训方式。伦敦大学开展法律教育的计划曾因此受挫。1833年,英国法律协会(the Law Society)和内殿律师学院(the Inner Temple)认为此举威胁到他们对初级律师和出庭律师所开展的培训计划。同年,伦敦大学试图获得授予医学学位的权力,此举引来医学会的敌意,他们认为这将妨碍自己的医院培训。1837年医学会最终还是接受了伦敦大学的要求,不过伦敦大学仅被授予审查和颁发学位的权力。19世纪拥有较高收入和地位的法学不屑于正规的专业教育形式,这对工程、会计、建筑和牙科等欲争取专业地位的新兴职业产生了重要影响。这些新兴职业依赖于传统的学徒制、自学和实践锻炼,不去谋求专业教育的机会,而是把热情放在创建专业组织以及政府的许可方面。

可见,在各种不同势力的干预下,职业性专业教育在进入传统大学的过程中遭遇到了众多挫折。地位较高的教育机构主要强调为贵族提供非职业教育,毕业生以获得带有政府权力的职位为主要目标。① 为此,杰劳斯(K. H. Jarausch)总结道:虽然中世纪大学致力于专业教育,但在19世纪中期自由教育和纯科学研究却将专业教育排挤出大学,直到20世纪专业教育才逐渐回归高等学校。②

(2) 职业性专业教育在传统大学中的曲折发展

第一次工业革命时期的科学发现和技术突破尚以经验为主,第二次工业革

---

① [美]兰德尔·柯林斯:《文凭社会:教育与分层的历史社会学》,第278页,刘冉译,北京大学出版社,2018年版。
② 这里所说的专业教育是以应用型人才培养为主的职业性专业教育,即狭义的专业教育。Jarausch, Konrad H. (Ed.). *The Transformation of Higher Learning 1860—1930: Expansion, Diversification, Social Opening and Professionalization in England, Germany, Russia and the United States* (Chicago: The University of Chicago Press, 1983), p. 29.

命以电力和化学的应用为主,并建立在实验科学的基础之上。该时期的技术发展建立在系统的科学理论基础之上,更多行业的从业人员需要以一定的科学理论知识为基础。为满足社会对大量专业人才的需要,英、美等国开始通过立法的方式对传统大学进行强行改造。

为改变牛津大学、剑桥大学远离世俗、排斥科学技术的做法,英国政府颁布相关法令来破除观念和制度上的障碍。19世纪中期,英国政府在对牛津和剑桥大学调查的此基础上,先后颁布了《牛津大学法》(1854年)和《剑桥大学法》(1856年),废除了原来由伦敦大主教和英国女王为大学制订的学则。为改变由少数权威对大学的控制,政府增加大学评议会的人员,扩大大学评议会的权限,使大学开始向非国教徒开放。迫于外部压力,牛津大学和剑桥大学不断调整自身的教学内容,适当增加了自然科学、技术应用等方面的课程。从1878年至1914年,剑桥大学医学系高级讲师(readship)开设的课程中包括植物学、动物形态学、外科学、农业化学、化学生理学、卫生学、动物学、冶金学等。讲师(lectureship)一级开设的课程中自然科学所占比例超过了一半,主要内容有植物学、动物学、病理学、生理学、外科学等。牛津大学在1904年开设的课程有工程、采矿、教育、探测和林学等方面的实用课程。随后,商业类专业也被纳入到这两所传统大学。①

长期以来德国大学抵制工程教育进入大学,政府在1899年赋予工程技术教育机构以大学地位使工程师终于获得了以科学为基础的专业地位。② 德国大学非常谨慎地拓展专业教育范围,直到1960年,一些农业、商业、社会工作方面的专业学院才逐渐成为大学的一部分。③ 从学科领域的分布上来看,德国传统大学以神学、法学、医学、哲学四科为主,尽管德国大学的学部没有增加,但讲座却在不断增设,如新增的国际法讲座、宪法史讲座、经济教育学讲座、地理学讲座等,汉堡大学增设了体育副教授职位,柏林大学设立新闻学副教授职位,夏洛滕堡建立企业社会学研究所。也有少部分大学开始突破原有四科的限制,增设了自然科学、数学、经济、社会等学科。德国传统大学开始在一定程度上回应了社会的呼声,发挥一定的社会服务功能。

---

① Ben-David,Joseph. *Centers of learning:Britain,France,Germany,United States*(New York : McGraw-Hill, 1977),p.54—55.

② Ben-David,Joseph. *Centers of learning:Britain,France,Germany,United States*(New York : McGraw-Hill, 1977),p.48.

③ Ben-David,Joseph. *Centers of learning:Britain,France,Germany,United States*(New York : McGraw-Hill, 1977),p.48.

为改变古典学科在大学中的统治地位,美国的教育改革者致力于推行选课制度,以便引进更加实用的科学知识和技术。哈佛大学校长艾略特(Charles William Eliot)就是选课制的坚定支持和实施者,在他的领导下,1897年哈佛大学在所有年级推行选课制。受哈佛大学的影响,康奈尔大学、哥伦比亚大学、威廉玛丽学院、斯坦福大学也陆续推行选修制。① 选修制广泛推行给美国高等教育带来巨大影响,不但动摇了古典人文学科在大学中的主导地位,而且进一步加强了大学与社会经济的联系,提高了大学的社会服务意识。但整体上看,1900年之前,(传统)大学虽然有很多潜在的变化但仍属于有闲的绅士教育,直到20世纪20年代,大学才开始从绅士的养成机构转化为现代工业和社会的发电站。②

(3)职业性专业教育在传统大学之外呈现新的生机

传统大学的保守与僵化很难满足社会对大量专业人才的需要,建立新的教育机构成为时代发展的重要选择。从18世纪开始,已有机构开始提供比传统大学多得多的技术教育和专门化教育。③ 这些新的专业训练主要由传统大学之外的教育机构提供。

第一,专门学校乘势而起。为满足城市工商业发展的需要,一些以知识应用与职业训练为主要目标的专门学校在地方当局的支持下应运而生。

受启蒙运动的影响,法国率先重视高等科技教育。围绕军事和工业发展的需要,法国政府开始兴办一批高等专科学校,如炮兵学校(1720)、军事工程学校(1749)、造船学校(1765)、骑兵学校(1773)、桥梁公路学校(1747)、巴黎矿业学校(1783)等。至大革命爆发前,法国发展的高等专科学校共有72所,涉及军事、工程、水利、采矿、医学、文学和艺术等领域。④ 这些专门学校的建立打破了欧洲高等教育轻科学尤其是轻技术的传统,并最先按照科学和工艺发展的要求组织专业教育。⑤

1789年法国资产阶级大革命爆发以后,教育领域成为重要的改造对象。传

---

① 黄福涛等:《外国高等教育史》,第143页,上海教育出版社,2003年版。
② Jarausch, Konrad H. (Ed.). *The Transformation of Higher Learning 1860—1930: Expansion, Diversification, Social Opening, and Professionalization in England, Germany, Russia, and the United States* (Chicago: The University of Chicago Press, 1983), p. 211—212.
③ [美]伯顿·克拉克:《高等教育新论——多学科的研究》,第213页,王承绪等译,浙江教育出版社,2001年版。
④ 贺国庆、王保星、朱文富:《外国高等教育史》,第96页,人民教育出版社,2006年版。
⑤ 胡建华、陈列、周川等:《高等教育学新论》,第145页,江苏教育出版社,2005年版。

统大学因封闭、保守甚至与国家政权对立而被全部关闭。新的资产阶级政权开始在原有学校的基础上建立各种专门学校,1794年建成了中央公共土木事业学校(后改为巴黎理工学校)、卫生学校、军官学校、高等师范学校、工艺学院等。这些专门学校在教育体系中具有较高的地位,被称为"大学校"(grandes écoles)①,并以精英教育为主。与德国精英教育培养专业的学术研究人员不同,法国精英教育主要是培养国家的领导者、公务人员和大学教师。② "大学校"打破了普通教育应优先于专业训练的观念,摆脱了宗教和传统教育的束缚,以单一的知识领域为重点,重视知识的实际应用和实践能力培养,以培养行业专家为目标,具有较强的实用性和职业针对性,但对科学研究和普通教育关注较少。

专门学校在人才培养方面具有明显的针对性、短期性、实用性等优势,能够从社会现实需要出发,积极吸收新的学科知识和先进技术,为军事、工商业发展培养急需的高级专业人才。它弥补了传统大学重理论轻实践、重人文轻科学、重理性修养轻技术劳动的弊端,具有传统大学难以替代的优势。这使很多国家都热衷于创建类似的专门学校。德国柏林也出现了许多专门学校,如采矿学校(1770年建)、兽医学校(1790年建)、建筑学校(1799年建)、艺术学校(1796年建)等。俄国更是沿袭了法国高等教育模式,将专门学校作为高等教育的主体,1915年俄国的大学只有12所,高等专科类学校达到了193所。截止20世纪30年代,欧洲大约有300所分布在军事、技术、理工、商业、医疗、兽医、农业、教育、政治和音乐等领域的专门学校。③

第二,新型大学开始破土而出。英国主要通过兴建城市大学来满足社会对专业人才的需要。19世纪中期,英国已率先发展成为一个工业化国家。传统大学却执着于自由教育并对现代科学知识进行抵制。为培养科技和工商业方面的专业人才,一些成功的商人、企业家、政治家、科学人士、开明的社会贤达结成了非正式联盟,他们冲破保守势力的重重阻挠,于1828年创建了崭新的伦敦大学。伦敦大学剔除了教育中的宗教色彩,开设了矿物学、工程学、设计和教育等实用性学科,直接服务于生产和生活的实际需要。该校90%以上的工程学系毕

---

① "大学校"意指大学中的大学,以教授的主要学科、专业命名,属于法国精英教育的产物,主要为政府、军队培养应用和管理方面的人才,归属不同的政府部门直接管辖,课程内容以新兴实用科目为主,入学选拔严格,重视科技知识和实践能力培养,学生质量较高,毕业后社会适应能力强,深受社会欢迎。

② Ben-David, Joseph. *Centers of learning: Britain, France, Germany, United States* (New York: McGraw-Hill, 1977), p. 51.

③ Walter Rüegg, ed. *A History of the University in Europe, Volume III: Universities in the Nineteenth and Early Twentieth Centuries (1800－1945)* (Cambridge: Cambridge University Press, 2004), p. 4.

业生成为工程师或与工程有关的高级技术人员。① 随后,英国开始大力发展城市大学,使大学与职业之间建立更加紧密的联系。在现实需求的推动下,1851建成立的欧文斯学院于1903年发展成曼彻斯特大学,1874年建立的约克郡学院在1903年升格为利兹大学,1880年建立的梅森学院到1900年发展成伯明翰大学。② 这些城市大学主要从事地方特色的技术开发活动,开展以满足学生和社会公共需要的职业培训和专业教育。当获得独立授予证书或学位的资格后,新型大学更是积极地进入了专业教育领域。1903年,利物浦大学成为一所独立的大学后,便迅速建立牙科、建筑、兽医和工程学位课程。谢菲尔德大学也出现了法律教育、建筑、教师培训和采矿等专业。曼彻斯特大学开设了高等商业学、摄影技术、企业管理等专业。利兹大学开设了染色术、煤气工程学、染料化学等专业。据统计,1861年英国大学和非大学机构的在校生人数分别为3385人和3459人,而在1931年二者的人数分别达到37255人和1041915人。可以看出,非传统大学机构在校生人数增长之迅速和社会对应用型人才的旺盛需求有关。③

美国主要通过赠地大学和专业学院来培养实用的专业人才。作为一个追求自由的移民国家,美国国民心中逐渐形成了比较务实的精神理念。为推进西部大开发,大力发展资本主义经济,美国社会需要大量不同类型的专业人才。1862年美国政府颁布了《莫雷尔法案》,以拨付土地的方式引导地方政府兴办为工农业生产服务的大学。在政府的推动下,大批赠地大学破土而出。它们以服务社会为宗旨,广泛开设经济社会所需要的课程,从而开创了大学面向社会、直接为经济发展服务之先河。④ 从表3—2[麻省理工学院工程教育专业课程设置(1867年)]上可以清楚地看出,当时的专业教育虽然具有英国传统大学的古典主义色彩,但课程内容更加注重理论与实践相结合,强调动手能力培养,突出人才培养的实用性目的。1865年纽约州成立的康奈尔大学将大学服务社会的理念发挥到极致,代表了赠地大学的共同特征。

表3—2 麻省理工学院工程教育专业课程设置(1867年)

学　年	课程设置
第一年	代数、平面几何、立体几何、三角学、电子机械、机械制图、英语、外语、化学
第二年	分析学、微积分、物理、化学、平面几何、机械制图、飞机勘察、英语、外语、航空、航海

---

① 黄福涛等:《外国高等教育史》,第106页,上海教育出版社,2003年版。
② 王孝武、朱镜人:《英国城市学院早期发展的因素分析》,载《高等教育研究》,2016年第3期。
③ 黄福涛等:《外国高等教育史》,第101页,上海教育出版社,2003年版。
④ 胡建华、陈列、周川等:《高等教育学新论》,第246页,江苏教育出版社,2005年版。

续表

学　年	课程设置
第三年	微积分、分析和应用机械、球体天文学、桥梁与隧道勘测、石匠与木工几何、物理、英语、外语、制图、规划
第四年	其他实践课程

资料来源：Charles Riborg Matnt. A Study of Engineering Education, Prepared for the Joint Committee on Engineering Education of the National Engineering Societies. Boston：The Merrymount Press, 1918：13.

康奈尔大学创始人伊兹拉·康奈尔（Ezra Cornell）以建立一所"所有人都能学习所有学科的学院"为理想[①]，为充分挖掘大学的潜能，让知识直接服务于生产和生活，该校广泛开设以知识应用为目的的专业课程。这使实用性和"草根"性成为康奈尔大学的重要特征，并朝着符合职业主义者愿望的方向发展。在服务理念的影响下，美国旧学院或大学开始大力发展专业教育。1879年哥伦比亚学院除了文、理、法、医学院之外，还建立了矿业、化学、工程、药学、建筑、新闻以及师范学院等7个非传统专业学院。随后，在"威斯康星思想"的影响下，各类大学都开始接纳各种实用性专业，很多专业学院开始进入大学，至20世纪初期，约100所法学院中的72个已归属到大学或学院之中。[②] 该时期，医学、法学、商学、工学、教育、护理、农业、兽医、新闻、图书馆等专业学院都在大学获得了位置。[③] 于是，大学成了科学技术、工程师和农场人员的主要来源，大学校园开始成为农场主、商人、政治家和学生的聚汇点。

在德国，19世纪一些新的以高深知识为基础的职业（learned profession）产生，需要大学提供高层次的专业教育，如工程、建筑、化学、采矿及林业等领域。[④] 为提升人才培养层次，德国各地区学校相互联合制订了统一的培养目标、课程内容、入学和毕业标准等，1870年之后很多专门学院和多科技术学校相继升格

---

① ［美］劳伦斯·维塞：《美国现代大学的崛起》，第84—85页，栾鸾译，北京大学出版社，2012年版。
② Brubacher, J. S. & Rudy, W. *Higher Education in Transition: A History of American Colleges and Universities, 1636—1976* (New Brunswick, NJ: Transaction Publishers, 1997), p. 205.
③ 夏人青：《国外专业学院述评》，载《教师教育研究》，1996年第5期。
④ ［德］鲍尔生：《德国大学和大学学习》，第112页，张弛等译，人民教育出版社，2009年版。

为科技大学(technical universities)。① 和研究型大学一样,科技大学不仅开设应用技术类课程,而且设置许多研究所。这些大量的自然科学和技术科学研究所不但遵循教学与科研相结合的"洪堡原则",而且弥补了研究型大学因远离社会现实而在应用技术研究方面存在的不足。在政府的支持下,德国科技大学的入学人数增长迅速,从 1871 到 1872 年冬季的 5000 人增加到 1903 年的 17000 人,大约增长了 3 倍,而同期普通大学只增加了 2 倍。② 1899 年科技大学获得了博士学位授予权,从而取得了与普通大学同等的地位。科技大学保持了较强的职业针对性,为德国制造业输送了大量技术人才,并使德国赢得了"机械之国"的美誉。

四、市场导向下专业教育的发展与隐忧

(一)专业教育发展环境的变化和功利化选择

1. 市场在高等教育领域主导地位的确立

1944 年美国国会颁布《军人权利法案》。受之影响,美国高等教育的规模迅速扩大并率先进入高等教育大众化阶段。在 20 世纪 70、80 年代,其他发达国家也在国家的推动下相继进入高等教育大众化阶段。从此,高等教育的管理和资源筹措方式开始发生重大变化,高等教育机构与政府间的关系架构从高度依赖政府模式转向高校自立模式,高等教育机构的发展趋向也从以往的"国家需求顺应导向"逐步转化为以劳动力市场需求为主的"学生顺应导向"。③ 20 世纪 60 年代,美国经济学家舒尔茨(Theodore W. Schultz)提出的人力资本理论使

---

① 如 1879—1880 年的 Aachen(建于 1865 年,原为综合技术学校)、1879 年的 Berlin(建于 1799 年,原为皇家建筑学校)、1877 年的 Brunswick(建于 1745 年,原为卡罗琳学院)、1904 年的 Danzig、1868 年的 Darmstadt(建于 1812 年,原为建筑学校)、1890 年的 Dresden(建于 1742 年,原为工程学院)、1879 年的 Hanover(建于 1831 年,原为高等商业学校)、1865 年的 Karlsruhe(建于 1800 年,原为建筑学校)、1868 年的 Munich(建于 1827 年,原为综合技术中心学校)、1876 年的 Stuttgart(建于 1829 年,原为文、理、商综合学校)。参见:WalterRüegg, ed. *A History of the University in Europe*, Volume Ⅲ:*Universities in the Nineteenth and Early Twentieth Centuries(1800—1945)*(Cambridge:Cambridge University Press, 2004),p.58.

② WalterRüegg, ed. *A History of the University in Europe*, Volume Ⅲ:*Universities in the Nineteenth and Early Twentieth Centuries(1800—1945)*(Cambridge:Cambridge University Press,2004),p.58.

③ 鲍威:《未完成的转型:高等教育影响力与学生发展》,第 167 页,教育科学出版社,2014 年版。

人们认识到对人力资源的投资能够带来更好的经济效益和回报率。该理论对高等教育理念产生了重大影响,从国家到个人都更加重视对教育的投资,这使高校进一步向市场靠拢并扮演起企业的角色。[1]

20世纪70年代,石油危机使西方国家陷入"滞胀"的经济困境中,受凯恩斯主义影响的国家福利政策难以维持。1979年撒切尔夫人上台后大幅削减对高等教育的支出,其就职三天内就将大学预算减少1亿英镑,大学的预算从1985年开始每年减少2%。[2] 20世纪80年代之后,高等教育规模的扩大并没有改变财政拨款较少的趋势。英格兰的高等教育生均拨款在1989—1997年间减少了36%,2003—2004年度的拨款与1989年水平相比少33%之多。受财政紧张的影响,美国政府不得不缩减对高等教育的资助,1980年到2000年期间,美国各州从税收中为大学提供的费用减少了30%。[3] 这直接导致高校财政不断恶化,一些高校因资不抵债而被迫关门。为了生存,高校既要控制成本,又要极力迎合市场以招揽生源。这使高等教育的质量和办学方向发生了巨大变化,开始从卖方市场转向以学生需求为主的买方市场,"消费者至上"的理念成为高校的经营之道。

为推动高等教育的社会服务职能,政府大力引导高校面向市场办学。在市场、政府与高校三重因素的共同作用下,美国高等教育从政府不干预的自由市场模式开始转向政府宏观调控下的理性市场模式。[4] 美国政府为促进高校与产业界的合作,相继出台了《史蒂文森—威德勒技术创新法》(1980年)、《贝伊—多尔法案》(1980年)、《全国合作研究法案》(1984年)、《联邦技术转移法》(1986年)等。与之相似,1987年英国颁布政策性文件《走向合作》(Towards Partnership),以推动高校与产业合作,增加高等教育入学和高等教育多样化。[5]

在政府推动和资金困难的压力下,大学开始以经济效益为目标,一方面通过知识、技术、人才培养为社会创造价值,另一方面通过满足市场需要为自己换取生存和发展的资源。为获取外部资源,一些教学科研人员和院校开始转向

---

[1] 刘晓琴:《人力资本理论与高等教育的可持续发展》,载《大学教育科学》,2003年第2期。
[2] [美]希拉·斯劳特、拉里·莱斯利:《学术资本主义:政治、政策和创业型大学》,第37页,梁骁、黎丽译,北京大学出版社,2014年版。
[3] [美]大卫·科伯:《高等教育市场化的底线》,第139页,晓征译,北京大学出版社,2017年版。
[4] 韩梦洁:《美国高等教育层次结构变迁及影响因素分析》,载《大连理工大学学报》(社会科学版),2014年第1期。
[5] [美]希拉·斯劳特、拉里·莱斯利:《学术资本主义:政治、政策和创业型大学》,第37页,梁骁、黎丽译,北京大学出版社,2014年版。

"学术资本主义"①,根据"谁付费,谁点唱"的原则,按用户需求开展学术研究和知识生产。② 受此影响,20 世纪 90 年代,来自产业部门的合同收入和高校自身的创收占美国高校总收入的一半左右。③ 一位名叫 Richard Krachenberg 的市场学教授就此指出:"不管以什么名义、有谁实施或者发生在机构的哪个部分,总之大学正在进入市场。"④可见,市场的尺度已成为教育内容取舍和研究方向选择的主要依据和标准,大学开始将知识活动演变为一种市场行为。这使应用研究与就业前景较好的专业教育受到更多青睐,专业教育的工具价值和社会价值被无限夸大,而教育本体价值和个人价值的重要性完全被遮蔽。这种以市场为导向的教育方式提高了人才培养的适用性,增加了教育的吸引力,不过也使高等教育面临教育性的缺失和被市场异化的风险。

2. 社会对各类专业人才的需求日益旺盛

第二次世界大战之后,世界各国都面临着重建社会秩序、恢复生产力发展的任务。社会各行业亟须大量具有较高科学理论知识和技术的专业人才,这为专业教育大发展提供了契机。有调查显示,1900 年美国商业精英中的高级管理人员有大学教育背景的占 39.4%,1925 年该比例为 51.4%,1950 年该比例则上升为 75.6%。1937—1938 年只有 12% 的雇主要求管理人员具有大学学位,1967 年该比例已上升为 44%。⑤ 同时,科学技术的发展使生产出现了革命性变化,生产的自动化和技术密集型企业的大量涌现对从业人员的智力水平提出了更高要求。1950 年美国社会的专业技术人员人数为 500 万,占总就业人数的 8%,1960、1970 年专业技术人员人数则分别达到 709 万、1101.8 万,分别占总就业人数的 10% 和 14%。⑥ 1959 年美国社会的专业人员和技术人员的数量比 1900 年增长了近 448%,1950 年至 1959 年之间增长了 43%,体力劳动者和服

---

① 20 世纪 80 年代,根据高校学术活动的性质变化,美国乔治亚大学教授希拉·斯劳特和拉里·莱斯利在《学术资本主义:政治、政策和创业型大学》一书中提出具有浓郁商业气息的学术术语——"学术资本主义"。并将其界定为:"院校及其教师确保外来资金的市场活动或具有市场特点的活动。"参见[美]希拉·斯劳特、拉里·莱斯利:《学术资本主义:政治、政策和创业型大学》,第 8 页,梁骁、黎丽译,北京大学出版社,2014 年版。
② 王正青、徐辉:《论学术资本主义的生成逻辑与价值冲突》,载《高等教育研究》,2009 年第 8 期。
③ OECD. On the Edge: Securing a Sustainable Future for Higher Education. http://www.redalyc.org/articulo.oa?id=179421234004,2016-12-23.
④ [美]大卫·科伯:《高等教育市场化的底线》,第 1 页,晓征译,北京大学出版社,2017 年版。
⑤ [美]兰德尔·柯林斯:《文凭社会:教育与分层的历史社会学》,第 64 页,刘冉译,北京大学出版社,2018 年版。
⑥ 王英杰:《美国高等教育的发展与改革》,第 46 页,人民教育出版社,2002 年版。

务工作者在此10年间的增长仅为3.3%。① 可见,随着科学技术的发展,社会对专业人员尤其是以知识为基础的科技类专业人员的需求更加突出。克拉克·科尔对此指出,知识已成为社会的核心,个人和机构从来没有像现在这样需要和要求知识。大学作为知识的生产者、批发商和零售商,不可避免地要向社会提供服务。② 1957年的苏联卫星事件进一步激发了美国对专业技术人才的渴求。

英国研究生教育专业结构的变化同样反映了市场需求的变化。学习医学、工程、农学等应用科学的学生从1910年的19.6%(105人)上升到1980年的28.3%(10993人)。到1989—1990年度,学习工程与技术、商业、经济、教育等实用专业的学生占研究生总数的49.8%。③ 这种专业结构的变化也说明用人市场对专业人才的需求在快速增长。

3. 以职业为目的教育需求在增加

第二次世界大战后,个人主义思想开始变得更加膨胀。美国高等教育更加强调个性、个人利益和教育的实用性价值,学生接受大学教育也是为了追求自己的功利性目标。20世纪70年代,Ushiogi的研究显示欧洲发达国家和美国的大学毕业生选择从事专业性或管理性职业(professional or administrative occupations)的占70%—80%。④ 大多数学生为了职业训练而进入大学,而不是寻求人生哲理,这使工程、企业管理和计算机科学等院系的入学人数大增,进而成为高校中最有主宰力的系科。⑤

随着招生规模的扩大,以就业为目的的实用主义倾向在美国高等教育中愈演愈烈。1986年美国卡内基教学促进基金会发布的《学院:美国本科生教育的经验》揭示了美国学生和家长对高等教育的期望。在回答"本科生对学院教育的主要成果应是什么"的问题中,赞同"掌握某种专业领域的详尽知识"的比例从1969年的62%上升到1984年的70%,赞同"为某种职业接受训练和获得技能"的比例从1969年的59%上升到1984年的73%,而对"学会与人相处"选项

---

① [美]弗里茨·马克卢普:《美国的知识生产与分配》,第324页,耀军译,中国人民大学出版社,2007年版。
② [美]克拉克·科尔:《大学的功用》,第80页,陈学飞译,江西教育出版社,1993年版。
③ 陈学飞等:《西方怎样培养博士:法、英、德、美的模式与经验》,第104页,教育科学出版社,2002年版。
④ Ben-David, Joseph. *Centers of learning: Britain, France, Germany, United States* (New York: McGraw-Hill, 1977), p.30.
⑤ [美]克拉克·克尔:《大学之用》,第152页,高铦等译,北京大学出版社,2008年版。

的认同比例从1969年的76%下降到1984年的65%,对"形成价值观和个人生活目标"认同的比例从71%下降到63%。1984年有88%家长认为上大学的"重要原因"是"有一个更令人满意的职业生涯"。① 从调查结果来看,大学生学习专业知识和职业训练的功利性动机在日益增强,与现实的谋生需要相比,非功利性教育目标已相形见绌。

(二) 职业性专业教育不断扩张

在市场竞争机制的作用下,学生和社会的需要成了高校发展的动力和目标。随着科学的发展和在技术领域中的不断渗透,社会职业的类型也在不断变化。据统计,1900年美国从事专业和技术类职业的人数仅占4.2%,1970年该比例上升为14.2%,而农业劳动者所占比例在1900年为37.6%,1970年则下降到4%。② 为迎合社会发展和学生的职业需要,很多大学(包括英国较为传统的牛津大学、剑桥大学)开始调整专业设置和课程内容,为工商管理、社会工作、新闻、软件工程等实用性专业开辟通道。以知识应用为目的的专业教育在市场力量的推动下获得了长足发展。同时,培养应用型专业人才的教学机构不断增加,一些层次较低的职业技术院校开始加入到大学专业教育的行列。

在美国,由于大多数学生将职业准备作为学习的主要目标,在20世纪70年代形成了一场职业教育运动。大量学生开始从文理科教育计划转向职业性、专业预科性和专业性的教育计划;文理学院开始增加职业、专业系科;专门的职业技术学院与学术性院校带有职业倾向性的教育计划间的界限开始变得模糊;职业技术课程在学院和大学中被广泛接纳。③ 20世纪90年代后期,美国授予的学士学位有接近60%在专业和职业(professional and occupational)领域。2004—2005年商业和管理类专业占到学士学位的22%。④ 从美国的学科专业指导目录(Classification of Instructional Progtams,CIP)来看,CIP—2000中职业性专业占专业总数的68.5%。⑤ 这也是美国高等教育以市场为导向、尊重个人选择的结果。

---

① 国家教育发展与政策研究中心:《发达国家教育改革的动向和趋势》(第二集),第65页,人民教育出版社,1987年版。
② [美]兰德尔·柯林斯:《文凭社会:教育与分层的历史社会学》,第144页,刘冉译,北京大学出版社,2018年版。
③ 黄福涛等:《外国高等教育史》,第282页,上海教育出版社,2008年版。
④ Lisa R. Lattuca, Joan S. Stark. *Shaping the College Curriculum: Academic Plans in Context* (San Francisco:Jossey-Bass,2009),p.34.
⑤ 郭雷振:《美国本科人才培养模式研究》,第96页,西南交通大学出版社,2015年版。

为重振往日的雄风,英国各党派、科学团体、教育人士不断呼吁扩大高等教育规模,加强大学理工教育和高级技术人才培养。1956年英国政府颁布《技术教育白皮书》,决定大力发展科学技术教育,解决专业人才匮乏的难题。在政府的推动下,英国大学与工商业的关系更加紧密,城市大学在课程设置上更是以现代技术和工业为重点,广泛开展专业教育。伯明翰大学成立了英国大学中的第一个商学院;曼彻斯特大学结合地方经济特点大力发展机械加工和纺织业教育。1966年,英国教育与科学部颁布了《关于多科技术学院与其他学院的计划》,将巴斯(Bath)高级技术学院、布莱德福(Bradford)高级技术学院升格为大学,另决定把原有的90多所独立学院合并升格为与大学地位平等的多科技术学院,形成二元制教育系统。从1969年至1973年英国共合并创建了30所多科技术学院,1991年组建成遍布于全国各地的34所多科技术学院。1968年多科技术学院的学生只有6万,到1992年在校生达到78万人。① 多科技术学院以地方性和应用性为特点,为地方经济社会培养了大量应用型人才。

为提高国际竞争优势,满足学生的职业需要,1968年德国通过《联邦共和国各州高等学校协定》将工程师学校和高级专业学校合并升格为应用科技大学,以大力培养应用型专业人才。从1976年至1993年,德国多次修订《德国高等教育总法》,该法强调高等教育的首要目的是要为学生从事各种职业做准备,要求各类高校都要把专业教育作为核心内容。② 目前,德国有210所左右的应用科技大学,约占高等学校总数的一半。德国应用科技大学还获得了学士和硕士学位授予权。在应用科技大学注册的学生中,工程科学领域约占一半,法律、经济和社会科学领域占38%。③

(三)市场化导向下专业教育出现的弊端

1. 专业的标准和专业教育的质量降低

随着专业人员数量和影响力的增加,专业阶层已成为20世纪新的统治阶层。专业主义精神已经从上至下渗透在社会整个领域,职业等级所塑造的社会

---

① 杜才平:《英国多科技术学院的办学定位与人才培养》,载《高等教育研究》,2011年第12期。
② 贺国庆、王保星、朱文富:《外国高等教育史》,第548页,人民教育出版社,2006年版。
③ 应用技术大学(学院)联盟、地方高校转型发展研究中心:《地方本科院校转型发展实践与政策研究报》。https://wenku.baidu.com/view/1e6c9c3feff9aef8941e0691.html,2017-6-22。

第三章 国外专业教育的演变历程

金字塔比地主经济甚至商业资本所形成的阶层都更为分明。① 为争取更高的社会地位,每个行业都希望打造自己的专业地位。而专业化并不是科学化过程自然的结果,而是从业者的期望、国家政策和顾客愿望结合起来,与新生大学相互作用的复杂结果。② 由于专业享有特殊的经济利益和社会声望,这使很多职业将自己包装成"专门职业",以便堂而皇之地进入大学。约瑟夫·本-戴维指出,当人们认识到大学对专业地位的影响之后,一些职业团体开始寻找进入大学的机会,设法进入大学教学计划并建立本领域的学位。③ 罗伯特·M. 赫钦斯也认识到:"任何希望获得尊严的职业都会说这是个专业,并建议大学进行合作,提供相应的课程,为年轻人从事这项职业做准备。"④布莱茨坦在美国发现:"任何职业和学科分支只要确立了独立的理论和知识体系就可以拥有专业的身份和地位。"⑤但事实上,不具备这些条件的职业也可能进入大学。约瑟夫·本-戴维指出,某些社会势力有时会敦促和逼迫大学和学院在某些职业方面设立学位课程,这些方面事实上没有实际的或潜在的科学内容,而且外界还常常迫使大学认可智力内容很少的学习课程。⑥ 如果大学体系不重视为特定地区服务,政府便通过减少财政支持的方式对大学施加压力,专业协会也会通过资助的方式影响大学,以换取大学建立与这些协会有关的专业学院,或者提供类似的服务。⑦ 与此同时,大学为了吸收更多资源而有意降低专业教育的门槛,这使各类职业的从业活动也迅速从一种由习俗和经验所指导的手工艺展示转变为一种将学术知识和实践技能结合起来的更为理智的事务。⑧ 塔尔科特·帕森斯指出:"很多职业(occupation)被称为尊贵的专业(profession)在原则上是不应该的,但事

---

① WalterRüegg, ed. *A History of the University in Europe*, Volume Ⅲ: *Universities in the Nineteenth and Early Twentieth Centuries*(1800—1945)(Cambridge: Cambridge University Press, 2004), p. 385.
② [瑞士]瓦尔特·吕埃格:《欧洲大学史》(第三卷),第389页,张斌贤、杨克瑞等译,河北大学出版社,2013年版。
③ Ben-David, Joseph. *Centers of learning: Britain, France, Germany, United States*(New York: McGraw-Hill, 1977), p. 67.
④ [美]罗伯特·M·赫钦斯:《美国高等教育》,第23—24页,汪利兵译,浙江教育出版社,2001年版。
⑤ Bledstein, Burton J. *The Culture of Professionalism: The Middle Class and the Development of Higher Education in America*(New York: Norton, 1976), p. 129.
⑥ [美]约瑟夫·本-戴维:《科学家在社会中的角色》,第314页,赵佳苓译,四川人民出版社,1988年版。
⑦ [美]约瑟夫·本-戴维:《科学家在社会中的角色》,第315—316页,赵佳苓译,四川人民出版社,1988年版。
⑧ [瑞士]瓦尔特·吕埃格:《欧洲大学史》(第三卷),第407页,张斌贤、杨克瑞等译,河北大学出版社,2013年版。

实上很多这样的职业获得了大学的准入许可证。大学内不应该设置过多的专业学院(professional school),但是如何划定这个界限并不是通过简单讨论可以解决的。很多职业并不符合传统的专业理想,但是随着商学院在大学的出现,专业学院被视为一种赚钱的艺术学院,而不是严格意义上的专业学院。"①对此,弗莱克斯纳也曾深表担忧,他认为一些缺乏高深学问基础的技艺性职业也能进入专业教育领域,导致专业教育领域出现了鱼目混珠的现象,这将使专业的权威和地位受到威胁。

入学标准的降低也必将进一步降低专业教育的质量。根据卡内基理事会1978年的调查,约有一半的高校(其中68%为社区学院)接受90%以上的入学申请者,许多四年制院校接受申请者的比率也超过90%,其他学院和大学的接受比率一般在70%—80%之间,即使竞争性很强的著名学院和大学,申请者的比率也逐年提高。② 1979年至1999年,美国大学的入学率增长了31%。③ 逐步降低的入学标准使更多能力普通的人进入了专业领域。

在高等教育市场化和大众化的影响下,大学教育的意义已由博雅、远见与创造开始变为"大众文化",原本是研究高深学问和培育英才的机构,却无奈地变成"知识工厂"。④ 面对参差不齐的学生和灵活的课程选择制度,大学很难坚守较高的专业标准,学术水准的丧失使专业教育形同技术培训。

2. 教育的价值取向被严重扭曲

高等教育具有不同职能,从长远来看,追求真理、培养人的个性、促进人的全面发展是教育本身永恒持久的追求,也是其他教育目标的基础。约翰·S.布鲁贝克认为,教育的目标是要培养全面发展的、有价值的人,有用性只是一种副产品。人在成为其他社会角色之前,首先应该成为人。⑤ 人类美好生活的实现需要的不是只懂科学、会技术的工具,更需要能够理性思考并合理驾驭科学和技术的人。而市场规则下的高校为迎合学生的需要,将学生就业的要求变成了教育的标准和依据,遗忘了对真理和个人全面发展的承诺,俨然成为职业培训的工具,所开展的专业教育只有培训"专家"的目标而没有培养"完人"的使命,

---

① Talcott Parsons. "Remarks on Education and the Professions", International Journal of Ethics47,no.3(1937):365—369.
② 黄福涛等:《外国高等教育史》,第281页,上海教育出版社,2008年版。
③ [美]大卫·科伯:《高等教育市场化的底线》,第7页,晓征译,北京大学出版社,2017年版。
④ 戴晓霞、莫家豪、谢安邦:《高等教育市场化》,第108—113页,北京大学出版社,2004年版。
⑤ [美]约翰·S.布鲁贝克:《高等教育哲学》,第81页,王承绪等译,浙江教育出版社,2001年版。

教学场中"思辨"的和"解放"的知识被"效能"的知识所替代,"成人"知识的合法性被"成事"的狭隘性所瓦解。大学的"理想"最终被现实的"功用"所取代。

有关调查显示,60年代末美国高校学生对普通教育的兴趣明显减弱:对英语的兴趣从90%降到72%,对外语的兴趣从72%降到53%,数学方面的兴趣从33%降到20%。① 1998年,卡内基教育促进基金会下属的研究型大学本科生教育全国委员会以本科教育为专题发表了题为《彻底变革大学本科教育:美国研究型大学发展蓝图》的报告。报告认为许多大学毕业生对不同知识间的关系缺乏整体性认识,除了找工作所需要的文凭,学生在大学教育中获得真正有价值的东西很少。② 在这个专业化趋势占尽优势的时代,专门化(specialism)和它的孪生兄弟专业主义(professionalisrn)开始取代教育的地位,这使"博雅知识"不断退却并让位给了职业研究和专业研究,受过专业教育的人却成了没有文化修养的野蛮人。③ 这种职业至上的思想严重扭曲了学术体系,使学院和大学很难帮助学生为未来更为复杂的世界做好准备。由于高等教育日益膨胀的工具价值取代了对知识、真理、道德的追求,社会价值遮蔽个体价值的存在,美国公众开始对大学的质量、学术道德、大学生的精神面貌和道德信仰感到担忧,并纷纷用"危机"、"灾难"等语言概括描述美国教育的状态,同时,出现了大量批判性、反思性著作,如《失去灵魂的卓越》、《教育的终结:大学何以放弃了对人生意义的追求》、《走向封闭的美国精神》等。

3. 学科结构失去平衡

当市场主导教育资源的配置时,与市场联系的疏密程度不同使知识类型出现了明显的等级分化,学科有了"热门"、"冷门"之分,教师出现了"富有"和"匮乏"的差别。在当前的教育中,虽然人们能够选择传统或技术,然而技术已明显占据了统治地位,与市场紧密相关的技术科学和领域日益成为高等教育专业结构的中心。④ 由于工艺和技术革新在政治经济全球化竞争中显得尤为重要,各国开始采取措施把资源和学生转向满足全球市场竞争需要的领域。20世纪80、90年代,英国政府分给社会科学和人文科学学生的学费被砍掉30%,减至

---

① 庞晓光:《美国大学思想论纲》,第115页,北京师范大学出版社,2001年版。
② 博耶本科教育委员会:《彻底变革大学本科教育:美国研究型大学的蓝图》,载《全球教育展望》,2001年第3期。
③ [西班牙]奥尔特加·加塞特:《大学的使命》,第56页,徐小洲等译,浙江教育出版社,2001年版。
④ [美]希拉·斯劳特、拉里·莱斯利:《学术资本主义:政治、政策和创业型大学》,第33页,梁骁、黎丽译,北京大学出版社,2014年版。

1300英镑,而科学和工程实验室课程获得的费用涨到每生2772英镑。教师也因学科归属不同而出现身份、地位、收入等方面的差异。2005年,在美国的研究型公立大学中,法学、工商管理专业、经济学、计算机信息科学的全职教师分别是全职英语教师平均工资的154%、147%、132%、128%。① 20世纪70年代以来服务、商业、工程、医药卫生、信息领域的就业机会增加,薪资待遇较好,很多学生不再选择人文社会科学和理科方面的传统专业。1970年美国高校颁发的学士学位有41%属于人文社会科学领域,1998年该比例变为33%,与此同时,工科学士学位的比例增加了3%,商业、公共管理等职业性专业提高了18%。20世纪末,美国本科阶段职业性专业学位的比例超过了40%,本科教育俨然成了职业训练。②

受市场逻辑的影响,那些实用性强、具有较大经济回报的专业容易得到更好的发展机会,如工科、医学、工商管理、金融等,而与市场关系比较远的人文教育则难以获得资金的青睐,艺术、哲学、文学、历史等专业则逐渐被驱赶到学术神坛的边缘。对此,英国学者彼得·科斯特指出,市场导向必将导致传统"科学"文化的没落、"文化—智力"标准的消失以及认知理性所倡导的普世主义思想遭到众多质疑。③ 早在1959年,英国学者斯诺(C. P. Snow)就通过《两种文化》指出科学技术与人文之间的分裂现象。他认为造成科学与人文两种文化分裂的原因之一就是人们对专门化教育的盲目信任。④ 同时,他还指出:"技术具有两面性:行善和威慑。"⑤如果缺乏人文的看守与呵护,技术很可能对人类带来危害。如今的人文学科在市场机制下趋向边缘化,然而缺乏理性精神的照耀,人类很难避免科学技术带来的种种威胁。

五、不同专业教育模式的形成与专业教育发展规律的呈现

(一)西方国家不同专业教育模式的初步形成

作为高等教育的一部分,各国专业教育模式的形成也是遗传和环境的产

---

① [美]亚瑟·M.科恩、卡丽·B.基斯克:《美国高等教育的历程》,第318页,梁燕玲译,教育科学出版社,2012年版。
② [美]达雷尔·R.刘易斯、詹姆斯·赫恩:《美国公立研究型大学——为新时代公共利益服务》,第51页,杨克瑞、王晨译,河北大学出版社,2008年版。
③ [英]安东尼·史密斯等:《后现代大学来临?》,第69—70页,侯定凯等译,北京大学出版社,2010年版。
④ [英]C.P.斯诺:《两种文化》,第16页,纪树立译,生活·读书·新知三联书店,1994年版。
⑤ [英]C.P.斯诺:《两种文化》,第4页(前言),纪树立译,生活·读书·新知三联书店,1994年版。

物。虽然各国家的专业教育都有教育性、知识性、职业性等方面的共同特征,但受政治体制、经济发展和文化因素的影响,每个国家的专业教育都保持了一定的传统与特色,形成了不同的专业教育模式。

1. 专业教育理念和目的的差异

在自由文化传统和贵族精神的影响下,英国大学长期推崇自由教育,重视发展学生的理性,注重知识的完整性和普遍性,强调基础理论和人文知识的学习,认为从事古典文学研究比去工商企业任职更为高尚,这也导致了英国职业性专业教育的地位一直比较低。英国虽然建立了以多科技术学院和其他专业学院为代表的非大学机构与传统大学并立的双元制高等教育体系,而非大学机构为提升自己的地位普遍向传统大学看齐,并向学术目标发展。至20世纪90年代,已有30多所多科技术学院和部分其他学院申请改名为大学。[1] 由于英国过分迷信地将自由教育视为最有用的教育,长期坚持"无用"的学术具有"大用"的价值这一传统信条,将教育中的偶然事件视为必然结果,使其至今未能解决高等教育与经济间的有效互动。[2]

在民族主义和国家至上观念的影响下,法国长期保持着等级森严的中央集权管理体制,高等教育机构被视为政权统治的重要组成部分。19世纪初期,拿破仑通过建立帝国大学制,将各级各类教育完全置于中央政府的严格控制之下。为满足行政、经济、军事方面的技术人才的需要,法国设置了大量学科门类和职能都比较单一的专门学校,同时也创建了以开展工科教育为主的综合理工学院。新的学校主要为工程技术、农业、经济、商业、管理等领域培养行业精英或领导管理人员。在政府部门的直接管理下,各类学校需严格遵守国家规定的入学标准、课程设置、人才培养规格,教学内容基本上反映了资本主义工商业发展对高级专业人才的需要。法国的专门学校、综合理工学院重视科学的技术转化与应用,强调严格的专业技术训练,在很大程度上将教学与研究相分离,对学术研究重视不够。[3] 专门化的科技人才培养曾使法国在18世纪末和19世纪初成为科学技术的中心,但过度专门化、功利化的价值取向使其难以继续引领人

---

[1] 张建新、陈学飞:《从二元制到一元制——英国高等教育体制变迁的动因研究》,载《北京大学教育评论》,2005年第3期。

[2] 陈廷柱:《大学的理想——价值取向及其言说立场与限度》,第159页,中国海洋大学出版社,2008年版。

[3] 参见[美]伯顿·克拉克:《高等教育系统——学术组织的跨国研究》,第108页,王承绪等译,杭州大学出版社,1994年版。

类知识的发展。

在理性主义精神的影响下,洪堡等新人文主义知识分子推崇"学术自由"、"由科学而致修养"的大学教育理念,强调对真理的自主探究以及教学与科研的紧密结合,反对高等教育的世俗化和政府对教育活动的干预。受此影响,对科学研究的重视逐渐成为德国大学的重要传统。虽然以学术为中心的教育理念曾使德国在19世纪取代法国而成为世界知识的中心,但德国高等教育的学术化倾向在很大程度上脱离了经济社会对应用型专业人才的需要。德国大学的专业、系、教授职位、研究所在地理位置和组织上都相互独立,每个单位互不干涉,均可独立开展教学、科研、对外合作等工作。松散的结构虽然能够提高学校对外部变化的敏感性,但容易造成个体的一意孤行和学术的个人主义,也妨碍大学集体行动能力的形成。①

实用主义被认为是支配美国高等教育实践的主流思想。② 为满足工农业迅速发展和人口激增对专业教育的需要,美国政府通过颁布以实用和技术主义为核心内容的《莫雷尔法案》来大力推进"赠地学院运动",以康奈尔大学、威斯康星大学为代表的新型大学坚持教育的服务职能,秉持"有用即真理"的教育理念,在科研领域坚持"为实用而知识"的做法,重视开展应用性研究,最终将来自英国的自由教育传统和德国的科学研究职能共同融合在以服务为目的的教育理念之中,形成了多元化的教育职能。与欧洲大陆和英国大学只注重为政府或学术职业培养人才不同,美国认为大学毕业去企业工作是合理的。美国高校除了注重社会服务职能之外,还致力于培养为国家服务的公民,学术也被视为服务的工具。③ 在服务理念的影响下,美国高校与产业界乃至整个社会生活的关系日益密切,同时肩负着高深知识传播、生产、存储和应用的使命,逐渐成为引导和推动社会发展的核心机构,同时也受到更多社会因素的影响与制约。面对实用主义思想的侵袭,美国传统教育势力始终坚持自由教育理念,坚决抵制商业、工艺、机械制造、农业等专业进入大学殿堂。针对不同的教育诉求以及为避免专业教育在实用主义、功利主义驱使下造成职业至上、责任感缺失、知识割裂等弊端,美国高校高度重视通识教育与专业教育的结合。与英国高等教育强调一个或相关几个领域知识的整合不同,美国强调在更广领域内对知识进行整合,将专业教育建立在学生综合素质提升的基础上。针对不同教育理念的冲突,美国高校最终以灵活包容的姿态顺应了时代发展的需要,并发展成为世界

---

① 孙进:《德国大学改革问题的组织理论解析》,载《北京大学教育评论》,2005年第2期。
② 黄福涛等:《外国高等教育史》,第147页,上海教育出版社,2008年版。
③ 王英杰:《美国高等教育的发展与改革》,第14页,人民教育出版社,1993年版。

高等教育的领跑者。

2. 专业教育管理机制的不同

从狭义的专业教育来看,在大学、市场和政府的关系中,美国、英国的专业教育受到更多市场因素的影响,而欧洲大陆国家的专业教育受行政因素的影响比较多。美国大学之所以能够平衡不同的价值诉求与其以自由竞争为基础的市场调节机制息息相关。美国各级政府不直接干预大学事务,而是通过相关的科研项目和建立在绩效评估基础上的间接财政拨款引导大学提高教育质量、服务于经济社会发展、满足社会的不同需要。在英国,为避免政府对大学事务的直接干预,国家也在政府和大学之间设立发挥调节监督作用的"缓冲器"即"大学拨款委员会"(UGC)①。法国、德国的专业教育受行政力量的影响比较深。法国"大学校"的出现一方面是国家局势的要求,另一方面是政府高度管控社会的需要。法国政府通过对专门性"大学校"的管控实现了对学位的垄断以及对专业人才培养的控制。有学者指出,19世纪初的法国为我们提供了一种"以国家为主导的科学教育来作为培养技术公职人员的基础的榜样"②。在德国,政府通过对高等教育的垄断来控制和监督专业教育,除了职业能力标准的制定和资格考试要由官方监管、决定之外,专业人士的政治和宗教观点也要接受官方的监督,同时,大学教授被纳入到政府的公务员管理。③

英国和美国的各类专业协会在职业资格制定和专业认证中发挥着重要作用。与法国、德国不同,英国的教育系统没有统一的类型结构,政府也没有明确的高等教育政策,高等教育事业留给了大学和专业社团,除非需要政府对一些特殊的问题进行仲裁、对颁发许可证进行立法、为新的学院(大学)或专业协会授予章程。④ 在现代早期,英国的专业训练主要在大学之外开展,专业考试和认证主要由独立于官方机构的"认证协会"(qualifying associations)控制,学生进入大学接受的主要是普通教育,只有去四大法律协会(Inns of Court)、皇家医学

---

① 1989年改设为"大学基金委员会"(UFC)和"多科技术学院与其他学院基金委员会"(PCFC),之后又改为改按地区设置的"高等教育基金委员会"(HEFC)。

② [瑞士]瓦尔特·吕埃格:《欧洲大学史》(第三卷),第650页,张斌贤等译,河北大学出版社,2013年版。

③ Jarausch, K. H. (ed.). *The Transformation of Higher Learning 1860—1930: Expansion, Diversification, Social Opening, and Professionalization in England, Germany, Russia, and the United States* (Chicago: The University of Chicago Press, 1983), p. 312.

④ Ben-David, Joseph. *Centers of learning: Britain, France, Germany, United States* (New York: McGraw-Hill, 1977), p. 52.

院等机构当学徒才能获取相应的专业资格。① 19 中期以后,英国的专业教学开始向大学回归,然而新的专业组织仍然效仿传统专业,使考试和认证成为其特权,即使没经过大学教育也能够使人获得合法化的专业身份。② 学徒制和专门的培训在法国和德国也存在,而只有英国将其合并在正规的专业学位教学计划中。为保持对行业的影响力,英国行业协会要求专业人员在入职之前需通过专业协会主导的职业资格考试。19 世纪末,美国行业协会开始对医学专业教育进行认证,随后,认证制度逐渐从医学蔓延至牙科、法律、工程、林学、园林建筑、音乐、验光配镜、护理、师范等专业教育领域,至 20 世纪 50 年代末,美国几乎所有的专业领域都建立了类似的专业认证制度。③ 以此可见,美国行业组织在很大程度上成为专业教育的引导者、监督者、促进者,以确保专业人才培养能够与市场需求相适应。

  中央集权的政治体制使德、法等欧洲大陆国家的高等教育事业成为政府公共事业的一部分,政府设置全面负责高等教育事务的机构并充当高等教育事业的立法者、组织者、监督者和资金的主要提供者。在德国的高等教育精英化阶段,公立高校由州政府直接管理,政府决定着高校的招生数和学生来源,还将教授列为公务人员,并颁发国家文凭。进入高等教育大众化阶段以后,为解决高等教育的质量问题,政府开始主动放权,建立起政府、市场、高校相结合的高等教育管理体系,然而州政府除了制定相关法律外,还具有对大学章程的审批、对高校组织和管理进行监督、批准课程计划和考试制度、任命校长和教授等职权。从 19 世纪初开始,德国政府已开始设立系列的国家考试,涉及律师、医生、教士以及教师等专业,形成了对专业工作的官僚控制体系。政府除了对专业人员开展理论和实践培训外,还长期监督认证和职业道德等。④ 1998 年引入外部专业认证制度之后,德国高等教育的质量管理虽然从"审批体系"转向了"认证体系",但专业认证制度仍以政府管理为基础。联邦和州政府机构的人员通常会参与专业认证委员会,借此对专业认证机构进行认可、监督,并制定认证活动的原则和要求。新的认证方式使政府对高校的管理从直接控制变成了以评估为

---

① [瑞士]瓦尔特·吕埃格:《欧洲大学史》(第三卷),第 402 页,张斌贤等译,河北大学出版社,2013 年版。
② Ben-David, Joseph. *Centers of learning: Britain, France, Germany, United States* (New York: McGraw-Hill, 1977), p.54.
③ 董秀华:《专业认证:高等教育质量保障的重要方法》,载《复旦教育论坛》,2008 年第 6 期。
④ [瑞士]瓦尔特·吕埃格:《欧洲大学史》(第三卷),第 403—404 页,张斌贤等译,河北大学出版社,2013 年版。

手段运用财政杠杆对高等教育进行管理。① 这也意味着,在"认证体系"下政府仍然保持着专业教育的主导权。

法国教育系统的运作也是自上而下的集权式管理,中央政府通过计划、拨款、评估、立法等手段对高等教育实施广泛而实质性的管理,大学尤其是基层教学组织缺乏独立自治的条件,其专业教育的管理运行模式被认为是官僚控制模式。② 伯顿·R.克拉克通过高等教育在国家权力、市场、学术权威所组成的"三角协调图"中的位置来表明法国国家权力对大学的影响明显大于学术权威和市场。③ 法国大革命前的专业协会组织控制着就业的准入和从业活动,大革命之后,政府废除了所有"择才而入的职业"的限制,并建立了非限制性竞争。拿破仑执政时期,政府将专业活动置于严密的监控之下,"大学校"开始按照国家的标准培养具有特权的专业人员。长期以来,政府通过相关机构对专业教育进行认证,来确保国家对专业教育的整体、有效控制。1934 年法国成立隶属于教育部的"工程师职衔委员会"(Commission des Titres d'Ingénieur 简称 CTI),并对工程师院校定期开展评估和认证,相关院校经其评估和授权便可获得颁发工程师文凭的资格。随着高等教育入学人数的增加,政府在 20 世纪 60 年代不断增加高校的自治权力、强化高等教育的职业性,但集权式管理体制和国家文凭系统的存在使大学的招生、教师评聘、课程设置、学习年限、质量等均受教育部门控制。④ 20 世纪 80 年代之后,为改变自主权缺失所导致的高校效率低下、活力缺乏、与市场脱节的局面,法国政府努力借助独立的评估机构建立对高校的绩效问责机制,但由于评估结果与政府拨款脱钩,高校更重视与政府签订的发展合同。⑤ 随着专业教育规模与复杂程度的增加,中央集权的代价也在上升,尽管高校办学权力的下放已成为一种趋势,但受政治体制的制约和管理中路径依赖的影响,"那些得到中央控制所宠爱的人是不容易抛弃它的"⑥。

---

① 刘晶:《法、德高等教育评估中的政府角色》,载《比较教育研究》,2014 年第 10 期。
② [瑞士]瓦尔特·吕埃格:《欧洲大学史》(第三卷),第 403 盔墓,张斌贤等译,河北大学出版社,2013 年版。
③ [美]伯顿·R.克拉克:《高等教育系统——学术组织的跨国研究》,第 159－160 页,王承绪等译,杭州大学出版社,1994 年版。
④ 赵蒙成:《市场、分权、职业化:评法国的高等教育政策》,载《宁波大学学报》(教育科学版),1998 年第 2 期。
⑤ 刘晶:《法、德高等教育评估中的政府角色》,载《比较教育研究》,2014 年第 10 期。
⑥ [美]伯顿·R.克拉克:《高等教育系统——学术组织的跨国研究》,第 193 页,王承绪等译,杭州大学出版社,1994 年版。

3. 专业教育组织结构的不同

西方各主要资本主义国家在专业教育的组织结构方面也存在较大区别。在职业性专业教育方面,德国应用型专业人才的培养主要由应用科技大学承担。德国传统大学长期缺乏严格的研究生层次教学,本科阶段的学术训练和专业训练也没有严格区分,该阶段的所有学生都被指望获得参与科研活动的技能和知识[1],学生毕业后需要通过相应的职业资格考试才能获得相关领域的从业资格。该模式过于偏重学术训练,导致很多人学非所用,浪费了一定的教育资源。而德国应用科技大学具有较强的开放性、实践性与行业针对性,侧重于对学生专业实践能力的培养,已逐步成为德国应用型专业人才培养的主体。

法国长期将学科结构单一的专门学校作为专业教育的主体,同时采取了学术与职业相分离的高等教育制度,形成一种较"窄"的专业教育模式,并导致了法国高等教育领域科学与技术相互独立、知识体系相互分割的局面。1986年法国政府试图将分散的文学学院、理学院、医学院、法学院等合并在一起并称之为大学,但形式上的统一并没有形成真正的学术整体,每当国家有了新的需要,仍然通过成立新的专门教育机构来满足。这种过度专门化的专业教育模式对苏联和我国的专业教育产生了深远影响,后两者专业人才培养的专门化程度甚至还超越了法国。这种过度专门化的教育方式严重限制了人的社会适应能力和知识创新能力,已很难跟上时代变化的步伐。

英国的应用型专业人才培养有多种途径。在20世纪前半期,英国还是一个不完善的市场并存在很多垄断的元素,专业协会和大学为了各自的利益而相互竞争。英国专业协会所开展专业培训和资格考试具有较高的社会威望[2],它们在专业人才培养和认证过程中发挥着重要的作用。受自由教育传统的影响,英国大学中所开展的专业教育具有较强的教育性、学术性和文化性,从事应用型专业人才培养的城市大学也充满向传统大学靠拢的浓厚兴趣。这使大学在专业人才培养中仅重视科学理论知识的学习,具体的职业技能学习要交给企业。英国高校中法律、会计、医学、工程、建筑等专业的学生在获得学士学位或同等学力之后需要在行业的监督之下继续进行实习,在此基础上才能取得进一步的职业资格。对英国高校而言,其专业教育与经济社会之间的联系并不紧

---

[1] [美]伯顿·克拉克等:《研究生教育的科学研究基础》,第43页,王承绪译,浙江教育出版社,2001年版。

[2] Ben-David, Joseph. *Centers of learning: Britain, France, Germany, United States* (New York: McGraw-Hill, 1977), p.56.

密,对经济社会的影响也不够直接。

美国以研究生院和专业学院为主体分别开展学术性和职业性专业教育。美国研究型大学通常分为两个不同的教育层次,其中一个层次是四年制本科生教育,以普通教育为主,前两年不分专业并开展广博的通识教育,学生后两年通过选修主修科目获得有限的专门化,在后两年的专业学习阶段也仅限于对某些专业的初步认识,通常情况下该层次的学士学位不代表特定的专业能力,只表明受教育者获得了与就业市场的一般联系。本科毕业生在从事实际工作前通常还需要一定的岗前培训。在美国,预从事高级的专业工作(如律师、医生、教师、新闻、音乐、某些社会工作)则必须在本科阶段之后继续在专业学院(第二个教育层次)学习才能获得从业资格。① 于是,专业学院成了学生通向专业工作的守门人。美国高等教育中综合性的本科学院与专业学院的双层设置和职能分化,避免了专业教育与自由教育的竞争,实现了两者之间的双赢局面。同时,美国双层结构的专业教育模式一方面拓宽了专业教育的基础,另一方面也提升了专业教育的层次,与其他国家领域狭窄、层次较低的专业教育相比,成为一种更具包容性和适应性的"大"专业教育。美国的"大"专业教育组织结构在很大程度上类似于欧洲中世纪大学中文学院与其他专业学院关系,成为欧洲中世纪大学办学形式的延续。② 美国双层模式的"大"专业教育虽然在一定程度上强调了教育的职业性目标,但在精英教育理念的影响下,它被认为是世界教育体系中最不注重职业的一个。③

整体上看,欧洲大陆根据大学功能和知识的性质形成了功能和学科体系均比较单一的专业教育体系,而相对独立的学科系统和职能单一组织结构不利于跨学科、跨领域的合作,更难以满足不同的群体的价值诉求。美国高校的自由教育留给本科生阶段,专业训练安排在专业学院,科研功能主要在文理研究生院。④ 这种双层结构的组织形式使高度专门化的专业教育建立在本科阶段的"通识教育"之上,实现了"通"与"专"的有效结合,也在很大程度上满足了不同利益群体的价值诉求,使教育的本体教育与工具价值、个人价值和社会价值之

---

① [美]伯顿·R.克拉克:《高等教育系统——学术组织的跨国研究》,第54—55页,王承绪等译,杭州大学出版社,1994年版。
② 蔺亚琼、李紫玲:《专门职业教育美国模式的形成:基于医学教育的考察》,载《高等教育研究》,2017年第12期。
③ [美]兰德尔·柯林斯:《文凭社会:教育与分层的历史社会学》,第279页,刘冉译,北京大学出版社,2018年版。
④ [美]伯顿·克拉克等:《研究生教育的科学研究基础》,第41页,王承绪译,浙江教育出版社,2001年版。

间的矛盾与冲突得到缓解,使知识发展与职业需要两种不同的价值追求走向融合。美国以"大"专业教育为特点的组织结构被一些研究者认为是更为合理的组织安排,也被认为是使美国发展成为世界高等教育中心的重要因素之一。①

(二)对专业教育发展规律的认识

从西方国家专业教育发展演进的历史来看,虽然各国因不同的文化传统、政治管理体制、社会组织结构而形成了不同的专业教育模式,但支配、主导或制约专业教育发展的因素却具有相通之处。布鲁贝克曾将认识论和政治论视为高等教育哲学的基础,认识论强调在"闲逸的好奇"精神的主导下探索真理、追求知识,而政治论哲学强调知识的社会价值,认为对深奥知识的探索能够对国家或社会产生深远的影响。他认为这两种哲学在高等教育发展中交替着占据统治地位。由此来看,以高深知识为基础、为社会培养高级职业人才的专业教育与知识发展和外部职业需要有密不可分的关系。知识发展和职业需要分别代表不同的价值取向,前者重视教育的本体价值和个体价值,将知识发展、人的理智培养和全面发展作为专业教育的重点,后者重视教育的社会价值和工具价值,将服务于社会政治、经济需要作为基本使命。随着社会力量对比的变化,各国专业教育在冲突和斗争中呈现出了不同的形态。

1. 知识发展对专业教育的决定性影响

知识是学术系统中人们赖以开展工作的基本材料②,是专业教育的基础,与此同时,促进人类知识的积累和发展也是专业教育的重要使命。人类已取得的认识成果是开展教育活动的基本前提,制约着教育过程中知识的选择与传播,也决定着教育的目的、课程、教学方式、师生关系等关键要素。受认识能力的限制,人类社会的早期阶段以整体性的经验知识为主,知识的传递主要依靠人与人之间的口耳相传,技术的传递也主要通过现场观察与模仿。此时的教育往往和生产、生活融合在一起,教育场所不固定,教学充满了随机性和不确定性。于是,专业教育的起始阶段主要依赖于建立在私人关系之上的父子相传、师徒相授,由此形成了建立在经验基础之上的师徒制教育模式。商品贸易的增加催生了以行会为基础的学徒制专业人才培养,但师徒制教育的性质没有发生根本改变,教育内容仍以经验性的工艺技术为主,理论知识的教学比较薄弱。

---

① 余东升、崔乃文:《自由教育:学院组织的历史考察》,载《高等教育研究》,2014年第10期。
② [美]伯顿·R. 克拉克:《高等教育系统——学术组织的跨国研究》,第25页,王承绪等译,杭州大学出版社,1994年版。

随着社会分工的发展,知识不断分化,人类对世界的认识也逐渐深化,在经验积累和知识增加的基础上,部分知识领域呈现了系统化、理论化的态势。伴随着十字军东征,古希腊罗马文化以及阿拉伯文化逐渐在欧洲汇聚与传播。这些新的知识发现吸引了众多求知者,广大学者和学生围绕特定知识的大量汇聚形成了最初的中世纪大学。大学中最早出现的法学、神学、医学等专业开始建立在系统化的知识基础之上。为使学生理解较为深奥的法学、神学、医学等专业课程,中世纪大学设立了基础性的文学院,学生接受一定的文学院教育并通过考核后才有资格进入专业学院学习。可见,系统性理论知识的出现使专业教育得以转向正规的学校教育,学生不但要学习规范化的专业知识,还要以"七艺"等知识的学习为基础。受认识局限性和政治因素的影响,神学和形而上学知识在中世纪大学占据权威地位,教学通常以讲授为主,教学内容主要是对专业领域经典著作的解释和说明。中世纪大学将相关专业知识按一定逻辑关系有机统合在一起,并将分散的教育活动按一定次序组合在统一的教育机构,建立了以课程、教学、考核、学位、学籍等为基础的规范化专业教育体系,形成了后世专业教育的基本范式。在文艺复兴运动的影响下,神学的统治地位被逐步瓦解,人文主义思想主导着欧洲上流社会,古典文学、艺术、历史等人文知识从专业教育的基础一跃成为高等教育的核心和直接目的,而专业教育和科学知识在传统大学中遭受到排挤和抵制。

17世纪建立在实验基础上的自然科学获得大发展,新的知识体系开始从哲学母体中分离。自工业革命以来,自然科学理论与方法就一直充当着救世主的角色。科学知识对人类改造自然能力的提升使更多人开始坚信"科学知识最有价值",并对科学充满兴趣。为振奋民族精神、提升国家实力,德国新建的柏林大学开始将纯粹的科学研究作为大学的主要职能,并开创了研究型大学的办学道路。受其影响,美国开始大力创办研究型大学,并使研究型大学发展成为高等教育的重心。由于科学对技术的影响日益深刻,社会职业的专业化程度也在不断提升,专业人员需要具备更加深厚和宽广的知识基础,这使原有的专科学校纷纷升格为大学,专业人才培养开始从本科阶段延伸至研究生阶段,而本科阶段更多承担基础方面的素质教育。与此同时,科学和技术的相互渗透使原有相对分离的学术性专业教育和职业性专业教育不得不相互借鉴,并在形式和内容上趋向统一:研究型大学为了获取更多资源和社会的支持不得不紧密结合现实需要,重视科学知识的转化与应用;应用技术类大学也在通过学术方面的能力证明自身的合法性;一些专业学院为了获得更大范围的知识支撑逐渐并入到研究型大学,研究型大学为了迎合市场需要、发挥知识的使用价值而设置不同的专业学院。

社会问题的复杂化使知识在分化的基础上日益呈现出综合化的趋势,知识生产的跨学科性、情境性、时效性、实用性特征已经凸显。为适应新的知识变化,推动跨领域的合作与交流,高校开始广泛开设跨学科课程和研究项目,将不同学科知识结合在一起的复合课程日益增加;高校在专业设置中不断增设跨学科专业,鼓励学生攻读双学科和多学科专业课程;部分高校在学生入学前两年不分专业或者按专业大类培养学生。在组织结构方面,美国主要通过本科与研究生教育相结合的双层结构来拓宽学习者的知识基础,英国将"非大学"机构统一改造为综合性的"大学",日本部分高校尝试以"学群·学类"代替学科壁垒森严的学部讲座制度。

由此可见,专业教育的历史与知识发展息息相关,知识发展既是专业教育的基础又是专业教育的重要使命,知识发展的水平和内部规律在很大程度上决定了专业教育的形式、内容、层次、类型和组织结构等。

2. 职业需要对专业教育的推动和制约作用

职业需要是一个社会政治、经济状况的集中反映,影响着不同类型知识在教育中的地位,也是专业教育发展的重要推动力。阿什比认为大学的生存必须满足两个条件:一是忠于自己的大学理想,二是要适应自己所处的社会。① 可见,适应性能力决定着大学的命运,大学除了继承自身的传统还要通过不同程度地满足社会需要来获得自身的合法地位。中世纪大学的合法性建立在满足当时社会专业的期望上;文艺复兴后,大学建基于学生对人文主义的抱负;启蒙运动影响下的德国大学在科学研究中获得了合法地位;美国"赠地"大学的合法性在于其为社会和国家发展所提供的服务。② 可见,满足于经济社会发展的需要和国家的要求是每个时期高等教育的必然选择。克拉克·克尔也曾认为影响高等教育改革的两种重要力量分别为经济体对高等教育的需求和国家组织对更大机会的需要。③ 菲利普·G.阿特巴赫从学生和雇主需要的角度指出:"职业化是高等教育改革中的一个重要趋势……大学课程应当为各种日益复杂

---

① [美]克拉克·克尔:《高等教育不能回避历史——21世纪的问题》,第5页,王承绪译,浙江教育出版社,2001年版。
② [美]约翰·S.布鲁贝克:《高等教育哲学》,第3—4页,王承绪等译,浙江教育出版社,2001年版。
③ [美]克拉克·克尔:《高等教育不能回避历史——21世纪的问题》,第49页,王承绪译,浙江教育出版社,2001年版。

的职业提供相关训练。"①

作为典型的资源依赖性组织,大学不得不通过与周围环境的利益交换获得生存发展的条件,于是,大学与外部政治或其他社会集团不可避免地存在某种暧昧的利益关系,即使中世纪时期的大学自由与自治也掺杂着各种利益企图。正如爱弥尔·涂尔干所言:中世纪大学中教师总是和教会存在复杂的利益关系,教师和学生都不想彻底断绝他们和教会之间关系的纽带,教会和教会成员总是能够享有某些特殊的权力。② 中世纪大学成立之初与其他行会组织的动机一样,都是为了在一定安全范围内获得较高的垄断地位和丰厚的报酬。除了一般的职业训练,中世纪大学也在迎合统治者的需要。伊曼努尔·康德在《哲学院与神学院的纷争》中指出,神学院在传统四学院中的特殊地位是中世纪大学臣服于宗教统治、以图长治久安的制度安排。③ 为提高学生的职业技能,满足相关行业对专业人才的需要,中世纪大学通常采用理论学习与实践相结合的教学方式,在法学、神学教育中,教师通常采用以真实问题为基础的辩论教学,医学教育要求学生满足一定的社会实践要求才有资格获得相应的学位证书。

文艺复兴和宗教改革运动、民族国家的形成和工业经济的初步发展等外部社会因素推动着欧洲中世纪大学向现代大学转型。在文艺复兴运动的影响下,传统大学沉迷于以古典文学、艺术、语言、历史等为主要教学内容的自由教育,注重从思想到言行举止塑造绅士人格。这种看似缺乏功利性目的的自由教育也并非完全出于精神追求,而是因为这种绅士品格是立足于上流社会的必备条件。以此来看,自由教育在很大程度上也是为了满足统治阶层培养接班人的功利性需要。

在工业化进程中,社会发展对知识和技术依赖程度逐步加深,大学正在被日益深刻地卷入到社会进程之中。④ 社会对高等教育依赖程度的增加致使高等教育事务难以完全由教授们决定。⑤ 曾以保守著称的牛津大学在伊丽莎白一世的改造下也不得不走向世俗。为适应科学发展的趋势,1877年牛津大学专门出台规定,用部分来自各学院的收入专门支持自然科学的发展。20世纪60年代之后该校还增加了工程科学、金属和材料科学等工科院系。其教学和研究领域

---

① [美]菲利普·G.阿特巴赫:《比较高等教育:知识、大学与发展》,第13页,人民教育出版社教育室译,人民教育出版社,2001年版。
② [法]爱弥尔·涂尔干:《教育思想的演进》,第132页,李康译,上海人民出版社,2016年版。
③ [德]伊曼努尔·康德:《论教育学》,第103页,赵鹏等译,上海人民出版社,2005年版。
④ [美]克拉克·克尔:《高等教育不能回避历史——21世纪的问题》,第83页,王承绪译,浙江教育出版社,2001年版。
⑤ [美]约翰·S.布鲁贝克:《高等教育哲学》,王承绪,等译,浙江教育出版社,2001,第32页。

已逐步扩展到广泛的知识领域,为社会输出了大量企业家、工程师、银行家等应用型专业人才。牛津大学原校长科林·卢卡斯也不得不承认大学和社会的关系在事实上是:大学长期服务于社会,大学通过不断调整自身来回应不断变化的需求。①

原有机构若不能满足社会所需,必将导致其他机构诞生。科技革命的深入推进需要大量专业人才,然而传统大学在办学理念、规模、人才培养类型等方面难以满足经济社会对大量专业人才的需要。于是,19世纪大批以应用型人才培养为主的专门学校、城市大学和以服务社会为宗旨的赠地学院等应运而生。为进一步满足国际竞争和学生的职业需要,1966年英国通过颁布《关于多科技术学院与其他学院的计划》推动90多所独立学院合并升格为多科技术学院,1968年德国制定《联邦共和国各州高等学校协定》,推动原有的专门学校向应用科技大学发展。

美国高等教育特色的形成和现代化转型也是一个外部需要推动的过程。在实用主义文化的主导下,美国将高等教育视为向社会提供所需知识和高素质人力资源的一种手段。伯顿·R.克拉克指出,一个国家至少要求高等教育具备经济效用、文化效用和政治效用等三类效用,其中经济效用是要求高等教育重视社会方面的实用价值,把重点放在技术、自然科学和具体的职业培训上。② 为促进资本主义工商业的发展、满足工业化社会对专业技术人才的需要,1862年美国开展的赠地学院运动确立了应用科学研究、工艺和农业学科在大学中地位,实现了专业教育和社会发展的有效对接,以实用主义为主导的康奈尔计划和威斯康星思想更是将高等教育的服务功能发挥到了极致。在改革传统大学与新建赠地学院的过程中,美国高等教育摆脱了传统人文主义教育的桎梏,农业学院和工程院等从事专业教育的机构改变了大学内部的结构,大学逐渐成为应用科学的殿堂,这使美国对立即有用知识的尊重走向了制度化。

研究型大学对社会发展的深刻、全面影响也使学术研究领域受到外部需要的高度支配。哈罗德·珀金指出:"当大学最自由时却缺乏资源,当它拥有最多资源时则最不自由。"③随着大学运行经费的增加,科研活动的支出日益庞大,大

---

① 卢小兵、李敏谊:《全球视野:本土行动——世界著名大学校长及学者纵论大学之道》,载《科技文萃》,2002年第10期。
② [美]伯顿·R.克拉克:《高等教育系统——学术组织的跨国研究》,第282页,王承绪等译,杭州大学出版社,1994年版。
③ [美]伯顿·R.克拉克等:《高等教育新论——多学科的研究》,第26页,王承绪等译,浙江教育出版社,2001年版。

学自由、自治的空间越来越窄,学术独立性的标准已不复存在。绝大多数大学的自然科学和社会科学教师难以离开外界经费支持,个人福利也依靠公司的咨询顾问费、政府拨款的津贴或基金会的补助金等。教授们只有广泛参与社会活动,甚至在政府部门任职,才能进一步提高收入,使生活更加丰富多彩。于是,市场准则已成为学术活动的重要依据,学术资本主义日渐兴起,忽视金钱和世俗欲望对学术著作和研究的影响已显得愚蠢荒谬。1945年之后,美国政府开始通过拨款的方式鼓励大学通过科研活动满足国家的各类需要,与此同时,一些基金会也开始向各种各样的社会服务项目提供资助。这使大学开始凭借技术和人才优势介入到人类所面临的诸多现实问题之中,政府、工商业界和基金会成为大学的座上宾,大学借此得以快速发展。在外部投资不断增加和高等教育规模逐步壮大的基础上,大学日益深刻地融入社会的政治、经济生活,已很难回归到与世无争的封闭状态。

随着人类在物理学、天文学、生物学、化学等领域的突破,以原子能、电子计算机、空间技术的开发和利用为标志的第三次科技革命兴起,劳动生产率的提高不再依靠劳动强度的增加,而主要依赖于生产技术的进步、劳动者素质的提高。"人力资本"理论的提出使社会更加重视通过教育提升劳动力价值的意义。为提高职业的专业化水平,越来越多的职业开始涌入大学,丰富了大学的专业类型。学生为了谋生的需要普遍将希望寄托于高等教育,并积极从事专业学习。1945—1974年成为美国高等教育快速发展的黄金时期,大学学龄人口的入学率开始超过50%,这使美国率先进入到高等教育普及化阶段。由于技术的科学化水平不断提高,越来越多的职业需要更宽广的知识基础和高深的理论支撑,这种需求的变化直接推动了专业教育的层次不断向硕士、博士阶段延伸。

3. 知识发展与职业需要之间的冲突与融合

知识发展和职业需要都对专业教育的目的、内容、层次、规模、组织结构和人才培养模式等有重要的影响和决定作用,它们共同主导和推动着专业教育的历史发展。随着知识的分化和社会分工的发展,大学不得不开设越来越多的专业来满足学科和社会发展的需要。14、15世纪的意大利大学已开始设置数学、天文学、化学、物理学、自然哲学等方面的教授职位,16世纪自然科学形成了不同的知识领域,19世纪社会科学分化出政治学、经济学、历史学、社会学、人类学等学科,基本形成了沿用至今的学科框架。然而,知识发展和职业需要各有自己的目标、原则和途径,在不同历史时期两种力量此消彼长,使专业教育呈现出不同的形态。

以知识发展为主导的价值取向注重以闲逸好奇的精神追求真理、发展新的知识,并诉诸人的理性发展,强调大学与社会保持一定的距离。以职业需要为目标的价值取向要求专业教育以社会需求为导向,秉持理论与实践相结合的原则,强调将外部职业标准作为人才培养规格的依据。因立场和社会地位的不同,历史上不时出现因强调大学某一方面的职能而对专业教育进行诋毁、对自由教育进行排挤或者对科研活动进行驱逐的声音。

学术自由原则被认为是大学履行知识发展义务的一个基本价值标准,也是捍卫大学目的和教职员工利益必不可少的条件。由于高深学问超出了一般的、复杂的甚至是神秘的知识,只有学者能够理解它的复杂性,为此,自治成为高深学问最悠久的传统之一。① 从教皇的训令、皇家特许状到现代国家的立法条文都尊重大学的自治权力。中世纪大学为摆脱教会和世俗政权的控制,它们将学术自由、大学自治视为生存的护身符,在选用校长、聘用教师、招生考试、课程设置、经费筹措等方面均由教师或学生做主,其自主性还受到办学特许状的保护,由此形成了自己独立的行业规范和生存空间。中世纪大学利用迁徙等方式对抗外部势力的干预,这种捍卫学术自由、大学自治的传统和经验被后世视为大学内在的逻辑。英国自由教育的捍卫者纽曼坚持认为知识本身就是目的,反对教育对社会发展趋势的过度迎合。在纽曼看来,自由教育虽然不能使人迅速成为律师、政治家、商人、工程师、化学家等专业人员,但它能够使学生形成一定的思考、推理、比较、分析、判断等心智能力,这些智能状态能够使他马上从事任何一种专业性工作。② 在自由教育思想的影响下,如火如荼的工业革命也没能改变英国牛津和剑桥大学排斥科学、坚守自由教育的传统。1651—1657年,即使克伦威尔兼任牛津大学校长并用清教徒思想改造牛津大学,但收效甚微。为保护大学的自治权力,避免政府对大学事务的干预,英国出现了由学者、实业家和个人组成的大学经费评议会并负责财政性教育经费的分配。1991年英国教育科学部提交的《高等教育:一个新的框架》明确规定,大学完全有权决定教育的内容、学位和招生考试标准,教育部无权干涉。③ 德国更是学术自由之风的坚定捍卫者,17世纪的哈勒大学率先摆脱了经院主义的影响,使哲学独立于神学之外。19世纪初,施莱尔马赫在《关于德国式大学的断想》中主张大学要独立于国家,并以哲学院为核心,保持思想独立。洪堡同样主张大学和师生要独立于国家和社会世俗事务,全身心投入到科研、教学和学习中。他提出:自由是必需

---

① [美]约翰·S.布鲁贝克:《高等教育哲学》,第31页,王承绪等译,浙江教育出版社,2001年版。
② [英]纽曼:《大学的理想》,第86页,徐辉等译,浙江教育出版社,2001年版。
③ 韩延明:《大学理念论纲》,第285页,人民教育出版社,2003年版。

的,寂寞是有益的,大学的外部组织也要以此为依据。① 他认为自由将激励大学昂扬向上,从而更有力地反哺社会,学术自由的成效将超出政府只顾近前需要的期望。在洪堡等人的倡导下,德国大学坚持着科学研究中的"寂寞"精神,以此来诠释他们对理论与实践关系的认识。在美国,耶鲁大学长期致力于捍卫自由教育的地位,反对功利化的专业教育对大学自由精神的侵蚀。耶鲁大学为捍卫自由教育而发布的《耶鲁宣言》被视为19世纪美国人文科学教育的宪章。亚伯拉罕·弗莱克斯纳认为忽视直接、现实的功利性目的反而更有可能使人们取得认识上的进步。在他看来,医学基础科学分化出来并不考虑实际功用而自由发展时,医学才脱离停滞不前的状态。② 赫钦斯认为失去了自治,高等教育便失去了精华。曾任美国最高法院首席法官的费利克斯·弗兰克福特曾提出了大学的"四项基本自由",即大学可以根据学术理由自主决定谁可以当教师、教什么、应该怎样教和谁可以被准许入学,并认为除了紧急的原因和明确的令人信服的理由,政治力量应避免介入这些自由活动。③ 该认识已成为人们判断大学学术自由尺度的重要标准。

大学发展的早期阶段所能提供的专业知识比较有限,专业教育对自由教育理念挑战的力度比较弱。19世纪中叶以后,专家政治和技术社会逐步形成,教师和学生所掌握的知识越是专业越能够获得更多的尊重和应用机会。正如马克斯·韦伯所言:"个人只有通过最彻底的专业化,才能有可能具备信心在知识领域取得一些真正的成就。"④另外,工业社会的流水式作业方式强化了劳动技能的专门化程度,新的劳动方式推动大学教育日益走向专门化的道路。到20世纪,与专业无关的教育已经变得可有可无。在就业压力的影响下,专门的知识领域和技术训练更能迎合学生的需要,教养和心智训练的重要性与生存相比则要退居其次。然而,专业教育所造成的知识等级化和培养方式的专门化使大学的知识结构和个人的全面发展受到了严重威胁。为有效控制科学知识和专业教育势力的大肆扩张,受到排挤的人文知识和通识教育被树立为大学的理想,大学自治、学术自由被视为发展知识、维护真理的重要保护机制。

为克服专业教育所带来的知识分割、自我分裂、社会失范的危险,促进个人

---

① 陈洪捷:《德国古典大学观及其对中国大学的影响》,第39页,北京大学出版社,2002年版。
② [美]亚伯拉罕·弗莱克斯纳:《现代大学论——英美德大学研究》,第10—11页,徐辉等译,浙江教育出版社,2001年版。
③ [美]德里克·博克:《走出象牙塔——现代大学的社会责任》,第41页,徐小洲等译,浙江教育出版社,2001年版。
④ [美]马克斯·韦伯:《学术与政治》,第23页,冯克利译,生活·读书·新知三联书店,1998年版。

和社会的健全发展,长期以来美国高校积极推进通识教育,使学生认识生活和知识主要领域的基本方法、原理和规范。针对选修制和专门化教育的弊端,1945年哈佛大学发布了《自由社会中的通识教育》,试图通过对选修课程的合理规划来挽救通识教育的价值。为促进不同学科知识的融合,一些大学开设了"城市研究"、"科学、技术和社会"等跨学科课程,设置了双学科专业和多学科专业,还鼓励学生跨学科选课或者开展研究。

随着知识的专门化和高深程度增加,大学管理的重心被认为需要向基层组织倾斜。① 然而,学术自由、大学自治并非完全有利于大学自身的发展。约翰·S.布鲁贝克指出,大学承袭了行会组织的众多基因,它们经常在经验的束缚下自行其是,表现出散漫、偏执保守、排斥改革的倾向。19世纪,为了使新的科学知识进入大学课程,英、美、德等国不得不借助国家立法的手段打开大学自治的大门,打破传统学阀在大学中的垄断地位。② 在此期间,英国通过兴建城市大学推动科学技术的发展,美国通过选修制将科学引入大学课程,德国借助科研的观念和习明纳学习方式推动自然科学的发展,而法国更是利用政权的更迭彻底清除了以古典教育为主、秉承学术自由理念的教育体制,剥夺大学的自治权力并发展资本主义社会所需要的科学和技术。总体来看,自然科学虽然确立已久,但要学校向它敞开大门已是两个世纪之后的事。③ 这也表明,在学术自由传统的庇护下,大学脱离现实、摒弃功利的做法在一定程度上也会成为知识发展和社会进步的巨大"障碍"。

在约翰·S.布鲁贝克看来,学术自由看似无功利性,其深层目的并非专业特权阶层的自我服务需要,而是为了公共服务的目的。他认为:社会依靠高等学校作为获取新知识的主要机构,目的是要了解世界并利用它的资源改进人类生活。④ 由此来看,大学享有自由的先决条件是要为社会做出更大的贡献。约翰·S.布鲁贝克的认识揭示了高等教育不同价值倾向所隐藏的共同追求,无论是文艺复兴时期兴起的自由教育,还是德国大学对纯粹科学研究的追求,乃至20世纪美国倡导的通识教育,以及以职业需要为目的的专业教育,其根本目的都是为了适应和满足某种特定的社会需要。教育目的的一致性也在很大程度上为消解知识发展和职业需求之间长期存在的冲突与矛盾提供了基础。

克拉克·克尔认为高效的高等教育系统应具备三种模式:一是要承担研究

---

① [美]伯顿·R.克拉克:《高等教育系统——学术组织的跨国研究》,第25页,王承绪等译,杭州大学出版社,1994年版。
② [美]约翰·S.布鲁贝克:《高等教育哲学》,第32页,王承绪等译,浙江教育出版社,2001年版。
③ [法]涂尔干:《教育思想的演进》,第422页,李康译,上海人民出版社,2003年版。
④ [美]约翰·S.布鲁贝克:《高等教育哲学》,第48页,王承绪等译,浙江教育出版社,2001年版。

生教育和科学研究;二是围绕社会的职业需要和普通教育的使命为本科生提供正规和非正规的教育与训练;三是形成一种灵活的消费者主导模式,对社会的各类教育需求做出反应。① 面对多元化的教育需求,高等教育机构需要不断扩充自身的职能,协调不同价值需求之间的矛盾。为融合知识发展和职业需求之间的冲突和矛盾,一些国家努力推进高校组织结构和职能的调整,这使高等教育组织系统变成一个相互妥协的产物。

1871年,统一后的德国为建设强大的工业化国家,对高等教育系统进行调整,一是研究型大学开始创办一些应用性的科学研究所,二是赋予技术学院以大学的地位,1900年部分技术学院已拥有授予工程学博士学位的资格。这种高等教育的结构性调整,一方面可以满足纯粹科学研究的需要,另一方面可以通过新的教育系统为国家建设培养必要的应用型专业人才,从而在一定程度上融合知识发展与职业需要之间的分歧。不过在文化传统的影响下,德国大学仍在很大程度上偏重于追求纯粹的科学研究。

美国大学的成功之处在于将德国大学的精神转变为组织和体制的规定,通过组织和体制的创新整合不同的价值取向,这被视为美国大学成为世界大学理想的基本经验。② 市场化的价值取向使美国高等教育走在世界高等教育的前列,然而大学知识生产与传授的市场化将容易导致通识教育、人文知识、基础科学研究的边缘化,甚至将教育和科研活动引向唯利是图的道路。为平衡不同的教育需求,美国开始从整体上考虑本科教育、研究生教育在通识教育、专业教育中所需要承担的职责。由于多元化的高等教育结构能够使不同的价值观念达成妥协,高等教育系统越是多元化,其调和矛盾的能力越强。美国高等教育机构在坚持社会服务职能的同时吸收了德国大学专门从事科研的办学思想,从英国引入了强调本科生教育及学生智力发展与道德情感教育兼顾的教育思想,利用本科与研究生教育相结合的双层教育结构有效解决了专业教育与通识教育、知识发展与职业需求之间的冲突,并通过相应的课程管理制度为不同教育诉求的实现提供了条件。美国多元化教育结构中的每一层次类型都具有相对稳定的功能定位,可以在各自领域内证明自身的价值并实现错位发展。这种多元化的组织结构在一定程度上消解了知识发展和职业需要之间的矛盾,也适应了时代发展的趋势,最终使美国发展成为世界高等教育的领跑者。

---

① [美]克拉克·克尔:《高等教育不能回避历史——21世纪的问题》,第85页,王承绪译,浙江教育出版社,2001年版。
② 陈廷柱:《大学的理想——价值取向及其言说立场与限度》,第214页,中国海洋大学出版社,2008年版。

第四章 近代以来我国专业教育的历史演进

近代以来,我国专业教育发展的历史也是在我国高教育自身发展的基础上不断学习借鉴西方教育经验的过程,虽然与国内经济因素有关,但受政治因素的影响更为明显。为迅速改变落后的现状与专业人才短缺的矛盾,我国中央政府始终将教育与民族的命运紧密联系在一起,使专业教育成为国家政治战略的重要工具。在这种特殊的历史时期,教育的工具价值被高度强调,而教育的本体价值却被"淹没"在实用主义的洪流中。

在引进西方现代工业以前,我国一直沿着本土资本主义的方向缓慢发展。鸦片战争之后,对外通商口岸的设立、外国资本的介入和民族资本的运行并没有改变我国整体的经济的形态,商品经济只是在有限的行业和地区得到发展,自给自足的自然经济仍是我国经济的主体。有学者指出,19世纪的中国经济没有经历过制度的大改组或技术的突破,只是一种商业化的农业经济。[①] 商品经济的落后状态意味着经济领域对专业人才的需求比较有限。经济条件决定了我国专业教育的大规模兴起主要与政治局势的变化和统治阶级对相关人才的大量需求有关。

晚晴时期,促使社会发生变化的因素较多,其中最重要的因素被认为是各种形式的外敌入侵。[②] 19世纪中期,西方资本主义国家开始从自由资本主义向垄断资本主义阶段过渡,为寻求更加广阔的商品销售市场和原料产地,他们将目光聚焦在古老而富足的中国,并利用船坚炮利的优势打开晚晴的国门,迫使闭关锁国、腐败无能的清政府签订一系列丧权辱国的不平等条约。鸦片战争的失利和统治的危机使"救国"成为统治阶层所面临的最紧迫问题。为改变落后的面貌和屈辱的处境,并追赶先进国家的发展水平,中央政府和开明人士普遍将国家的希望寄托于人才培养。受此影响,我国的专业教育与民族的命运、国家的需要紧密相连,并受到权力意志的主导。

---

① [美]费正清、刘广京:《剑桥中国晚清史》(下卷),第17页,中国社会科学出版社,1995年版。
② [美]费正清、刘广京:《剑桥中国晚清史》(下卷),第674页,中国社会科学出版社,1995年版。

一、清朝末年以专门人才培养为主的教育理念与实践

列强入侵,内乱纷起,社会动荡不安,严重侵蚀了清王朝的统治根基。为挽救摇摇欲坠的大清帝国,一些开明的政治家纷纷走上救亡图存的道路。他们经历了从器物、技艺到人才的认识过程,最终认定向西方学习、开展新式教育的重要性。面对"数千年未有之变局",一些官员日益感觉"时事孔亟,首重人才"。[①] 闽浙总督建议:"海防之策,莫重于练兵、筹饷、制器、用人四端。四者之中,以用人为急务,而尤在专其责成。"[②] 胡橘棻、李鹤年、郑观应、李鸿章、张之洞、薛福成、盛宣怀等众多洋务派政治精英也都开始大力倡导教育救国。同时,救亡图存的紧迫性使人们纷纷将目光投向实用性的专门人才培养。

(一) 以专门人才培养为主的教育理念兴起

在一些改革者看来,西方强国的军事力量建立在技术之上,那么我们也应该将技术作为"自强"的根本任务。当时历任天津道员、广西按察使的胡橘棻在《变法自强疏》中强调教育的实用性,主张"弃章句小儒之才,求经济匡世之才"。李鸿章曾上折建议培养军事和民用方面的专门人才:"拟请嗣后凡有海防省分(份),均宜设立洋学局,择通晓时务大员主持其事,分为格致、测算、舆图、火轮、机器、兵法、炮法、化学、电气学数门,此皆有切于民生日用、军器制作之原。"[③] 维新派的康有为在《请开学校折》中同样认为:"专门者,凡农商矿林机器工程驾驶,凡人间一事一艺者,皆有学,皆为专门也……高等专门学者,教人民之应用,以为执业者也。"在他看来,国外的高等教育都是从事专门学问的教育,传授学生从事某种具体职业的专门知识。梁启超在《学校总论》中指出:"专门之业不分,致精无自也。"在筹备京师大学堂时,美国传教士、著名的社会活动家李佳白在《拟请京师创设大学堂议》中认为,总学堂虽设有各类学问,但个人的聪明才力难以兼学,即使兼学也难以兼精,所以应在总学堂内设各等专门学堂。他认为新式教育应该使学生"入一专门学堂,各尽心力以学之,务造其极而止"。1897年,美国传教士、中国近代科学教育的先驱狄考文等指出"西国最重专门之学……惟其不相通融,故能各臻极诣",建议总学堂要"悉取专才易选其尤要,分

---

① 台湾银行经济研究室:《同治甲戌日兵侵台始末》,第276页,(中国)台湾银行,1959年版。
② 台湾银行经济研究室:《同治甲戌日兵侵台始末》,第273页,(中国)台湾银行,1959年版。
③ 戴逸:《李鸿章全集》(奏议六),第166页,安徽教育出版社,2008年版。

科各立专门学堂"。① 大家一致认为分门别类培养人才更有利于知识的精神并取得较高造诣。这些认识也是我国专业教育趋向窄化的重要思想源头。

(二) 以富国强兵为目的的专门人才培养

最初在洋务派的推动下,清政府开始创办新式学校,着手培养现代军事、外交、工业等方面的高级专门人才。19 世纪 70 年代之前清政府采取以"自强"为主导的教育思想,侧重于发展与军事工业相关的人才教育;70 年代之后开始认识到列强经济侵略的危害,从而将"求富"视为固国之根本,于是加强培养电信、矿冶、造船、铁路等方面"军民两用"专业人才。

1862 年清政府创办京师同文馆,以培养外交翻译人才,之后出现了上海广方言馆(1863 年)、广州同文馆(1864 年)、湖北自强学堂(1893 年)等同类学校。与此同时,培养制造船炮和军事指挥人才的学堂迅速崛起:福建船政学堂(1866 年)、天津水师学堂(1880 年)、天津武备学堂(1885 年)、广东水陆师学堂(1887 年)、江南水师学堂(1890 年)。另有培养电报、医学、铁路等科技人才的学堂:福州电气学塾(1875 年)、天津电报学堂(1880 年)、上海电报学堂(1882 年)、北洋医学堂(1893 年)、山海关铁路学堂(1895 年)、江南陆军学堂附设铁路学堂(1896 年)。这些专门学校普遍重视基础知识学习和实践相结合,注重培养学生的技术应用能力。从《江南水师学堂简明章程》可以看出江南水师学堂分驾驶、管轮两个专业。为培养管轮学生管理兵船机器的能力,除了英语、气学、力学、轮机理法、推算绘图诸法之外,还要去机器厂、绘图房、鱼雷厂等学习修理机器各项手艺,之后让学生试造机器,以证实效。为提高学生的驾驶能力,还要求学生"派登练船,俾周览山海形势,沙礁风涛,更番巡历,以练胆识"。

这些以传授"西学"、"西艺"为主的专门学堂的创办被视为中国近现代各类专科学校的发轫②,也是我国现代科学技术和文化教育的开端,为我国培养了大量外交人员、翻译人员、造船专家、航海指挥、军事和民用技术等专业人才。在中日甲午海战中,北洋舰队的 12 名管带中有 9 名毕业于福建船政学堂,如邓世昌、刘步蟾、林永升等。③ 以新型实用型人才培养为目标的专门学堂最终打破了以"中学"为主的封建传统教育一统天下的局面,同时也形成了针对性强、知识领域相对狭窄的专业教育模式,在我国高等教育史上具有重要的转折意义。

---

① 北京大学校史研究室:《北京大学史料》(第一卷 1898—1911),第 16 页,北京大学出版社,1993 年版。
② 董宝良:《中国近现代高等教育史》,第 34 页,华中科技大学出版社,2007 年版。
③ 董宝良:《中国近现代高等教育史》,第 23 页,华中科技大学出版社,2007 年版。

然而，清政府在中日甲午战争的失利宣告了洋务派"中学为体，西学为用"理想的失败，增加了人们对洋务派所建专门学堂教育的不满。为培养出真正的有用之才，人们开始呼吁更高层次的专业教育。长期以来，以京师同文馆为代表的一些专门学校在招生方面讲究家庭出身，学生享受较高待遇却不思进取、学业不精，甚至仍以科举为目的，来自国外的教师专业能力不强，为此，备受社会诟病。光绪十二年六月初八日（1886年7月9日），陕西道监察御史朱一新在《陕西道监察御史朱一新奏》中指责专门学校的纪律涣散、管理松懈："闻天津学堂、章程可观，奉行不力，习业之时甚暂，嬉游之事恒多，提调不知，教习不问，无惑乎论者谓中国事多敷衍，不如出洋学习之较有实际也。"1892年郑观应在《学校》中认为当时的专门学堂水平较低："今中国既设同文方言各馆，水师武备各堂，历有年所，而诸学尚未深通，制造率仗西匠，未闻有别出心裁，创一奇器者。"光绪二十一年初九日（1896年1月23日）御史陈其璋上奏指出京师同文馆："所学者只算术、天文及各国语言文字。在外洋只称为小中学塾，不得称为大学堂。"①维新派梁启超直指专门学堂"言艺之事多，言政与教之事少"，只限于肤浅的语言文字和"兵学之末"，没有抓住事务的根本。② 1896年6月，李端棻直接疏请设立京师大学堂，认为：当前的专门学堂"教之之道未尽"，格致制造诸学聚众讲求，不能致精；学业不分斋院，生徒不重专门；今之诸馆，未备图器，未遣游历，则日求之于故纸堆中，终成空谈，无自致用；利禄之路，不出斯途，俊慧子弟，率从事帖括以取富贵，及既得科第，遂与学绝，终为弃材。③ 可见，人们对国内现有洋务学堂的办学方式和教育质量深表失望。

为提高专门人才的质量，盛宣怀准备创设层次较高的天津中西学堂。1895年，他在《拟设天津中西学堂章程禀》中说道："制造工艺，皆取材于不通文理、不解测算之匠徒，而欲与各国絜长较短断乎不能。"他主张："赶紧设立头等二等学堂各一所，为继起者规式。惟二等学堂，功课必须四年，方能升入头等学堂。头等学堂功课，必须四年，方能造入专门之学，不能躐等。"④在他看来，造就军事、外交、制造工艺等急需的专业人才需要广开学堂，但学生必须有一定的专业基础，为此应设立头、二等不同层次和功能的学堂。头等学堂学制四年，第一年学习"通习科目"，之后三年学习法律、土木工程、采矿冶金和机械工程等"专门科

---

① 朱有瓛：《中国近代学制史料》（第一辑·上册），第590－591页，华东师范大学出版社，1983年版。
② 梁启超：《饮冰室合集》（第一册），第15－21页，中华书局，1936年版。
③ 陈学恂：《中国近代教育文选》，第63页，人民教育出版社，1983年版。
④ 陈学恂：《中国近代教育文选》，第72页，人民教育出版社，1983年版。

目",相当于本科阶段的教育。可见,天津中西学堂的办学计划是仿照西洋普通学校学制,采取分级、分班逐步递升的培养方式。从这种学制安排来看,人们已经认识到高质量的专业教育必须将建立在扎实的基础教育之上。于是,新建学堂开始通过预科教育的形式为高级阶段的专门化学习奠定知识基础。为培养更多学以致用的高级专业人才,1897年盛宣怀又在上海创办南洋公学。从《南洋公学章程》中可以看出,南洋公学初期共设四个院:师范院、外院(师范学校附属小学院)、中院(二等学堂)和上院(头等学堂),上院按照西方专门学校的特点设置政治经济法律诸科,目的是要为国家培养政治方面的高级专业人才。他还讲道:"西人学以致用为本",而我国"今日礼失而求诸野,讲西学,延西师,学堂之规模近似矣"。① 可以看出,盛宣怀在仿效西方(以法国专门学校为主)并按照学以致用的理念来创建中国近代大学。

  天津中西学堂和南洋公学的办学层次分明,高级阶段的专门化学习建立在扎实的普通基础知识之上,其分别设置的"头等学堂"和"上院"被视为国内本科教育的萌芽,也是我国本科教育践行高级专门教育理念的初次尝试。②

  由于现有新式学堂难以满足需要,在众多官员的推动下,1898年清政府创办了近代第一所国立综合性大学即京师大学堂。主办京师大学堂的孙家鼐对欧美、日本的办学体制深有研究,认为"不立专门,终无心得",他坚持"学问宜分科也"的办学理念,将学堂课程规定为普通与专门两种类型。③ 京师大学堂的第一个章程即《总理衙门奏拟京师大学堂章程》指出:"西国学堂所读之书,皆分两类:一曰溥通学,二曰专门学。溥通学者,凡学生皆当通习者也。专门学者,每人各占一门者也。"④该章程将溥通学分为10个学习科目,又将专门学分为10种专业类型。溥通学涉及经学、理学、文学、诸子学、初级算学、初级格致学等不同领域的基础知识,适合不同学科专业的学生学习,是专业学习的基础,类似于我们所说的通识教育内容。高级算学、地理、农学、工程学、商学、卫生学等专门学是范围较窄、学问程度较高知识领域,等同于我们所说的专业教育范畴。溥通学合格后才可以选择一两门专门学进行学习。该章程体现了普通教育与专门教育相结合的教育思想。

---

 ① 陈学恂:《中国近代教育文选》,第76页,人民教育出版社,1983年版。
 ② 康全礼:《我国大学本科教育理念与教学改革研究》,第16—18页,中国海洋大学出版社,2012年版。
 ③ 陈学恂:《中国近代教育史教学参考资料》(上册),第431页,人民教育出版社,1986年版。
 ④ 北京大学校史研究室:《北京大学史料》(第一卷 1898—1911),第82页,北京大学出版社,1993年版。

1902年清政府颁布了《钦定京师大学堂章程》，首次全面反映了我国近代新式学堂的完整体系和当时的教育理念，正式确立了学术分科体系。该章程开宗明义指出："京师大学堂之设，所以激发忠爱，开通智慧，振兴实业；谨遵此次谕旨，端正趋向，造就通才，为全学之纲领。"①指明办学的目的是要"开通智慧、振兴实业"，并将"通才"②作为人才培养目标，赋予京师大学堂高深、专门、实用的特点。根据该章程规定，京师大学堂主要分为"大学院"、"大学专门分科"、"大学预备科"三个级别。其中，"大学专门分科"在京师大学堂占据主体地位，属于大学本科层次的教育，按照分科培养的原则，共分成政治科、文学科、格致科、农业科、工艺科、商务科、医术科等7个科目类别。为培养专业技术人才，每个科目下另设不同的实用性专业门类。该学制通过对学科门类的划分来培养高度专门化的人才，确立了我国专业教育的基本范式。不过，当时很多法令和政策只是表明政府的意图，中国高等教育的实际情况有时和政策法令相"脱节"，《钦定京师大学堂章程》还未实施便被新的章程取代。

为"造就通才，俾朝廷收得人之效"，张百熙、荣庆、张之洞等人奉命重新修订大学堂章程。1904年清政府颁布了《奏定大学堂章程》即癸卯学制，该章程继承了《钦定京师大学堂章程》的基本思想。癸卯学制成为我国第一个被正式执行的现代学制。该章程将我国的教育系统制度化，对学校系统、课程设置、学校管理等内容做了详细规定，集中体现了当时的主流教育理念，开创了我国现代新学制的先河，对后世具有重要的影响。

《奏定学堂章程》的纲领文件《学务纲要》首先规定："京外大小文武各学堂，均应钦遵谕旨，以端正趋向、造就通才为宗旨。"③要求高等教育要服从于清王朝的最高统治，造就"通达时务"的有用之才。同时，对不同级别学堂的办学目标进行差别性定位。依据该纲要可以看出高等小学堂和普通中等学堂从事普通的基础性教育；高等学堂和大学堂主要从事专门教育，培养实用性人才；通儒学院从事以研究创新为主的研究生教育；各类专门学堂主要为社会提供实用性的高级专门人才，使学生具有一技之长。根据《奏定高等学堂章程》的规定，高等学堂开展的是大学预备科教育，招收普通中学堂毕业学生，"以教大学预备科为

---

① 璩鑫圭、唐良炎：《中国近代教育史资料汇编（学制演变）》，第235页，上海教育出版社，1991年版。

② 此处的"通才"并非与"专才"相对，而是指"通达时务"的人才，"造就通才"是要培养"明体达用"、"通达时务"的高级专门人才。参见康全礼：《我国大学本科教育理念与教学改革研究》，第15页，中国海洋大学出版社，2012年版。

③ 陈学恂：《中国近代教育史教学参考资料》（上册），第532页，人民教育出版社，1986年版。

宗旨,以各学皆有专长为成效"。高等学堂分为三类学科,每类学科分为不同的教学科目,其中人伦道德、经学大义、中国文学、外国语、体操等科目为各类学科的通修内容。这些以读经尊孔为宗旨的教学内容体现了高等教育为封建统治秩序服务的最终目的。大学堂主要招收高等学堂的毕业生,并以"各项学术艺能之人才足供任用为成效",同时,还采用分科教学的方式以培养各类高级专业人才,"大学堂内设分科大学堂,为教授各科学理法,俾将来可施诸实用之所"。依据该章程,我国建立了相对完备的学科专业体系,奠定了现代高等教育体系的基础。①

截止1909年,国内总共创办了3所国立大学(学生749名)、24所省立大学(学生4203人)。以文、理、法、医、艺术为主的专门学堂数量在1907年为56所,1909年已增加到81所,学生数量从8795人增加到14703人。② 可见,该时期作为本科层次的大学堂数量较少,而且规模也比较小,以单一学科为基础的专门学堂在高等教育中所占比重较大,学制以三年为主,涉及的专业门类也比较多,主要的学堂有法政学堂、优级师范学堂、存古学堂、税务学堂、高等巡警学堂、财政学堂、方言学堂、陆军学堂、高等医学堂以及工、农、商业方面的实业学堂。

(三) 新建学堂的实用主义倾向

1895年之后,大量战争赔款、外债和军费开支严重破坏了国家财政的收支平衡,中央政府的开支比世纪初增加了一倍,这进一步推动清政府从"重农抑商"向"富国强兵"政策的转移。《奏定学堂章程》开始将"实在有用之学"作为新式学堂教育的主要内容。光绪三十一年八月初四(1905年9月2日)清政府在回复袁世凯等大臣奏请"立停科举以广学校"的上谕中指出:"方今时局多艰,储才为急。朝廷以提倡科学为急务,屡降明谕,饬令各督抚广设学堂,将俾全国之人咸趋实学,以备任使,用意至为深厚。"③这使当时的大学教育普遍讲究实用,即使理论性较强的经科也以实用为主。

为使学生能够"通达时务"、"足供任用",大学堂普遍采用高度专门化、实用化的人才培养方式,所开设课程以专业基础课和专业课为主,同时注重实践能

---

① 璩鑫圭、唐良炎:《中国近代教育史资料汇编(学制演变)》,第338—339页,上海教育出版社,1991年版。
② 潘懋元、刘海峰:《中国近代教育史资料汇编(高等教育)》,第351—356页,上海教育出版社,1993年版。
③ 朱有瓛:《中国近代学制史料》(第二辑·上册),第113页,华东师范大学出版社,1987年版。

力的培养。我们从《奏定大学堂章程》中工科大学机器工学门的教学科目(见表4-1)可以看出,在前两年的学习中,实践性的"计画、制图及实验"所占学时达到总学时的一半以上,第三学年的课堂教学时间每周仅为一个学时,其余时间主要用于学生实习。该教学计划凸显了实践技能培养的重要性,这也是高等教育为满足社会对实用性专业技术人才的急迫需求而做出的重要选择。

表4-1 工科大学中的机器工学门科目

学　年	科目及周学时	周学时
第一年	算学(3),力学(1),应用力学(2),热机关(2),机器学(1),水力学(1),机器制造学(1),应用力学、制图及演习(2),计画、制图及实验(23)	36
第二年	水力机(1),计画、制图及实验(20),蒸气及热力学(2),机器几何学及机器力学(1),船用机关(1),纺织(1),机关车(1),实事演习(不定),电气工学大意*(1),电气工学实验*(1),冶金制器学*(2),火器及火药*(1),房屋构造*(1),工艺理财学*(1)	34
第三年	实事演习(不定),特别讲义(1)	1

注:其中带*的为补助课。

资料来源璩鑫圭、唐良炎:《中国近代教育史资料汇编(学制演变)》,第372-373页,上海教育出版社,1991年版。

与高等学堂相比,专门学堂在人才培养上更具讲究专门性和实用性。其规模已经远远超出了本科层次的大学堂,发展速度也比较快。《奏定学堂章程》建议各省宜速设实业学堂:"农工商各项实业学堂,以学成后各得治生之计为主,最有益于邦本。"《法政学堂章程》明确指出:"本学堂以造已仕人员,研精中外法律、各具政治知识、足资应用为宗旨,并养成伐判人才,期收速效。"[1]优级师范学堂以培养教员、管理员为办学宗旨。商业学堂的办学目标是能够担任公私商务及会计或商业学堂的管理员、教员。[2]

总体上来看,清朝末年为改变落后挨打的命运,满足积贫积弱的国家对现代专业人才的渴求,当时的高等教育机构采用了高度专门化、实用化的"窄"专业教育模式,并以培养社会急需的专业人才为主。不过,当时本科层次的大学堂规模较小,专业人才培养主要由层次较低的专门学堂承担。由于专门学堂的

---

[1] 潘懋元、刘海峰:《中国近代教育史资料汇编(高等教育)》,第129页,上海教育出版社,1993年版。

[2] 璩鑫圭、唐良炎:《中国近代教育史资料汇编(学制演变)》,第414页,上海教育出版社,1991年版。

学制较短、基础教育质量不高,再加上当时教师水平参差不齐、教学条件比较落后、基础理论教育欠缺,毕业生的专业化水平普遍较低。

同时也应该认识到,清政府开办新式学堂是外部压力的结果,目的并非培养一代新人或能使国家臻于富强的人,而是培养忠于清朝统治的人。清政府所倡导的新式教育集中体现了"中学为体,西学为用"的办学思想,培养新人的目的是要通过"师夷长技以制夷"来维护原有的封建统治秩序,各类专业教育均建立在中国传统经史之学的基础上。《奏定学堂章程》要求地方院校按照该章程规定与中央政府保持一致:"此次遵旨修改各学堂章程,以忠孝为敷教之本,以礼法为训俗之方,以练习艺能为致用治生之具。"①这种将西方现代科学知识仅视为工具的思想直到20世纪80年代仍然是指导中国高等教育的主要办学思想。可见,我国的专业教育从开始就与政治紧密结合在一起,对行政权力具有较大的依附性。

二、民国初期职业性专业教育从高等教育边缘到中心的演变

20世纪初期,随着千年封建统治制度的解体,国内军阀割据、政治动荡,思想文化领域却迎来了难得的发展机遇。在西方文明的"洗礼"下,新的知识分子集团开始形成,民间社会力量逐渐崛起,传统的封建教育思想在现代教育理念的冲击下趋向瓦解,来自不同国家的教育思想开始在中华大地上轮番"上阵"。但任何外来教育思想的生根发芽必须找到合适的土壤,这也取决于教育思想代表群体的实力和社会影响力。辛亥革命所带来的政权更迭并未彻底改变中国半殖民地半封建社会的根本性质。民国初年,列强环视,社会动荡不安,人民仍生活在水深火热之中,薄弱的资本主义经济基础、浓厚的封建残余思想、落后的科学技术水平难免使进步民主人士、现代知识分子的救国理想遭遇挫折。在教育领域,人文主义的教育理想、自由主义的学术主张终因缺乏现实基础而备受争议,社会政治、经济、军事领域对实用人才的需要和普通民众以谋生为目的的教育追求最终使职业性专业教育重新走向高等教育的中心。

(一)蔡元培"学术分野"、"文理并重"的教育思想

1911年爆发的辛亥革命结束了我国两千多年的封建君主专制制度。1912年南京临时政府任命曾留学欧洲的蔡元培担任教育总长,这使民国初年的教育

---

① 陈学恂:《中国近代教育史教学参考资料》(上册),第534页,人民教育出版社,1986年版。

改革受到蔡元培教育思想的深刻影响。

在欧洲教育思想的影响下,蔡元培坚持学术自由、注重精神人格的培养,反对功利性目标对教育的扭曲。1912年4月,蔡元培在《对于教育方针之意见》中提出了以军国民教育、实利主义教育、公民道德教育、世界观教育、美育为中心的教育方针。他认为教育是帮助被教育的人,给他自我发展的能力,完成自己的人格,为人类文化尽责;而非将被教育者改造成特别器具,被别人利用。① 在教育职能和分类上,蔡元培认为教育分为两大类:一是普通教育,一是专门教育。普通教育主要由中小学校及中等以下之职业学校提供,以培养国民的健全之人格为主;专门教育主要由大学、高等专门学校及社会教育机构承担,使学生具有高深的学问。蔡元培将大学视为以文科和理科为核心的学术机构,并以研究高深学问为宗旨,认为大学和高等专门学校应该按从事"学"和"术"的不同职能进行划分。在他看来:"文、理,学也。虽亦有间接之应用,而治此者以研究真理为的,终身以之。""法、商、医、工,术也。直接应用……不可不服务于社会。"他主张大学以"治学"为本,高等专门学校以"治术"为业。"鄙人以为治学者可谓之'大学',治术者可谓之'高等专门学校'"。大学应该以研究学问为唯一目的,而高等专门学校的学生以从事实际工作为目的,需要由"法吏、技师"等从事实际工作的专业人员来教授,应在学校"设法庭、商场等雏形",为学生提供实践条件。② 他主张"学"与"术"应归属不同的院校,大学以高深学问研究为中心,从事纯粹科学的学术研究,而应用性科学研究和人才培养应归属其他专门学院。其实质是要将学术型教育与职业型教育分离,这在很大程度上将职业性的专业教育推向大学之外。

(二) 以培养"硕学闳材"为宗旨的教育改革及其时代局限性

在蔡元培的主导和影响下,1912年教育部将"注重道德教育,以实利教育、军国民教育辅之,更以美感教育完成其道德"③作为全国教育的指导方针。接着在《大学令》中规定:"大学以教授高深学术、养成硕学闳材、应国家需要为宗旨。"《大学令》取消原来的经科,将相关科目归入到文科,按照西方学科分类方式,将大学分为文、理、法、商、医、农、工等七科。规定大学的基本标准为:"大学以文、理二科为主。须合于下列各款之一,方得名为大学:一、文、理二科并设

---

① 高平叔:《蔡元培全集》(第四卷),第177页,中华书局,1989年版。
② 朱有瓛:《中国近代学制史料》(第三辑·下册),第24—25页,华东师范大学出版社,1992年版。
③ 璩鑫圭、唐良炎:《中国近代教育史资料汇编(学制演变)》,第651页,上海教育出版社,1991年版。

者,二、文科兼法、商二科者,三、理科兼医、农、工三科或二科一科者。"①《大学令》还规定:大学本科教育的基础上设立研究性机构即大学院,开展专门性研究工作,以提高大学的学术水平;政法、医学、药学、农学、工业、商业等专门学校需设在大学之外,但要求专门学校以教授高等学术、养成专门人才为宗旨,并设立预科和研究科。② 按此规定,新的专门学校在保留大学教育的专门性特征之外,需要与文、理基础性教育相结合。

  受其影响,民国元年立达学社创办的大同大学就以研究学术"明体达用"为宗旨,开设了文科、理科、商科、教育科。严范孙和张伯苓等筹建的南开大学设置了文科、理科、商科。③ 为培养专门、精深的"硕学闳材",时任北大校长的蔡元培"依照"德国教育的模式,以"学术分野"为原则,对北京大学的学科结构进行大幅调整。他将北京大学中文、理、商、法、工五科中的商科取消并入法科,并将工科停办并入北洋大学。1919年又将文、理、法三科科别取消,将三科下属的各学门废止并改制成系,最初改设成数学、化学、物理、地质学、中文、法律等14个系。通过改制,北大开始成为以高深学理研究为主的综合性大学。这也在很大程度上提高了文理科的学术水平。"硕学闳材"教育理念还强调知识结构的宽广性,以打破知识过度专门化的弊端,使人能够在不同的知识领域融会贯通,从而在通才教育的基础上造就更加高级的专业人才。从1919年开始,北大首先实施选科制,以满足学生的个性需要。不过,这些规定事实上超越了当时中国经济社会发展的承受能力,至1920年国内创办的公立大学也只有3所。

  民国初年,很多人对侧重学术研究和个性发展的教育改革思想提出了异议。1912年,教育家陆费逵认为:"蔡君意见并非兼采五端,而实以世界观及美感二者为教育方针也。"在他看来,教育方针应该与国家实际情况相一致,目前我国的根本问题在于如何面对贫穷、解决人的生计问题,"吾国人之习性,下等社会虽能耐劳,而知识缺乏,生活之力遂以薄弱;上等社会文弱优柔,既无耐劳之筋力,又无谋生之能力。若长此以往,恐全国皆游民皆饿殍矣"。他认为教育应以成"人"为宗旨,而成"人"的条件离不开实利主义教育方针。④ 1913年,职业教育家黄炎培也主张教育应该为人的立身处世做准备,"教育者,教之育之使

---

  ① 璩鑫圭、唐良炎:《中国近代教育史资料汇编(学制演变)》,第663页,上海教育出版社,1991年版。
  ② 璩鑫圭、唐良炎:《中国近代教育史资料汇编(学制演变)》,第662页,上海教育出版社,1991年版。
  ③ 朱有瓛:《中国近代学制史料》(第三辑·下册),第181页,华东师范大学出版社,1992年版。
  ④ 陈学恂:《中国近代教育史教学参考资料》(上册),第292—293页,人民教育出版社,1986年版。

备人生处世不可少之件而已"①。1913年,出版家、教育家庄俞认为,当前的教育规模扩大,入学人数增加,但"按之实用,相去不啻霄壤",拯救当前教育中存在的虚伪、剿袭、矜夸、敷衍等弊病"非励行实用主义不可"。②

虽然蔡元培坚持"学术分校",文理并重,要求专业教育以文理教育为基础,"鄙人初意以学为基本,术为支干,不可不求其相应",并将其思想贯穿在当时的教育法令中,但当时更多的大学和专门学校表现出了以"术"为中心的功利性取向。1918年蔡元培已认识到:"六年以来,除国立北京大学之外,其他公立、私立者,多为法、商等科。间亦兼设法科、工科,均无议及文、理二科者。足为吾国人重术而轻学之证。"③

从整体上看,辛亥革命结束了我国长期以来的封建专制统治,随着封建等级社会被推翻,人们不再受封建特权的束缚和奴役,成为相对平等和自由的社会公民。与封建专制体制所需要的御用人才不同,新的民主共和体制更需要文明、健全的国民,由此产生了以道德教育、世界观教育、美育为中心,辅之以军国民教育和实利教育的大学教育方针。以"硕学闳材"为目标的大学教育理念将大学教育从政治本位引向了个人本位和学术本位,体现了我国新兴资产阶级在政治、经济、文化方面的人才需要。但是,资本主义工商业的发展、科学技术的进步、民主政治的开展需要大量不同领域的专业人才,发展专业教育,培养实用型人才已成为当时人们对高等教育的热切期望,教育的理念将被重新引向社会价值和工具价值。

(三) 工商业发展和实用主义兴起,职业性专业教育重新获得发展机遇

第一次世界大战把19世纪被"不平等条约"所剥夺的一部分市场"归还"给了中国。战争以及战后重建扩大了对食品和原料的需求,中国开始成为初级产品的主要供应者之一,这为国内民族工业的恢复和发展带来了机遇。从1912年到1920国内现代工业的增长率达到13.5%。对外贸易值从1918年的10.4亿两白银增至1923年的16.7亿两。商业的集中和城市建设加快使城市的规模迅速壮大,上海华界人口从1910年至1920年增长了3倍。④

虽然民族资本主义工业存在诸多缺陷和不足,但第一次世界大战后中国民

---

① 朱有瓛:《中国近代学制史料》(第三辑·下册),第283页,华东师范大学出版社,1992年版。
② 朱有瓛:《中国近代学制史料》(第三辑·下册),第288—290页,华东师范大学出版社,1992年版。
③ 朱有瓛:《中国近代学制史料》(第三辑·下册),第24页,华东师范大学出版社,1992年版。
④ [美]费正清:《剑桥"中华民国"史》(上),第837—842页,中国社会科学出版社,1994年版。

族资本主义迎来了短暂的黄金时期。技术的更新和生产规模的扩大使实业界对人才的质量和数量提出了更多要求,为满足现代化生产和管理的需要,他们希望学校能够提供大量懂现代科学知识和技术的人才。民国初年,国家财政困难,为取得民间资本的青睐,学校教育不得不迎合工商业资产阶级的需要。很多学校与工商界建立了紧密联系,并以大量实用性课程招揽学生。

20世纪初期,美国政府决定退赠部分庚子赔款并用于资助中国学生留美学习,这使中国留美教育的人数迅速增加,从1909年到1929年,来自清华学堂、清华学校的各类留美学生达1600多人。赴美留学生所学专业多以理、工、商、农、医等实用性科目为主。这些留美学生归国后进入教育界的占30%以上,其中曾任大学校长的有梅贻琦(清华大学)、胡适(北京大学)、张伯苓(南开大学)、竺可桢(浙江大学)、沐顾毓(中央政大)、萨本栋(厦门大学)等。[①] 留美人员在高等教育界的聚集为我国高等教育带来了新的风格。与清末民初热衷于向日本学习的教育改革不同,1922年北洋政府所颁布新学制即《壬戌学制》就是对美国式六三三四分段法(小学六年,初中、高中各三年,大学四年)的模仿。

该时期,我国有众多留学生如胡适、蒋梦麟、陶行知、陈鹤琴、郭秉文、张伯苓等在哥伦比亚大学师从实用主义大师杜威,深受杜威教育思想的影响。他们还将杜威著作翻译介绍到中国。从1919年开始,杜威、孟禄、麦柯尔、克伯屈等美国实用主义学者先后来中国讲学,在我国教育领域掀起了实用主义思想的热潮。受此影响,我国很多学者将杜威等人的实用主义教育学说视为割除教育时弊的良药。[②] 一些教育家结合中国的国情,开始大力倡导生活教育、平民教育、实利教育等教育理念。1917年,胡适看到国内教育脱离生活实际,认为不能培养人做事的教育是一种亡国的教育。[③] 他提出忠告:"列位办学堂,尽不必问教育规程是什么,须先问这块地方上最需要的是什么……切莫注重课程完备,需要注意课程的实用。"[④]在他看来,与其讲究修身,让学生学做圣贤,不如教给他们用于谋生的一技之长。这也是资本主义经济对教育改革的要求。同时,陶行知提出教育应该顺应民众的生活需要,大力倡导"生利主义之职业教育",主张将学校教育与社会生活融为一体,使教育变得更加实用。

在知识精英的推动下,1922年11月民国政府颁布实施"新学制"即"壬戌学

---

① 马永斌、刘文渊:《留日和留美教育对中国近代教育影响的比较研究》,载《清华大学教育研究》,1997年第4期。
② 元青:《杜威的中国之行及其影响》,载《近代史研究》,2001年第2期。
③ 胡适:《胡适文存》,第一集(卷四),第10页,上海书店出版社,1989年版。
④ 胡适:《胡适文存》,第一集(卷四),第9页,上海书店出版社,1989年版。

制"。该学制以适应社会进化的需要、发挥平民教育精神、谋个性发展、重视国民经济力和生活教育等为原则,体现了民主精神和实用主义思想,为职业性专业教育的发展奠定了思想基础。

新学制将实业学校改为职业学校,保留了单科大学,明确指出,"大学校设数科或一科,均可"。该规定突破了"壬子癸丑学制"①要求大学必须设多个学科的综合性模式,使职业性专业教育重新回归大学。这为学术教育与职业教育相结合创造了条件,推动了大学数量的增加和专业教育规模的壮大。新学制规定:"因学科及地方特别情形得设专门学校,高级中学毕业生入之,修业年限三年以上,年限与大学校同者待遇亦同。"②这使专门学校开始享有与大学相同的地位。新的学制取消了大学预科制度,并将选科制推向全国。

总体上看,新学制借鉴了美国的学制形式,体现了实用主义教育思想的影响,迎合了"五四运动"之后经济社会发展的需要,基本确立了我国现代学校教育体制。③ 新的学制将高等学校分为大学、独立学院、专科学校,扩大了专业教育的主体。许美德研究指出,该学制实施后国内出现了大量高等专业学校,1917年开设基础学科和各式实用性科目的专业学院为8所,1923年则增加为35所;以医学、法律、农学、工程技术等实用性科目为主的专业学校从82所增加到98所。1917年国内大学在校生人数为23334人,1923年则增加到34880人;大学的招生人数也从3511人增加到13098人。④ 该时期的另一个显著成就是以工科专业教育为主的清华大学迅速发展成为国内著名的综合性大学。

三、国民政府时期高等教育的实用化倾向与通才教育理念的兴起

1925年7月1日,国民政府在广州正式成立。经过北伐战争、宁汉合流和张学良"改旗易帜"之后,1928年以蒋介石为首的南京国民政府在形式上统一全国,成为国内唯一合法政权。国民政府统治时期,国内政治腐败、国土沦陷、内战长期不断,政府对全国教育的管理难免出现"脱序"状态,这为一些教育家提出并践行自己的教育理念"提供"了条件。

---

① 民国初年,政府急于转变教育思想、整顿教育秩序,1912年(壬子年)至1913年(癸丑年)教育部制定并颁布了系列教育法令、规程,人们将这些内容综合起来称为《壬子癸丑学制》。
② 璩鑫圭、唐良炎:《中国近代教育史资料汇编(学制演变)》,第992页,上海教育出版社,1991年版。
③ 元青:《杜威的中国之行及其影响》,载《近代史研究》,2001年第2期。
④ [加]许美德:《中国大学1895—1995:一个文化冲突的世纪》,第71页,许洁英译,教育科学出版社,1999年版。

（一）国民政府主导下的高等教育专门化和实用化

强调大学教育的实用性和专门性是国民党教育政策的主导思想。1925年国民政府制定的教育宗旨是："以充实人民生活、扶植社会生存、发展国民生计、延续民族生命为目的。"①在此基础上，要求大学及专门教育注重实用科学，培养专门知识技能和为国家社会服务的品格。1929年国民政府颁布的《大学规程》要求大学注重实用科学的原则，应包括理学院或农工医各学院之一。同时，《大学组织法》要求大学以研究高深学术养成专门人才，为学生提供"知识技能"、"自治能力"、"生活知能"等实用性教育。1938年国民政府制定的《战时各级教育实施方案纲要》提出：三育并进；文武合一；农村需要与工业需要并重等实用主义教育方针。

国民政府成立以来，大学文科类教育由于对教学条件要求比较低，教师人员比较充裕，在大学各科中所占比例较大，这在很大程度上造成实用性专门人才的相对缺乏。根据统计，1931年全国103所院校计有187个学院，其中文法类占59%，实科类占41%，专科以上学校在校生人数共44167人，学生中文科类（文、法、商、教育、艺术）学生占74.5%，理工科类（理、工、农、医）学生占25.5%，其中文科10066人、法科16487人，分别占总数的22.8%和37.3%，其他商、教、理、工、农、医等科只占38.9%。②

20世纪30年代，不平衡的大学学科结构和难以适应国家需要的教育质量开始引起人们的关注。1931年时任教育部长朱家骅指出："大学毕业生如此之多，至于没有出路，论到真真做起事来，处处感觉到专门人才的缺乏……专门人才的缺乏，便不能不说是大学教育的失败。"③他主张向苏俄学习，对所需要的专门人才做出详细的计划。1931年蔡元培在《谈今后的教育方针》中认为产业之发达需要大学教育注重自然科学及实用科学，今后所有的教育均应以"养成职业化、增加国民生产"为目标。④ 鉴于当时战争不断、生产技术落后，很多高校毕业学生苦于工作难寻，蔡元培开始关注教育的实用性，强调"学以济用"，要培养社会所需之才。⑤ 在此背景下，发展专才教育成为发展经济、提高社会生产力和

---

① 宋恩荣、章成：《"中华民国"教育法规选编（1912—1949）》，第45页，江苏教育出版社，1990年版。
② 教育部教育年鉴编撰委员会：《第二次中国教育年鉴》（第五编），第37—38页，商务印书馆，1948年版。
③ 王聿钧、孙斌：《朱家骅先生言论集》，第125页，中央研究院近代史研究所，1977年版。
④ 高平叔：《蔡元培全集》（第六卷），第71页，中华书局，1988年版。
⑤ 高平叔：《蔡元培全集》（第六卷），第70页，中华书局，1988年版。

战斗力的重要手段。限制文法诸科教育的扩张也有助于削弱自由思想传播的基础,稳固国民党的统治地位。为此,国民党开始采取鼓励实科教育、抑制文科教育发展的教育政策。1931年教育部要求大学"以注重自然科学及实用科学为原则"①。1934年政府开始限制文法科院校的发展和招生数,要求大学文科院系的招生数量应低于理工科,从而提高自然科学和工科学生的数量。1934年国内专科以上在校生总数为41766人,文、法科共18940人,所占比例从1931年的60.1%下降为45.3%,其他各科比例上升到54.7%。至1937年文科类、理工科类学生在人数上基本持平。②

抗战爆发后,国民政府采取"战时要当平时看"的办学方针,强调实用人才培养。抗日战争时期曾任国民政府教育部长的陈立夫在《战时教育行政回忆》中提到,由于考虑到建国需要人才,战时尤其需要各种专业技术人才,教育需要应对来日的大难,因此学校数量不但不能缩减,还需要适当扩张,以便"为建国预储人才"。③为满足战争和国家建设对实用人才的需要,政府力倡"实用科学",限制文科和理科的发展,在公费、留学等待遇方面区别对待。工学院和师范学院的学生享受学膳费全免且补助一定的生活费的甲种公费;其他学生按一定比例享受乙种公费,即仅免除学膳费,无生活补助;理科学生80%可享受乙种公费,文、法、商学院学生的这一比例只有40%。④1936年专科以上学校文、法科总人数为16617人,占总在校生人数的39.6%,商、教育、理、工、农、医等学科人数为25305人,占总数的60.4%。1945年文、法科总人数为27741人,占总数的比例下降到33.2%,商、教育、理、工、农、医、师范等学科人数为55757人,占总数的比例上升为66.8%。其中,师范类学生从有记录的996人(1938年)增加到9062人,人数增长了8倍,农、商科人数增长了2倍左右。⑤

可见,为满足战争和经济社会发展对工程、教育、商业、医学等方面实用性专业人才的需要,国民政府始终坚持教育的实用性目的,利用有效的政策手段促进专业教育机构的优化和发展,为社会提供了必要的人才支持。

---

① 教育部:《第一次中国教育年鉴》,第17页,上海开明书店,1934年版。
② 教育部教育年鉴编撰委员会:《第二次中国教育年鉴》(第五编),第42—43页,商务印书馆,1948年版。
③ 陈立夫:《战时教育行政回忆》,第11页,(中国)台湾商务印书馆,1973年版。
④ 杨东平:《艰难的日出——中国现代教育的20世纪》,第99页,文汇出版社,2003年版。
⑤ 教育部教育年鉴编撰委员会:《第二次中国教育年鉴》(第五编),第37—38页,商务印书馆,1948年版。

（二）市场需求不振与通才教育理念的广泛推崇

民国时期经济停滞、政治体系四分五裂，社会动乱，自然灾害，通货膨胀，内战不断。20世纪30年代世界性经济萧条开始出现，国内白银严重贬值并大量外流，出口商品的价格暴跌，部分农产品价格跌至1930年的一半左右。20世纪30年代，国内人均国民收入约合15美元（按1933年的价格计算），在世界排名的末端。加上日寇大规模入侵、官僚资本主义对民族资本主义的大肆排挤，社会生产受到严重破坏，国内利率上涨，税负增加，企业经营困难，工人大量失业。1935年中国约1/4的工厂停工，国民经济已走向崩溃的边缘。① 由于就业机会的减少和工作不稳定性的增加使过度专门化的人才培养面临就业面狭窄、社会适应能力不强等问题。该时期很多教育家已认识到过度专门化的弊端，认为完整的人格和宽广的知识基础对专业人才的成长更为重要，他们开始努力倡导通才教育思想，主张高等教育要由博返约，拓宽知识基础，重视文、理学科教育，将专门人才培养与通才教育相结合。

1931年，时任教育部长朱家骅在《中国大学教育的现状及应行注意各点》中反对当时大学教育忽视基础性知识而强调高深专门学问的倾向。他认为大学各科系的功课应打通，使学生具备普通的常识和基本的理论，以便能够单独工作和研究。1932年，朱家骅在《九个月来教育部整理全国教育之说明》中指出，大学作为研究学术之所，必须由基础而专门，作有系统研究，而不能倒置。课程设置应加重基本课程的分量，专深之学可由学生毕业后继续求成。② 1936年任浙江大学校长的竺可桢认为，大学不只是提供现成的知识更是要培养学生获取知识、开展研究的能力，若侧重应用科学、枉顾纯粹科学、人文科学，则是谋食而不是谋道的办法。③ 1940年社会学家潘光旦指出："专门教育只有建立在良好的普通教育之上，才可避免发生流弊。"④美育家朱光潜认为，各科学术彼此相关，欲精研某一科学问通常需要其他科学问为基础，科学时代的治学，"不能'杂'即绝不能'专'，不能'专'即决不能'精'也"⑤。1940年，雷海宗在《专家与通人》中指出，做学问和事业都需要眼光远大的人才，若有广泛的学问基础，不

---

① ［美］费正清：《剑桥"中华民国"史》（上），第920页，中国社会科学出版社，1994年版。
② 王聿钧、孙斌：《朱家骅先生言论集》，第128页，中央研究院近代史研究所，1977年版。
③ 周川、黄旭：《百年之功——中国近代大学校长的教育家精神》，第439页，福建教育出版社，2005年版。
④ 杨东平：《大学精神》，第168页，辽海出版社，1999年版。
⑤ 杨东平：《大学精神》，第226页，辽海出版社，1999年版。

管工作如何专精也不至于"害精神偏枯病",若由专而博则难如登天。① 被誉为清华大学"终身校长"的梅贻琦更是通才教育的坚定倡导者。1941年他在《大学一解》中主张大学"通专虽应兼顾,而重心所寄,应在通而不在专"②。在他看来,社会生活比事业更广,"专识"只能用于特定事业,而"通识"能用于自身,应坚持通识为本、专识为末,如果通专不能兼顾,对学校来讲"通重于专","造就专才则固别有机构在"。1943年,梅贻琦在《工业化的前途与人才问题》一文中认为,任何学问都包含理论之用、技术之用、组织之用三种用途,缺乏理论则技术用之不深,缺乏组织则技术用之不广。③ 大学教育的最大目的是培养通才,专业学院也应该以通才为培养目标,而不是培养只有一种专门学术的专家或高等匠人。④ 他认为分院系学习不利于实施通才教育,对自然科学、社会科学与人文科学三大部门都有充分了解才能称得上通才。教育家任鸿隽认为,古人所说的"士先器识而后文艺"现在应该变成"先人格而后技能"。⑤ 该时期冯友兰、金岳霖、罗家伦等人都普遍认为做完整的人比学习专业知识更重要。

国民政府也是当时通才教育的重要推动者。为拓宽学生的知识领域、贯彻通才教育理念,1929年国民政府制定的《大学组织法》通过增加大学和独立学院的学科类型来提升大学教育的综合性,使学生能够接触不同的知识领域。1929年国民政府颁布的《大学规程》要求大学各学院或独立学院各科,除"党义"、国文等共同必修课目外,还要为未分系的二年级开设基本课目。此外,还要求大学各学院或独立学院各科课程采用学分制,为学生选择不同的类型的知识创造条件。

为谋求高等教育的长远健康发展,1938年7月国民参政会推出的《各级教育实施方案》要求大学"为研究高深学术培养能治学治事治人创业之通才与专才",文理法教育等学院应该"注重各项基本学问之广博研究,再由博返约,养成治学治事治人之技能"。⑥ 该方案的提出确立了大学本科教育以高深学术知识为基础、以培养通专结合的高级专业人才为主的职能定位。鉴于高校专门课程之滥设,"贪多骛高,反掩基本课程之重",国民政府于1938年制定《文理法三学院各系课程整理办法草案》,要求对课程设置制定统一标准,对必修科目作出规

---

① 雷海宗:《专家与通人》,载《教育》,2014年第17期。
② 吴剑平:《清华名师谈治学育人》,第14页,清华大学出版社,2009年版。
③ 梅贻琦:《中国人的教育》,第155—156页,中国工人出版社,2012年版。
④ 梅贻琦:《中国人的教育》,第153页,中国工人出版社,2012年版。
⑤ 杨东平:《大学精神》,第298页,辽海出版社,1999年版。
⑥ 宋恩荣、章咸:《"中华民国"教育法规选编(1912—1949)》,第68页,江苏教育出版社,1990年版。

定；注重基本训练，培养学术的广博基础；注重精要科目，对课程进行统整和集中。同时，还要求大学教育的第一学年以基本科目为主，不分学系，第二学年按学系培养，最后两年偏重与就业相关的实用科目，国文和外国文经考试达标方可毕业，毕业考试需包括各院系的重要科目，科目种类要在五种以上。① 该课程规定注重不同学科基础知识的学习，体现了专才培养与通才教育相结合的理念。

在政府推动和教育家的倡导下，通才教育理念已被广泛贯彻在当时的专业教育实践中。1925年清华学校办学伊始，学校便分为普通训练部和专门训练部，学习时间各为两年。1932年清华大学（原清华学校）教授会制定了"一年级共同必修科目"制度即一年级不分院系，第二年再选定专修学系。之后，该制度被长期保留下来。抗战期间的西南联合大学也同样采用该制度，并培养出众多学者、科学家。1935年任四川大学校长的任鸿隽为加强基本科学之练习，对其农学院进行整顿，规定一、二年级注重英文及基本科学之学习，三、四年级再作专门科学之研究。②

在这种战乱频仍、生活缺乏基本保障的年代，国民政府治下的大学能坚持通才教育，并孕育出了诸多有影响力的学者，使该阶段的大学教育被视为教育史上的奇迹。通才教育思想的提出虽然是特殊历史条件下比较务实的选择，同时也在很大程度上"消解"了教育本体价值与工具价值、个人价值与社会价值的长期矛盾。在今天，该时期的教育历史被不断追忆和美化，其教育理念、管理制度、组织形式甚至教材内容似乎成为解决当前我国教育问题的一剂良药，其通才教育思想更是我们当下所推崇的重要教育理念，对于改变我国专业教育"过窄"的现状具有重要的意义。

四、1949年以来专业教育从"职业"到"学术"的演变

（一）中华人民共和国成立初期以行业为基础的"专才"教育模式确立

我国的现代化进程是一个不断学习和借鉴西方国家发展模式的探索过程，也是不断推崇教育的工具价值和社会价值而遗忘教育的本体价值和个体价值的过程。中华人民共和国成立之后，我国建立了高度集中的计划经济体制，由

---

① 教育部教育年鉴编纂委员会：《第二次中国教育年鉴》（第5编），第495－496页，商务印书馆，1948年版。
② 党跃武：《川大记忆——校史文献选辑》（第一辑），第117－118页，四川大学出版社，2010年版。

于国际意识形态斗争和国内经济建设的需要,国家选择了"以苏为师"这一"最快最好"的发展道路,并走上了以工业化建设为核心的现代化征程。在全面向苏联学习政策的影响下,我国高等教育开始全面"移植"苏联的教育模式。

新中国建立初期,中央政府通过建立统一的财政制度、开展土地改革运动、镇压反革命、"三反"运动、"五反"运动和抗美援朝运动,初步建立了新的公共秩序,恢复了生产,有效抑制了通货膨胀,使新的政权得以巩固,国家开始转入全面建设的阶段。于是,经济建设开始被视为当时国家建设的首要、基本任务。[①] 然而,当时的中国百废待兴,人才匮乏,为建立强大的政治、经济体制,追赶发达国家的发展水平,提高社会的现代化程度,国家高度重视教育工作。早在中华人民共和国成立前夕,政协第一届会议通过的《中国人民政治协商会议共同纲领》便将提高人民的文化水平和培养国家建设人才作为教育的主要任务,要求人才培养要适应革命和建设工作的需要。[②] 1950年教育部副部长钱俊瑞明确提出为工农和生产服务是当前新民主主义教育的中心方针。[③] 他还强调高等教育改革要服从于国家建设,特别是经济建设。[④] 1950年6月教育部所召开的第一届全国高等教育会议明确指出,由于经济建设是政治、文化、国防等建设的基础,所以高等教育的首要任务是为经济建设服务,以培养高级的建设人才为目的,高等学校要在科学理论教育的基础上实行专门的科学的技术的教育。[⑤]

为满足国家建设对各类技术人才迫切需要,人才培养的专门化被认为是必要的。苏联致力于培养"现成专家"的教育模式恰好契合了我国对各类专门化人才的大量需求和急于提高现代化水平的迫切心情。于是建立高度集权的高等教育体制,在意识形态和实践领域"完全接受和模仿"苏联的模式,直接为社会主义建设服务成为当时教育工作的重点。[⑥] 1949年12月的第一次全国教育工作会议提出我国的教育要借助苏联教育建设的先进经验。1950年4月9日《人民日报》刊登了斯大林在1928年发表的《在苏联列宁共产主义青年团第八次代表大会上的演说》,该文论述了教育应培养怎样的经济建设干部:"一知半解和自诩万事通现在对我们来说是桎梏。现在我们需要金属、纺织、燃料、化

---

① 何东昌等:《中华人民共和国重要教育文献(1949—1975)》,第17—24页,海南出版社,1998年版。
② 何东昌等:《中华人民共和国重要教育文献(1949—1975)》,第1页,海南出版社,1998年版。
③ 何东昌等:《中华人民共和国重要教育文献(1949—1975)》,第1页,海南出版社,1998年版。
④ 陆有铨:《躁动的百年——20世纪的教育历程》,第838页,山东教育出版社,1997年版。
⑤ 何东昌等:《中华人民共和国重要教育文献(1949—1975)》,第26页,海南出版社,1998年版。
⑥ [加]许美德:《中国大学1895—1995:一个文化冲突的世纪》,第39页,许洁英译,教育科学出版社,1999年版。

学、农业、运输、商业、会计等等方面的布尔什维克专家。"①斯大林的教育理念被认为是适应工业化的紧急需要而做出的选择。② 1950年钱俊瑞教育部副部长指出，高等学校应该重视理论与实际相结合，以培养参加新民主主义建设的专门人才为使命。③ 1950年7月28日政务院通过的《关于实施高等学校课程改革的决定》指出："高等学校应以学系为培养专门人才的教学单位……实行适当的专门化。"④教育部在《关于各校拟定1951年度教学计划时应注意的几项原则的指示》中指出，各系科的教学计划拟定和课程编排应以培养专门人才为出发点，突出业务课程的重点，大力缩减选修课，以贯彻"适当的专门化"的原则。⑤为借鉴苏联的教育经验，我国聘请大量苏联专家来华指导教学和科研工作，1951至1958年共聘请794名苏联专家，其中理工科专家占总数的65%。⑥ 1952年秋，教育部要求大学从一年级开始"采用"苏联五年制的教育计划和教学大纲，高校随之按照苏联模式"设置"专业、教研室，编译苏联教材，1952—1956年翻译出版苏联高校教材达1393种。⑦ 大学的教学环节也以苏联经验为主，源于美国的按系招生、选课制、学分制等灵活的教育制度被取消，代之以统一化、标准化的课程内容和高度一致的讲授、课堂讨论、习题、答疑、考试等教育模式。这种以培养专门人才为目标的教育思想和人才培养模式开始主导新中国成立初期我国高等教育的发展。

为提高教育资源的利用效率，增强教育与生产实践的联系，使高校为各行业、部门提供更对口的专业人才，1952年我国对全国高等院校的布局和结构进行调整。在调整中，一些相近的系科向少数院校集中，通过拆分、合并组建成三种主要的学校类型：以文、理系科为主的综合性大学（如北京大学）、多科性工科大学（如清华大学、华中工学院）和众多的单科性专业院校（如各种师范学院、医学院）。一些集人文科学、基础科学、工程学、教育学、农学等不同学科于一体综合性大学被纷纷拆散，新成立的学校都要以高度专门化并与专门的政府部门或生产领域如农业、医疗、财政、司法、冶金、机械工程、纺织等紧密挂钩。

---

① 中共中央马克思恩格斯列宁斯大林著作编译局：《斯大林选集》（下卷），第41页，人民出版社，1979年版。
② ［美］R.麦克法夸尔、费正清：《剑桥中华人民共和国史（1949—1965）》，第206页，中国社会科学出版社，1990年版。
③ 何东昌：《中华人民共和国重要教育文献（1949—1975）》，第17—24页，海南出版社，1998年版。
④ 政务院：《关于实施高等学校课程改革的决定》，载《人民教育》，1950年第5期。
⑤ 胡建华：《现代中国大学制度的原点》，第180页，南京师范大学出版社，2001年版。
⑥ 毛礼锐、沈灌群：《中国教育通史》（第6卷），第121页，山东教育出版社，1988年版。
⑦ 杨东平：《艰难的日出——中国现代教育的20世纪》，第122页，文汇出版社，2003年版。

1953年我国普通高校的专业数量为215种,共有11个专业门类,其中涉及工科107个(占所有专业数的49.8%)、理科16个(占7.4%)、文科19个(占8.8%)、农科16个(占7.4%)、林科5个(2.3%)、医科4个(占1.9%)、师范21个(占9.9%)、财经13个(占6.1%)、政法2个(占0.9%)、体育1个(占0.5%)、艺术11个(占5.1%)。① 从中可以看出,工科类专业占据了"半壁江山",迎合了国家工业化建设的需要。1953年主修工程、科学、医药、农业的学生占总数的63%,师范院校的学生占另外的18.8%。② 为了使专业人才培养与计划经济体制相一致,国家开始按产业部门、行业乃至产品设置院、系和专业(如农机学院、坦克系、发动机专业),并将工程和科学技术等与经济建设密切联系的专业作为教育的重心。③ 本次院系调整将过去的"通才"教育模式转变为以行业为基础、以职业为导向的"专才"教育模式,使每个学校都形成自己的专门服务领域,都有明确的培养目标和办学方向,能够集中力量培养某几行国家建设需要的专才。④ 至1957年,通过院系再次调整,国内高等院校共设专业323个,其中,工科专业为183个,占专业总数的56.7%。文科、政法、财经等专业的比重逐步下降,1947年文法商科在校大学生的占比为47.6%,1952年降至22.5%,1957年仅占9.6%。⑤ 在院系调整过程中,我国高等教育领域逐步建立了以行业为基础、与计划经济体制相适应的专业教育体系,高等教育也从以前的"通才"教育模式转向了"专才"教育模式。

为确保人才培养的行业针对性,1954年高教部参考苏联大学的专业目录制定出《高等学校专业目录分类设置(草案)》。该专业目录以11个行业部门为基础划分专业门类,共分40个专业类,下设257种专业,其中属于工业部门、建筑部门、运输部门的专业共142个,占总数的55.3%,属于教育部门的文理、师范专业占总数的24.1%,其他属于财政经济部门、农业部门、艺术部门、保健部门、林业部门、法律部门、体育部门的专业数量相对较少。该专业目录的制定是以国家建设需要为根本依据,大多数专业以产品和职业为主要设置依据,只有社

---

① 《中国教育年鉴》编辑部:《中国教育年鉴(1949—1981)》,第239页,中国大百科全书出版社,1984年版。
② [美]R.麦克法夸尔、费正清:《剑桥中华人民共和国史(1949—1965)》,第208页,中国社会科学出版社,1990年版。
③ 杨东平:《艰难的日出——中国现代教育的20世纪》,第128页,文汇出版社,2003年版。
④ 曾昭抡:《高等学校的专业设置问题》,载《人民教育》,1952年第9期。
⑤ 《中国教育年鉴》编辑部:《中国教育年鉴(1949—1981)》,第239页,中国大百科全书出版社,1984年版。

会科学、自然科学类少数专业是以学科为分类依据。①"文化大革命"期间高校管理陷入瘫痪状态,专业设置没有秩序,却将实用主义原则发挥到极致,人文社会科学类专业几乎被完全取消,理科专业被改为工科,财经院校被大肆取缔,政法学校被撤销,基础理论学科被严重摧毁。专业教育领域的狭窄性被演绎至极端,很多工科院校以"用什么学什么"作为教学指导方针,强调按典型产品组织教学,人才培养要同工厂车间对口。②工厂车间成为教学的主要课堂,学习内容主要根据工程进度和生产需要来设置,大部分教学由车间师傅以师徒形式现场教授,参加体力劳动成为教育的重要过程。该时期的高等教育变成了初等教育之上的"短期速成班",虽然总体规模快速膨胀,但专业设置处于失控状态,各学科发展严重失衡。③

(二) 以行业为基础的"专才"教育所导致的问题

以行业为基础的高度专门化人才培养模式虽然能够迅速提供大量标准化的专门人才,解决五六十年代工业和国防科技领域人才短缺的燃眉之急,然而,这种以满足当下职业需要为目的功利性教育价值取向具有明显的短视效应,容易造成以下问题:

一是导致人才结构严重失衡。在院系调整中,意识形态和实用主义成为高等教育中知识"剪裁"、去留的重要标准,政治权力主导着专业的地位、布局与结构。高等教育的战略整体上呈现出"一工、二师、三农、四医"的顺序,人文社会科学和一些基础科学因无法产生直接的经济效益而被排斥。社会学、人类学、政治学中可以利用的部分被划归在劳动学院、民族学院中,而作为学科理论的完整性难以受到重视。以文理学科为主的综合性大学从1952年的49所减少至1953年的13所,以应用性人才培养为主的工科、农林、医药类院校从50所增加到92所。④可见,基础理论知识的地位被严重削弱,而应用性学科被高度重视。

社会是一个复杂的系统,需要各种各样的专业化人才。政治权力对知识的"剪裁"必然造成某些领域人才的匮乏和不足,影响社会的均衡发展和有效治理。中华人民共和国成立初期由于大力发展工科教育使工业领域取得明显进

---

① 纪宝成:《中国大学学科专业设置研究》,第31页,中国人民大学出版社,2006年版。
② 周全华:《"文化大革命"中的"教育革命"》,第201页,广东教育出版社,1999年版。
③ 阳荣威:《高等学校专业设置与调控研究》,第48页,华东师范大学博士学位论文,2006年版。
④ 《中国教育年鉴》编辑部:《中国教育年鉴(1949—1981)》,第239页,中国大百科全书出版社,1984年版。

步。但是,工业的进步无法弥补思想的狭隘保守,也无法改变社会治理中的混乱与荒谬。单纯以满足职业需要为目的的专业教育只是使人成为简单的"工具",而不是改造社会的"人"。这种"畸形"的发展状态将最终导致理性的缺失和集体无意识的状态,不能不说20世纪60年代出现的"文化大革命"在很大程度上也是这种"畸形"发展的教育所带来的恶果。

二是导致知识的系统性、完整性被破坏。我国的院校调整使基础学科保持在较小的范围内,同时与以技术应用为主的专业相分离。这种以知识类别作为划分院校的标准,人为割裂了知识的系统性和整体性,使理论与实践、基础与应用、人文与科学之间出现了难以逾越的鸿沟。而现实中的问题不是知识类型与模块的相加,尤其是在"大科学"时代,人们处理复杂问题更需要融合不同领域的知识。

在院系调整中,政府按行业部门分类组建了大批行业特色高等院校,涉及农、林、水、地、矿、油、电以及建筑、通信、化工、交通、财经、政法、艺术、体育等几乎所有重要领域。部门办学一方面容易造成行政力量过多干预和管理上的条块分割,另一方面以行业分类为基础的办学格局容易导致学科知识单一、学术视野狭窄,不利于多学科合作,堵塞了知识创新和新学科知识进入大学的路径,使科学技术失去了进一步发展的基础。

三是造成学生的知识结构单一,社会适应能力不强。在计划经济体制下,国家试图通过按计划培养和分配的方式使教育和人才得到最经济合理的使用,但这种设想忽视了人才培养的滞后性以及技术、岗位的变化,在实施中充满了困难。我国大学教育借鉴苏联的专业教育模式,大量"移植"苏联的专业设置和教学内容,并将苏联5年的学制缩短为4年。为避免学生学习负担过重并满足职业训练的需要,我国的专业教育只能以专业知识和技能为主,舍弃了一些基础知识和人文素质教育方面的内容,从而导致专业教育的内容狭隘、基础理论和人文素质薄弱。受此影响,我国大学院系下面的专业面通常比西方大学生主修的专业狭窄。这也是本科教育被视为"专科化"[①]的重要原因。事实上,准确预测各行业对人才的需求数量在现实中很难做到。这种过窄的人才培养口径在职业匹配过程中可选择的空间比较小,并不利于学生就业。同时,这种被简化的专业人才培养方式仅以满足当前的社会职业需要和解决眼前的困难为目标,被"量身定做"的毕业生难以适应职业变迁和技术更新的需要,只能充当被

---

① 别敦荣:《终结大学本科教育专科化》,载《高等教育(中国人民大学报刊资料中心)》,2001年第6期。

高度固定的"螺丝钉"。

(三) 学科中心地位的确立与专业教育的学术化倾向不断增强

改革开放之前,我国高等教育受苏联办学模式的影响,专业设置权力高度集中在国家教育主管部门,地方政府和高校在专业设置和调整方面没有决定权,市场机制则完全被排斥。随着经济社会的发展,高等教育中的专业不断细化,专业种数逐步增加,1953 年第一次专业调整后的专业种数为 215 种,到 1980 年增加到 1039 种。① 在专业对口理念的影响下,出现了以单项技术、单个产品为对象的专业设置,如拖拉机、汽车、陶瓷、铸造、锅炉、涡轮机、风机、压缩机、制冷、低温等专业。由于缺乏有效的专业管理,高校的专业目录比较混乱,专业设置随心所欲,专业名称缺乏统一和规范,专业口径越来越窄,日益呈现出"多、乱、细、杂"的局面。然而,过窄的专业口径与知识的综合化趋势、人的全面发展需要之间的矛盾日益凸显,为拓宽学生的知识视野、提高学生的社会适应能力和知识创新能力,专业设置的理念开始发生变化。

1. 学科专业目录推动专业教育从行业向学科的转变

随着中苏关系破裂和国内经济困境的出现,我国开始对全面学习苏联的政策进行反思,根据"调整、巩固、充实、提高"的发展方针,教育部对部门化和过度专门化的高等教育进行新的调整,开始关注基础理论的价值和学科的发展。1961 年中共中央颁布《高教六十条》作为高等教育调整和改革的重要依据,要求高等学校的专业设置应由国家需要、科学发展和学校条件来决定,主张专业设置不宜过多,划分不宜过窄。并要求高等学校"努力树立理论与实际统一、高度的革命性和严格的科学性统一的学风"②。该条例开始重视科学理论在实践中的影响作用,不过这些原则性要求并没有改变以政治和工业建设为重心、以行业为基础的院系和专业设置格局。

为加强对专业的统一管理,强化人才培养工作的计划性,1963 年国家计划委员会、教育部依据"宽窄并存,以宽为主"的原则制定了《高等学校通用专业目录》、《高等学校绝密和机密专业目录》,"目录"是国家正式统一制定的第一批高

---

① 《中国教育年鉴》编辑部:《中国教育年鉴(1949—1981)》,第 126 页,中国大百科全书出版社,1984 年版。

② 何东昌等:《中华人民共和国重要教育文献(1949—1975)》,第 1061 页,海南出版社,1998 年版。

等学校专业目录。① 这两个目录共设置510种专业,其中《高等学校通用专业目录》采取学科与行业部门相结合的专业分类方式,共设11个专业门类,列有专业432种(包括试办专业)。② 国家计委、教育部在专业目录制定中要求专业设置既要考虑用人单位所需的人才种类、业务范围和数量,又要考虑到学科发展的程度,成熟的学科可独立为专业,如果学科不够成熟或业务范围过窄不应过早独立成专业。③ 新的专业目录在重视专业技术人才培养的同时,也关注新兴基础学科的发展,新设置了无线电电子学、计算数学、原子核物理、放射化学等专业,标志着学科开始成为我国高校专业目录的重要分类依据,不过这种调整方式"并没有改变强化专业、淡化学科的倾向和以专业为中心的制度"。④

"文化大革命"结束后,"反智主义"思想倾向开始受到理智的"审判",人们虽然普遍认为本科阶段应以应用型人才培养为主,但已认识到基础理论和科学研究的重要性,开始注重学科建设。1977年8月8日,邓小平指出,高等院校是科研的重要力量,重点大学都要加重科研的分量,逐步增加科研的任务。⑤ 进入20世纪80年代,专业划分过细的问题更加严重,1980年的专业总数已增加到1039种(如表4—2所示)。1982年,其他时任领导指出:专业划分过细,学生知识面窄,难以适应建设工作和继续深造的需要,也不利于学生就业和工作领域的转移,这种状况必须改变。⑥

表4—2 20世纪50年代初到80年代初我国本科专业划分及数量

年份	总数	文科	理科	工科	农科	林科	医科	师范	财经	政法	体育	艺术
1953	215	19	16	107	16	5	4	21	13	2	1	11
1954	257	25	21	142	13	3	5	16	16	2	1	13
1957	323	26	21	183	18	9	7	21	12	2	2	22
1958	363	17	37	194	40		8	25	9	2	6	25
1962	627	60	79	295	48	16	11	40	25	3	9	41

---

① 郭雷振:《我国高校本科专业目录修订的演变——兼论目录对高校专业设置数量的调节》,载《现代教育科学》,2013年第2期。
② 其中,工科164种,农科26种,林科12种,卫生10种,师范17种,文科53种,理科36种,财经10种,政法2种,体育7种,艺术36种,另有试办专业59种。
③ 何东昌等:《中华人民共和国重要教育文献(1949—1975)》,第1216页,海南出版社,1998年版。
④ 万力维:《控制与分等:权力视角下的大学学科制度的理论研究》,第93页,南京师范大学博士学位论文,2005年版。
⑤ 何东昌等:《中华人民共和国重要教育文献(1976—1997)》,第1575页,海南出版社,1998年版。
⑥ 何东昌等:《中华人民共和国重要教育文献(1976—1997)》,第2052页,海南出版社,1998年版。

续表

年份	总数	文科	理科	工科	农科	林科	医科	师范	财经	政法	体育	艺术
1963	432	53	36	164	26	12	10	17	10	2	7	36
1965	601	72	55	315	37	13	11	30	21	1	6	40
1980	1039	60	158	537	60	22	29	40	54	8	8	63

资料来源:《中国教育年鉴》编辑部:《中国教育年鉴(1949—1981)》,第239页,中国大百科全书出版社,1984年版。

1982年教育部对本科阶段的工科专业目录进行重新修订,其专业划分的基本原则是按工程对象的范围或按工程技术的学科进行划分,若按工程对象的范围划分则要有明确的主干学科(或主要学科基础)。① 在该原则指导下,新的专业目录大量增加学科基础知识,拓宽学生的理论基础和知识面,以解决专业划分过细问题,从而提高教育质量,增强人才的社会适应能力。该时期,国家教育委员会逐步完成了原有本科专业目录的修订工作②,形成了以工科、理科、文科、农科、林科、医科与师范为主的专业类别。③ 本次目录修订对1980年的1039种专业进行大规模调整,拓宽了专业口径,充实和加强了一些新兴边缘学科和交叉学科,如生物医学工程与仪器、材料科学、卫生经济学、信息科学、海洋工程、分子生物学等。本次修订在很大程度上改变了专业的基础,以往工科专业要按行业、部门、产品来划分,修改后的工科专业都以一定学科为基础,这种学科开始演变为专业划分的主要依据。④ 为加强专业的学科基础,国家教育委员会于1987年发布《高等学校工科本科部分基础课课程教学基本要求目录》,明确规定了数学、物理、化学、力学、机械基础、电工类等工科专业中基础课程的参考学时数。

在经济社会发展的推动下,1993年教育部重新制定出体系较为完整的《普

---

① 《高等学校工科通用专业目录》汇总组:《关于〈高等学校工科通用专业目录〉修订工作的几点说明(提纲)》,载《高等工程教育研究》,1983年第1期。
② 1986年颁布了《普通高等学校农林、林科本科专业目录》,1987年先后颁布了《普通高等师范院校本科基本专业目录》、《全国普通高等学校医药本科专业目录》、《普通高等学校理科本科基本专业目录》、《普通高等学校社会科学本科专业目录》。
③ 其中文科107种、理科70种、工科255种、农林75种、医科57种、财经48种、政法9种,其他50种,共671种。汪晓村、鲍健强、池仁勇等:《我国大学本科专业设置与调整的历史演变和现实思考》,载《高等教育研究》,2006年第11期。
④ 汪晓村、鲍健强、池仁勇等:《我国大学本科专业设置与调整的历史演变和现实思考》,载《高等教育研究》,2006年第11期。

通高等学校本科专业目录》,该目录按 10 大学科门类将专业数量调整为 504 种。① 本次调整进一步减少专业数量,拓宽专业口径,将专业建立在学科的逻辑体系之内,突破了过去与行业、部门相对应的模式,意味着专业设置开始以学科为基本依据,成为我国大学专业设置、划分走向科学化、规范化的重要标志。②

为满足市场经济和科学技术发展的需要,1998 年教育部再一次修订本科专业目录。该目录的学科门类与 1997 年国家颁布的《授予博士、硕士学位和培养研究生的学科、专业目录》的学科门类保持一致。③ 本次修订的专业目录主要依据学科划分,专业数量由原来的 504 种减为 249 种,文学类专业所占比例增加了 5.5%,理学类专业所占比例增加了 1.1%,工学类专业所占比例减少了 7.8%,彻底改变了过去强化专业、淡化学科的倾向。新版专业目录从强调"专业对口"转向人才培养的社会适应性,要求那些按工程对象或业务对象划分的应用科技类专业要有明确的主干学科或主要学科基础。这使人才培养逐渐回归学科基础,因此开启了以知识为主导的制度模式。④

2. "厚基础,宽口径"教育理念对理论知识重要性的不断强化

专业人才培养过度专门化、工具化的弊端不断暴露并备受诟病,这在很大程度上引起人们对基础理论知识的关注。1990 年 10 月 11 日,国家教委发布的《关于深化改革高等理科教育的意见》指出本科阶段主要培养两种人才:"从事基础性科学研究和教学工作的基础性科学研究人才,这是少量的……另一种主要从事各种应用性工作的理科人才,这一种是多数。"⑤该意见希望高等理科教育所培养的专门人才德智体全面发展,具有良好科学素养,并受到基础研究或应用研究的初步训练。可见,进入 20 世纪 90 年代以来,国家开始对专门人才的理论基础进行强调,要求应用型人才具备一定的科学理论知识。1991 年国家教委召开高校文科教育改革座谈会,会议认为本科阶段应以应用性、技术性、操

---

① 其中文学 106 种、理学 55 种、工学 181 种、农学 40 种、医学 37 种、教育学 13 种、经济学 31 种、法学 19 种、哲学 9 种、历史学 13 种。

② 汪晓村、鲍健强、池仁勇等:《我国大学本科专业设置与调整的历史演变和现实思考》,载《高等教育研究》,2006 年第 11 期。

③ 本次专业目录分设哲学、经济学、法学、教育学、文学、历史学、理学、工学、农学、医学、管理学 11 个学科门类(无军事学)。下设二级类 71 个,专业 249 种,其中文学 66 种、理学 30 种、工学 70 种、农学 16 种、医学 16 种、教育学 9 种、经济学 4 种、法学 12 种、哲学 3 种、历史学 5 种、管理学 18 种(管理学科为新增)。

④ 万力维:《控制与分等:权力视角下的大学学科制度的理论研究》,第 96 页,南京师范大学博士学位论文,2005 年版。

⑤ 何东昌等:《中华人民共和国重要教育文献(1976—1997)》,第 3040 页,海南出版社,1998 年版。

作性强的应用型学科为主,并以培养应用型文科人才为先;同时,与会代表一致认为本科教育要拓宽专业口径,加强基础,增强能力培养。① 1993年国家颁布的《中国教育改革和发展纲要》提出高等教育要"加强基本知识、基础理论和基本技能的培养和训练……进一步改变专业设置偏窄的状况,拓宽专业业务范围"②。1998年国家制定的《高等教育法》明确将系统地掌握一定基础理论与知识、具有一定研究能力作为高等教育人才培养目标,使基础知识教育和促进人的全面发展上升为法律规范。

随着办学自主权的下放,高校拥有了一定自主选择的空间。为改变基础薄弱、专业口径狭隘的缺点,一些高校围绕"厚基础、宽口径"的教育理念尝试新的人才培养模式,比如通过本硕连读、主辅修结合、普通教育—专业教育—"临床"教育的一体化等新的教育模式来拓宽学生的知识视野、增强学生的知识基础。③ 1993年清华大学按照"加强基础,注重能力,开拓思维,发展特长"的理念在部分领域创办清华大学基础强化实验班,以重点培养高层次科研人员。④ 西安交通大学在1995年实行"按院(或专业大类)招生,按院管理,按专业大类培养"的教育改革,将原有的专业数量压缩近一半,在拓宽专业的基础上,淡化专业界限,高年级学生可选择专业模块课程或辅修专业学习。⑤ 在"厚基础、宽口径"理念的指导下,本科教育的重点从实践能力培养逐渐转向学科基础理论的系统学习,并最终形成重理论轻实践、重知识轻能力的学术化教育倾向。

3. 重点学科建设进一步将学科发展推向高等教育工作的中心

我国实行改革开放政策之初,为追赶世界一流大学的办学水平,提高国内专业人才的科学技术水平,政府开始集中力量积极努力重点建设部分学科。1985年中央发布的《中共中央关于教育体制改革的决定》对"文化大革命"时期否定知识、轻视教育的做法给予批评,提出要重视研究生教育,有计划地建设一批重点学科。1991年2月27日,国家教委发布《关于高等学校重点学科建设与管理的意见》,要求"八五"期间要集中力量建设好已评定的重点学科点,以便提高高层次专门人才培养质量和科学技术水平。⑥ 1991年国家制定的《国民经济

---

① 何东昌等:《中华人民共和国重要教育文献(1976—1997)》,第3206页,海南出版社,1998年版。
② 何东昌等:《中华人民共和国重要教育文献(1976—1997)》,第3471页,海南出版社,1998年版。
③ 文辅相:《我国大学的专业教育模式及其改革》,载《高等教育研究》,2000年第2期。
④ 袁德宁:《面向21世纪深化大学教学改革》,载《高等教育研究》,1998年第2期。
⑤ 康全礼:《我国大学本科教育理念与教学改革研究》,第206页,中国海洋大学出版社,2012年版。
⑥ 何东昌等:《中华人民共和国重要教育文献(1976—1997)》,第3124页,海南出版社,1998年版。

和社会发展十年规划和第八个五年计划纲要》将重点办好一批大学和一批重点学科点纳入规划之中。1994年7月，国务院决定要重点建设100所左右的高等学校和一批重点学科，争取在21世纪初有若干所高校接近或达到国际一流大学的学术水平。① 1998年12月，教育部制定的《面向21世纪教育振兴行动计划》提出要从重点学科建设入手，争取一批重点学科进入世界一流水平。② 2004年教育部制定《2003—2007年教育振兴行动计划》，决定继续实施"985工程"和"211工程"，推动高水平大学和重点学科建设。③ 2006年教育部发布《教育部关于加强国家重点学科建设的意见》，强调通过加强国家重点学科建设带动我国高等教育整体水平全面提高。④ 2010年国家推出的《国家中长期教育改革和发展规划纲要（2010—2020年）》将加快建设一流大学和一流学科作为未来十年的教育工作重点。为提升我国高等教育综合实力和国际竞争力，2015年国务院以学科建设为重点颁布了《统筹推进世界一流大学和一流学科建设总体方案》。在国家的动员下，地方政府和高校纷纷制定相应的"双一流"建设计划。"双一流"建设方案的提出将学科建设的重要性推向了顶峰。学科建设已成为重要的国家战略，学科发展水平被视为高校实力的重要证明，并成为地方政府和众多高校展开竞争的重要战场。

在专业教育的发展过程中，一些具体专业的历史对比更能彰显专业教育演变的规律。以我国某重点高校本科工程类专业教学计划中理论与实践课程比例的变化为例，可以看出我国专业教育从注重实践教学向重理论轻实践转移的发展规律。如表4—3所示，20世纪50年代第一次院系调整之后，为培养社会主义建设亟须的各类实用型人才，实践教学所占总周数/学分的比重在20%以上，而在20世纪80年代之后，实践教学所占总周数/学分的比重逐渐减少，2010年理论教学所占的比重超过了84%，这也意味着专业教育日益走向了学术化的轨道。

表4—3　某高校工程教育中理论与实践教学环节的设置情况

年　份	1952	1957	1963	1979	1985	1995	2001	2006	2010
修业年限	4	5	5	4	4	4	4	4	4

---

① 何东昌等：《中华人民共和国重要教育文献(1976—1997)》，第3661—3666页，海南出版社，1998年版。
② 何东昌等：《中华人民共和国重要教育文献(1998—2002)》，第219页，海南出版社，2003年版。
③ 何东昌等：《中华人民共和国重要教育文献(1998—2002)》，第335页，海南出版社，2003年版。
④ 何东昌等：《中华人民共和国重要教育文献(1998—2002)》，第1207页，海南出版社，2003年版。

续表

年 份	1952	1957	1963	1979	1985	1995	2001	2006	2010
在校总周数/学分	195	256	256	202	202	203	219.5	197.5	207
理论教学（周/学分）	114	144	144	133	112	114	167.5	165.5	174
实践教学（周/学分）	31	60	58	26	41	40	42	32	33
实践教学所占总在校周数/学分比（%）	15.9	23.4	22.7	12.9	20.3	19.7	19.1	16.2	15.9

资料来源陈国松：《我国重点大学本科工程教育实践教学改革研究》，第76—77页，华中科技大学博士学位论文，2012年版。

总体上看，改革开放40年来，脱离学科基础的专业教育逐步向学科领域寻找归宿，然而日益膨胀的学科理念逐渐挤占了应用型人才培养的空间。在科学技术是第一生产力的推动下，基础理论学习的重要性被不断强化，学科建设逐渐成为高等教育事业的中心，并在很大程度上超越了人才培养工作的重要性，这种发展趋势逐步转变了高等教育工作的重心，使以应用型人才培养为主要目标的专业教育走向泛学术化的道路。这也是当前我国劳动力市场人才结构失衡、高层次应用型人才相对短缺的重要原因。

第五章　当前我国专业教育存在的问题及其原因

　　一个社会的教育制度通常与整个社会机体紧密结合在一起。① 高等教育作为现代社会的中心,早已同复杂的社会系统相互交织与融合。现代高等教育"越来越游离出传统的'教育'内涵而具有高度的综合性和复杂性"②,只有借助开阔的"大教育"视野,利用系统性思维对不同的社会影响因素进行综合考虑才适合高等教育问题研究。

　　十一届三中全会之后,社会各领域开始拨乱反正,全面纠正"文革"时期的错误。教育战线作为"文革"时期的重灾区最先开始自我反思,理论界对教育的本质和规律进行重新认识,纷纷提出不同的见解。1980年,潘懋元先生在湖南大学讲学时,从教育促进人的发展和社会发展的两大基本功能出发,正式提出教育的内外部关系规律理论,其中,"外部关系"是指教育作为社会子系统与其他社会子系统之间的关系,"内部关系"指的是教育系统内诸因素的关系。之后,他在《高等教育学讲座》一书中对该理论的表述作了进一步说明。他认为:教育的外部关系规律是指教育与经济、政治、文化的关系,也可表述为"教育必须与社会发展相适应"③。具体来讲就是教育要受到外部社会经济、政治、科学文化的制约,并需要为之服务,还进一步指出教育的外部规律制约着内部规律。④

　　教育内外部关系的规律揭示了教育系统的内外部关系的整体性和教育因果关系的客观性、决定性、非线性、多向度性,抓住了教育作为"关系"存在的本质特征,昭示着"关系"是考察教育系统的认识论起点,提示我们教育内部结构的优化离不开与社会各子系统形成功能的耦合。⑤ 该规律要求我们研究教育问题时既要"就教育论教育",又要"就社会论教育"。由于该理论强调教育要接受

---

① 许美德、俞理明:《西方大学的形成及其社会根源》,载《教育研究》,1981年第12期。
② 张应强:《教育内外部关系规律及其对高等教育学学科建设的意义》,载《山东高等教育》,2015年第3期。
③ 潘懋元:《潘懋元文集》(卷一·高等教育学讲座),第38页,广东教育出版社,2010年版。
④ 潘懋元:《潘懋元文集》(卷一·高等教育学讲座),第37页,广东教育出版社,2010年版。
⑤ 李枭鹰:《高等教育内外部关系规律的元研究》,载《中国高教研究》,2016年第11期。

外部政治、经济、科学文化的制约并为之服务而被认为是一种高等教育"适应论"①,这也是高等教育政治论哲学的重要体现。由此可见,适应和服务外部社会的能力将是评价和衡量高等教育的重要标准,这为我们认识和解决当前我国专业教育领域中的问题提供了重要依据。

目前,我国经济正处在动力转换、结构调整、产业升级的关键时期。过去国内经济的高速增长主要依靠资本、资源和劳动力三方面的大量投入,而当前我国经济领域的单位投资所产生的收益越来越低,出现了"资本的边际收益递减"现象。这表明我国以资源数量投入的增加来推动经济增长的方式已难以为继,只有依靠"效率型增长"即通过提高效率来驱动经济增长才能有效解决我国现阶段经济发展的困境。2018年的《政府工作报告》明确将发展的质量和效益作为经济工作的中心。随着人口红利消失,我国生产效率的提高不得不依赖于劳动者素质的提升。2018年4月美国挑起的中美贸易战已充分暴露了我国高科技领域因缺乏核心技术而不得不受制于人的窘境。这也进一步说明我国高等教育以经济社会发展需求为导向、培养各类优秀专业人才的重要性和紧迫性。

高等教育是国家发展水平的标志,也是建设社会主义现代化强国的基础和保证,而目前我国高校的人才培养与经济社会发展的需要还有一定差距。我国高等教育扩招以来,高校培养出了大量高学历人才,然而,随着大学生数量增加和产业结构优化升级,劳动力市场中"用工荒"与大学生"就业难"的矛盾愈演愈烈。高等教育领域"学非所用"、"用非所学"的问题已成为社会关注的焦点。从2017年第四季度中国人力资源市场信息监测中心对国内95个城市的公共就业服务机构市场供求信息的统计分析可以看出,近年来就业市场对人才的需求在总体上略大于供给。2017年底的岗位空缺与求职人数的比率约为1.22,其中高级技能人员、高级工程师、高级技师岗位空缺与求职人数的比率分别达到了2.18、1.97、1.93。目前,53.4%的市场用人需求要求劳动者具备一定的技术等级或专业技术职称。② 然而,大学生自身素质、技能与劳动力市场的需求仍存在较大差距。《kelly service 全球雇员指数报告》显示,中国有92%的企业核心竞争力受到劳动力数量和能力短缺的影响,其中,劳动力的能力问题最为突出。③

---

① 展立新、陈学飞:《理性的视角:走出高等教育"适应论"的历史误区》,载《北京大学教育评论》,2013年第1期。

② 中国人力资源市场信息监测中心:《2017年第四季度部分城市公共就业服务机构市场供求状况分析》。http://www.chinajob.gov.cn/EmploymentServices/content/2018-02/08/content_1386948.htm,2018-03-15。

③ 郭晋晖:《中国劳动力5年减少2000万 2050年或降到7亿左右》。http://news.china.com/domestic/945/20161121/23908904.html,2017-09-12。

一些研究组织对我国高等教育的人才培养工作进行了长期跟踪调查,也在很大程度上揭示了我国高等教育尤其是本科教育与实际需要结合不够紧密、学生实践能力不强的问题。麦可思参考美国 SCANS 标准,将 35 项基本工作能力划归为理解与交流能力、科学思维能力、管理能力、应用分析能力和动手能力 5 大类型,其调查显示,我国 2013—2015 届大学本科毕业生毕业时掌握的基本工作能力水平为 54% 左右,被认为大幅低于工作岗位要求的水平。[1] 根据麦可思的调查,我国 2014 届、2015 届本科毕业生在回答"母校教学需要改进的地方"这一问题时,排在前三位的依次是"实习和实践环节不够"(68%、68%)、"无法调动学生学习兴趣"(48%、46%)、"课程内容不实用或陈旧"(41%、39%),其次是"课堂上让学生参与不够"、"课程考核方式不合理"等。[2] 教育部原副部长林蕙青也指出:我国还不是高等教育强国,"大而不强"的问题十分突出,尤其表现在人才培养方面。一些学校包括高水平大学还存在着较大差距,主要表现在办学理念、专业设置、人才培养机制等不同程度地脱离社会实际、脱离时代发展;教学内容、教学方法和评价方式相对陈旧单一;实验、实习、实训环节相对薄弱;学生的社会责任感、创新精神、实践能力仍有待增强。[3] 2016 年,教育部高等教育教学评估中心发布的《中国高等教育质量报告》显示,中国高等教育与世界高等教育强国相比还存在不少问题,主要表现为"四不够、一不高":学科专业设置优化不够;创新人才培养力度不够;高水平教师和创新团队不够;质量意识和质量文化不够;就业与所学专业相关性不高。[4] 可见,我国本科阶段的专业人才培养与市场需要还存在较大差距,服务于经济社会发展的能力和水平还有待提高。这也意味着我国的专业教育在教育理念、内容、方法手段等方面在一定程度上"偏离"了经济社会发展的需要。从高等教育发展的内外部关系规律来看,我国专业教育还存在以下突出问题。

---

[1] 麦可思研究院:《2016 年中国本科生就业报告》,第 183 页,社会科学文献出版社,2016 年版。
[2] 麦可思研究院:《2016 年中国本科生就业报告》,第 175 页,社会科学文献出版社,2016 年版。
[3] 林蕙青:《一流大学要办好一流本科教育》,载《光明日报》,2016 年 5 月 17 日第 13 版。
[4] 教育部高等教育教学评估中心:《中国高等教育质量报告》。https://wenku.baidu.com/view/886d510cbb4cf7ec4bfed022.html,2017-4-9。

一、我国专业教育存在的主要问题

(一) 专业教育陷入泛学术化的误区

为改变计划经济时代高校专业划分过细、口径过窄的弊端,我国从20世纪80年代开始的高等教育改革主要致力于减少专业数量、加强理论基础教育、拓宽专业口径,将狭义的职业指向性专业课程改成广义的学科指向性大类课程。[①]在该理念的推动下,我国本科院校开始侧重于科学理论教育,从人才培养目标到教学理念、教学内容、教学手段、教学方法、考核评价方式都具有浓厚的学术情结。传统的学术观念强调客观性和唯理性,讲究学术的可评价性和内部逻辑性,将学科的内部逻辑发展视为学科发展的最高境界。[②]这使专业教育长期囿于单一的学科体系之内,排斥外部因素对学术活动的影响。目前,我国高校的专业都建立在学科体系之内,课程设计也以学科体系为依据,按照学科的逻辑和结构进行设置和编排,强调理论演绎的系统性和完整性。教学也侧重于原理性和解释性知识的传授,在评价过程中通常以客观知识的再现为主,重视对知识的记忆和重复能力,不断强化学生的理论基础和知识积累。社会服务是高等教育的重要职能,然而以学术为中心的教学体系割裂了知识与应用、理论和实践之间的关系,忽视职业发展需要和实践能力的形成,必然造成人才供给与需求的结构性错位。从当前进入中国工程院、中国教育部联合实施的"工程教育改革"试点和教育部"卓越工程师教育培养计划"首批试点大学的课程设计来看,自然科学知识、基础理论知识受到普遍重视,而部分学校在工程教育中设置的实践教学环节学分不到总学分的15%,甚至低于10%,在人才培养目标、预期学习结果、课程结构、学习经验与评价等环节与工程实践的契合度均不高,也无法体现"工程师"的能力特质。[③]在清华大学、华中科技大学等10所国内著名大学的"电气工程"专业的课程体系中,通识与公共基础课程的平均学分占总学分的32.2%,学科大类课程的平均学分占总学分的31.7%,专业课程平均学分占总学分的19.8%,实践教学环节的平均学分占总学分的16.4%,远低于电气

[①] 黄福涛:《高等学校专业教育:历史与比较的视角》,载《清华大学教育研究》,2016年第2期。
[②] 郭思乐:《论大学学术观念的更新》,载《教育研究》,1998第11期。
[③] 崔军:《课程设计视角下高等工程教育课程现状——基于我国6所大学的案例分析》,载《高等理科教育》,2015年第1期。

类专业教学国家质量标准所规定的实践课学分不少于20%的标准。① 各高校在专业教育的课程设计方面不约而同强调了理论教学的中心地位,弱化了实践的重要性。据统计,我国2015届本科毕业生工作与专业相关度仅为69%。② 这也意味教育供给与需求存在严重的脱节。麦肯锡全球研究机构也曾发布《应对中国隐现的人才短缺》研究报告,指出在中国庞大的大学毕业生群体中,极少有人具备从事服务业(尤其是知识型服务业、生产性服务业等)的必备技能,一些工程类大学毕业生只懂过时的理论,缺乏实际操作能力。③

总体而言,我国的专业教育由于受到"知识本位"教育理念的影响,学术化倾向比较严重,在一定程度上遮蔽了高等教育的社会服务职能。由于高校对科学知识的转化与应用缺乏足够的重视,大量毕业生在知识和能力方面难以适应经济社会高质量发展对大量应用型专业人才的需要。

(二) 专业教育的层级结构不合理

教育是民族复兴的基础工程,我国追赶世界先进水平,建设社会主义现代强国,必须具备先进的教育水平与合理的层次结构。改革开放以来,我国高等教育的数量、规模和质量均取得了突飞猛进的发展,为社会培养了大量不同类型的高层次人才,但从专业教育的层次结构和规模来看,我国高等教育与世界高等教育强国仍存在较大差别,与我国经济社会发展的需要还有一定差距。

表5-1 我国授予学士、硕士、博士学位数量的变化

学位等级	1997年	2007年	2017年
学士	829070	1995944	3841839
硕士	39114	270375	520013
博士	7319	41464	58032
三者间的比例	1:0.05:0.01	1:0.14:0.02	1:0.14:0.02

资料来源中华人民共和国教育部:《教育统计数据》。http://www.moe.gov.cn/s78/A03/moe_560/moe_569/,2018-11-16.

近年来,我国硕士研究生的数量取得了较快增长,授予学位的人数从1997年的39114人,到2017年增长为520013人,年均增加61.5%。学士与硕士学

---

① 白逸仙、柳长安、艾欣等:《工程教育改革背景下传统工科专业的挑战与应对——基于十校"电气工程及其自动化"培养方案的实证调查》,载《高等工程教育研究》,2018年第3期。
② 麦可思研究院:《2016年中国本科生就业报告》,第97页,社会科学文献出版社,2016年版。
③ 邹晓东等:《科学与工程教育创新:战略、模式与对策》,第19页,科学出版社,2010年版。

位数量的比例从1997年的1∶0.05增加到2017年的1∶0.14。然而,从学历层次的结构来看,我国硕士、博士层次的教育规模仍然比较小,硕士、博士学位数量在高校学位总数中所占比例明显偏低。2013—2014年美国学士、硕士、博士学位授予数量的比例为1∶0.40∶0.09,①而2017年我国所授予的学士、硕士、博士学位数量的比例仅为1∶0.14∶0.02。除此之外,我国高层次专业学位所占的比例更是明显偏低。2017年我国授予的专业硕士为235357人,学术硕士为284656人,专业硕士占45.3%;专业博士学位为2209人,仅占博士学位总数的3.8%。而同期美国高校的专业硕士、专业博士分别占其硕士、博士学位总数的80%、60%以上。② 其具体情况见表5—1。

表5—2 我国部分学科三级学位授予数量的变化及不同学位间的比例关系

专业及层次		学士	硕士	博士	学位比例
工学	1997年	175439	16954	2964	1∶0.10∶0.02
	2007年	633744	100142	14479	1∶0.16∶0.02
	2017年	1247808	178056	20492	1∶0.14∶0.02
经济学	1997年	50134	4574	414	1∶0.09∶0.01
	2007年	126807	15090	2149	1∶0.12∶0.02
	2017年	230543	25636	2152	1∶0.11∶0.01
法学	1997年	12471	2024	234	1∶0.16∶0.02
	2007年	105964	20685	1871	1∶0.20∶0.02
	2017年	139048	37914	2823	1∶0.27∶0.02
医学	1997年	31547	3943	943	1∶0.12∶0.03
	2007年	122815	26546	5907	1∶0.22∶0.05
	2017年	261636	57302	9567	1∶0.22∶0.04
农学	1997年	16559	1442	346	1∶0.09∶0.02
	2007年	43270	9394	1903	1∶0.22∶0.04
	2017年	66641	18116	2654	1∶0.27∶0.04
管理学	2007年	303413	32067	3097	1∶0.11∶0.01
	2017年	741061	73007	3140	1∶0.10∶0.004
教育学	1997年	13751	808	91	1∶0.06∶0.01
	2007年	72408	9033	821	1∶0.12∶0.01
	2017年	141863	32904	1028	1∶0.23∶0.01

资料来源中华人民共和国教育部:《教育统计数据》。http://www.moe.gov.cn/s78/A03/moe_560/moe_569/,2018—11—16。

为满足经济社会发展需要,我国以培养应用型专业人才为主的教育其层次

---

① 美国国家教育统计中心. https://nces.ed.gov/ipeds/,2018—1—30。
② 美国国家教育统计中心. https://nces.ed.gov/ipeds/,2018—1—30。

也在不断提升,硕士层次的学位比例有了显著提高,博士学位所占的比例没有明显变化。其中,工学领域授予学士、硕士、博士学位比例在1997年为1∶0.10∶0.02,2017年变为1∶0.14∶0.02;法学1997年为1∶0.16∶0.02,2017年变为1∶0.27∶0.02;医学1997年为1∶0.12∶0.03,2017年变为1∶0.22∶0.04;农学和教育学1997年为1∶0.09∶0.02、1∶0.06∶0.01,2017年分别变为1∶0.27∶0.04、1∶0.23∶0.01。从各层次的比例结构来看,在应用型专业人才培养方面,本科教育仍是我国专业教育的主体,相关专业领域中的硕士学位人数均未达到本科人数的1/3。其具体情况见表5－2。在美国,硕士层次的专业学位占该层次学位总数的80%以上,部分专业在硕士阶段的学生数量远远超过了本科阶段。2013—2014年美国医学及相关专业所授予的学士学位与硕士学位人数比为1∶0.49,工程类专业的比例为1∶0.43,而社会工作、教育学领域的学士与硕士比达到了1∶1.33和1∶1.56。[①] 美国高等教育与市场保持着紧密的联系,其专业教育的层次结构和规模也是其经济发展水平和产业结构的直接反映。[②] 有研究者统计,美国除了11种第一专业学位,至少有专业学士学位41种、专业硕士学位112种、专业博士学位56种,专业学位在硕士层次已占据主导地位。[③] 目前,我国的产业结构出现了较大调整,第三产业已成为国民经济的主要支柱,从2015年开始我国第三产业的增加值占国内生产总值的比重已经超过50%,2017年达到51.6%。[④] 在信息技术的推动下,我国经济正在从低附加值转向高附加值、粗放型向集约型转型升级,新技术、新产业和新的业态需要各类以高深理论为基础的应用型、创新型专业人才。然而,我国高校过于偏重学术人才培养,学位类型也以学术型学位为主,本科阶段的专业学位只有建筑学一种;硕士阶段的专业学位有工程、工商管理、临床医学、教育、法律等39种,其中工程硕士占约1/3,与第三产业发展、城镇化建设相关的公共管理、社会服务等专业的规模较小;专业博士仅有工程、教育、临床医学、口腔医学、兽医等5种,其中临床医学占约80%。[⑤] 可见,与高等教育强国相比,我国专业学位的类型和数量均比较少,结构与产业发展不够协调,层次偏低,难以适应经济社会发展对各类专业人才的

---

① 美国国家教育统计中心. https://nces.ed.gov/ipeds/,2018-1-30.
② 胡莉芳:《美国专业学位研究生教育结构及其发展趋势研究(1971—2012年)》,载《清华大学教育研究》,2016年第5期。
③ 张秀峰、高益民:《美国专业学位教育体系结构及其专业性特征》,载《现代教育管理》,2014年第5期。
④ 国家统计局:《中华人民共和国2017年国民经济和社会发展统计公报》。http://www.stats.gov.cn/tjsj/zxfb/201802/t20180228_1585631.html,2018-11-10.
⑤ 胡莉芳:《美国专业学位研究生教育结构及其发展趋势研究(1971—2012年)》,载《清华大学教育研究》,2016年第5期。

大量需要。

随着社会分工的深入发展和技术复杂化程度的提高,社会职业日益依赖于高深的知识基础和专门化的教育训练,越来越多的职业需要从业者具备更高程度的教育水平。而我国的专业教育在层次、类型、规模和结构等方面与发达国家存在一些差距,这必将影响高端应用型人才的供应,不利于我国经济发展质量和效益的提升,"延缓"社会生产、建设、服务、管理等领域的现代化进程。

(三) 专业教育过于狭隘和功利化

专业教育作为一种专门化的教育,是在知识分门别类基础之上所开展的具有高度针对性的教育。人们对知识领域的划分虽然能够适应社会分工精细化、专门化的发展趋势,便于形成规范化的学术生活方式[1],然而,在此基础上开展的专业教育是对整体性知识的分割与重新组合。这些经过剪裁、筛选的专业知识破坏了知识的完整性,割裂了知识与现实事务之间的联系。这种不完整的知识图式在很大程度上限制了个人无限发展的可能性。从组织上来看,我国高校借鉴了国外以系科为基础的专业教育组织形式,该组织形式顺应了知识分化和社会分工的趋势,有助于知识的深入发展和系统化学习,另一方面却构筑起坚实的"知识壁垒",阻隔不同类型知识间的对话和融合。院系下面的专业是我国的基本教学组织形式和人才培养单位,也是相对独立的自我运行系统。以专业为单位的"学术部落"普遍具有强烈的学科领地和边界意识。这种边界意识和规范意识难免陷入"画地为牢"的窘境,使内部成员在教学和科研方面循规蹈矩,不敢越雷池一步。学术团体为了维护自己的"领地",认为专业内的学习才具有"合法性",而专业外的学习被视为"不合法"或"边缘性"行为。[2] 在我国的院系组织结构中,师生、课程和相关教学资源都依附于相对封闭的专业,由于缺乏相关的流动和共享机制,跨院系、专业的学习、教学和研究活动受到重重阻隔,特定学科和专业的边界也就成了认知和成长的边界。

教育通过对知识的选择来塑造不同类型的人,而这种选择通常具有一定的价值倾向性。在"适应论"、"工具论"等外部因素的制约下,我国的专业教育难免对知识进行不同等级的划分,并以知识的有用性取代个人全面发展的合理性,从以往强调专业对口、培养"现成的专家"到当前的"学术至上",总是以"点"代"面",过于偏重某一个方面而忽视事物的整体性、平衡性、差异性。这使我国

---

[1] 王伟廉:《高等学校学科、专业划分与授权问题探讨》,载《高等教育研究》,2000年第3期。
[2] 王玲:《美国通识教育与专业教育之间关系的历史演变及其制度成因》,载《济南大学学报》(社会科学版),2010年第5期。

本科教育出现了严重的"四过"①问题,高等教育的个人价值始终没有被重视。为优化专业人才的知识结构、促进人的全面发展,国内曾掀起了文化素质教育浪潮,近年来又开始以不同形式践行通识教育理念,然而在外部效用原则的支配下,我国专业教育的狭隘性、功利性问题并没有被消解。从清华大学、华中科技大学、西安交通大学、浙江大学等国内10所在电气工程专业教育排名靠前的高校来看,在其近年制定的电气工程及其自动化专业本科专业人才培养方案中,"新工科"人才所需要的"跨学科交叉融合"、"环境和可持续发展"、"工程领导力"、"工程思维"、"批判思维"、"家国情怀"等核心素养在各学校的专业人才培养规格中出现频率较低,没有一所学校明确提出培养学生的"跨界整合能力"。受政策因素的影响,外语、计算机、体育、思政等公共基础课程约占各校通识课程的70%,真正的通识课程又因缺乏整体性的设计而成为不同学科知识的简单拼凑,学生很难形成跨学科的整体性知识体系并有效解决复杂性的工程问题。②

当前,就业被认为是民生之本,解决大学毕业生的就业问题成为维护社会稳定,促进社会和谐发展的现实需要。从2004年开始,为解决我国高等教育"扩招效应"所带来的"就业难"问题,教育部将"以就业为导向"作为职业教育的指导方针,要求职业院校主动适应经济和社会发展的需要。③ 在就业压力的影响下,我国大学教育的理念也出现了庸俗的实用主义和短期的功利主义倾向。为解决日益突出的人才供需结构性矛盾,"以就业为导向"的教育理念从职业教育领域开始向普通高等教育延伸。2014年教育部开始倡导和推动部分本科院校直接为区域发展和产业振兴服务,将人才培养和就业需求无缝对接。受外部压力的影响,"以就业为导向"的教育大有被改造为"就业教育"之势。高校在人才培养中普遍以工程师、医生、律师、教师等职业角色为目标,学校对"制器"的功利性追求开始取代"育人"的本体功能。为使学生获得就业"通行证",具有短期效应的就业技巧和职业资格考试标准被高度重视,内涵丰富的素质教育退化为单一的技艺传承,复杂的教育活动被简化为技能培训。受此影响,教育的全

---

① "过弱的文化陶冶,过窄的专业教育,过重的功利导向,过强的共性制约。"参见文辅相:《文化素质教育应确立全人教育理念》,载《高等教育研究》,2002年第1期。
② 白逸仙、柳长安、艾欣等:《工程教育改革背景下传统工科专业的挑战与应对——基于十校"电气工程及其自动化"培养方案的实证调查》,载《高等工程教育研究》,2018年第3期。
③ 周济:《以服务为宗旨以就业为导向 实现职业教育快速健康持续发展——教育部部长周济在全国职业教育工作会议上的报告》,载《职业技术教育》,2004年第18期。

面性被肢解,人的个性需要被抛弃,个体的社会化也被严重窄化。① 然而,受发展潜力的制约,个人对单一工作的刻板适应和行为模式的过度专门化反而容易使自己成为既定环境的工具,难以与时俱进,适应新的环境变化。

概言之,专业教育的狭隘与功利是对知识、教育和人的分解,是以狭隘的职业需要代替全面发展的使命,以牺牲知识的广度来换取专业的深度,严重削弱了教育的育人功能,将丰富的"成人"教育简单化为干瘪的"成才"教育。这种缺乏完整性的教育形式必然面临走向畸形的风险。②

(四) 专业教育的同质化现象比较突出

我国采用的是国家学位制度,高校相同专业的毕业生都授予相同的学位证和毕业证。这种由学科专业目录决定的统一化证书无法证明学校教学内容和学生选择课程的差异,容易掩盖各高校特色、优势和知识结构的差异。在信息不对称的情况下,市场对办学水平、人才培养质量的判断只能依靠院校的级别、规模、社会影响力。该识别标准助长了学校要不断攀高,追求一流、重点、研究型、综合型、硕士博士学位授予点等"名分"。我国高校受到政府和市场双重体制的制约,在政府主导和市场压力双重因素的影响下,学校必须在两个"战场"同时取胜才能使自身的利益最大化并吸引更多资源。在此背景下,扩大规模、提升办学层次、广设热门专业成为众多高校的共同选择。有研究显示,从1999年以来改过校名的占本科院校总数的64.3%③,其中很多行业性院校、单科性院校要甩掉自己特色和传统,向综合性研究型大学迈进,更改校名已成为众多高校走向同质化办学一个新起点。为追求"高大上"的形象,迎合大众心里的需要,一些粮食、纺织、煤炭、石油甚至医学等行业性院校纷纷改为城市、工程、科技等时髦名称,或者更名为与江河湖海山或地域相关的校名。这种高度一致的命名方式湮没了学校的个性,无法凸显学校的办学特色,也难以指导高校的个性化发展。一些高校在综合化办学的进程中也完成了去行业化的过程,致使传统的优势专业、特色专业被弱化和边缘化。在具体的专业人才培养方面,我国高校在专业人才培养目标、课程选择、评价标准等方面普遍具有统一性、一致性

---

① 杨光海:《学校教育角色化:实质、后果及其消解——学校教育现实功能问题反思》,载《现代教育管理》,2010年第11期。
② 贾永堂:《21世纪我国重点理工大学人才培养目标与模式的思考》,载《有色金属高教研究》,1999年第4期。
③ 杨林玉、贾永堂、肖家杰:《大众化以来我国高校大面积更名现象研究——基于双轨制的视角》,载《高等工程教育研究》,2016年第3期。

的特点,学生缺乏差异化发展的组织和制度基础。以工程教育为例,清华大学、华中科技大学、西安交通大学、浙江大学等 10 所高校的电气工程及其自动化本科专业人才培养方案普遍强调实践能力、研发设计能力、问题分析能力、自主终身学习能力、人际沟通与团队合作等能力,而缺少对人才培养目标多样化、个性化的强调,与"新工科"教育的理念具有较大差距。[1]

为广揽生源,一些"热门"专业受到高校的一致追捧。有机构对全国"应用技术大学(学院)联盟"中 34 所院校的专业设置进行研究,结果发现其中有 94.1%(32 所)、76.5%(26 所)的学校分别开设了英语、计算机科学与技术专业。[2] 这种罔顾学校历史和发展基础,追求全面发展、多点开花的教育策略容易使学校精力分散,特色专业的优势难以延续,新增专业难免沦为竞争中的弱势群体,最终将形成"千校一面"、品牌特色不鲜明、集体平庸的局面。这种盲目的专业设置也将直接导致部分"热门"专业人才过剩,受"挤出效应"影响的大量学生难以找到专业对口的工作,这也意味着教育资源的巨大浪费。

二、影响我国专业教育发展的主要因素

(一)"重学轻术"思想对专业教育的影响

为改变我国应用型专业人才短缺的现状,国家已将应用型教育作为一种专门教育类型嵌入当前的高等教育体系,然而应用型教育的价值在"重学轻术"传统观念的影响下被严重矮化、窄化,应用型大学的身份和地位难以获得社会和教育界的广泛认同。[3] 我国高等教育长期以学术教育为主导,拒斥应用型专业教育,与我国"重学轻术"的传统思想有密切的关系。

在儒家思想的影响下,我国逐渐形成了"重学轻术"、"重士轻工"的文化传统。孔子主张:"君子谋道不谋食。"(《论语·卫灵公》)孟子坚持:"劳心者治人,劳力者治于人;治于人者食人,治人者食于人:天下之通义也。"(《孟子·滕文公上》)。在"圣人之道"的指引下,文人士大夫普遍鄙视专业技能,而将"劳心者治

---

[1] 白逸仙、柳长安、艾欣等:《工程教育改革背景下传统工科专业的挑战与应对——基于十校"电气工程及其自动化"培养方案的实证调查》,载《高等工程教育研究》,2018 年第 3 期。
[2] 王志军:《就业质量视域下高校专业设置问题及其审视——基于"应用技术大学(学院)联盟"中 34 所院校的分析》,载《黑龙江高教研究》,2014 年第 4 期。
[3] 张应强:《转观念、转标准、转体制——实现地方本科高校转型发展》,载《人民日报》,2016 年 10 月 21 日第 7 版。

人"奉为圭臬,企图通过寒窗苦读而金榜题名,成为"人上人"。这种以社会分工为基础的等级观念使整个社会对体力劳动充满了偏见。

儒家思想重视以伦理道德为基础的个人全面发展,反对个人发展的过度专门化、实用化。马克斯·韦伯在《儒教与道教》中将"君子不器"视为儒家的标志性思想,体现了儒家"拒斥专门人材"的主张。① 美国著名汉学家约瑟夫·R.列文森(Joseph R. Levenson)认为,中国社会在"君子不器"观念的影响下形成了浓厚的"业余主义"思想,文人追求的是非专业化的职业。② 我国历史上,儒家一贯视农、医、卜等专门性职业视为"小道",《论语·子张篇》中记载:"子夏曰:'虽小道,必要可观者焉,致远恐泥,是以君子不为也。"宋朱熹的解释为:"小道,如农圃医卜之属。泥,不通也。"针对孔子所说的"君子不器"(《论语·为政》),朱熹在《论语集注》中解释为:"器者,各适其用而不能相通。成德之士,体无不具,故用无不周,非特为一才一艺而已。"意思是若要当君子,就不应该像器皿那样只满足于一项具体的技艺和用途,而要多才多艺,无所不能。《礼记·学记》有言:"君子大德不言,大道不器,大信不约,大时不齐。"孔颖达理解为:"器各施其用",而圣人之道在于"弘大"和"无所不施",所以"不器"实为"诸器之本"。以此来看,《礼记·学记》主张教育应该将人培养成通才式的人,而不能局限于特定的职业或技术。韩愈在《师说》中也提到"巫医乐师百工之人,君子不齿"的观念,说明当时社会对专业技术人员的普遍歧视。以儒家的思想标准来看,欧洲式的专业教育实属误人子弟,教育目的俗不可耐,难以做出好事。③

受传统重学问和科学以及轻视技术、鄙视劳动这一文化观念的影响,国内通常将大学视为开展学术教育的机构,目的是把学生培养成科学家、学者、研究人员等学术工作者,强调教育要为学术研究或升学做理论上的准备。这种思想排斥了教育的职业性目标,制约着我国高等教育的类型分化和科学定位,造成了高等教育与真实生活和社会需求之间的巨大鸿沟。④ 这也是我国应用型专业教育社会地位不高、长期不受重视、发展相对滞后的深层原因。

---

① [德]马克斯·韦伯:《儒教与道教》,第209—210页,王容芬译,商务印书馆,1999年版。
② [美]约瑟夫·R.列文森:《儒教中国及其现代命运》,第16—17页,郑大华等译,中国社会科学出版社,2000年版。
③ [德]马克斯·韦伯:《儒教与道教》,第210—211页,王容芬译,商务印书馆,1999年版。
④ 董秀华:《专业认证:高等教育质量保障的重要方法》,载《复旦教育论坛》,2008年第6期。

（二）制度环境对专业教育的影响

1. 教育类型划分不明确导致专业教育（狭义）的特殊性被抹杀

近年来，我国高等教育的学术化倾向和同质化现象比较严重，在很大程度上造成了大学毕业生就业困难，这使高等教育尤其是本科教育的定位与分类发展成为重要的时代命题。马丁·特罗（Martin Trow）认为精英高等教育高度统一，大学具有共同的标准，而大众化高等教育阶段入学人数的增加意味着学生的出身、经历、兴趣、志向、求学动机更加多样化，高等教育应该以多样性的标准反映学生的多样性。[①] 而我国本科阶段的高等教育长期"缺乏"明确的类型定位，教育管理部门和理论界对本科教育的类型划分莫衷一是、缺乏统一的标准，无法有效引导高校准确定位、差异化发展。

我国采用国家学位制度，本科教育阶段的专业没有明确的学术学位和专业学位之分（建筑学除外），本科层次的不同院校对相同专业授予同样的学位、学历证书。一纸相同的文凭抹杀了个性之间的差异，难以体现技术应用型、学术研究型等不同教育类型的特点，对高校的差别化办学缺乏引导作用。有研究者对我国不同层次类型的高校进行课程设置取向方面分应用性、基础性、广深性三个维度进行调查，通过对 36000 多份反馈结果的因子分析显示：我国研究型大学（包括"985"院校和"211"院校）在应用性取向的平均分值为负，在广深性、基础性方面的数值均为正；高职院校和民办本科院校在广深性、基础性方面的数值均为负，在应用性方面为正；而教学型本科院校（地方本科院校）的课程设置在应用性、广深性以及基础性方面的去向均为负值。这说明研究型大学开始突破学科知识的限制，向知识的广博性、基础性、前沿性发展；民办院校和高职院校在课程体系中更注重与职业岗位相结合，向学生传递实践应用方面的知识；而教学型地方本科院校没有明确的办学定位，在实践应用和理论教学等方面都没有明显的优势，其办学特色不明显、人才培养类型不突出。[②] 可见，现有的教育分类方式并没有起到使高校准确定位、各安其位的作用。

人们对"专业"理解的偏差也在很大程度上抹杀了专业教育的职业属性，使其等同于学科知识的教育。我国高校的专业设置虽然是依据社会分工和知识分类来划分的，但我们把专业视为专门学业并依附于某一学科，人才培养方案、

[①] 马丁·特罗：《从精英向大众高等教育转变中的问题》，载《外国高等教育资料》，1999 年第 1 期。
[②] 鲍威：《未完成的转型：高等教育影响力与学生发展》，第 221—227 页，教育科学出版社，2014 年版。

课程体系、评价方式都是以学科为中心,形成了以学科为本位的人才培养体系。该认识混淆了学术教育与专业教育(狭义)作为不同类型教育的区别,致使以应用型人才培养为主要目标的专业教育在实践中被"学术中心主义"思想所同化。

2. 追赶型发展模式对高等教育学术研究功能的强化

作为一个基础薄弱、历史落后的后发外生型国家,为摆脱落后就要挨打的历史,追赶并超越先进国家的发展水平,在很长时间内我国的现代化征程成为追赶西方先进国家步伐的过程。国家治理资源的贫弱是决定国家治理方式与治理能力的重要因素。① 在我国,相对稀缺的社会资源总量与庞大的社会需求长期存在一定的紧张关系,为抓住主要矛盾,解决关键性问题,我国经济、科技、教育等领域纷纷以"重点建设"为核心来"对标和模仿"西方先进模式。中华人民共和国成立初期,为快速提升我国的现代化程度,国家制定了"赶英超美"战略,把工业化视为于现代化的标志,进而又极端地将钢铁产量作为衡量工业化的标准,形成了典型的追赶型发展模式。该模式超越了常规的发展思路,热衷于寻找捷径,强调发展的效率和速度,通常以事物的表面现象或部分显著因素为追求目标,忽略内在关系的复杂性、系统性、历史继承性和不同因素的自洽性,侧重于事物间的横向对比,却不顾情境条件的约束,对辅助性、支撑性的次要矛盾不够重视,容易导致单方面的"一枝独秀",而其他方面却"全面平庸"。② 社会是一个错综复杂、相互依存的整体,现代化过程需要器物技能、制度和思想行为等方面的协同发展,若得不到相关领域的配合,单方面的发展必然造成"脱序"的问题。③ 这也是20世纪轰轰烈烈的大跃进、人民公社化运动和大炼钢铁运动等最终沦为一场历史闹剧而被否定的重要原因。孔子曾告诫人们:"欲速则不达,见小利则大事不成。"2018年4月美国对我国中兴通讯股份有限公司的空前制裁再次说明跨越必要的历史过程所带来的致命风险。

有学者指出,在我国"追赶"模式已不仅仅是一种有意识的政策取向,更是作为一种无意识的国民心态从经济辐射到科技、教育等众多社会领域。④ 改革开放初期,邓小平在吸取历史教训的基础上首先将教育和科学作为经济振兴的重要基础,主张要集中力量办好一批重点大学,以便为经济发展提供必要的科技和人才支撑。延伸至教育领域的重点建设政策有效促进了我国高等教育的

---

① 王沪宁:《社会资源总量与社会调控:中国意义》,载《复旦学报》(社会科学版),1990年第4期。
② 阎凤桥:《我国高等教育"双一流"建设的制度逻辑分析》,载《中国高教研究》,2016年第11期。
③ 金耀基:《中国现代化的终极愿景》,第12页,上海人民出版社,2013年版。
④ 阎凤桥:《我国高等教育"双一流"建设的制度逻辑分析》,载《中国高教研究》,2016年第11期。

跨越式发展,但也在很大程度造成了重点高校对教育资源的"垄断"和高校间竞争的"缺失"。

重点建设政策最初作为资源紧缺背景下的权宜之计却在各级行政力量的强化下逐步演变成常规性的教育发展战略,近几十年我国高等教育的发展高度依赖于"重点建设"这一路径。在追赶心态和重点建设思路的影响下,以学术标准来评价高校办学水平的思想长期主导着高校的办学方向。为提升我国高等教育的国际竞争力,顺利实现"两个一百年"奋斗目标和民族的复兴梦想,继"211工程"、"985工程"等国家战略之后,2017年国家又推出了以创建世界一流大学和一流学科为中心的"双一流"建设方案。该方案容易在实践层面进一步助长"以学术为中心"的教育思想。以研究为主的重点大学在资源获取方面所产生的示范效应影响了我国大学的整体发展方向,国内不同层级的高校纷纷按学术标准来规划自己的发展蓝图,并一致向一流大学、研究型大学迈进。这导致了我国高等教育系统整体上的"学术漂移"现象。国内高校(公办)普遍以学术人才培养为旨趣,办学模式也高度一致,出现了"过度教育"与"学非所用"的结构性矛盾。受该发展模式的影响,我国高等教育的个人价值长期被"淹没",以服务为宗旨的社会价值也被"严重遮蔽"。

以速成或弯道超车的模式来代替正常的组织生长容易带来趋同与低质的结果。① 在追赶心态的影响下,我国高等教育曾长期偏重于形式模仿、外部激励和外延式发展,试图将优势资源集中投向少数院校或代表性学科领域以跨越必要的历史过程,然而这种发展模式无视教育类型的差异,忽视学校内涵建设,不顾学校制度建设与自身文化特点的有效结合。随之而来的功利主义取向和浮躁之风在一定程度上"破坏"了教育发展的规律,"打破"了高等教育系统的生态平衡②,最终使高等教育陷入高度同质化和过度学术化困境,而应用型人才培养相对不足。这种高度统一的学术化倾向同高等教育大众化时期所追求的人才培养差异化、多样化目标"背道而驰",同经济社会对各类专业人才的大量需求明显脱节。

3. 目录制管理对专业教育调整变化的束缚

为加强对高等教育的统一管理,有计划地培养各类建设人才,1963年国家

---

① 康宁:《"985工程"转型与"双一流方案"诞生的历史逻辑》,载《清华大学教育研究》,2016年第5期。

② 杨叔子认为专业教育出现了"五重五轻"的弊病:重理工,轻人文;重专业(实指专门教育),轻基础;重书本,轻实践;重共性,轻个性;重功利,轻素质。参见杨叔子:《科学人文相融:育人创新》,载《高等教育研究学报》,2002年第2期。

计划委员会和教育部联合修订了全国统一的《高等学校通用专业目录》和《高等学校绝密、机密专业目录》,并明确要求"高等学校本科的专业设置、学生人数统计、毕业生的分配等均应以此(目录)为标准"①。在此规定下,我国高校的专业设置和调整都要以国家制定的学科专业目录为基础,高校的招生规模、人才培养类型、学位证书的授予均受专业目录的规范和管理。学科专业目录作为对知识管理的手段,已成为政府权力在知识领域延伸的重要表现。目录制管理主要包含专业分类制度与专业审批制度,该制度使国家制定的学科专业目录成为"专业"地位是否合法的依据。只有取得合法的建制,专业建设和发展才能取得国家的认可和支持,才能获得各种资源和竞争机会。教育部 2012 颁布的《普通高等学校本科专业目录设置规定》再次重申学科专业目录是"规定专业划分、名称及所属门类,是设置和调整专业、实施人才培养、安排招生、授予学位、指导就业,进行教育统计和人才需求预测等工作的重要依据"。可见,以学科专业目录为基础已经形成了一套复杂的层级管理体制,学科专业目录除了规范高校人才培养的口径和范围,确定学位体系内容和秩序,还从"入口"到"出口"影响整个人才培养的过程。

  学科专业目录作为国家对高等教育进行宏观调控的重要手段,在实践过程中还表现出明显的"溢出效应",很多配套的政策性资源同学科专业目录捆绑在一起。②目前,专业目录已成为工程项目申报、职称评审以及其他资源配置的基础和依据,"目录"形同社会管理中的"户口簿","簿"上有名便能参与各类项目、工程、建设、评审等的活动,进而获得相应的人、财、物等外部资源。③"簿"上无名的目录外专业被视为缺乏合法地位的"黑户",将"沦为次等公民",在研究生招生、基地建设、教材出版、课程设置、研究成果发表以及各类评审等方面都将遇到"重重困难"。④ 当前,目录外的高校自主设置专业难以与研究生招生考试、公务员报考制度以及一些特定领域的职业资格考试等"人才输出"制度形成有效衔接,导致该类毕业生缺乏参与平等竞争的资格,这使自主设置的专业难免成为一场孤芳自赏式的"自娱自乐"活动。可见,学科专业目录所关涉的诸多现实利益在一定程度上规范、引导、制约着高校的办学活动。有学者指出,以学科专业目录为基础管理体制使行政逻辑剥夺了学术逻辑的地位,行政权力成为学

---

  ① 何东昌等:《中华人民共和国重要教育文献(1949—1975)》,第 1217 页,海南出版社,1998 年版。
  ② 沈文钦、刘子瑜:《层级管理与横向交叉:知识发展对学科目录管理的挑战》,载《北京大学教育评论》,2011 年第 4 期。
  ③ 何淑通:《专业制度对大学生就业的消极影响》,载《教育学术月刊》,2011 年第 6 期。
  ④ 方文:《学科制度建设笔谈》,载《中国社会科学》,2002 年第 3 期。

术事务的真正主宰。① 这种目录制管理方式所形成的"规范体制"②直接导致：我国高等教育对市场和社会变化反应迟钝；高校办学模式雷同、单一，缺乏特色；在一定程度上对知识领域进行了分割，强化了"学术部落"的封闭性，形成了严重的知识壁垒，阻碍了知识的交叉与融合，不利于知识的创新和新兴交叉学科的产生。

目录制管理所遵循的内在逻辑容易使我国专业教育偏离实践和市场的轨道。我国的学科专业目录所遵循的理论逻辑与专业人员（professionals）所需要的应用逻辑存在较大反差，这也是我国高校普遍重视学术教育，出现"学非所用"、"用非所学"的重要原因。我国的学科专业目录是以学科门类作为分类依据，主要按照知识发展的逻辑进行划分，带有明显的理论色彩。而专业性工作通常会涉及不同的知识领域，需要以实践为中心，按照知识的应用逻辑来培养人才，并要随着实践的变化而适时调整和更新知识的内容。同时，专业目录的存在是按照计划经济的思维看待教育、市场和政府的关系，将政府置于主导地位，市场的主导作用在一定程度上被弱化。整体上看，计划性的学科专业目录以政府为主导，对高校办学自主权的真正落实具有一定影响作用，容易改变高校的办学方向，致使专业人才培养偏离社会需要，并造成教育资源的浪费。③

4. 以学术为中心的评价导向对专业教育学术化的规训

竞争是激发活力、促进高校多样化发展的有力手段。自高等教育扩招以来我国高校的数量逐年增加，学校之间的实力有了较大区别。面对有限的生源市场和教育资源，我国高校进入激烈的资源竞争阶段。虽然我国政府对大学的治理方式已从计划经济时代的"总体支配"开始转向以项目、评价、拨款、问责等管理手段为主的"技术治理"，然而我国高校之间的竞争并非完全的市场竞争，而是在政府主导下以"计划为体，市场为用"为特征的类市场化竞争。其中，市场竞争机制所发挥的作用相对有限，而且受到政府计划性的管控和支配，只能充当政府计划性治理的一种手段。④ 由于政府掌控着高等教育的主要资源，作为资源依赖性组织的高等院校为获得更多的竞争性经费和资源而不得不将政府

---

① 沈文钦、刘子瑜：《层级管理与横向交叉：知识发展对学科目录管理的挑战》，载《北京大学教育评论》，2011年第4期。
② 王伟廉：《高等学校学科、专业划分与授权问题探讨》，载《高等教育研究》，2000年第3期。
③ 陈涛：《我国高等教育学科专业目录的检视与反思》，载《现代教育管理》，2015年第12期。
④ 张应强、张浩正：《从类市场化治理到准市场化治理：我国高等教育治理变革的方向》，载《高等教育研究》，2018年第6期。

的意志视为自己的生命线,并通过妥协和让渡部分权力的方式来接受政府所制定的目标、标准和规则。

目前,政府所主导的资源竞争机制已将科研竞争"无限放大",在各级学位授权点、"211 工程"、"985 工程"以及"双一流"建设项目的遴选和评审中,以科研项目、科研成果、科研人才和经费为主要内容的科研指标已成为决定性指标。① 在当前的"双一流"建设中,从政府到高校都明确将 ESI② 学科排名纳入"双一流"建设战略规划中,而 ESI 只是针对基础科学学术影响力的评价,对强调技术转化、专利发明的应用科学、技术科学并不适用。③ 这使我国高校走进一个数据光鲜而现实问题解决能力相对低下的怪圈。由于高校研究者无视科研的社会效益和经济效益,致使科研项目的现实针对性不强,科研成果的转化率普遍较低,而高校科研成果的转化率更是被认为仅有 5%。④ 总体上看,以 ESI 为核心的评价标准过于偏爱基础性学科,偏重科研成果的数量,难以反映高校学科结构的合理性和社会贡献能力,必然对工科类、行业性高校甚至以人文社会科学为主的高校造成一定的"伤害",最终将影响高校立德树人的根本使命和服务于国家战略和经济社会发展的热情。民间的评价体系同样具有鲜明的科研导向,大学排行榜对科研指标的格外重视也对高校的决策和日常运行产生了一定的压力。各类大学排行榜虽有不同的量化指标和考察维度,但对显性、易量化学术水平的考察几乎是所有大学排行榜的共同特点。目前,多数大学排行榜所采用的评价指标大多与科研和科研条件有关,对教学的评价也几乎都集中在学位点的评比。有研究者指出我国大学排行榜赋予科研指标的权重比世界上其他排行榜都要多。⑤ 国内大学排行榜更注重规模指标并将大学视同科研机构,以科研代替整体,忽视大学的人才培养功能。⑥ 虽然说这种对科研很实、对教学较虚的排名方式仅适用于研究型大学⑦,然而,大学排名已成为影响高校战

---

① 张应强:《大学教师的专业化与教学能力建设》,载《现代大学教育》,2010 年第 4 期。
② ESI 即基本科学指标数据库(Essential Science Indicators,简称 ESI),是美国科技信息所(ISI)在 2001 年推出的衡量科学研究绩效、跟踪科学发展趋势的基本分析评价工具。该评价方式已逐渐被我国政府和普通高校普遍采用,成为衡量学科发展水平和影响力的重要工具。
③ 田虎伟、谢金法:《ESI 的功能限度》,载《上海教育评估研究》,2017 年第 1 期。
④ 李建中:《科学与技术的离散与自洽:我国高校科技成果转化率低的根源与对策》,载《科技管理研究》,2018 年第 11 期。
⑤ 亚历克斯·埃舍尔、马斯莫·萨维诺:《差异的世界:大学排名的全球调查》,载《清华大学教育研究》,2006 年第 5 期。
⑥ 翟亚军、王战军:《中国大学排行榜:如何才能走出误区》,载《清华大学教育研究》,2010 年第 5 期。
⑦ 韩飞舟:《摆脱大学排行榜的指标陷阱》,载《中国高教研究》,2016 年第 3 期。

略发展的一种权力机制[①],其主要评价指标已成为国内所有高校发展的"风向标"。

评价具有重要的规范和导向功能,大学的分类和多样化发展离不开多样化的评价方式,而将不同类型的大学放在同一个模子,如同设置了一张"普洛克路斯忒斯之床",高校为迎合以学术为主导的评价标准不得不削足适履。在外部因素的影响和制约下,学术研究能力已成为国内不同水平高校竞争的核心所在,科研成了高校的中心工作,我国大学的内部治理结构也因此而建立在学术和科学研究工作的基础上。目前,大学内部一些重要的制度设计,如教师的选聘、职称评审、绩效考核无不将科研能力列为重要的指标。在重点、一流大学的示范效应下,对学术的重视已超出了研究型大学的范围,为提高学校的社会影响力、赢得更多办学资源,各种类型和层次的院校都在强调科研,并努力向研究型大学发展,争取发展研究生教育,申请更多硕士、博士学位点,而与应用型人才培养和教学质量相关的内容则退居次要位置。可见,在学术中心主义的影响下,它不仅使我国高等教育的个人价值被长期淹没,而且也严重扭曲了以服务为宗旨的社会价值。

事实上,世界一流大学各有特色,从不遵循固定的模式。标准化的诞生往往预示着多样化的消亡[②],在统一的学术化评价标准的规训下应用型专业人才成长的空间被严重挤压,我国高校相对失去了自主选择的余地。这种相对一边倒的类型选择必然扩大学术型人才与应用型人才的结构性失衡,也将严重影响我国经济的可持续健康发展。

(三)高校自身存在的局限性

1. 高校组织结构对专业教育的禁锢

从结构功能主义的视角来看,结构也是一种规范,组织结构不但影响整体功能的发挥,而且能够作为一种导向、标准、依据来影响和规范组织成员的行为。[③] 专业教育的功能也同样受其组织结构的影响和制约。美国社会学大师刘易斯·科塞(Lewis Coser)指出,专业教育走向封闭和专门化的根源并非知识的

[①] 张应强、苏永建:《高等教育质量保障:反思、批判与变革》,载《教育研究》,2014年第5期。
[②] 苏永建:《高等教育质量保障中的价值冲突与整合》,载《中国高教研究》,2013年第11期。
[③] 周怡:《社会结构:由"形构"到"解构"——结构功能主义、结构主义和后结构主义理论之走向》,载《社会学研究》,2000年第3期。

内在发展规律,而是现代大学的特殊组织结构。① 大学中的教学组织形式主要以讲座制和系科制为主。随着知识分化和学生数量增加,讲座教授对知识的垄断性不仅阻碍了学术民主,更是在不断撕裂知识的完整性和系统性。欧洲国家在20世纪60、70年代开始由系科制逐渐替代讲座制。德国洪堡大学曾用26个系组成代替了先前169个科研所和7个学部。② 目前,各国的大学教学组织形式以系科制为主,系科与一定的知识发展和社会需要相对应,但彼此间相互独立并以条块分割的模式存在,这将导致依附于系科的专业之间壁垒森严、难以沟通,也无法满足通才教育的需要。

除了系科制组织形式,我国高校还存在特殊的组织现象即专业设置的实体化。专业是我国高校最基础的教学组织单位。受苏联的影响,我国高等教育中的"专业"被视为高等教育机构中的基本教学组织形式。③ 1952年,教育部在《关于全国农学院院长会议的报告》中指出:"所谓专业,是根据国家所需要的某项专门人才的标准以培养专家的基础教学组织。"④我国高校中,学生所在的班集体、教师组织以及与之相关的教室、经费、图书资料、实验室和仪器设备、实习场所和办公场所均是按专业划分和存在的。⑤ 专业与相关实体因素的结合成为我国高校独特的教学组织模式。这种实体性的专业组织形式和管理制度也是我国"单位制"文化和体制影响的结果。"专业"作为人才培养的基本单位被嵌入到"单位制"的专业建设和管理体制中,成为教育管理系统中的基础性组织并成为院系内部组织架构、教师岗位设置、教学资源的管理与配置、学生的归属与管理、教师绩效考核与身份归属的基本单元。⑥ 该模式下的每个专业都是拥有相对独立资源的王国。学生、教师和各种教学资源只属于特定专业,而不是全校共享。

各专业作为相对独立的资源使用和产出主体长期划界而治、相互隔离,一方面容易造成高校资源的重复和浪费,另一方面因过多资源的承载而使各专业囿于现状,难以根据知识发展和市场变化做出适时、灵活的调整,专业的界限也成了学生认知的边界。专业的调整与变动意味着相关实体的变化,因涉及各方

---

① [美]刘易斯·科塞:《理念人:一项社会学的考察》,第311页,中央编译出版社,2001年版。
② [美]伯顿·R.克拉克:《高等教育系统——学术组织的跨国研究》,第210-211页,王承绪等译,杭州大学出版社,1994年版。
③ 周川:《"专业"散论》,载《高等教育研究》,1992年第1期。
④ 何东昌等:《中华人民共和国重要教育文献(1949—1975)》,第178-179页,海南出版社,1998年版。
⑤ 卢晓东、陈孝戴:《高等学校"专业"内涵研究》,载《教育研究》,2002年第7期。
⑥ 张应强:《当前我国高等教育学的危机与应对》,载《高等教育研究》,2017年第1期。

利益而变得困难重重。学生入学就被赋予了特定的专业身份并在很大程度上被固定化,学生的专业转换和二次选择的空间较小,充满了各种组织和制度上的"障碍"。在现有专业的管理制度下,学生只能接受以专业为中心而事先设定的课程"套餐",而无法根据自身需要去自由选择课程"自助餐"。这种相对固定的组织结构减少了不同知识体系间的合作与交流,不利于复合型人才培养,严重限制了学生的个性发展,阻碍了知识创新的步伐。

2. 高校的"依附式自主"①造成专业教育市场意识的"缺失"

"大学自治"和"学术自由"是西方大学长期坚守的根本价值理念②,也是西方大学能够以市场为导向、灵活适应经济社会发展需要的先天因素。然而,我国高校依法自主办学法人地位的真正确立还有赖于高等教育治理体系和治理能力现代化建设的深入推进。

我国"大一统"的文化观念长期支配、统摄着整个社会的资源及生活方式,也决定了社会组织的身份地位、价值取向。高度集中的管理体制决定着国家至高无上的权力地位和无所不能的权力意识,国家往往凭借行政权力的强制性和权威性而使国家逻辑在社会治理中占据主导地位。③ 为维持社会系统的秩序和正常运转,国家非常注重对重要社会资源的汲取和掌控,尤其是控制组织赖以生存的基本要素。国家权力在社会治理中的垄断地位通常会使社会组织呈现出"依附式自主"的特征,即社会组织虽享有一定的独立性和自主性却高度依赖国家权力,并受国家权力的"制约"。

大学作为典型的资源依赖性社会组织,与政府和市场均有天然的联系,然而在不同的社会治理逻辑中呈现出不同的关系模式和价值取向。伯顿·克拉克曾用国家权力、学术权威、市场三种影响高等教育发展的核心力量所组成的"三角协调模式"来表示世界高等教育主体关系的不同模式。④ 加雷斯·威廉斯在此基础上认为,高等教育发展的不同模式主要是由政府、市场、大学三种主体间的力量、方向和角度决定的,并在此基础上将高等教育分为六种不同的细部

---

① 这一命题的核心观点是:中国社会组织的实际情况及其面临的社会环境迫使其在方方面面对国家有所依赖,然而这些组织依然可能享有各种实际的自主性。参见王诗宗、宋程成:《独立抑或自主:中国社会组织特征问题重思》,载《中国社会科学》,2013年第5期。
② [加]许美德:《中国大学1895—1995:一个文化冲突的世纪》,第19页,许洁英译,教育科学出版社,1999年版。
③ 张虎祥、仇立平:《中国社会治理的转型及其三大逻辑》,载《探索与争鸣》,2016年第10期。
④ [美]伯顿·克拉克:《高等教育系统——学术组织的跨国研究》,第159页,王承绪等译,杭州大学出版社,1994年版。

模式。按照该分类模式，我国的高等教育主体关系模式被认为是"政府作为促进者"模式。① 这意味着我国行政权力对高等教育的影响更为深刻。为适应市场经济发展需要并满足高校对办学自主权的诉求，我国政府已在很大程度上"让渡"部分权力，在招生、专业设置、教育管理、教师评聘、内部机构设置、财产管理等方面赋予高校一定的自主空间，不过学术权威和市场在高等教育发展中的地位、作用仍取决于政府的意志。有学者指出，这种高度集权型的高等教育管理体制虽然历经多次改革，但行政权力过分集中的实质并没有改变。②

从发展历史来看，我国高等教育作为"国家行动"③的重要组成部分长期与救亡图存、民族复兴的政治使命紧密结合在一起。1949年以后国家对高等教育给予厚望，并与社会主义建设事业紧密捆绑在一起。在计划经济时代，政府权力全面主导着高等教育事务，高校缺乏基本的自主性。社会主义市场经济体制的建立并没有改变国家作为高等学校举办者的事实。从高校与治理主体的关系来看，国家仍是实质上的办学主体，大学只是政府的附属或延伸机构，两者更像是"委托—代理"的关系且地位极不平等。我国《高等教育法》明确规定：国务院统一领导和管理全国高等教育事业，地方政府对本辖区的高等教育事务进行统筹协调和管理。这说明我国高校（公办）只是隶属于政府的事业单位，政府借助行政管理手段直接决定着高校的规模、学科和专业布局、学位制度、薪酬体系、组织架构、员工比例、职称评审、主要领导的任免等。政府长期扮演着高等教育事业的管理者、监督者、设计者、推动者、评价者、教育资源的主要提供者等角色，而高校只是政策的执行者和被问责的对象。虽然政府一再要求高校面向社会办学，但学校作为政府管理的事业机构仍"缺乏"实质性的办学自主权。④

为激发高校的活力、提高资源的利用效率，我国政府借助行政权威在高等教育治理体系中引入了一定程度的市场竞争机制，并利用市场规则决定招生、就业、教学、科研、对外合作等领域的资源配置。但是，我国高校办学主体地位的"缺失"和对政府的长期依附导致了当前市场竞争的不充分性和不健全性。政府虽然是高等教育的问责主体，但也是众多公办高校的投资主体。从高等教育的投资主体来看，在"财、费、税、产、社、基、科、贷、息"所组成的"一主多元"投

---

① 张应强、张浩正：《从类市场化治理到准市场化治理：我国高等教育治理变革的方向》，载《高等教育研究》，2018年第6期。
② 阎凤桥：《我国高等教育"双一流"建设的制度逻辑分析》，载《中国高教研究》，2016年第11期。
③ 徐永：《国家行动下学术创新策略的实践逻辑及其反思——基于大学学术生产的视角》，载《教育发展研究》，2012第23期。
④ 赵炬明：《建立高校治理委员会制度——关于中国高校治理制度改革的设想》，载《中国高教研究》，2014年第11期。

资渠道中,政府财政拨款虽不能完全满足高校之用,但仍是高等教育经费的主要来源。政府通过利用计划和行政性手段统一划拨教育经费,形成了"政府—高校"的直接拨款体制。① 长期以来,政府以在校生人数和生均培养成本为依据所采取的投入型拨款模式在很大程度上有利于政府意志的贯彻,虽然能够增强政府对高校的支配能力,却"抑制"了高校面向市场办学、参与市场竞争的积极性,导致高校在面对市场风险时表现出较强的"免疫性"。受现有管理体制的影响,外部市场环境的变化难以真正决定高校的生死存亡。这使高校对市场竞争的压力和威胁"缺乏"敏感性,对市场环境变化的应对也不够积极和主动。由于政府对主要教育资源的垄断,高校普遍热衷于面向政府办学,并纷纷围绕各类工程、项目、计划以及相应的办学授权、办学资源、社会荣誉和地位、帮扶政策等展开竞争和角逐。高校面向政府开展竞争的热情在很大程度上取代了其满足市场需要的责任意识。

我国长期采用的国家学位制度也是中央政府对高校进行统一管理而高校"缺乏"自主性的重要体现。② 国家学位制度为国家权力干预高校办学提供了合法依据,高校因受政府委托办学而必须承担接受政府的指导、监督、评价和问责的义务。与国外的专业制度和学位制度相比,我国高校的自主权还有较大提升空间。③ 国内高校的专业调整和设置、专业命名、学位授予等方面均由政府直接控制,这使专业教育受到较多的行政干预。虽然政府能够统揽全局,对专业设置、资源配置进行统筹规划,减少市场活动的盲目性,但政府掌握的信息具有一定的滞后性、片面性、间接性,难以及时反映市场的真实变化和实际需要,同时,政府对专业设置的严格管控也同样不利于高校主动性、创造性的发挥。行政管理所追求的统一化、标准化、程序化与高等教育所追求的多样化、特色化、灵活性存在一定矛盾,在一定程度上"损害"了高校与市场之间的互动关系。

当前,我国社会治理转型的关键是国家向市场和社会让渡部分权力,推进

---

① 张应强、张浩正:《从类市场化治理到准市场化治理:我国高等教育治理变革的方向》,载《高等教育研究》,2018年第6期。

② 赵炬明:《精英主义与单位制度——对中国大学组织与管理的案例研究》,载《北京大学教育评论》,2006年第1期。

③ 我国专业的名称由国家规定且专业名称统一,而美国由院校命名,专业名称也不统一;我国不同学校的同一专业授予相同学位,而美国不同学校的同一专业可授予不同学位;我国高校的专业设置需经学校主管部门审批或备案,美国的专业设置由学校自己决定;我国跨学科专业较少,而美国较为广泛;在根据学科发展和市场变化而调整专业设置方面,我国较为"迟缓、滞后",美国较为灵活;我国有专门机关管理专业设置,美国没有对专业进行统一管理的政府机构。参见卢晓东、陈孝戴:《高等学校"专业"内涵研究》,载《教育研究》,2002年第7期。

市场化取向的改革,发挥市场和社会在社会治理中的积极作用。① 为增加社会组织的自主性、灵活性,建立"依法自治的现代社会组织体制"已成为我国社会建设中的重要和迫切课题。② 对高等教育而言,自主性的缺失很难使高校成为市场活动的主体,只有确立高校自主办学的法人地位才能使其真正走向市场,有效解决学校"出口"不畅、毕业生就业困难的问题。

3. 实践教学条件难以满足应用型专业人才培养的需要

实践是知识的应用,也是专业人才培养的重要目的。学生只有具备一定的实践能力才能胜任具体工作,直接服务于经济社会的发展。实践教学的条件和教学质量直接关系到学生的职业胜任能力和行业的技术水平。受实践教学理念相对落后、管理制度不够完善、经费投入相对不足、教学体系不够完整、人才培养考核评估体系不健全、考核内容单一、教师队伍建设缺乏针对性等因素的影响,我国本科院校实践教学的整体水平不高。有调查显示,2018年学生对高校满意度较低的地方主要集中在课程结构不合理、教材的前沿性和实用性不足、课堂教学方式方法单一、课堂上实际动手操作的机会较少等方面,其中有30%以上的本科生认为实践课程与理论课程的比例不合理,60%左右的学生认为学校在校企合作、协作育人方面缺乏足够的条件支持。③ 实践教学的质量与教师的素质和水平息息相关。受僵化的人事管理制度、以科研为导向的考核评审机制等因素的影响,我国本科院校的教师以来自国内外大学、科研院所的高学历人才为主,大都经过严格的科学训练,并获得相应的硕士、博士学位,而工作经验丰富的一线技术人才很难跨越高校的门槛,这使高校的"双师型"教师较为缺乏。另外,由于实验实训工作人员的地位不高、待遇较低,在职称评审、绩效分配等方面缺乏科学的制度安排,普通教师参与实践教学的热情不高,从而导致从事实践教学的教师队伍长期缺乏稳定性。从教师的能力来看,以学术训练为主的教育经历使教师习惯于沿袭研究型大学的教学经验和传统,重视知识传承和理论教学,倾向于将培养学术人才的理念和模式不加区分地用于培养所有类型的人才,而在构建体验性、自主性学习环境方面投入不足。这在很大程度上偏离了应用型人才成长的规律,难以有效提升学生的实践能力。与此同

---

① 张虎祥、仇立平:《中国社会治理的转型及其三大逻辑》,载《探索与争鸣》,2016年第10期。
② 王诗宗、宋程成:《独立抑或自主:中国社会组织特征问题重思》,载《中国社会科学》,2013年第5期。
③ 中国教育科学研究院:《全国高等教育满意度指数得分全面提升——2018全国高等教育满意度调查报告》,载《中国教育报》,2018年12月22日第4版。

时,实践教学需要以一定的场地和资源为基础,而很多高校在大规模扩张中受到资金的困扰,在教学场地、实验室、仪器设备、实习基地建设方面投入不足,无法有效满足实践教学的需要,从而导致实践教学环节被严重虚化和弱化。

专业教育以高深的理论知识为基础,以职业需要、标准为出发点和依据,既扎根于大学,又紧密连接着社会。专业教育只有面向社会,保持足够的开放性,通过与行业、用人单位的深度合作,才能不断吐故纳新、与时俱进,跟上经济社会发展的步伐。然而,随着教育管理体制改革,大多数高校与行业主管部门脱离了关系,由行业部门为院校提供实习平台的合作纽带逐渐解体。市场经济条件下的企业已成为独立的经营主体和利益主体,以营利为主要目标和动力来源。由于缺乏系统的税收优惠、财政补贴等正向激励机制,企业在校企合作中的经济利益无法得到保障,而依靠单纯的社会责任意识很难调动企业深度参与高校专业人才培养的热情。在校企合作机制不够完善、相关法律政策比较滞后、合作育人文化尚未形成的情况下,国内高校的实践教学在很大程度上依靠学校与企业间松散性、临时性的合作关系来维持,处于弱势的学校很难对企业形成有效的制约,这使实践教学的质量很难得到保障。离开行业、企业等外部市场主体的有效支持,专业教育在很大程度上被局限在相对封闭的校园之内,难以对市场环境的变化做出及时灵活的反映。高校闭门造车的结果必将导致人才供需的错位与脱节,使大量经过专门化教育的高校毕业生偏离市场需要,难以有效转化为现实的生产力。

第六章 国际专业教育发展的新趋势

先进的信息技术和频繁的经济活动已将当今的世界各国紧密联系在一起,任何国家都难以脱离国际化的轨道而独立发展。时不我待,我们只有紧跟时代潮流、追踪世界发展新趋势,才能在日趋激烈的国际竞争中占据优势、赢得更多发展机会。我国高等专业教育发展的过程是在自身发展的基础上不断向西方国家借鉴学习的过程,然而目前国内对专业教育的认识不够"深入",专业人才培养的数量和质量不能完全满足经济社会发展的需要。为融入世界发展潮流,参与国际合作与竞争,我们需要在自身发展的基础上紧跟国际专业教育发展新趋势,与国际专业教学标准相对接。

一、国际专业教育发展的时代背景

(一)知识经济与科学技术发展带来的挑战

随着电子计算机的广泛应用,世界的信息化、智能化程度不断加深,人类的生产和生活方式发生了深刻变化,以信息技术为代表的高科技逐渐代替传统工业而成为经济发展的主要动力,人类社会开始走向知识经济时代,也被称为"后工业社会"。知识经济被认为是一种新型的智能经济,其经济增长主要建立在知识和信息的生产、分配与使用的基础上。社会生产的自动化、智能化、信息化使以知识和信息为基础的智力劳动成为社会职业的主流,具有先进科学技术的知识型劳动者成为社会生活的主体。

知识经济时代的显著特点是知识和技术更新换代的速度加快,不断变化的工作任务和职业岗位使人们现有的知识和经验都将面临被淘汰的命运,利用确定性的专业知识和技能将难以应对未来复杂多变、难以预测的各种挑战。这种不断变化的时代特征对从业者的岗位适应能力提出了更高要求,从业者不但需要具备基本的职业技能,更需要广博的基础知识和较强的学习能力,以便为知识迁移、新技能的学习创造条件。这已对传统的教育质量观和人才观提出了重大挑战,使人们不得不在新的时代背景下重新审视知识、技能以及综合素质之间的关系。

科学技术的深入发展使现代职业出现单一工种向复合工种转化、简单职业向综合职业发展、终身职业向多种职业转移的发展趋势,并呈现出工作方式组织化、工作内容复杂化、工作对象符号化、问题解决灵活化的特征。现代职业的这些变化使以技能操作和能力训练为主的传统专业教育很难适应。20世纪80年代以后,随着技术发展和人的生活水平提高,人们对生产和服务的个性化需求不断增加。多样化的社会需求和不断更新的技术条件使生产要素、生产过程和生产组织关系充满了弹性,为适应弹性化生产的需要,人们开始利用"生产岛"模式取代流水线作业形式。该模式下的从业者不再是工作任务的被动执行者,而是工作方案的制定者、执行者和管理者;他们需要在工作过程中承担更多责任,发挥更大的主动性和创造性。

总体上看,科学技术的发展和劳动组织形式的变革需要劳动者具有更高的社会适应能力和综合素质。这将使以职业资格为核心,专门性、针对性较强的传统专业教育模式难以为继。

(二) 知识生产方式的转变及其影响

1994年,以迈克尔·吉本斯(M. Gibbons)为代表的六位学者,对过去和现在的知识生产方式进行分析之后提出了两种不同的知识生产模式即"模式1"和"模式2"。模式1是一种原始的学术研究范式和知识生产方式,是以学科为基础的学院式纯科学研究,以学者个人的兴趣和爱好为主导,致力于知识的传播和学术的自由探索。而模式2是以应用为目的、以问题为导向的跨领域研究方式,以跨学科为手段,以多变的组织为载体,以社会责任和绩效管理为标准。[①] 模式2的知识生产已超出了小作坊式的实验室,需要更多人才、资金、场地、设备等方面的支持。相比较而言,模式1的知识具有同质性、稳定性、封闭性的特点,模式2的知识具有异质性、多变性、开放性等特点,与现实问题结合比较紧密。当前,现实问题的复杂性使单一学科知识和孤立的活动主体很难应对,这需要更多学科、更多利益相关者共同参与和协作。

模式2的知识生产以跨学科为基础意味着当前的知识发展在分化基础上呈现出了高度综合的趋势。从事实上来看,当前的科学创新更多依赖于不同学科知识的综合,一些在科学领域的重要突破得益于精深的专业知识,同时也是在多学科知识融合的基础上新理论、新方法、新视角所带来的创新元素催生的。

---

① 王建华:《我们时代的大学转型》,第143页,教育科学出版社,2012年版。

众多诺贝尔奖获得者既是专门学科领域的精英,又是可以横跨多个学科领域的通才。从诺贝尔奖获奖者的学科背景来看,1901—1925 年的获奖者中有29.73%的人有交叉学科背景,1926—1953 年这一比例上升到 42.05%,1976—2000 年则上升到 49.07%。① 1901—2008 年共有 530 名科学家获得诺贝尔自然科学奖,其中 367 人是通过合作取得的成果,合作获奖的比例在 1901—1920 年为 35%,而到 2001—2008 年上升为 86.9%。② 从近年来诺贝尔奖得主的知识背景可以看出,不株守一隅,以自己的专业知识为基础,构建适应性较大的知识之网已成为诺贝尔奖得主的显著特点。③ 同时,跨学科合作已成为当代知识创新的重要途径,这对以学科为基础的传统专业教育提出了新的挑战。

整体上看,知识生产模式 2 的提出进一步强化了高等教育机构的社会服务职能,为知识经济社会背景下大学的学术活动指明了方向和目标。新的知识生产方式要求大学从封闭的"象牙塔"走出,与社会实践领域紧密结合并打破学科制度的藩篱,使学术活动变得更加开放、实用。这对传统的大学组织形式和运作方式提出了巨大挑战,也将对大学的职能定位和价值取向产生重大影响。

(三) 经济全球化趋势和人才流动的国际化

20 世纪 90 年代以来,在现代信息技术和生产力的推动下,人类的生产经营活动进一步超越国界和地域的限制。随着商品和服务贸易的增加、资本流动规模扩大、人才和技术交流的频繁,世界日益成为相互依存、相互影响、高度融合的有机整体,于是全球化的统一市场逐步形成。1950 年全球贸易总额为 603 亿美元,2007 年已增长至 13.6 万亿美元,57 年间增长了 224 倍。④ 2015 年全球外国直接投资金额达 1.76 万亿美元,同比上升 38%,跨国并购金额占 41%,同比上升 67%。⑤ 这说明国际的经济联系日趋紧密,将有越来越多的生产要素被卷入到这种势不可挡的全球化趋势。

劳动力是经济活动的主体和核心要素,劳动力的自由选择和自由流动是市场经济的基本前提,劳动力资源的有效配置也是市场经济健康发展的重要条件。在经济全球化进程中,生产的社会化程度不断提高,社会分工得以在全球

---

① 郝凤霞、张春美:《原创性思维的源泉——百年诺贝尔奖获奖者知识交叉背景研究》,载《自然辩证法研究》,2001 年第 9 期。
② 陈其荣:《诺贝尔自然科学奖与跨学科研究》,载《上海大学学报》(社会科学版),2009 年第 5 期。
③ 陈其荣等:《理性与情结——世纪诺贝尔奖》,第 355 页,复旦大学出版社,2002 年版。
④ 吴晓波:《激荡十年,水大鱼大》,第 25 页,中信出版社,2017 年版。
⑤ UNCTAD:《2016 年世界投资报告》。http://unctad.org/en/PublicationsLibrary/wir2016_en. 2017—10—6.

范围内扩散,这使资金、技术、劳动力、信息、服务等不同生产要素能够在世界范围内跨时空流动和配置重组,受此影响,国际人才尤其是高层次专业人才的流动日益频繁。在美国,2013年来自国外的科学家和工程专家数量为520万,占总数的18%,比2003年增加了180万;2015年,在科学、技术、工程和数学领域中具有博士学位的在职人员中,外来移民超过了40%;获得临时工作签证的人数在2010年为19.2万,2016年增长为34.8万。在澳大利亚,2016—2017年中的技术移民占总移民数量的67.3%,而其中63.9%的属于专业类技术移民。而在英国,2014—2015年大学中有25%的学术人员来自国外。① 近年来,部分发达国家、发展中国家普遍加大人才延揽力度。据联合国贸发组织发布的《2016年世界投资报告》显示,2015年有46个国家和经济体推出至少96项与此相关的措施。②

全球化市场的形成必然对各类市场要素提出统一化、标准化的要求,对全球化的劳动力市场而言,相同职业的从业者应该在知识、技能、态度等方面具有高度的一致性和可识别性。为顺应经济全球化的趋势,满足国际人才流动的需要,人们在国际范围内建立统一的人才质量标准或培养规格已不可避免。

二、国际专业教育发展的六大趋势

(一)专业教育理念从资格向能力和素质转变

通常情况下,教育只能建立在当下的认识水平和技术成就之上,任何教育都难以对未来做出准确预测并为人的一生提供各种准备。教育功能的有限性和个人未来生活的无限可能性之间的矛盾决定了专业教育无法提供个人一生所需的全部知识和技能,认证资格的局限性已被明确指出:认证资格和实际执行的工作之间不是相搭配的,无论是技术的认证资格与体力劳动之间,还是文科教育的认证资格和白领阶层之间都是如此。③ 这需要人们重新思考专业教育的使命和人才培养目标。

最初,人们将专业教育视作为就业做准备的教育,一些政府和雇主组织以

---

① 熊缨、唐志敏:《国外高层次人才国际流动趋势及启示》,载《中国人事科学》,2018年第1—2期。
② UNCTAD:《2016年世界投资报告》。http://unctad.org/en/PublicationsLibrary/wir2016_en.pdf,2017—10—6。
③ [美]理查德·L.埃贝尔:《美国律师》,第22页,张元元、张国峰译,中国政法大学出版社,2009年版。

"就业能力"为中心形成了一个共识:对一个明确的工作来说,以技能为导向的培训是未来职业生涯的保障。① 这种认识被长期坚持,教育内容与具体职业标准相结合,使职业技能和职业资格成为主要的教育目标。20世纪60、70年代,美国从功能——行为主义的视角对特定职业所需要的知识和技能进行分类解析,并以此为基础制定出相应的学习单位,通过对具体工作任务的完成情况来检验学生的水平,从而使学生的学习具有较强的职业针对性。与此同时,1986年10月,英国成立了国家职业资格委员会(The National Council for Vocational Qualifications,NCVQ),该机构主要负责制定国家职业资格标准并从事国家职业资格的认证工作。人们试图以一定的职业标准作为学生理论和实践学习的依据,使学生获得特定技能,从而实现与工作岗位的对接。以上教育理念以显性的知识和技能为目标,简化了教育的使命,将具体的工作任务和职业岗位固定化、永恒化,无视知识和技术不断变迁的事实。英国学者巴尼特(Barnett)认为,以工作任务为单位的课程开发容易导致知识体系的碎片化,在片面强调职业技能的同时可能忽视学生思考或理解能力的开发。② 本-戴维认为现在的资格主义(credentialism)严重威胁到了高等教育,如果未经检验而任其发展,这将毁掉专业主义的科学性并削弱它的魅力。③ 对此,皮特·扎维斯主张专业教育的目的应该是培养有能力的从业者。④

职业资格往往与具体技能相关联,是对具体职业和工作任务的胜任程度,而能力是个人综合素质的混合物,它能够将通过技术和职业培训获得的资格、社会行为、协作能力、首创能力和冒险精神结合在一起。⑤ 职业技能和资格是职业能力的外显形式和物化表现,而职业能力是获得职业资格和技能的内在心理条件、状态与心理结构。⑥ 现代社会中的人类劳动方式正被智能化的生产设备所改变,知识、技术、信息所支配着的生产系统随时都在变化,这必然引起生产

---

① EURASHE. Professional Higher Education in Europe: Characteristics, Practice examples and National differences[EB/OL]. https://www.eurashe.eu/library/phe_in_europe_oct2014-pdf/,2017-9-10.
② 黄福涛:《能力本位教育的历史与比较研究——理念、制度与课程》,载《中国高教研究》,2012年第1期。
③ Ben-David, Joseph. *Centers of learning: Britain, France, Germany, United States* (New York: McGraw-Hill, 1977), p.69.
④ Peter Jarvis. *Professional Education* (London: Croom Helm Ltd, 1984), p.31.
⑤ 联合国教科文组织国际21世纪教育委员会:《教育——财富蕴藏其中》,第80页,教育科学出版社,1996年版。
⑥ 姜大源等:《当代德国职业教育主流教学思想研究——理论、实践与创新》,第24页,清华大学出版社,2007年版。

过程所需资格的不断变化。同时,劳动组织的项目化、集体化代替了泰勒制生产过程的个人化,它需要更强的个人交往沟通、与他人合作共事、管理和处理冲突等能力,而服务性劳动的增加进一步强化了能力的重要性。虽然灵活多变的工作任务和技术手段使与实际技能紧密相关的职业资格概念变得过时、现代技术和劳动组织形式的多变性使职业技能和资格难以适用,但内在的职业能力可以使人重新获得新的职业技能和资格。[1] 为此,联合国教科文组织认为学校教育应该为人们投入工作和实际生活做准备,使青年人能够适应多种多样的职务,不断发展他的能力,而不是训练他专门从事某一项手艺或某一种专业实践[2],同时还进一步指出,传统的资格概念正让位于日益发展的适应性概念。[3]

面对生产方式和劳动组织的变化,德国教育社会学家梅腾斯(Mertens)于1974年提出了"关键能力"的概念,认为关键能力作为各种具体知识和技能的基础是影响个人职业生涯的基本能力,在此基础上,教育领域逐渐形成了"能力本位教育"(competence-based education)的理念。[4] 虽然以德国为代表的欧洲大陆国家赋予"能力"更加丰富和宽广的内涵,倾向于将学生培养成为一个完整的"职业人"。[5] 这种综合能力的培养也被视为通识教育的重要途径[6],但它主要是以雇主为导向,重视默会知识的学习,而课堂上对公民教育和普通教育等方面的内容关注较少,与人的综合发展相比,难以涵盖个性、人格、情感、意志、道德、价值观等个人在现代社会生存不可缺少的素质、涵养。[7]

随着生产效率的提高,个人在生存问题得到解决之后开始追求更高的生活质量和精神满足。另外,科技这把双刃剑使人类面临生存与毁灭、自由与枷锁、幸福与恐惧的极端考验。面对"知识帝国主义"对整个社会的控制,人们不得不重新思考我们需要什么样的知识、我们怎样才能驾驭这些知识。这也是以生产、保存和传播知识为使命的高等教育不得不面对的问题。

当前,人们对人才的认识已发生深刻变化,标准单一的人才类型正让位于

---

[1] 姜大源:《能力本位:职业教育面向未来的选择》,载《中国职业技术教育》,1997年第1期。
[2] 联合国教科文组织国际教育发展委员会:《学会生存——教育世界的今天和明天》,第239页,教育科学出版社,1996年版。
[3] 联合国教科文组织国际21世纪教育委员会:《教育——财富蕴藏其中》,第89页,教育科学出版社,1996年版。
[4] 德国职业能力理论将职业能力从纵向维度分为基本职业能力和综合职业能力即关键能力,从横向的维度将基本职业能力分为专业能力、方法能力和社会能力三个方面。参见姜大源等:《当代德国职业教育主流教学思想研究——理论、实践与创新》,第24页,清华大学出版社,2007年版。
[5] 关晶:《职业主义与能力本位:两种职业教育范式的比较》,载《外国教育研究》,2013年第10期。
[6] 杨春梅:《英国大学专业教育和通识教育融合的实践及其启示》,载《教育探索》,2011年第2期。
[7] 王敏勤:《由能力本位向素质本位转变——职业教育的变革》,载《教育研究》,2002年第5期。

综合素质的提升。1989年11月,联合国教科文组织在北京召开"面向21世纪教育国际研讨会",大会通过了《学会关心:21世纪的教育》的报告。该报告提出:"21世纪最成功的劳动者将是最全面发展的人,是对新思想和新的机遇开放的人。"①联合国教科文组织在《教育——财富蕴藏其中》的报告中通过教育的"四个支柱"进一步指出,全面发展的人应具备学会认知、学会做事、学会共同生活、学会生存的能力。② 2001年欧共体委员会在《使终身学习成为欧洲的现实》(Making a European Area of Lifelong Learning a Reality)中提出,未来的从业者应该具备的基本能力(basic competence)包括:阅读和写作、计算、学会学习、信息技术、外语、科技文化、职业精神、社会能力等。③

近年来,美国开始强调本科教育的目的不仅仅是为了找到工作和传递知识,而是要使学生的生活有尊严并将知识用于人道的目的。④ 克拉克·科尔在《高等教育巨大转变》中提出大学职能需要多元化,要求在训练人力、研究与学问、公共服务之外承担传递共同的文化、发展个性等职能。⑤ 德里克·博克(Derek Bok)长期坚持本科教育目标的全面性,认为所有的大学都应该确立以下八项教育目标:表达能力、批判性思维能力、道德教育、公民意识、适应多元文化的素养、全球化素养、广泛的兴趣、为就业做准备。⑥ 进入21世纪,美国政府推动了"从学校到生涯"(school to career)运动即STC运动,重视教育与个人的终身发展相联系。⑦ 该理念使高等教育的目标从适应外部需求转向个人内在需求,从为具体职业做准备上升到为人的长远发展服务。这些变化意味着新时期教育理念向人本主义的回归。

为迎接新世纪全球化背景下政治、经济、文化等方面的挑战,2000年加州大学伯克利分校本科生教育委员会发表《本科教育委员会最终报告》以促进本科

---

① 余凯、洪成文:《面向21世纪世界高等教育教学内容和课程体系改革述评》,载《清华大学教育研究》,1998年第1期。

② 联合国教科文组织国际21世纪教育委员会:《教育——财富蕴藏其中》,第75页,教育科学出版社,1996年版。

③ 林海亮:《欧盟〈关于终身学习关键能力的建议〉及其借鉴意义》,载《教师教育学报》,2014年第5期。

④ 国家教育发展与政策研究中心:《发达国家教育改革的动向和趋势》(第二集),第195页,人民教育出版社,1987年版。

⑤ Clark Kerr. *The Great Transformation in Higher Education* (New York : State University of New York Press,1991), p.84.

⑥ [美]德里克·博克:《回归大学之道——对美国大学本科教育的反思与展望》,第45—53页,侯定凯等译,华东师范大学出版社,2012年版。

⑦ 付雪凌:《从STW到STC:世纪之交美国职业教育改革走向》,载《国外职业教育》,2005年第10期。

教育改革。该报告认为本科教育应该使毕业生具备更加综合的素质:熟悉不同学科领域的知识;信息收集和处理的方法能力;能够合作共事,适应不同的工作环境;具备一定的探究和知识创新能力;将社会伦理意识和解决问题的基本技能相结合;能够灵活思考处理模糊性问题,具有不断发展智识的技能。[①] 2007年,哈佛大学正式开展了大规模的通识教育(general education)课程改革,也有人将其译为"全面教育"课程改革。本次课程改革以培养全球化公民为目标,强调学习要与现实生活紧密联系,使学生认识世界的多样性和复杂性,除了要培养学生在专业领域的创造性之外,还应注重文化艺术、审美、伦理、科学、信仰、情感、态度、价值观等方面综合素质的全面培养。随着人工智能、虚拟现实等技术的出现,产业变革与调整速度的加快,以及慕课、智慧学习等形式的涌现,2017年8月美国麻省理工学院启动了"新工程教育转型"(New Engineering Education Translormation,NEET)计划。为培养面向未来产业的工程人才,麻省理工学院认为新的工程教育需要以学生为教育活动的中心,注重学生思维方式的培养,进而提出新工科人才要具备创造、发现、人际交往、系统性、分析性、批判性、计算性、实验性及人本性等十一种思维能力。该认识充分体现了以学生为本、以育人为旨归的教育理念,使工程教育开始从以实践为目的"实践范式"转向以学生全面自由发展为主的"育人范式"。[②] 香港科技大学丁学良教授指出全面教育(通识教育的)目的不是为了实用而是为了人的塑造。他将全面教育(通识教育)喻为大海,将专业教育喻为船,认为离开水的船是无法航行的。[③]

专业教育从资格到能力和素质的转变意味着教育的理念从外在的社会价值和工具价值开始向教育内在的本体价值、个体价值转化。这要求人们在强调专业教育重要地位的同时,还要重视通识教育,目的是要通过知识的优化与整合来不断提高人的综合素质。

(二) 专业教育的内容从单一、分化走向全面和综合

生产和生活中需要的知识是弥散性的,而不是体系化的学科性知识。学科的建立只是为了认识和传递知识的方便而对整体性的知识进行分割和重新组合,它建立在认识论基础上而不是源于实践活动的需要。1982年,经济合作与

---

① 史静寰等:《当代美国教育》,第309页,社会科学文献出版社,2012年版。
② 肖凤翔、覃丽君:《麻省理工学院新工程教育改革的形成、内容及内在逻辑》,载《高等工程教育研究》,2018年第2期。
③ 温新红、胡德维:《哈佛挑战自己,三十年一跃》,载《科学时报》,2007年3月6日第3版。

发展组织（OECD）指出，解决社会实际问题需要知识的进一步综合。① 大学服务职能的确立进一步要求教育部门按照事物或事理的内部联系重新构建教学组织形式。单一的学科基础已难以解决当前社会的复杂性问题，通过跨学科、多学科的方式培养专业人才将成为一种必然选择。

为避免高等教育过度专门化所带来问题，美国高等教育的发展史成为一部普通教育与专业教育两种思想不断冲突与协调的历史。专业知识与本科学院塑造的广阔世界观相结合成为美国在 20 世纪后半叶成功的重要秘诀。② 相关调查数据显示，美国一般大学院校开展的通识课程占大学毕业总学分的比例虽有明显的波动，但近年来呈现出不断上升的趋势，1974 年该比例为 33.5%，到 1981 年开始回升到 35.4%，1988 年达到 37.9%，1994 年为 41.2%。③ 为增强学生的社会适应能力，美国大学的课程不断更新并广泛增设跨学科课程，如斯坦福大学增设"西方文化"、加州大学圣地亚哥分校增设"城市研究"等。1999 年，杜克大学制定的"课程 2000"计划，要求所有学生必须选择学习"科学、技术和社会"、"交叉文化"、"伦理研究"等跨学科方面的两门课程。麻省理工学院非常重视知识的完整性和学科交叉，从本科到研究生教育设置了大量跨学科项目，部分跨学科项目还设立了专门的学位计划，如设计与优化计算、计算与系统生物学、社会与工程系统等项目，在此基础上还成立了 60 多个跨学科研究中心。该校的跨学科课程已占课程总数的 30% 以上。④ 在医学教育领域，美国犹他大学、天普大学、哈佛大学等学校在临床实习之前为学生广泛开设基础医学学科之间、基础医学学科与临床医学学科之间进行综合的整合课程模块（integrated curriculum），如医学的分子和细胞学基础、药理学和免疫学原理、人体综合、人体系统、"病人/医生"等跨学科课程。⑤ 2017 年，麻省理工学院开启的工程教育改革特别强调要以学生的需要为中心、以工程实践为基础，打破学科的隔离与限制，通过跨学科和交叉学科的学习，使学生能够在串联整合不同学科知识的基础上形成较强的综合能力，在此基础上，毕业生将被同时授予理学

---

① ［美］朱丽·汤普森·克莱恩：《跨越边界：知识·学科·学科互涉》，第 15 页，蒋智芹译，南京大学出版社，2005 年版。
② 安德鲁·德班科：《大学教育为何令人忧》，载《环球时报》，2013 年 5 月 3 日第 13 版。
③ 黄坤锦：《美国大学的通识教育——美国心灵的攀登》，第 112 页，北京大学出版社，2006 年版。
④ 林健、胡德鑫：《国际工程教育改革经验的比较与借鉴——基于美、英、德、法四国的范例》，载《高等工程教育研究》，2018 年第 2 期。
⑤ 张华莉、肖献忠：《从美国医学教育看我国八年制医学教育改革》，载《高校医学教学研究》（电子版），2012 第 1 期。

学士学位和 NEET（New Engineering Education Transformation）证书。① 21世纪初,美国高校50%以上的学士学位课程计划已包含跨学科主修课。② 美国学科专业分类指导标准 CIP 中专门设置了与人文、自然、社会、技术科学并列的交叉学科门类,这也是对传统科研和教学体制的创新,旨在鼓励突破传统学科的界限,开展跨学科和跨知识领域的学习。我们通过 CIP－1985 和 CIP－2010的对比来看,美国高等教育的专业数量从 993 个增加到 1487 个,其中"多学科/跨学科研究"所占的比例从 0.9%增加到 2.2%。③ 可见,在专业不断分化的同时,跨领域的综合性专业却在不断增加。

进入高等教育大众化阶段后,德国的高等教育改革长期聚焦在专门与普通教育的关系上,主要是反对被认为危险的专门学(stadium speciale)而倡导全面学(studium generate)。改革者认为专业人员虽然在他们狭窄的领域拥有渊博的知识,但不能将其融合到宽广的社会构架、伦理与政治的需要之中,社会需要的是洪堡所设计的受过真正和全面教育的人。为此,学校开设包括政治学、社会学在内范围宽广的基础课程。④ 德国大学的一、二年级被打造成大学的基础学习阶段,该阶段的学生分系但不分专业,同系学生所学课程也相同。⑤ 为强调知识的宽度,德国 ASIIN 专业认证委员会在专业认证标准中要求研究型和应用型机械工程专业学习经济学、语言类以及其他非工程类跨专业教学内容至少达到总学时的 10%。⑥ 德国工程师协会(VDI)建议工程类课程除了科学和技术的内容之外,个人、社会、商业技能方面的内容要占 15%左右。⑦ 德国明斯特应用科学大学(Munster Uruversity of Applied Sciences)已将跨学科作为指导原则之一写在自己的指导愿景中,柏林技术和经济高校(Hochschule für Technik and Wirtschaft Berlin)将跨学科合作作为自己的办学原则之一,柏林阿里斯·萨鲁蒙应用科学大学(Alice-Salomon-Hochschule Berlin)直接称自己为"跨学科的高校"。⑧ 可见,德国应用科技大学对跨学科学习的重视。

---

① 肖凤翔、覃丽君:《麻省理工学院新工程教育改革的形成、内容及内在逻辑》,载《高等工程教育研究》,2018 年第 2 期。
② 谢安邦等:《比较高等教育》,第 181 页,广西师范大学出版社,2002 年版。
③ 郭雷振:《美国本科人才培养模式研究》,第 92—93 页,西南交通大学出版社,2015 年版。
④ [美]伯顿·克拉克:《研究生教育的科学研究基础》,第 11 页,王承绪译,浙江教育出版社,2001年版。
⑤ 谢安邦等:《比较高等教育》,第 180 页,广西师范大学出版社,2002 年版。
⑥ 陈新艳、张安富:《德国高等工程教育的专业认证》,载《高教发展与评估》,2007 年第 3 期。
⑦ 林健、胡德鑫:《国际工程教育改革经验的比较与借鉴——基于美、英、德、法四国的范例》,载《高等工程教育研究》,2018 年第 2 期。
⑧ 孙进:《德国应用科学大学专业设置的特点与启示》,载《清华大学教育研究》,2011 年第 4 期。

英国通过设置联合专业(Joint Courses)和主副修专业来拓宽学生的知识面,促进不同学科知识的结合。① 21世纪初,牛津大学设置的双学科专业和多学科专业的数量已经超过了单学科专业的数量。该校尝试开设不同学科知识结合在一起的复合课程,出现了"哲学和数学"、"科学和经济学"、"哲学和艺术史"、"哲学和物理学"、"冶金学、经济学和管理"、"工程学、经济学和管理"等专业。1969年到1989年,牛津大学攻读单学科荣誉学位的学生人数从1856人增加到2037人,增幅不到10%,而攻读双学科和多学科专业课程的学生从444人增加到691人,增加了55%。② 除了增加不同学科组成的联合性专业之外,英国大学广泛设置主副修专业,副修课程数量通常占总课程的25%,修读三年合格后颁发学士学位。有研究者认为英国城市大学之所以能够保持较高的世界排名源于其注重人文教育的传统,如曼彻斯特大学、布里斯托尔大学、谢菲尔德大学等著名大学普遍重视人文知识的学习。③

为适应知识的综合化趋势,一些国家开始建立与之相应的组织结构。当前,美国开展专业教育的专业学院都依附于综合大学,为学生跨领域学习提供了基础。为使学生具有宽广的知识基础,除了在大学一、二年级不分专业外,美国的大学还保持了本科教育与研究生教育分工较为明确的双层教育结构。这种双层结合的组织结构确保了教育的基础性与专业性各得其所、共同发展,预示着未来高等教育发展的主要方向。英国主要通过发展一元制的综合性大学避免知识分割带来的弊端。在1988年《教育改革法》和1992年《继续教育与高等教育法》的指导下,英国先后将30多所多科技术学院、60多所高等教育学院、300多所继续教育学院等传统意义上的"非大学"机构统一改称为"大学",使其拥有同大学一样的学位授予权力。④ 这也意味着英国的高等教育体制从二元制转向了一元制。与此同时,1991年澳大利亚政府也将原有的24所大学和47所以技术应用型人才培养为主的高等教育学院合并、改组为38所大学。⑤

大学的系科建制使学科壁垒森严,与综合性、不分学科的大量社会需求形成了尖锐的矛盾。⑥ 为此,建立跨学科组织的重要性已逐渐成为人们的共识。始建于1973年的日本筑波大学以"学群·学类"制度代替了传统的学部讲座制

---

① 张泰金:《英国的高等教育:历史·现状》,第169—172页,上海外语教育出版社,1995年版。
② 周常明:《牛津大学史》,第139—140页,上海交通大学出版社,2012年版。
③ 王孝武、朱镜人:《英国城市学院早期发展的因素分析》,载《高等教育研究》,2016年第3期。
④ 张建新、陈学飞:《从二元制到一元制——英国高等教育体制变迁的动因研究》,载《北京大学教育评论》,2005年第3期。
⑤ 胡建华、王建华、王全林等:《大学制度改革论》,第19—20页,南京师范大学出版社,2006年版。
⑥ 刘仲林:《现代交叉科学》,第148—149页,浙江教育出版,1998年版。

度。该组织制度以中心专业为基础来组织不同学科,将专业化和综合化相结合,为每个学群开设综合性课程,使学生接受全面教育。学群组织在一个知识高度分化的时代能够有效加强学科知识间的横向联系,提高学生的综合素质,扩展学生的知识视野,已成为独具一格的大学组织形式。① 美国洛克菲勒大学为适应跨学科研究的需要,在机构设置上以开放的实验室为中心代替传统的学系组织。美国欧林工学院(Franklin W. Olin College of Engineering)为消除跨学科研究和学习的障碍,在组织设置上不设系,只设置工程学、电子及计算机工程和机械工程三个本科学位。② 由于受到人们的高度重视,跨学科专业人才的数量已开始大量增加。在美国,六十年代中期,跨学科的专业所授予的学士、硕士和博士学位每年大约只有几千人,到 1979—1980 学年,授予的学位数已达将近四万人③。

跨学科教育虽然是高等教育改革的一种趋势,但现代大学的制度框架和思维逻辑都是建立在学科基础之上的,实行的是以分科治理为基础的系科结构,大学的组织结构与知识结构保持高度一致。由于对传统学科制度的路径依赖,现代大学在短时间内难以改变原来的学科界限。跨学科研究和教学虽然表现出较强的活力,但大部分仍停留在提升良知的阶段,尚未发展到重塑大学体制的议程。④ 不过,各国针对传统专业教育过于单一、狭隘的特点所进行的改革进一步加强了本科教育的基础性功能,通过帮助学生构建宽广的知识结构,使其从容应对未来更多不确定性因素的挑战。

(三)专业教育标准从本土走向国际

专业认证制度以一定的专业标准为依据,既是人才类型、层次、规格、水平的重要标识,又是各国专业人才对接、互认的重要纽带。由于各国文化、技术、认识水平的差异和各国国际影响力的不同,不同国家的专业认证标准在国际上的威信和认同程度具有较大差异。为实现专业人才的标准化和统一化,与会代在 2001 年日本东京召开的高等教育质量保障国际会议上发表了《东京宣言》,该宣言明确指出,随着高等教育国际化的深入发展,应该借助国际高等教育质

---

① 胡义伟、伍海云:《筑波大学学群制度解读及其启示》,载《现代教育科学》,2010 年第 3 期。
② 李曼丽:《独辟蹊径的卓越工程师培养之道——欧林工学院的人才教育理念与实践》,载《大学教育科学》,2010 年第 2 期。
③ 郝克明、汪永铨:《中国高等教育结构研究》,第 163 页,人民教育出版社,1987 年版。
④ [美]伊曼纽尔·沃勒斯坦:《否思社会科学——19 世纪范式的局限》,第 118 页,刘琦岩、叶萌芽译,生活·读书·新知三联书店,2008 年版。

量保障协会(INQAAHE)、联合国教科文组织、世界大学校长会议(IAUP)等国际性组织,构建全球统一的高等教育质量评估标准和质量保证系统,打造国际认可的标准化、统一化的课程、文凭、资格证书、学位等相关制度。① 通过国际认可的专业认证已成为专业学位和职业资格得到国际互认的前提。在经济全球化背景下,人才资源配置的国际化趋势逐步形成,在更大范围内搭建专业认证的平台,建立跨国性的专业认证标准或职业资格标准,为专业人才流动打造共同认可的国际"通行证"已成为必然的时代选择。

早在 1989 年,来自美国、英国等六个国家的民间工程专业团体发起和签署了《华盛顿协议》,协议约定经过认证的工程学历和学术资格能够在签约国之间得到互认。《华盛顿协议》已成为目前国际工程师互认体系中最具权威性、体系较为完整、国际化程度较高的协议,也是加入其他相关协议的基础和条件。目前,全球虽然没有建立统一的医学认证标准和程序,但各国普遍重视医学教育认证制度,逐渐形成了一些具有较大社会影响力的国际性医学教育认证机构。② 2001 年世界医学教育联合会发布了本科医学教育国际标准,2005 年制定了医学教育认证指南。这些教育标准和认证内容已被世界各国和高等医学院校广泛采用,成为国家或区域标准的模板。

因为专业认证活动能够使学校教育的质量得到同行和社会的肯定,所授学位得到国际认可,还可以树立学校和相关专业的国际声望,增加学校和专业的社会影响力和吸引力,所以受到各国政府和高校的普遍重视。目前,众多国际性专业协会为规范专业行为、维护专业标准和秩序都在积极建立严格的专业认证标准。除了工程和医学领域,在管理、语言、经济等专业领域的全球性专业认证活动方兴未艾,并引领着世界专业教育的发展方向。

另外,在区域范围内构建一体化的高等教育模式也是推动专业教育国际化的重要方式,其中,欧盟各国所共同推动的博洛尼亚进程最具代表性。为适应欧洲政治经济的一体化趋势,形成统一的欧洲市场,欧盟国家首先致力于人才的国际化,并建立统一的劳动力标准。1999 年,欧盟发布《博洛尼亚宣言》,提出要在 10 年之后建成欧洲高等教育区的目标。2005 年已有 45 个欧洲国家加入到"博洛尼亚进程"之中。这标志着欧洲高等教育区已初步形成。欧洲高等教

---

① 黄福涛:《"全球化"时代的高等教育国际化——历史与比较的视角》,载《北京大学教育评论》,2003 年第 2 期。
② 重要的医学教育认证机构有 1972 年成立的世界医学教育联合会(World Federation for Medical Education,WFME)、1942 年的北美的医学教育联络委员会(Liaison Committee on Medical Education,LCME)、创建于 1985 年的澳大利亚医学会(Australian Medical Council,AMC)等。

育的一体化进程通过对学习内容、学位、各种资格的规范与认证,有效开发和利用了各类教育资源,促进了教师和学生在学习和就业过程中的自由流动,加强了高校之间的竞争与相互合作,不但有利于欧洲高等教育质量全面提升,而且进一步增强了欧洲高等教育的国际适应性和全球影响力。

(四) 专业教育的层次逐步从本科向研究生阶段上移

专业教育的层次结构与社会的经济和科技发展水平有密切关系,随着科技进步和经济发展,专业教育的层次必然要逐步提升。进入后工业社会以后,几乎所有技术类职业的教育标准都有明显提高,绝大多数的传统专业和明显的高深学问专业所需要的教育水平已经超越了学士学位层次。[1] 任何想获得较高职业声望的领域都必须在本科学位之上树立自己的位置。[2] 这对专业教育实施的范围、深度和广度提出了新的要求。从工程教育来看,2004 年美国工程院在《2020 工程师》报告中建议将学士学位作为"工科的预备学位"或"训练中的工程师"学位,将硕士学位发展成工程专业学位(the engineering professional degree)。欧盟在博洛尼亚进程中也建议工程教育实行"3+2 计划",三年本科阶段授予工程预科学位,通过两年硕士阶段的学习方可授予专业学位。[3] 这说明社会对工程师的水平提出了更要求,本科层次的人才培养已难以满足现实需要。

我们以美国国家教育统计中心(NCES)的数据为基础,通过对 20 世纪 70 年代以来美国高等教育不同层次、不同专业授予学位的人数进行研究,来认识美国专业教育的发展规律。20 世纪 70 年代以来,美国高等教育中学士、硕士、博士层次的教育规模都呈现出不断增长的趋势,但各层次的发展速度具有明显不同。从表 6-1 可以看出,1970—1971 年美国学士、硕士、博士三级学位授予总数为 1140282 人,至 2013—2014 年增长为 2801869 人,总规模增长了 145.7%。而学士学位授予人数所占比例从 1970—1971 年的 73.6% 逐步下降到 2013—2014 年的 66.7%,硕士学位的比例从 1970—1971 年的 20.7% 逐步上升到 2013—2014 年的 26.9%,博士学位的比例没有明显的变化,一直保持在 6% 左右。从 1970—1971 年到 2013—2014 年,学士、硕士、博士学位授予人数的总数平均

---

[1] Moore, Wilbert Ellis. "The professions: roles and rules", Russell Sage Foundation46, no. 1 (1970):11.

[2] [美]兰德尔·柯林斯:《文凭社会:教育与分层的历史社会学》,第 217 页,刘冉译,北京大学出版社,2018 年版。

[3] 刘少雪:《工程教育改革的趋向探析》,载《清华大学教育研究》,2012 年第 4 期。

每年增长3.4%,其中,硕士学位的授予人数年均增长5.1%,而学士学位年均增长仅为2.9%。硕士学位的授予人数在1970—1971年不及学士学位授予人数的1/3,2013—2014年已开始接近后者的一半。可见,进入后工业社会之后,美国高等教育的重心正在向硕士、博士阶段提升,硕士阶段的教育规模增长相对更快。

表6—1 20世纪70年代以来美国学士、硕士、博士学位授予情况

年 度	学位授予总数	学士学位所占比重(%)	硕士学位所占比重(%)	博士学位所占比重(%)
1970—1971	1140282	73.6	20.7	5.7
1980—1981	1335793	70	22.7	7.3
1990—1991	1542948	70.9	22.2	6.8
2000—2001	1837258	67.7	25.8	6.5
2010—2011	2610802	65.7	28	6.3
2013—2014	2801869	66.7	26.9	6.4
年均增长(%)	3.4	2.9	5.1	4

资料来源美国国家教育统计中心. https://nces.ed.gov/ipeds/,2018—1—30.

针对具体专业领域而言(如表6—2所示),1970—1971年商业、医学及医学相关、社会工作、计算机和信息专业方面的学士学位授予人数分别占学士学位总人数的13.7%、3%、0.7%、0.3%,2013—2014年该比例分别上升为19.2%、10.6%、1.8%、3%。1970—1971年,商业、医学及医学相关、社会工作、计算机和信息专业方面的硕士学位授予人数分别占硕士学位总人数的11.3%、2.3%、3.3%、0.7%,2013—2014年该比例分别上升为25.1%、12.9%、5.9%、3.3%。这表明,从20世纪70年代以来,应用型专业人才培养在高等教育中的比例在逐步提高,部分应用型专业在硕士阶段所占的比例要明显高于本科阶段所占的比例。

表6—2 20世纪70年代以来美国部分专业学位授予人数比例的变化(单位:%)

专业及层次		1970/1971	1980/1981	1990/1991	2000/2001	2010/2011	2013/2014
商业	学士	13.7	21.4	22.8	21.2	21.3	19.2
	硕士	11.3	19.1	22.8	24.4	25.6	25.1
	博士	1.2	0.8	1.1	1	1.4	1.7
工程、工程技术	学士	6	8.1	7.3	5.9	5.4	5.8
	硕士	7.2	5.7	7.4	5.7	5.9	6.3
	博士	5.7	2.7	5.1	3.4	5.1	5.7

续表

专业及层次		1970/1971	1980/1981	1990/1991	2000/2001	2010/2011	2013/2014
医学及相关	学士	3	6.8	5.5	6.1	8.4	10.6
	硕士	2.3	5.4	6.2	9.2	10.3	12.9
	博士	24.6	30.2	28.3	32.6	36.8	38
社会工作	学士	0.7	1.8	1.3	1.6	1.6	1.79
	硕士	3.3	5.9	5.2	5.3	5.3	5.9
	博士	0.3	0.4	0.4	0.5	0.5	0.6
计算机与信息	学士	0.3	1.6	2.3	3.6	2.5	3
	硕士	0.7	1.4	2.7	3.6	2.67	3.3
	博士	0.2	0.3	0.6	0.6	1	1.1
教育	学士	21	11.6	10.1	8.5	6.1	5.3
	硕士	37.2	32	25.5	27	25.3	20.5
	博士	9.3	7.4	5.9	5.3	5.9	6.2

资料来源美国国家教育统计中心. https://nces.ed.gov/ipeds/,2018-1-30.

1980—1981年美国高校所授予的商业类学士学位和硕士学位的人数比为1∶0.29,2013—2014年该比例变为1∶0.53;医学以及相关专业所授予的学士学位和硕士学位人数比从1980—1981年的1∶0.25变为2013—2014年的1∶0.49;教育学专业的这一比例从1∶0.89变为1∶1.56,社会工作的这一比例从1∶1.07变为1∶1.33,计算机和信息专业的比例从1∶0.28变为1∶0.44,工程和工程技术类专业的这一比例从1∶0.23变为1∶0.43。[1] 从以上趋势可以看出,随着知识的积累和专业工作复杂性的增加,部分专业人才的培养任务逐步向本科以上的教育层次转移,一些专业在硕士阶段的学生规模甚至超过了本科阶段的学生人数。

有研究者根据美国学科专业目录CIP—2000对学科群的划分,认为美国国家教育统计中心(NCES)制定的《教育统计摘要》中有20个学科领域[2]授予的学位主要是专业学位。[3] 2013年美国高校所授的专业硕士学位达到62.9万人,占硕士学位授予总数的83.4%。[4] 2014—2015年美国授予的学术、专业博

---

[1] 美国国家教育统计中心. https://nces.ed.gov/ipeds/,2018-1-30.
[2] 这20种学科领域分别是:教育学,工商管理,医疗卫生与相关项目,工学,公共管理与社会服务,视觉与表演艺术,神学与宗教职业,传媒学、新闻学与相关项目,图书馆学,建筑学与相关服务,国土安全、法律实施与消防,农学与自然资源,法学与法律职业,公园、娱乐、休闲与保健研究,工程技术学,家庭与消费者科学/人的科学,交通与物流,传媒技术学,军事技术与应用科学,精工制造。
[3] 胡莉芳:《美国专业学位研究生教育结构及其发展趋势研究(1971—2012年)》,载《清华大学教育研究》,2016年第5期。
[4] 胡莉芳:《美国专业学位研究生教育结构及其发展趋势研究(1971—2012年)》,载《清华大学教育研究》,2016年第5期。

士学位分别为 68701 人、108054 人,专业博士占 61.13%。① 可见,从数量上来看,以应用型人才培养为主的职业性专业教育在美国研究生教育阶段已占主体地位。同时,在专业学位中,硕士层次的数量是博士的 4—5 倍,形成了以硕士层次为主体的专业学位研究生教育。美国专业教育层次的提升为本科阶段的通识教育提供了空间,使专业教育能够建立在更合理的知识结构之上。这种高层次、宽基础的"大"专业教育也代表着国际专业教育发展的重要趋势。

为进一步提升专业人员的专业知识和技能,1992 年英国布里斯托尔(Bristol)大学开始设置教育博士学位(EdD),曼彻斯特大学、威尔士大学、沃里克(Warwick)大学均增设了工程博士学位(EngD),这也意味着专业教育开始向博士层次延伸,并得到迅速发展。至 1998 年英国已有 39 所大学设置专业博士学位,涉及 19 个学科领域,共有 109 个专业博士学位课程。②

为建成有利于国际交流、对比和认可的教育体系,欧洲国家从 1999 年开始推动博洛尼亚进程以构建一体化的"欧洲高等教育区"。德国为推动国内学制、学位与国际接轨,在原来硕士、博士两级学位的基础上建成国际上通行的学士、硕士、博士三级学位。新的学位制度明确将学位划分为"研究"和"应用"两种不同的导向,在文学、理学学士(硕士)之外,还有工学、法学、教育学等学士(硕士)。③ 新的学制已被大多数专业所采用,而在满足社会需求方面,硕士层次的毕业生更加适合社会职业的发展需要。德国工商总会(DIHK)的调查显示,2007 年雇主对学士毕业生的满意度为 67%,2014 年已下降到 47%;2007 年雇主对硕士毕业生的满意度为 70%,2014 年进一步上升为 78%。④ 这进一步说明社会越来越需要更高层次的专业人才。

作为欧洲博洛尼亚进程的重要推动国之一,法国为适应国际化的学制标准,21 世纪初开始延长综合性大学中设立的大学技术学院(IUT)的学制年限,以便学生经过职业化的教育之后获得学士学位。大学技术学院以培养工程和管理方面的高级人才为主,2000 年和 2001 年分别有 195 和 182 个项目获得了专业学士学位的资格。当前,大学技术学院依靠职业领域的合作,承担了法国 60%专业学士的教学任务。为促进专业学士的进一步发展,21 世纪初法国在专业学士和研究学士学位的基础上相应设置了以职业为目的专业硕士学位和以

---

① 美国国家教育统计中心. https://nces.ed.gov/ipeds/,2018-1-30.
② 朴雪涛:《英国专业博士学位教育发展的特征及启示》,载《教育研究》,2005 年第 5 期。
③ 孙进:《德国的博洛尼亚改革与高等教育学制与学位结构变迁》,载《复旦教育论坛》,2010 年第 5 期。
④ 蒋培红:《德国高等工程教育学位体系改革状况及分析》,载《学周刊》,2017 年第 1 期。

研究为主目的的学术硕士学位,以便满足社会职业和学习者的不同需要。① 这为法国的专业教育从本科开始向研究生阶段延伸打开了通道。

随着科学技术的深入发展,经济社会需要从业人员具有更多知识储备,接受时间更长、程度更高的教育。有调查显示,个人的职业地位同受教育年限之间的相关度高达 0.6。② 人们对较高职业地位的期望必然推动专业教育层次的提升。在外部需求的推动下,各国积极调整专业教育的层次结构以便为专业教育规模的扩大和质量提升提供足够的空间和保障。这也意味着高层次、宽基础的"大"专业教育模式正在逐步形成。

(五) 专业教育从过度学术化向实践属性回归

受科学主义的影响,一些行业为提升自己的职业声望,试图通过增强其理论性、科学性的方式塑造自己的专业地位。另外,科学技术在第二次世界大战中所起的决定性作用也进一步彰显了科学研究的重要性。这些因素使专业教育呈现出学术化、精英化的发展取向。20 世纪 60、70 年代,西方国家专业教育的学术化倾向达到了顶峰。从教师聘任到学生选拔、从教师考核到学生评价、从课程内容设计到教学方式选择等环节普遍以学术标准为主要依据。③

这种以培养学术人才为主要目标的教育方式最终培养出了大量"分析型人才"而非"实践型人才"。大量毕业生虽然理论研究水平高,但动手实践能力较弱,最终难以有效支撑和指导实践工作。在 20 世纪中期,英国大量学生以成为科学家和学者为目标,而在获得历史、英文、现代语、古典文学等学科荣誉学位的 8441 人中,只有 739 人(约占 8%)从事研究工作,理工科毕业生从事研究工作的也仅占 20%左右。④ 这意味着更多人将要从事具体的实践性工作。这种"学非所用,用非所学"的现象也意味着教育资源的巨大浪费和学生机会成本的增加。

事实上,社会需要大量能够从事实际工作的专业人才,对学术人才的需求

---

① 高迎爽:《法国大学技术学院办学实践及其启示》,载《中国高教研究》,2018 年第 10 期。
② [美]兰德尔·柯林斯:《文凭社会:教育与分层的历史社会学》,第 4 页,刘冉译,北京大学出版社,2018 年版。
③ 我们从 1968 年的法国里昂国立应用科学学院 5 年制应用力学机械工程师的课程计划可以看出工程教育的科学化倾向。在该专业的 4456 个总学时中,数学(840 学时)和自然科学类(1560 学时)共占约 54%,专业类课程(1336 学时)占总学时的 30%,与实践相关的模拟(15 学时)、试验(360 学时)和设计(480 学时)共占总学时的 19%,语言(180 学时)、体育(120 学时)和文科课程(210 学时)仅占 11%。参见外国教育丛书编辑组:《高等工程技术教育》,第 22 页,人民教育出版社,1979 年版。
④ [英]阿什比:《科技发达时代的大学教育》,第 33 页,滕大春、滕大生译,人民教育出版社,1983 年版。

相对较少,为此,德里克·博克指出:"大学拒绝开设职业性课程,或拒绝帮助学生为就业做准备,都是不合情理也不切实际的做法。"[①]为改变专业教育过度的学术化倾向,人们需要专业教育重新回归实践。由于工程师已成为现代社会最大的专业群体[②],工程教育理念的变迁在很大程度上代表着专业教育的变化。为推动工程教育回归工程实践,满足工程实践的需要,20 世纪 80 年代西方工程教育领域提出了"回归工程"的口号。美国工程教育开始从工程科学向工程实践发展,逐步实现"科学范式"向"工程范式"的转移。[③] 以实践为核心的教育理念开始成为工程教育的共识,美国工程与技术认证委员会也以综合性实践能力为核心提出了新世纪工程人才的 11 条标准。[④] 2009 年美国学者指出新的工程专业教育需要遵循 4 个原则:以专业知识为支柱;强调知识在使用与连接中的作用;将个性与知识、能力、实际有机整合;将专业学习和世界有机连接。[⑤] 这些原则同样以应用为目的,突出了工程教育与社会实践相结合的重要性,认为学习者只有在实践过程中才能感受到行业潜在文化与规则,形成行业所需要的习惯与规范。美国专业教育研究者唐纳德·舍恩指出:"当一个人学习一项业务时,他就被接纳到实践者共同体的传统及其所在的实践世界。他学习他们的行业惯例、行业约束、行业语言以及鉴别体系,行业范例锦囊库、系统知识以及行动中知识的模式。"[⑥]他认为,专业教育要紧紧围绕专业实践展开,通过"对行动的反思"与"在行动中反思",使学生从时空和逻辑上对专业实践的前因后果、与外部世界的各种联系有更加理性和全面的认知。在他看来,当实习医生和住院医生在临床医师的指导下在病房里治疗真正的病人时,他们学到的远远超出了

---

① [美]德里克·博克:《回归大学之道——对美国大学本科教育的反思与展望》,第 52 页,侯定凯等译,华东师范大学出版社,2012 年版。
② [美]兰德尔·柯林斯:《文凭社会:教育与分层的历史社会学》,第 273 页,刘冉译,北京大学出版社,2018 年版。
③ 孔寒冰、叶民、王沛民:《多元化的工程教育历史传统》,载《高等工程教育研究》,2013 年第 5 期。
④ 11 条评估标准包括:有应用数学、科学与工程等知识的能力;有进行设计、实验分析与数据处理的能力;有根据需要去设计一个部件、一个系统或一个过程的能力;有多种训练的综合能力;有验证、指导及解决工程问题的能力;对职业道德及社会责任了解;有效地表达与交流的能力;懂得工程问题对全球环境和社会的影响;学会终生学习的能力;具有有关当今时代问题的知识;有应用各种技术和现代工程工具去解决实际问题的能力。参见赵婷婷、买楠楠:《基于大工程观的美国高等工程教育课程设置特点分析——麻省理工学院与斯坦福大学工学院的比较研究》,载《高等教育研究》,2004 年第 6 期。
⑤ 林健、胡德鑫:《国际工程教育改革经验的比较与借鉴——基于美、英、德、法四国的范例》,载《高等工程教育研究》,2018 年第 2 期。
⑥ [美]唐纳德·舍恩:《培养反映的实践者:专业领域中关于教与学的一项全新设计》,第 32 页,郝彩虹等译,教育科学出版社,2008 年版。

课堂所讲授的医学知识的应用。① 美国麻省理工学院是"回归工程实践"教育改革理念的主要倡导者。他们强调"实践是工程专业的根本",主张开发以问题为中心、融合理论与研究教学的新型实践课程,注重对学生的实践训练。② 麻省理工学院机械工程专业课程的变化更清楚地表明了工程教育从学术向工程实践的转移。从表6-3可以看出,麻省理工学院机械工程专业的课程设置变得灵活、广博和深化,除了注重工程与人文的结合之外,大幅减少科学课程的比重,增加与实践结合紧密的设计和工艺课程,强调跨学科课程的学习,使专业人才培养能够满足复杂工程实践的需要。另外,该校所开设的本科实践导向项目(The Undergraduate Practice Opportunities Program)就是以学生的多样化工程实践为主要内容和任务。2017年,麻省理工学院开启的新工科教育改革也是要打破以学科为本位的知识体系限制,培养以工程实践为基础的跨学科工程人才。斯坦福大学也高度重视实践性教学,鼓励学生参与科研实践,并通过对学制、教学管理和课程体系的改革来加强校企之间的合作,其开展的斯坦福科技创业计划(Stanford Technology Ventures Program)便是增强学生实战经验的重要举措。③

表6-3 麻省理工学院机械工程专业课程变化

课程类型		1965—1966年	1995—1996年
人文		必修课程:希腊传统,欧洲传统,文学本质(或哲学经典与当代),20世纪:革命、战争和极权主义(或20世纪:社会与意识,或社会与人)	从人文、艺术和社学科的指定分布课程中选择8门课程
科学	一般科学	化学原理,物理,微积分,微分方程,科学分布课程	化学,物理,生物,微积分,微分方程
	工程科学	固体力学,系统动力学,动力学,流体力学,材料的力学性能,经典与统计热力学要素,应用热力学,电学与磁学,材料科学	力学与材料,热流体工程,测量与仪器

---

① [美]唐纳德·舍恩:《培养反映的实践者:专业领域中关于教与学的一项全新设计》,第14页,郝彩虹等译,教育科学出版社,2008年版。

② 林健、胡德鑫:《国际工程教育改革经验的比较与借鉴——基于美、英、德、法四国的范例》,载《高等工程教育研究》,2018年第2期。

③ 赵婷婷、买楠楠:《基于大工程观的美国高等工程教育课程设置特点分析——麻省理工学院与斯坦福大学工学院的比较研究》,载《高等教育研究》,2004年第6期。

续表

课程类型	1965—1966 年	1995—1996 年
设　计	工程设计，工程设计与制造	系统建模与控制，设计与制造
艺　术	实验工程	产品—工程流程

资料来源徐燕敏、任令涛：《麻省理工学院工程专业课程演变及其启示》，载《高等工程教育研究》，2019 年第 2 期。

德国高度重视专业理论学习与实践的紧密结合，并形成了良好的校企合作文化。为达到学以致用的专业教育目的，德国工程类课程的设计和开发通常由工业界人士共同参与，专业学习阶段所涉及的实践教学和考核通常由学校和工业界合作完成。① 德国应用科技大学在应用型专业人才培养中注重基于工作的学习（work-based learning），强调教育和工作训练的有机结合并形成了完善的实训制度。德国四年制的应用科技大学通常为学生安排两个学期开展实习，第一个实习阶段让学生在实习中了解工作过程，加深对理论知识的理解，第二个实习阶段重点培养学生的实际工作能力，实习过程由工作经验丰富的专业人员负责指导。应用科技大学一半以上的学生毕业论文选择在企业完成，有些学校达到 90% 以上。② 毕业设计或毕业论文选题也大多来源于企业中的具体任务或问题的解决方案，保持较强的实践性特点。③

有研究者通过对美国麻省理工学院和加州大学伯克利分校、英国帝国理工学院、德国慕尼黑工业大学和日本京都大学进行考察和比较，概括出这些工科院校在工程教育方面的教学改革共同特点：引导学生参与教师的研究项目，以问题为中心，开展学习；以实践为旨趣，加强综合实验、工程设计、企业实习等环节的教学。④ 可见，在专业教育中开展实践教学、培养学生的专业实践能力开始受到各国的普遍重视。

为确保工作任务和以工作任务为基础的教学项目的真实性、典型性、先进性和规范性，以及课程内容安排的科学性和合理性，高校开始邀请具有丰富实

---

① 林健、胡德鑫：《国际工程教育改革经验的比较与借鉴——基于美、英、德、法四国的范例》，载《高等工程教育研究》，2018 年第 2 期。

② 孙进：《德国高等教育机构的分类与办学定位》，载《中国高教研究》，2013 年第 1 期。

③ 杜才平、陈斌岚：《德国应用科技大学的实践教学及其启示》，载《当代教育科学》，2017 年第 2 期。

④ 孔寒冰、叶民、王沛民：《国外工程教育发展的几个典型特征》，载《高等工程教育研究》，2004 年第 4 期。

践经验和理论水平的行业组织、企业人员参与课程的开发与编排。美国和日本的一些高校通过成立类似于课程开发中心的机构,以协调、参与并帮助学科专业人员、有关机构或行业代表共同制定专业人才培养方案。2000年英国工业联合会通过对200家大企业的调查,发现70%的企业参与了大学课程的开发,52%的企业帮助开发本科课程,48%的企业参与到研究生阶段的课程开发。① 为确保课程内容能够满足专业人才培养的需要,德国专业教育的课程设置通常需要经过专业性的课程认证标准检验,由行业人员组成的专业认证机构对课程目标与课程内容、实施、评价之间是否一致进行认证。其中,商科类专业的课程通常由国际工商管理认证委员会(FIBBA)进行认证,该组织对课程目标能否达到学位水平所要求的质量、是否与预期的就业市场相符进行评估,对课程内容能否达到专业的能力目标和质量要求、课程实施的支撑条件是否满足专业人才培养需要进行研判。②

教师的能力和知识结构直接影响到学生能力的培养,为使专业人才培养更加贴近行业的标准,专业教师需要具备一定的行业工作经验和工作能力。德国《高等教育总法》规定德国应用型大学聘用教师的条件是:高校毕业;具有教学才能;具有从事科学工作的特殊能力(一般以博士学位为证);在科学知识和方法的应用或开发方面具有至少5年的职业实践经验,其中至少3年在高校以外的领域工作,并做出特殊的成绩。③ 政府还鼓励教师能够在研究和开发、继续教育等方面与工业企业展开合作。有些州规定,应用科技大学的教师每4年可申请6个月的学术假,以深入企业了解最新发展状况。④ 在教师结构上,除了全职教授,应用科技大学注重大量聘请来自工作一线的校外兼职讲师,其中柏林经济与法律高校的全职教授有156名,而来自实践的外聘讲师高达495名。⑤ 外聘教师的加入为教学带来了更多实践知识、技能和现实中的具体问题,确保教学内容的实用性和先进性。

一些国家通过推动高校与用人单位密切合作,使教学与工作实际相结合,以提高学生的实践能力。美国在促进校企合作关系上先后颁布多部法案,涉及

---

① 何杨勇、韦进:《英国高校校企合作的策略模型分析》,载《教育评论》,2011年第6期。
② 刘丽建:《德国应用科技大学课程特点及模式研究——以德国罗伊特林根应用科技大学为例》,载《西南交通大学学报》(社会科学版),2014年第5期。
③ 徐理勤:《现状与发展——中德应用型本科人才培养的比较研究》,第71页,浙江大学出版社,2008年版。
④ 刘建强:《德国应用科技大学模式对实施"卓越工程师培养计划"的启示》,载《中国高教研究》,2010年第6期。
⑤ 孙进:《德国高等教育机构的分类与办学定位》,载《中国高教研究》,2013年第1期。

各方的权利和义务。① 1996年德国科学委员会通过了《对应用科技大学双轨制改革的建议》的决议,指出企业是应用科技大学的学习地点,在企业中学习是人才培养不可缺少的组成部分。② 德国企业能够积极参与大学的人才培养同联邦和地方政府的支持以及完备的法律保障有直接关系。德国《联邦职业教育促进法》明确规定所有德国企业须缴纳一定的教育基金,国家再按一定标准对承担培训任务的企业发放该项基金。③ 英国政府也高度重视校企合作,为促进学校和企业的合作,1987年曾出台"高教企业计划"引领产学合作;1999年,英国贸工部联合其他部门组织设立专项基金用于奖励校企之间的合作,以促进技术转让,加强高技能培养并提高学生就业率。④ 1993年,英国开始实施"现代学徒计划",并于2009年成立英国国家学徒制服务中心,以进一步管理和规范校企联合人才培养工作。

(六) 学术性专业教育与职业性专业教育呈现融合趋势

工业革命之后,人类的活动开始超出经验的范畴,更多依赖于系统的科学知识学习和训练。人类技术的进步离不开理论科学的发展,同时,技术的需要也是科学理论发展的方向。联合国教科文组织指出,在技术的影响下,对理论和实用技术的学习越来越必要,人们必须废除普通的、科学的、技术的和专业的等不同类型教学间相互区分的界限。⑤ 德国鲍尔生指出,没有任何东西能够阻碍科学研究与技术应用这两种形式的相互接近,一方面,技术学院不断向科学工作中延伸,并越来越多地实现着通识文化的理想;另一方面,大学也努力将技术应用纳入自己的领地。⑥

在此趋势下,20世纪80、90年代,欧洲出现了"学术漂移"(academic drift)的现象。许多非学术性(non-academic)机构开始把自己描述成传统大学的等价

---

① 如《史蒂文森-瓦德勒法》(1980)、《合作训练法案》(1982)、《就业培训合作法》(1983)、《国家合作研究法》(1984)、《联邦技术转移法》(1986)、《迈向公元2000年美国的教育策略》(1991)、《目标2000年:教育美国法》(1994)、《学校至职场机会法案》(1994)、《减轻纳税人负担法》(1997)。参见彭湃:《大学、政府与市场:高等教育三角关系模式探析——一个历史与比较的视角》,载《高等教育研究》,2006年第9期。
② 潘懋元:《应用型人才培养的理论和实践》,第163页,厦门大学出版社,2011年版。
③ 张惠梅:《我国与发达国家职业教育立法的差异性研究》,载《职教论坛》,2007年第7期。
④ 刘力:《政府在产学研合作中的作用透视(上)——发达国家成功的经验》,载《教育发展研究》,2002年第1期。
⑤ 联合国教科文组织国际教育发展委员会:《学会生存——教育世界的今天和明天》,第237页,教育科学出版社,1996年版。
⑥ [德]鲍尔生:《德国大学和大学学习》,第113页,张弛等译,人民教育出版社,2009年版。

机构。较为典型的是德国高等专科学校"Fachhochschulen"逐渐变成了应用科技大学(universities of applied sciences)并走上了学术化的道路。① 逐渐崛起德国的应用科技大学被视为洪堡式科学教育与法国巴黎综合理工学院应用型人才培养相结合的办学模式,承担了德国一半以上的工程师、企业管理、计算机技术等专业人员的教育。② 长期以来,在法国承担专业教育的大学校(grandes écoles)以应用型人才培养为目标而忽视科学研究,在外部社会力量的推动下,法国大学校已认识到基础理论知识与技术相结合的重要性,并开始加强实验室建设,强化自身的学术研究职能。目前,法国国家科学研究中心的很多实验室就建在"大学校",以便通过科学研究更好地培养各类专家。③ 英国的多科技学院长期执着于学术化的道路并最终更名为大学,已成为学术漂移(academic drift)的重要典型。④

与此同时,传统大学开始改变抗拒、抵制专业教育的做法,并越来越多地提供专业(profession)方面的教学计划。这使"职业漂移"(professional drift)的现象开始在很多研究型大学显现出来。1969年,剑桥大学将学术与技术相结合,开始与企业联姻,建立起以大学为中心的产学研联合体,形成剑桥科技园。应用逻辑的介入使学科逻辑不再是大学的唯一标志,一些高度学术化的教学计划也被迫将实践性内容加入课程和正规的学习成果之中。英国制定的国家资格框架便是这一进程得到加强的重要标志。⑤ 在法国,为解决大学生的就业问题,1984年法国颁布《高等教育法》,大力推动高等教育的职业化,使职业性的专业教育进入大学,从而出现了大学专业学院(Institut universitaire professionnalisé)。该类学院主要是在大学与企业合作的基础上为工程、服务、金融保险、信息传播等领域培养实用性较强的专业人才。⑥

美国师范教育的变迁也是职业性专业教育趋向学术化的重要表现。20世

---

① EURASHE:Professional Higher Education in Europe:Characteristics, Practice examples and National differences. https://www.eurashe.eu/library/phe_in_europe_oct2014-pdf/,2017-9-10.

② 于黎明、殷传涛、陈辉等:《高等工程教育发展趋势分析与国际化办学探索》,载《高等工程教育研究》,2013年第2期。

③ 陈家庆、韩占生、郭亨平:《法国的高等工程教育及其发展趋势》,载《高等工程教育研究》,2008年第4期。

④ [美]伯顿·克拉克:《探究的场所——现代大学的科研和研究生教育》,第231页,王承绪译,浙江教育出版社,2001年版。

⑤ EURASHE. Professional Higher Education in Europe:Characteristics, Practice examples and National differences. https://www.eurashe.eu/library/phe_in_europe_oct2014-pdf/,2017-9-10.

⑥ 陈家庆、韩占生、郭亨平:《法国的高等工程教育及其发展趋势》,载《高等工程教育研究》,2008年第4期。

纪后期,美国众多师范学院纷纷并入综合性大学,成为其中的教育学院,如哥伦比亚大学的教师学院;另有一些师范学院直接升级扩展为研究型大学,如亚利桑那州立大学;也有研究型大学直接开展教师教育,如哈佛大学教育学院。① 至20世纪80年代,美国师范学院的数量已严重缩减,全美有80%以上的大学开始承担师资培养任务。② 这种变化趋势一方面反映了专业人才培养需要越来越多的理论基础,另一方面反映了研究型大学已开始重视挖掘知识的应用性作用。由于未来发展的不确定性,每个组织都会通过学习和模仿已经成功的组织,以便降低试错的风险,避免组织内部的动荡。学术型教育与职业型教育的相互学习与"漂移"已成为高校适应环境的重要举措。当前出现的"大工程教育"更是涵盖不同的教育类型。2017年麻省理工学院所倡导的新工科教育以学生的个人需要和兴趣为出发点,融不同的教育目的为一体,既为学生从事工程实践活动做准备,又为学生成为工程研究人员打基础,整个教育目的涵盖从工程制造者到发现者这一广阔的职业领域。这使工程科学教育和工程实践教育之间不再具有明显的区分。③

教育的变化源于知识形态的改变,现代技术建立在科学的基础之上,科学是技术的基础和依据,而技术是科学的应用并引导着科学的发展方向,科学和技术两者相互依赖、相互促进,也必然走向相互融合,而这种融合式发展也将使学术性专业教育与职业性专业教育之间的界限变得更加模糊。

---

① 陈晓宇:《关于我国教育学科发展若干问题的认识》,载《高等教育研究》,2017年第2期。
② 季学军:《发达国家中小学师资培养体系与借鉴演变》,载《高等师范教育研究》,2000年第5期。
③ 肖凤翔、覃丽君:《麻省理工学院新工程教育改革的形成、内容及内在逻辑》,载《高等工程教育研究》,2018年第2期。

第七章　我国专业教育超越现实困境的路径选择

教育是社会系统的产物。从历史发展来看,高等教育基本职能的扩展、层次结构的变化、办学类型的多样化无一不是社会政治、经济、科技文化推动的结果。约翰·S.布鲁贝克也由此指出,政治论哲学和认识论哲学在美国高等教育领域交替占据统治地位。① 教育与众多社会系统之间的关系决定了教育问题不能由单一的社会因素决定,而应该考虑到众多社会因素的制约。"高等教育可以服从和服务于多重目标,而从来不会仅仅服从于一个内在或外在目标"②。高等教育与外部社会复杂而又普遍的联系使其难以保持遗世独立、置身世外的品格,"为了生存并产生影响,大学的组织和职能必须适应周围人们的需要"③,否则就会成为"无本之木"。作为复杂的关系性产物,相关影响因素的发展变化必然引起专业教育的转变,这也将成为我们诊断和解决专业教育问题的重要依据。随着时代变革,专业教育的发展范式也必然面临重大挑战。

科学哲学家托马斯·库恩(Thomas Samuel Kuhn)在研究科学革命的结构时提出了"范式"的概念。他认为范式代表的是特定科学共同体成员所共享的信念、价值、技术等构成的整体,同时,还指整体中的某种特殊具体要素即作为模型或范例的问题解决方法。④ 在他看来,历史上的科学革命不是渐进的知识积累和简单的知识修正或更新,而是结构性、整体性科学研究的范式转变。由于常规性问题解决方式即原有范式出现系列危机,难以有效解释或者解决科学研究领域不断出现的新问题或事实,其带来的失败必然引起人们对原有范式的怀疑并催生新的理论和方法。他指出,事实和理论的根本新颖性必然导致范式

---

① [美]约翰·S.布鲁贝克:《高等教育哲学》,第15—16页,王承绪等译,浙江教育出版社,2001年版。
② 展立新、陈学飞:《理性的视角:走出高等教育"适应论"的历史误区》,载《北京大学教育评论》,2013年第1期。
③ [美]约翰·S.布鲁贝克:《高等教育哲学》,第18页,王承绪等译,浙江教育出版社,2001年版。
④ [美]托马斯·库恩:《科学革命的结构》(第四版),第147页,金吾伦、胡新和译,北京大学出版社,2012年版。

的改变。① 新理论是对危机的直接回应,也是对原有范式的突破,"为了消化这些新东西就需要精心制作另一套规则"②。这也意味着更具解释力的新范式将被确立。新范式通常不是对原有范式的精确化或扩展,而是在新的基础上对某一领域的整体重构,还将进一步改变或者颠覆该领域的基本理论、方法和模式。

　　托马斯·库恩主要从自然科学演进的历史来认识科学研究领域范式的存在及转化。其实,这种范式现象不仅存在于科学研究领域,直接影响着科学的概念、行为、制度,而且广泛适用于人类知识、教育等领域,直接影响着教育的观念、组织行为和教育制度等内容。借鉴米歇尔·福柯在《知识考古学》中对"知识型"③的理解,我们认为教育领域的范式或者说某种"教育型"类似于世界观之类的东西,它一方面能为相应领域提供相同的规则、原理与方法等,另一方面是特定共同体成员必须认识和遵守的思想结构、行为规范、制度准则等。④

　　知识是社会形态建构的基础,知识的合理性决定了社会关系、机构、制度以及活动的合理性。⑤ 同时,知识的发展也是社会影响和选择的结果。知识社会学研究者普遍坚持"环境决定知识"的认识,卡尔·曼海姆(Karl Mannheim)认为知识的形成与发展并非完全依靠内在的认识辩证法、事物之本性或纯粹的逻辑可能性,理论之外的诸多社会因素对认识的目的、知识内容的选择等具有全面的影响。他主张将思维和认识的过程同人类生存和社会生活的各种联系考虑在内才能对思维过程和认识过程进行理解。⑥ 米歇尔·福柯(Michel Foucault)通过权力对肉体的规训与惩罚来说明渗透于社会各个领域的权力对知识具有决定性影响。约瑟夫·劳斯(Joseph Rouse)受福柯权力思想的影响,认为来自权力的技术控制是当今科学知识的基本特征。⑦ 结合知识社会学的观点来看,人类知识的发展并非依照纯粹的内在发展逻辑和人类的认知规律,同时也在不同历史时期受到外部政治、经济、文化等社会因素的影响和制约。可见,随

---

① [美]托马斯·库恩:《科学革命的结构》(第四版),第44页,金吾伦、胡新和译,北京大学出版社,2012年版。
② [美]托马斯·库恩:《科学革命的结构》(第四版),第44页,金吾伦、胡新和译,北京大学出版社,2012年版。
③ 米歇尔·福柯认为,"知识型"是科学、认识论形态、实证性和话语实践之间关系的整体,能使人们掌握在既定时间内强加给话语的约束性和界限的规则。参见[法]米歇尔·福柯:《知识考古学》,第214页,谢强、马月译,生活·读书·新知三联书店,2003年版。
④ 石中英:《知识转型与教育改革》,第23页,教育科学出版社,2001年版。
⑤ 石中英:《知识转型与教育改革》,第33页,教育科学出版社,2001年版。
⑥ [德]卡尔·曼海姆:《意识形态和乌托邦》,第324页,艾彦译,华夏出版社,1998年版。
⑦ Joseph Rouse. Knowledge and Power: Toward a Political Philosophy of Science (Ithaca, NY: Cornell University Press, 1987), p.20.

第七章　我国专业教育超越现实困境的路径选择

着时代变迁,人类知识的范式也必然随着社会环境的变化而不断更迭。从历史演进的角度来看,主导人类社会发展的知识经历了不同的形态,研究者从不同视角将其分为:知识的神学阶段、形而上学阶段、科学阶段①,原始知识型、古代知识型、现代知识型、后现代知识型等。② 知识的变迁与转型必然导致部分社会生活话语的转换、原有秩序的混乱与合法性的缺失,也必然带来新的话语体系、新的社会秩序和新的合法性规则。③ 从知识与专业教育的关系来看,专业教育建立在高深知识基础之上,本身就是知识发展的结果,同时也受到社会知识状况的影响和制约。知识是教育改革的一个深刻动力和社会背景。④ 知识的性质和知识的增长方式即知识的游戏规则决定着教育的目的、课程知识的选择、教学的过程等。知识范式的转型必然导致传统专业教育范式的合法性危机。

　　从组织和系统的角度来看,组织通常是由不同个体依据不同的分工而组成的协作行动系统,大学同样是处于不同岗位的个体所构成的协作系统。大学组织的特殊性在于其运行与人们的体验、理解、认识、期望密不可分。⑤ 大学组织虽然被学者们描述为混乱组织、松散耦合的结构等,但这只是说明大学组织牵涉到众多群体的利益。大学组织内部的平衡和秩序通常因不同主体间的利益冲突或是认知模式的对撞而产生震荡,或者陷入难以描述的无序状态,但政府、高校、学生、社会等群体间的相互依赖关系使其不得不在理性的帮助下重新寻求新的平衡与秩序。作为一种系统性的存在,组织通常是人们按照一定的规则,为完成某一共同的目标而正式组织起来的人群集合体。正式的组织需要具备明确的目标、协作的意愿以及良好的沟通,同时还要有一定的权利结构和规章制度作为组织运行的保障。由于组织的运行依赖于各方面的协作与有机配合,这也决定了组织的变革必然是系统性的整体转型。可见,为适应新的知识范式,传统专业教育也必然面临从理念到制度、组织形式等层面进行整体性变革的需要。

　　受制度、文化、发展模式等因素的"制约",我国的专业人才培养出现了过度学术化、专门化、同质化等问题,原有的专业教育范式已很难适应新时期经济社会发展、知识演进的需要,为此我们需要进一步把握国际专业教育发展新趋势,

---

① ［法］奥古斯特·孔德:《论实证精神》,第1页,黄建华译,商务印书馆,2001年版。
② 石中英:《知识转型与教育改革》,第46页,教育科学出版社,2001年版。
③ 石中英:《知识转型与教育改革》,第115页,教育科学出版社,2001年版。
④ 石中英:《知识转型与教育改革》,第36页,教育科学出版社,2001年版。
⑤ 周作宇:《大学治理的心理基础:心智模式与集体思维》,载《北京师范大学学报》(社会科学版),2019第2期。

根据专业教育的内涵和特点以及知识发展和经济社会的需要深化我国的专业教育改革。然而,专业教育的国际化道路和标准选择离不开"本土情怀",只有扎根本土、把握差异,才能使改革获得持久的生命力。从共时性的角度来看,我国专业教育与西方国家的专业教育具有相同的属性,面对相同的任务和使命。但从历时性的角度来看,受认识和制度因素的影响,我国的专业教育发展相对滞后,与西方国家不在同一个发展水平。部分西方国家已经历过的阶段我国还未达到,比如:德国对专业教育质量的保障已经从单个的专业认证评估发展到整体性的体系认证[1],而我国的专业认证制度才从个别专业领域刚刚起步;西方国家已开始超越本土打造专业教育的国际"通行证",而我国的专业教育认证制度尚在探索之中;国外正在对专业教育过度的社会价值、工具价值进行反思,而我国专业教育的社会价值并没有完全彰显,或者在很大程度上是被"扭曲"的;国外已经出现反对专业化的声音,而我国众多领域的专业化程度还比较低;国外的专业教育正在从狭隘的职业资格标准向更高的能力和素质目标转移,而我国亟须以职业化导向改变过度的学术化倾向。从整体上来看,我国的专业教育是多个历史发展阶段的"重叠",所面对的问题与国外既有相通之处又有自身的特殊性。为此,我国的专业教育发展既要吸收借鉴国际经验,又要立足国情,因地制宜;既要面向未来,追赶世界先进的专业教育发展水平,又要树立整体意识,从基础做起,使专业教育体系得到优化与完善。

一、重塑专业教育理念,提升专业教育的价值性追求

内外部环境的变化必然推动组织的变革,而人被认为是组织变革的最关键因素。美国著名心理学家库尔特·勒温(Kurt Lewin)认为,变革通常经历"解冻、改变、冻结"三个阶段,只有通过倡导新的价值理念,使人们感受变革的必要性、紧迫性,理解和接受新的目标,才能引导人们做出行为的改变。[2] 推动专业教育的变革首先在于思想的改变和正确理念的树立。理念通常是事物抽象、本质、一般、共性的表达,是一种理性主义信仰,对人具有重要的引导和激励作用。教育理念通常是借助人的本分的纯粹思维和人的本质的根本考察而形成的。[3] 通过对专业教育理念的重新认识,有助于我们将更为合理的教育理念确立为人

---

[1] 孙进:《德国高等教育认证——机构、程序与标准》,载《高等教育研究》,2013第12期。
[2] 杨洁:《组织行为学》,第307页,北京大学出版社,2008年版。
[3] 陈廷柱:《大学的理想——价值取向及其言说立场与限度》,第20页,中国海洋大学出版社,2008年版。

们的主观期待和共同追求。

(一) 坚持"专业化"的社会发展方向

专业化水平反映了一定社会的科学化、理性化和规范化程度,也是社会现代化程度的重要表征,提高社会的专业化程度已成为众多发展中国家的共同追求。专业化社会意味着专业人员在社会主要领域占统治地位,社会系统也由此建立在科学的知识结构之上。[①] 专业化的社会系统能够为人类的生产和生活提供更加科学化、理性化的服务和指导,有利于社会秩序和评判标准的确立[②],从而在很大程度上推动人类文明的发展。[③] 经济社会的专业化水平已成为社会发展程度的重要标志,丹尼尔·贝尔曾将智力工作的日益专业化视为后工业社会的重要特点之一。[④] 目前,人类社会对专业化的执着和追求使其演变为一种支配个人行为、主导人们思维方式的意识形态,催生了一种唯"专业化"是从的专业主义(professionalism)精神。专业人员凭借科学的身份、被赋予的专业资格和社会委托的信任,开始垄断专业领域的话语权和经营权。部分专业人员凭借自己的专业知识进一步将自己神圣化,染上偏执、虚荣、霸道、贪婪的毛病,贬低和排斥普通大众的日常经验,试图把自己变成所有领域的标准,甚至将以"助人"为目的的社会服务改造成"利己"的行为。[⑤] 这种被异化的专业精神对社会的民主化进程和大众的切身利益造成了严重威胁。受专业主义负面效应的影响,人们对专业化道路和专业主义精神开始提出质疑和批判,指出专业主义(professionalism)正在陷入孤立困境和反理智主义(anti-intellectualism)的困境[⑥],专业化将人推向"碎片化"发展的深渊。[⑦] 受此影响,"去专业化"的声音日益强烈。然而,我国社会的专业化程度和意识远远落后于西方国家,我们不能因西方国家过度专业化所带来的消极因素而因噎废食,放弃对专业化道路的选择。

---

① 郑也夫:《信任论》,第215页,中国广播电视出版社,2001年版。
② [加]尼科·斯特尔:《知识社会》,第246页,殷晓蓉译,上海译文出版社,1998年版。
③ [美]阿尔文·托夫勒:《第三次浪潮》,第50页,朱志焱译,新华出版社,1996年版。
④ [美]丹尼尔·贝尔:《后工业社会的来临》(简明本),第2页,彭强编译,科学普及出版社,1985年版。
⑤ 葛忠明:《从专业化到专业主义:中国社会工作专业发展中的一个潜在问题》,载《社会科学》,2015年第4期。
⑥ [美]罗伯特·M.赫钦斯:《美国高等教育》,第32页,汪利兵译,浙江教育出版社,2001年版。
⑦ 杨芳:《从专业化到"碎片化"——社会分工对人的发展的影响分析》,载《理论月刊》,2010年第7期。

政策价值观不能游离于社会背景之外。① 虽然在后现代视野中,科学化、理性化和标准化等现代性特征是批判对象,但我国作为后发外生型国家,以科学和理性为基础的专业主义精神还相对匮乏。从整体上来看,专业化程度不高是我国现代化建设需要解决的重要问题,而不是像西方国家那样面临严重的专业主义威胁。我国文化心态中根深蒂固的"天人合一"思想塑造了国人普遍的整体主义、经验主义和直觉主义行为方式,这种对整体的直觉把握和经验体认难以培养对事物内在结构的精密的理性分析和解析能力,也很难形成关于自己的主体性意识。② 受传统文化思想的"桎梏",前现代经验式的文化模式至今还强有力地影响着我们的思维,渗透在行政管理、经济决策、文化创造等各个层面的社会活动中,以经验对抗理性、以人情对抗法治和契约仍是社会的"主导性"文化样态。若以经济运行的理性化、行政管理的科层化、公共领域的自律化、公共权力的民主化和契约化等视为现代性的基本维度,那么我国的社会运行和个体生存都相对远离现代性。③ 也可以说,专业主义精神"缺失"和专业化水平的不足使现代性在我国仍处于"不在场"和"无根基"的状态。④

美国汉学家约瑟夫·R.列文森(Joseph R. Levenson)曾对我国古代社会中的"君子不器"观念及其影响下的社会生活进行考察,提出了中国社会所特有的"业余主义"思想。在他看来:中国文人在他们从事人文科学研究时,他们的职业却寓于他们那些没有任何专业化的职业之中。他们是全整意义上的"业余爱好者"和人文文化的娴雅的继承者。他们对进步没有兴趣,对科学没有嗜好,对商业没有同情,也缺乏对功利主义的偏爱。他们之所以能参政,原因就在于他们有学问,但他们对学问本身则有一种"非职业"的偏见,因为他们的职责是统治。⑤ 在"君子不器"观念的影响下,我国历史上的社会精英被认为是相对肤浅的"业余"人员,他们只能沿袭历史经验,很难以创新精神推动社会进步。这种强调宽泛的人文教化、不关注知识实用性的儒家思想在近代人类知识大分化时期不可避免地将整个民族引向了全面相对落后的命运。

---

① [英]斯蒂芬·鲍尔:《政治与教育政策制定》,第7页,王玉秋等译,华东师范大学出版社,2003年版。
② 衣俊卿:《文化哲学十五讲》,第325页,北京大学出版社,2004年版。
③ 现代性是西方工业社会在现代化进程中生成的与传统农业社会的经验本性和自然本性相对的一种理性化的社会运行机制和文化精神。参见衣俊卿:《现代化与文化阻滞力》,第3页,人民出版社,2005年版。
④ 衣俊卿:《现代化与文化阻滞力》,第28页,人民出版社,2005年版。
⑤ [美]约瑟夫·R.列文森:《儒教中国及其现代命运》,第16—17页,郑大华等译,中国社会科学出版社,2000年版。

第七章　我国专业教育超越现实困境的路径选择

专业化以科学和理性为内核,已成为现代性的重要表征。这意味着经验层面的技艺将被系统的、更倾向于科学的知识所取代。也有社会改革家将专业知识视为人类社会摆脱目前困境的唯一途径。① 虽然人们已经开始担心专家的暴政和公民权的丧失,但是,"今天每个人都仍然必须且在某些情况下不得不尊重专家的权威"②,这不仅体现在重大或影响深远的事情上,即使日常生活中的世俗性事务也依赖于专业人员。埃米尔·涂尔干指出:"我们之所以朝着专业化方向发展,不是因为我们要扩大生产,只是因为它为我们创造了新的生存条件。"③在科学发展的基础上,专业人员能够较好地解决社会问题,比门外汉或没接受过专门培训的竞争者更让人信服。虽然专业人员也会滥用专业知识,比如参与大屠杀和修建集中营,但从整体上看,专业人员对人类做出了更多积极贡献。在自由的社会环境中他们有助于推动社会的合理化进程,尤其在法律、卫生、教育以及技术领域。专家在开展研究、发展经济、解决社会问题和治理国家等方面所发挥的作用已无法替代。④ 我们不能以道德的尺度压倒历史的尺度。⑤ 未来的社会将是专业人员占主导的社会,"如果说过去百年间处于统治地位的人物一直是企业家、商人和工业经理人员,那么,'新的人物'就是掌握新的智力技术的科学家、数学家、经济学家和工程师"⑥。马克斯·韦伯也认为,现代文化越是复杂、越是专门,它的外在支撑机构就越是需要没有个性的和严格意义上的客观的专家。⑦ 就此而言,当前所要面对的是怎样阻止专业主义的泛滥,并且提高专业化培训的有效性,而不是替代它。⑧ 20世纪90年代,西方社会掀起的后专业化运动并非要达到去专业化的目的,而是针对当前专业实践中的不足提出不同的实践模式和策略,允许在专业知识和专业实践领域出现多元竞争局面,形成丰富多彩的专业发展态势。⑨ 为进一步发挥专业化的积极作用,推动

---

① [美]罗伯特·N.贝拉等:《心灵的习性:美国人生活中的个人主义和公共责任》,第404页,翟宏彪等译,生活·读书·新知三联书店,1991年版。
② [加]尼科·斯特尔:《知识社会》,第244页,殷晓蓉译,上海译文出版社,1998年版。
③ [法]埃米尔·涂尔干:《社会分工论》,第222—223页,渠东译,生活·读书·新知三联书店,2000年版。
④ WalterRüegg, ed. *A History of the University in Europe*, Volume Ⅲ: *Universities in the Nineteenth and Early Twentieth Centuries* (1800—1945) (Cambridge: Cambridge University Press, 2004), p. 387.
⑤ 衣俊卿:《文化哲学十五讲》,第352页,北京大学出版社,2004年版。
⑥ [美]丹尼尔·贝尔:《后工业社会的来临》,第380页,高铦、王宏周、魏章玲译,新华出版社,1997年版。
⑦ 转引自[加]尼科·斯特尔:《知识社会》,第257页,殷晓蓉译,上海译文出版社,1998年版。
⑧ Ben-David, Joseph. *Centers of learning: Britain, France, Germany, United States*, (New York: McGraw-Hill, 1977), p. 69—70.
⑨ 郭伟和:《后专业化时代的社会工作及其借鉴意义》,载《社会学研究》,2014年第5期。

专业化的健康发展,曾任哈佛大学文理学院院长的亨利·罗索夫斯基(Henry Rosovsky)教授曾寄希望于专业人员要拥有更多的人文关怀。在他看来,职业的理想境界不仅仅是一名合格的技术专家,而应该将专业权威与谦虚、仁慈、幽默结合。律师和医生等专业人员理解痛苦、宗教信仰、公正和科学的局限比掌握具体的工作技能更重要。① 这也意味着专业化并非缺乏前途的追求,而是一项有待完善的事业。

我国与西方发达国家处在不同的发展轨道和层次之上,西方国家经历了长期的专业化过程并暴露出专业化的弊端,目前正在反思中试图进一步完善专业化的成果。对我国而言,专业化仍是一个刚刚起步的事业,然而历史进程难以超越,我们不可能跨越专业化的探索和积累过程而直接享受其带来的高度文明。"历史发展的紧迫性不允许中华民族再用道德尺度的固执和浪漫情调,企图超越历史阶段地扬弃工业文明的一切弊端而享受它的一切优秀成果"②。不过,后发优势可以使我们缩短历史阵痛、减少出现历史错误的可能性。为建设社会主义现代化强国,我国经济社会必须坚持专业化的发展方向,认真吸收和借鉴西方国家在专业化进程中的有益经验,采取有效措施避免专业化进程所出现的弊端。这也为我国的专业教育提出了更高层次的要求。

(二) 树立以素质为本位的专业教育理念

进入 21 世纪之后,科学技术的发展从以分化为主的知识量倍增发展转向以综合为主的发展③,生产劳动的特点也随之发生巨大变化。随着信息技术的深入发展,社会职业出现了单一工种向复合工种、固定职业向流动职业、简单职业向综合职业发展嬗变的趋势。新的职业普遍呈现出工作方式组织化、工作内容多变化、工作对象符号化、问题解决灵活化的特点。专业化程度较高的职业除了需要有较强的专业技术能力之外,还对人的组织能力、伦理道德、创新精神、责任感、协调能力等有较高的要求。以技能操作和能力训练为主的传统职业技术教育很难适应新的职业特征。德国教育思想家雅斯贝尔斯(Karl Jaspers)曾指出:"当社会发生根本变革时,教育也要随之而变;而变革的尝试首先是对教育本质问题的追问。"④从终极目的来看,教育始终是为了实现人的发展,

---

① [美]亨利·罗索夫斯基:《美国校际文化——学生·教授·管理》,第 97 页,谢宗仙译,山东人民出版社,1996 年版。
② 衣俊卿:《文化哲学十五讲》,第 352 页,北京大学出版社,2004 年版。
③ 王敏勤:《由能力本位向素质本位转变——职业教育变革》,载《教育研究》,2002 年第 5 期。
④ [德]雅斯贝尔斯:《什么是教育》,第 16 页,邹进译,生活·读书·新知三联书店,1991 年版。

而不是使人成为某种社会目的的工具。① 满足个人的成长需要是各类学校教育的共同特点,以"成才"为目的的专业教育同样离不开"成人"的基本前提。价值判断、批判思维、组织协调、沟通交流等可迁移性能力和基本文化素质、公民基本道德素养等是专业人才立足社会的根基②,只有健全的人格、理智的头脑才能有效驾驭专业知识和技术。香港学者丁学良指出,教育不仅仅是要解决"用"的问题,首先要解决的是"人"的问题。③ 美国工程专业教育曾因过于注重技能训练而忽视人文、社会科学的教育而备受争议。2000 年,美国工程和技术认证委员会(Accreditation Board for Engineering and Technology,ABET)迫于压力而重新修订行业标准,新标准着重强调了从业人员的综合能力(如沟通能力、道德敏感度、合作能力、文化意识以及对社会政治环境的理解能力等)。④ 20 世纪 90 年代为改变高等教育过度专门化、功利化"弊端",我国高校开展了轰轰烈烈的文化素质教育活动。当前,素质教育已成为我国高等教育政策的重要内容,2010 年中共中央、国务院发布的《国家中长期教育改革和发展规划纲要(2010—2020 年)》已将以人为本、全面实施素质教育作为我国教育改革发展的战略主题。2015 年联合国教科文组织进一步提出教育应超越识字和算术等基本职能,使人们学会在承受压力的地球上生活,要求教育重视文化素养,在尊重的基础上将可持续发展的社会、经济和环境方面结为一体。⑤ 为适应科技革命和产业变革新趋势,近年来,我国开始大力倡导以学生为中心的"新工科"教育,强调将工程伦理意识与职业道德融入教学环节,注重文化熏陶,培养以造福人类和可持续发展为理念的现代工程师。⑥

素质教育作为一种教育理念不只是专业教育的补充和人生的点缀,而是增长见识、砥砺精神、启迪理智、提高修养、形成健全人格的主要途径,更是成就美好人生的重要条件,同时也是改变我国传统文化中自然主义和经验主义行为模

---

① 王建华:《论人类的教育》,载《清华大学教育研究》,2014 年第 2 期。
② 张应强、蒋华林:《关于地方本科高校转型发展若干问题的思考》,载《现代大学教育》,2014 年第 6 期。
③ 丁学良:《中国的大学最差的是软环境》。https://www.douban.com/group/topic/53603976/,2017—4—3。
④ [美]德里克·博克:《回归大学之道——对美国大学本科教育的反思与展望》,第 202 页,侯定凯等译,华东师范大学出版社,2012 年版。
⑤ 联合国教科文组织:《反思教育:向"全球共同利益"的理念转变?》。https://wenku.baidu.com/view/ad3730de376baf1ffd4fade7.html,2017—11—12。
⑥ 教育部、工业和信息化部、中国工程院:《关于加快建设发展新工科实施卓越工程师教育培养计划 2.0 的意见》。http://www.moe.gov.cn/srcsite/A08/moe_742/s3860/201810/t20181017_351890.html,2018—10—8。

式的有效方式。① 合格的专业人才离不开较高的综合素质。所以,专业教育除了要满足社会、市场、学科和职业的需要,还要考虑受教育者自身发展的需要。②总之,当前的专业教育已不能仅局限于培养少数具有特殊知识结构的精英,而应该为专业人员的基本素质做铺垫,能够使专业工作者从自然和经验的状态进入理性和自觉的存在状态③,从而更合理地利用专业知识和技术造福人类。

(三) 确立利他主义伦理思想在专业教育中的基础性地位

虽然专家系统有赖于科学精神和技术理性④,但科学和技术只是一种工具,其合理使用离不开利他主义精神的引导。利他主义尽管是一种"稀缺资源"⑤,但它却是人与人之间关系维持和个人自我保存的基础。从经济学的角度来看,个人通过让渡自己的资源,在满足他人需要的基础上才能使自己获取必要的经济、社会地位、尊重和荣誉等收益。就此而言,利他主义既是高尚道德品质的体现,又是以生存为目的的理性选择。

长期以来,利他主义精神是我国传统伦理观念的核心,并渗透在我国传统思想文化之中。儒家思想以"仁"为核心,主张"仁者爱人"(《孟子·离娄下》)、"达则兼济天下,穷则独善其身"(《孟子·尽心章句上》)、"重义轻利"。孔子认为"君子喻于义,小人喻于利"(《论语·里仁》),主张要形成"见利思义"(《论语·宪问》)的行为准则。"兼爱"是墨家思想的核心,该学派认为"自利"是各种"乱"的根源,应该持守"兼爱"的理念,指出:"天下兼相爱则治,交相恶则乱。"(《墨子·兼爱上》)。这种反对自利、讲究奉献的文化思想已潜移默化为一些行业普遍信奉的职业操守。我国著名教育学家郑晓沧曾指出,医士、教师所从事的 Profession 与普通的工匠所从事的 Trades 不同,从事 Profession 人员需要具备较高的职业道德,"须多量之修养……不为小己之利益,而为人群之幸福,此则正与居'四民'之首之'士'者相当"⑥。长期以来,人们以"蜡烛"、"春蚕"、"蜜

---

① 有学者认为应试教育与素质教育在本质上都是传授知识,而应试教育把传授知识当成现成的、给定的东西,强调简单地记忆现成的知识,并视之为应付未来人生的工具;素质教育是通过知识的启蒙,一方面提升学生的理性,形成合理的知识结构和自学的能力与习惯,另一方面形成自觉的创造力和创新能力,而这是现代人和现代社会的本质特征。参见衣俊卿:《文化哲学十五讲》,第 327—328 页,北京大学出版社,2004 年版。
② 蔡文伯、高芳:《改革开放 30 年我国高校专业设置的价值取向》,载《大学》(研究版),2009 年第 2 期。
③ 衣俊卿:《文化哲学十五讲》,第 326 页,北京大学出版社,2004 年版。
④ 衣俊卿:《现代化与文化阻滞力》,第 20 页,人民出版社,2005 年版。
⑤ 杨春学:《利他主义经济学的追求》,载《经济研究》,2001 年第 4 期。
⑥ 杨东平:《大学精神》,第 60 页,辽海出版社,1999 年版。

蜂"等来隐喻教师,以"悬壶济世"、"杏林春暖"、"妙手仁心"来表达医生职业的特点。从这些习俗性的认识来看,人们已习惯于认为从事医生、教师等高级职业的人员应该拥有"士"的品格,即具备较高的学识与修养,能够主持风化,为社会做出较大贡献,同时将个人利益置于次要地位。

　　全球化时代来临呼吁更高层次的利他主义精神。在全球化进程中,人类活动的影响范围被不断放大,而科学技术所带来的环境恶化、资源枯竭、大规模杀伤性武器的增加等问题已严重威胁到每个国家和个人的生死存亡。任何国家和个人都难以置身事外、独善其身。为避免技术的不合理使用以及个人主体性膨胀所带来的威胁,培养各类高级职业人才的专业教育应超越个人、时间、地域和民族的限制,为整个人类的前途和命运负责。针对现代社会人类生存的困境,韩国社会学家金昌泰曾主张建立地球时代新价值伦理观。在他看来,人类在相互联系的地球时代应超越经济价值优先的价值结构,构建生态价值优先的体系,改变以培养经济、企业人为主旨的教育模式,以培养地球家庭人为目标,使人具备生态伦理良知,能够承担关心、保护地球的责任,并欣赏自然与自然和谐相处。① 我国高清海教授根据马克思主义理论中人类发展的三个阶段学说指出,作为主体的人应该从具有过度依附关系的集群主体和以自我为中心的个人主体走向个人自觉与他人、社会、自然和谐相处、相互融合统一的类主体。② 以人的类主体性取代个人本位所带来的弊端已被视为解决当前人类生存困境的必由之路。③ 这需要教育更加关注个人与他人、社会、自然的整体性和普遍性关系,增进不同主体间的和谐相处。厄内斯特·博耶指出,在一个复杂的、相互依存的世界中,否定我们和地球之间的关系,就是否定存在的现实,所以我们绝不能让那些不能正确认识他们的知识和生活的学生毕业。④ 美国学者帕森斯和普莱特认为专业教育主要向外部社会系统输出人力资源、价值认知、对社会权威的认可等三类产品。⑤ 其中,人力资源只是专业教育输出的一部分内容,专业教育还应包括价值承诺、职业伦理道德等内容。为迎接全球化时代的挑战,2015年联合国教科文组织在《反思教育:向"全球共同利益"的理念转变?》中提出:在

---

① [韩]金泰昌:《地球时代的新的价值论》,载《国外社会科学》,1995年第9期。
② 高清海:《主体呼唤的历史根据和时代内涵》,载《中国社会科学》,1994年第4期。
③ 张天宝:《试论主体性教育的基本理念》,载《教育研究》,2000年第8期。
④ [美]厄内斯特·博耶:《大学:美国大学生的就读经验》,第83页,徐芃、李长兰、丁申桃译,北京师范大学出版社,1993年版。
⑤ Talcott Parsons & Gerald M. Platt. *The American University* (Cambridge, Massachusetts: Harvard University Press,1973),p.374.

"全球共同利益"面前,高等教育要主动承担引领人类应对全球性挑战的责任。[①]为适应全球化趋势、培养具有全球视野和能力的工程人才,美国国家工程学院(National Academy of Engineering)要求工程师们接受更广博的教育,时时以全球公民的标准要求自己,不仅能引领商业和公共服务业的发展,在研究、开发和设计中起到重要的作用,而且还能包容和理解其他文化。[②]

利他主义精神培养的关键在于德行的教化。为防止专业主义所带来的知识霸权主义、自我中心主义对他人和社会所造成的威胁,专业教育应该将利他主义的伦理思想作为专业人员的内在价值追求,而不是为了免于惩罚的被动选择。伦理也被划分为以外部社会道德规范为依据的"规范伦理"和源于个体内在心性品格的"德行伦理"。进入工业化社会以后,德行伦理逐渐被规范伦理所取代,对技术的崇拜使人们寄希望于外部道德规范建设,而忽视了对个人内在精神世界的培育和引导。如果社会秩序仅依赖于人们对外在行为标准被动适应而无视人的内在精神追求,其结果只能是社会温情的丧失和大量"精致利己主义者"的涌现。规范性伦理只是追求规范和约束的完备性,这种"他律"方式只能对外显的行为进行规约,能够达到抑"恶"的效果,无法激发人们内心对"善"的追求。离开德行伦理支撑的规范伦理终将沦为缺乏内在主体的空洞教条。[③]为此,专业文化中的伦理意识离不开教育对个体德行的培养。提高专业人员的精神境界,使其树立崇高的理想和信念,引发他们的"自律"意识,才能使专业行为真正造福人类。职业理念是职业的灵魂,对职业理念的理解、领悟和内化是从规范伦理进一步升华为德行伦理的基础[④],为此,专业教育除了专业知识和技术之外还应该重视以人文内涵为基础的职业理念教育。

总之,现代社会的科学知识和技术只能解决事实性和策略性问题,无法解决价值性问题。在这个相互依存的世界,为避免工具性教育目的所带来的自私、狭隘、短视与盲目,专业教育应该以利他主义伦理思想为灵魂,以构筑"人类命运共同体"为使命,超越狭隘的个人、民族利益,通过适当的道德教化和精神引领提升学生的类主体意识和全球意识,使学生树立正确的义利观和社会责任感。

---

① 联合国教科文组织:《反思教育:向"全球共同利益"的理念转变?》。https://wenku.baidu.com/view/ad3730de376baf1ffd4fade7.html,2017-11-12.

② [美]德里克·博克:《回归大学之道——对美国大学本科教育的反思与展望》,第202页,侯定凯等译,华东师范大学出版社,2012年版.

③ 万俊人:《"德性伦理"与"规范伦理"之间和之外》,载《神州学人》,1995年第12期.

④ 朱新卓:《教师专业化的现代性困境》,载《高等教育研究》,2005年第1期.

二、深化高等教育管理体制机制改革,为专业教育发展提供制度保障

在美国经济学家道格拉斯·C.诺斯(Douglass C. North)看来,制度是社会的游戏规则,决定人们的相互关系并使社会行为走向规范。人类实践都是一种制度性实践,既要依据和遵循一定的社会制度,又要受到一定社会制度的制约。① 对人类发展起重要的作用专业教育同样离不开制度环境的支持,我们只有根据专业教育的特点和国际专业教育发展趋势,建立相应的管理体制机制,才能使我国的专业教育走上健康的发展道路。

(一)进一步落实高校办学的主体地位

专业教育的社会性、职业性决定了其价值、生命力源于其对社会需要的满足。然而,知识经济的到来加剧了社会需求的不确定性,人们很难准确预测劳动力市场的复杂变化,也难以从整体上应对劳动力市场的需要。专业人才需求的复杂性、多样性、变化性使我国高度统一的高等教育管理体制面临巨大挑战。中华人民共和国成立之后,我国高等教育采取"以苏为师"的组织管理模式,由此呈现出政府对大学设立、运作和评价等全过程直接介入的总体特征。② 在"国家行动"的框架下,我国高校严重依附于政府,自主权受到种种限制,应对市场变化的灵活性相对不足。

美国"金融巨鳄"乔治·索罗斯(George Soros)曾针对不同的治理体制总结出出"中央化原则"和"基层化原则"两种相对的管理方式,前者相信政府是全知全能的,中央政府可以控制和解决好所有的问题,但容易因决策失误带来更大的损失;后者更具有灵活性,可以因地制宜、随机应变、分散风险。他认为中央化和全能政府是封闭社会的特征,而基层化是开放社会的特点,然而终极真理是不可及的,应该允许人们思考并做出自己的选择。③ 以此来看,政府的理性总是有限的,认知的有限性还隐藏着决策失误所带来的全局性风险。若适度增加基层组织的自主权,不但可以分散或规避风险,而且可以提高基层组织的社会适应能力。

---

① 石中英:《知识转型与教育改革》,第3页,教育科学出版社,2001年版。
② 张洋磊:《研究型大学跨学科学术组织冲突问题及其治理研究》,第210—211页,华中科技大学博士学位论文,2016年版。
③ [美]乔治·索罗斯:《开放社会:改革全球资本主义》,第150页,王宇译,商务印书馆,2002年版。

学术自由、大学自治是长期以来西方大学所珍惜和传承的重要传统,这使大学在很大程度上保持一定的独立性,免于行政权力的干预。20世纪80年代以来,西方主要发达国家为解决经济停滞和社会治理方面困难,推动了以市场解救政府失灵的新公共管理运动,试图通过在公共管理和服务领域引入市场机制,减少和优化政府的职能,从而提高公共管理的效率和效益。新的社会治理模式向高等教育领域的蔓延在西方国家掀起了高等教育市场化改革的潮流,形成了以市场竞争为基础的高等教育治理模式。美国作为典型的市场经济国家,对大学的独立地位、自治权力给予了法律上的保护。充分的市场竞争机制不但激发了美国高校的活力和创新能力,使其能够对市场的变化做出及时灵活的反应,而且推动了美国高等教育的多样化,使众多美国高校保持了世界一流大学的地位。在西方国家,高等教育投资主体的多元化以及社会中介组织在财政拨款和行政管理中的"缓冲器"作用也有效避免了政府对高等教育的直接干预,使大学拥有与政府、社会组织机构在高等教育治理中的平等地位,为大学面向市场依法自主办学提供了保障。同时,来自民间的教育基金、工会、企业、商会、专业协会、媒体、家长团体以及高校内部的教师和学生组织,借助经济、政治、法律和舆论等不同手段参与高校治理。多元化的治理主体拉近了高校与市场的距离,为专业教育与市场接轨奠定了基础。

对我国而言,专业教育市场化的关键在于从管理体制、拨款方式、治理主体等方面将高校引向市场竞争的轨道。只有真正确立高校依法自主办学的法人地位,才能减少政府"有形之手"对高校事务的"直接干预",进而发挥市场竞争机制在高校发展中的决定性作用。1985年,中共中央发布的《关于教育体制改革的决定》已将简政放权、扩大高校办学自主权作为高等教育管理体制改革的重点;1993年,中共中央、国务院发布的《中国教育改革和发展纲要》又进一步提出要"使高等学校真正成为面向社会自主办学的法人实体"。我国历届政府也在该理念的指导下不断下放权力,逐步扩大高校的办学自主权,然而政府根据自身意愿所推动的权力下放与高等教育市场化改革的需要还有一定差距。当前,我国高校在专业设置与调整、课程设置、领导任命、学位点建设、学位证书发放、招生、教师评聘等方面的自主权仍受行政权力的高度相对制约。2013年我国颁布的《中共中央关于全面深化改革若干重大问题的决定》再次明确要求政府简政放权,深化行政审批制度改革。对高等教育而言,"要深入推进管办评分离,扩大省级政府教育统筹权和学校办学自主权",也就是要合理分化政府的权力,形成政府宏观管理、高校自主办学与社会客观评价相结合的高等教育治理体系。这为进一步深化我国高等教育体制改革指明了方向。

第七章　我国专业教育超越现实困境的路径选择

政府作为高等教育管理体制改革的担纲者和主角首先要转变观念,应认识到政府理性的有限性、反应的"滞后性",以及市场竞争机制能够给高等教育带来的活力、创造力和社会适应能力,从而努力改变"政府为主,市场为辅"的类市场化治理模式,建立"市场为主,政府为辅"的准市场化治理模式,充分发挥市场竞争机制的决定性作用。① 当前,中央政府统摄了高等教育的举办权,地方政府对自己所管辖的高校具有较大支配和控制权,普通高校受到不同层级行政权力的管辖。从法理上来看,高校办学自主权应来自于法律授权而非政府权力的下放或授权。为确立高校的办学自主权,增强高校的主体意识和自我约束意识,各级政府除了向高校放权还权之外还要从法律上进行确权,同时还要营造良好的市场竞争环境,引导高校面向市场办学并接受市场竞争的考验。为能有效限定政府权力,使高校办学自主权得到保护,政府还需要认真推行高等教育负面清单管理。高校作为独立的法人实体在丰富的社会活动中应该享有的权利很难用正面清单一一列举。此外,正面清单在规范和确认高校权利的同时还会在很大程度上对高校的其他权利进行限定。鉴于以往政府以正面清单的形式下放权力无法满足高校的期待,新的改革措施应该从法律上列举高校的禁止性权利,使大学从事负面清单之外的事项不受到限制,做到"法无禁止即可为"。

独立的办学自主权和市场竞争机制能够激发高校的活力和创造性,提高办学的灵活性,有利于推动我国高等教育的特色化、多样化,满足经济社会发展的不同需求,然而,市场机制也不是万能的。在功利性目的的驱使下,市场对教育的调节和引导有一定的盲目性和短视效应,在教育中容易产生"重理工轻人文、重专业轻基础、重书本轻实践、重共性轻个性、重功利轻素质"等弊端,并出现专业设置高度雷同、部分专业人才培养过剩或缺失的局面。在处理"府学关系"中,我们既要借鉴国外的成功经验,充分发挥市场竞争机制在教育资源配置中的决定性作用,又要尊重中国的国情和长期以来形成的教育管理传统,发挥政府的统筹、规范、监督和引导作用。由于市场经济在本质上是一种主体性、法治契约性经济②,市场经济体制需要把政府管理高等教育与高校自主办学共同纳入法制化轨道,明确高校是面向社会依法自主办学的法人实体,政府需要在宏观上处理好"管教育"和"办大学"的关系,做到依法行政和依法治教。与此同时,高校需要在市场竞争机制的作用下摒弃"等、靠、要"的依赖思想,学会自我约束、自主经营,主动接受市场的挑战。而政府应该从以计划管理为基础的高

---

① 张应强、张浩正:《从类市场化治理到准市场化治理:我国高等教育治理变革的方向》,载《高等教育研究》,2018年第6期。
② 衣俊卿:《文化哲学十五讲》,第354页,北京大学出版社,2004年版。

等教育类市场化治理模式中及时抽身,在尊重市场规律的基础上加强宏观调控和服务能力建设,使政府角色从"全能政府"、"权力型政府"转变为"有限政府"、"服务型政府"。鉴于我国政府长期以来对社会事务的全面主导和作为高等教育事业的主要创办者和投资者身份,我们需要在高等教育领域建立以政府为主导,由高校、中介机构、家长组织、行业团体、社会机构以及媒介组织在内的"一主多元"式高等教育合作治理体系,以便将专业教育从单一封闭的校园引向多元开放的市场空间,充分发挥不同参与主体在不同领域和层面中的作用,使专业教育能够接受社会的监督和指导,从而更加适合行业的需要。在新的治理体系下,社会中介组织将作为政府和高校之间的桥梁和缓冲器,通过对高校进行跟踪评估和专业指导,将政府对高校直接管理变为间接的宏观调控,在资源配置方式上将直接的"政府—学校"拨款模式转变为间接的"政府—中介组织—学校"拨款模式,为高校的教育活动提供更多自主空间。作为市场机制的辅助和补充,政府将以多元主体中"平等中的首席"参与高等教育事务的斡旋与协调,并通过财政政策、信息服务、平台搭建等措施引导专业教育的有序发展,减少过多的行政干预,形成政府宏观调控与高校依法自主办学相结合的专业教育管理机制。

(二)转变专业目录的指令性职能,加强对专业教育的信息指导和服务

我国的专业目录规定着专业的划分、名称及所属门类,体现了人才培养的规格和工作方向,也是设置和调整专业、实施人才培养、学位授予、指导招生和就业的重要依据。国内本科教育的每次重大调整均从专业目录开始。对专业目录设置权限的控制成为我国政府实施高等教育宏观调控的重要手段。然而,学科专业目录所具有的计划控制、高度集中、条块分割等特点与目前的市场经济体制"相对偏离",已成为落实高校办学自主权、以市场需要为导向、高等教育资源自由竞争和优化配置的"主要障碍"。[①] 从知识发展来看,以问题为导向的多学科、跨学科发展模式将成为未来学科发展的主要模式,而专业目录对组织、资源的分割不利于学科交叉与融合。我国进入高等教育大众化阶段后,高校需要承担不同类型人才培养的任务,尤其是增加与经济生活联系密切的应用型人才培养。教育部在《关于加快建设高水平本科教育全面提高人才培养能力的意见》中强调本科教育要"坚持服务需求"、"主动对接经济社会发展需求",然而学

---

① 刘小强:《高等教育学科专业制度:回顾、反思和方向——关于我国高等教育学科专业目录改革的思考》,载《学位与研究生教育》,2010年第1期。

科专业目录所遵循的学科知识逻辑与应用型专业人才培养所需的知识应用逻辑存在较大差异,从而不利于人才培养与社会需要的有效对接。对此,有学者建议,我们应进一步落实高校专业设置和学位授予的自主权,变国家统一的指令性专业目录为指导性专业目录,并将国家学位改为学校学位。①

另外,受认知局限性和能力有限性的影响,市场活动中存在大量信息不对称的问题。为减少高校战略决策的盲目性,提高专业设置、人才培养的科学性与合理性,政府应该利用自身的领导地位和统揽全局的优势为高校提供必要的信息服务。该职能既能发挥政府对社会事务指导和服务作用,又尊重了高校在市场活动中的主体地位。在美国,政府并不直接干预高校的专业设置,而是通过建立国家信息服务系统为高校和社会提供必要的信息服务,如美国联邦教育部颁布的美国高校学科专业目录(CIP)。美国 CIP 的理念与技术体现了市场经济环境下政府"有所为和有所不为"的行为准则,对我国政府科学管理高校的学科专业具有一定参考价值。以此为鉴,在市场经济条件下,我国政府应围绕简政放权重新定位专业目录的功能,将当前专业目录的指令性和计划性功能转变为指导性和服务性功能。这也是进一步转变政府职能、落实高校办学自主权的重要基础。

学校学位制度是学校自主管理本校事务的合法基础,被认为是落实高校办学自主权的制度前提。② 我国在学科专业目录基础上采用的国家学位制度在很大程度上容易导致人才培养的"同质化",不利于高校在人才培养和专业设置上的创新。学位是专业合法性的基础,没有学位支撑的专业很难立足市场、吸引生源。在现有专业目录范围内预设的有限学位很难全面覆盖复杂多样、变化无穷的社会需要。为提升高校的社会服务能力,有效满足不同的社会需要,我国可以借鉴国际办学经验,通过建立学校学位制度为高校自主发展、灵活设置专业或者调整专业结构奠定基础。

为避免专业教育的供需错位和资源浪费,我国还应及时建立专业设置和调整的预测反馈机制,将专业设置和调整与人才预测、就业反馈机制相结合,以提高决策的科学性、合理性,促进专业结构与产业结构的有效衔接。随着大学生就业形势的严峻,人才需求的监测预报和信息服务的必要性已引起了政府的关注,2007 年教育部在《关于进一步深化本科教学改革全面提高教学质量的若干

---

① 刘念才、程莹、刘少雪:《美国高等院校学科专业的设置与借鉴》,载《世界教育信息》,2003 年第 1—2 期。

② 赵炬明:《精英主义与单位制度——对中国大学组织与管理的案例研究》,载《北京大学教育评论》,2006 年第 1 期。

意见》中提出要建立人才需求的监测预报制度,实时公布高校的人才培养和经济社会的人才需求状况,为高校的专业设置、调整提供引导。2017年国家制定的《关于深化高等教育领域简政放权放管结合优化服务改革的若干意见》再次强调要加强专业建设信息服务,建立招生、就业与专业设置间的联动机制。市场需要是专业教育的"生命线",也是专业教育存在的依据。人才供需双方信息的透明化能够有效避免高校办学的盲目性,提高专业设置的科学性、可行性和预见性,能够更好地满足经济社会对各类专业人才的需求。为进一步落实人才监测预报制度,国家除了搭建专门的数据信息平台,还要打通学校、就业市场方面的信息渠道。鉴于毕业生就业状况是专业人才供需关系的最好说明,国家应该利用现代信息技术建立和完善毕业生情况的持续跟踪和反馈机制,推动就业与招生、人才培养之间联动机制的形成,使学校能够捕捉到市场变化的信号,并根据毕业生反馈的信息进行自我检查与评估,及时调整专业结构和教育内容。

为减少专业教育的盲目性和不确定性,我国还应积极建立专业教育发展前沿的跟踪和学习机制。我国是典型的后发外生型现代化国家,在我国走向现代化之前西方国家已积累了一定发展经验。受其示范效应的影响,在一些具体领域的发展前沿建立长期的跟踪机制将是我国高校缩短差距、提升自身发展水平的重要方式。我国虽然建立了现代专业教育的基本形式,但在专业设置、学位授予、质量监控、协作育人等方面还不够十分成熟和完善。美国以通识教育为基础的专业教育模式、英国专业人才培养中涉及的现代学徒制和德国应用型人才培养中所依赖的"双元制"教育模式都具有一定的优势,目前已受到我国教育研究领域和高校的关注并在实践中不断尝试。不过,向发达国家学习的过程并非要全面推进、"一揽子解决",而是结合本土经验循序渐进、逐步推广的过程。不同的专业和教育类型都有各自的特点,个别领域的经验未必具有普适性。我国的不同高校、不同专业都应该根据自身条件寻找适合的学习和对标对象。在学习借鉴西方经验的过程中,高校可以通过人才交流、项目合作等形式与国外同行接触,了解新的发展趋势。总之,只有以开放的姿态积极追踪和学习世界专业教育发展的前沿经验,才能使我国高校融入世界潮流,迅速提升自己的专业人才培养水平。

(三)构建合理的高等教育分类分层制度,开拓专业教育的发展空间

随着社会分工的不断细化和产业结构转型升级,我国劳动力市场需要大量类型不同、规格多样的优秀人才,但由于本科教育阶段缺乏明确的类型划分导致了人才类型过于单一,难以满足经济社会对不同类型人才的需要。为避免教

育功能重叠和资源浪费,我国本科阶段的教育类型需要有明确划分,尤其是将培养应用型人才的职业性专业教育与培养研究型人才的学术性专业教育进行明确区分并分类施策。学术性专业教育以培养科学家、经济学家、物理学家等科学理论工作者为主,职业性专业教育以培养工程师、律师、医师、会计师等实践工作者为主,两者是"截然不同"的教育类型。与西方发达国家相比,我国本科阶段应用型人才培养的比例严重偏低,难以支撑经济社会的健康发展需要。当前,我们需要树立高等教育分类发展意识,破除学术性专业教育一统天下的局面,通过政策法规、财政拨款、考核评审等手段为职业性专业教育的发展创造机会和条件,避免高等教育系统出现普遍的"学术漂移",引导众多高校在不同领域和层次追求卓越、创造一流。

随着科学技术的深入发展和社会生活水平的提高,人们对从业者的综合素质和专业化水平不断提出更高要求。专业人员只有具备较宽广的知识视野和更为深厚的理论基础才能胜任专业活动,为此,国外专业教育纷纷从本科层次向研究生层次转移。美国多层次的高等教育结构被认为更能协调不同方面的利益、适应不同任务和变化的要求。[①] 为顺应时代发展、满足个人的长远发展需要,我国高等教育也应适当借鉴美国高校本科与研究生教育相结合的双层教育结构,本科阶段以开展通识教育为主,主要为学生提供合理的知识基础,并为高级阶段的专门化学习打好基础,硕士、博士教育阶段以培养不同类型的高级专业人才为主。这样也有利于解决教育本体价值与工具价值、个人价值与社会价值之间的矛盾与冲突,使教育内部的知识发展与外部的职业需求能够各得其所、并行不悖。我国经济社会发展对应用型专业人才大量而急切的需求已对科学学位研究生教育的主导地位提出了巨大挑战。[②] 为满足社会对应用型专业人才的大量需要,政府需进一步扩大研究生教育的规模,尤其要增加专业学位所占的比例。2010年《国家中长期教育改革和发展规划纲要(2010—2020年)》明确提出要"加快发展专业学位研究生教育"。2017年教育部和国务院学位委员会通过《学位与研究生教育发展"十三五"规划》进一步推进专业学位研究生教育,计划到2020年将专业硕士的招生比例提高至该层次招生总数的60%左右,还要加强博士专业学位的论证和设置工作,使不同层次和类型的研究生比例更加协调。这需要我国高校摆脱对传统学术学位研究生培养模式的"路径依赖",树立明确的类型观念,切实以职业需求为导向,以应用为目标,增强专业学位研

---

① [美]伯顿·R.克拉克:《高等教育系统——学术组织的跨国研究》,第214页,王承绪等译,杭州大学出版社,1994年版。
② 王沛民:《研究和开发"专业学位"刍议》,载《高等教育研究》,1999第2期。

究生教育的实用性，提高社会对专业学位教育的认可度。

另外，我国本科阶段只有建筑学学士一种专业学位，与国外相比还有更大的拓展空间。增加本科阶段的专业学位能够使本科教育的类型区分更加明确，有助于打通高层次技术技能人才成长的通道，为硕士专业学位教育、应用型本科教育、高等职业教育的有效衔接提供条件。

（四）建立专业教育认证评估机制，推进专业教育的国际化

当前，我国高等教育总体上呈现"二元市场"的状态。从招生即"入口"看，高等教育仍是供不应求的"卖方市场"；从就业即"出口"看，高等教育已经趋向于"买方市场"。[①] 在这种优质教育资源供不应求的情况下，即使出现了"出口"不畅情况也难以对高校的生存构成压力，这使很多高等院校缺乏改革的紧迫感。为提高人才的适用性，解决人才供给与社会需求结合不够紧密的问题，我国亟须建立有效的教育质量监督保障机制。

专业教育根植于社会需要，所培养的专业人才最终要走向社会，接受社会的检验，为此，社会的人才标准应该是专业教育的重要依据和尺度，对专业教育水平的评价需要实践者（practitioner）、同行（peer）和顾客（client）的共同参与。[②] 行业对专业实践和培训方面的质量进行监督是专业性职业的长期传统和内在要求，能够使专业更好地服务于客户利益和社会福利。[③] 同时，还能提升教育质量考核的标准，巩固专业教育的地位。[④] 在欧美国家，对专业教育进行评价的主体通常是由行业专家所组成的第三方社会评价机构。该类机构具有独立性、非营利性等特征，与高校的地位是平等的。他们所开展的评估通常是在平等协商、交流的基础上对专业教育的情况进行诊断，帮助高校建构更加合理的教育模式，使专业人才培养能够符合行业标准。外部社会对专业教育的指导、监督和检验有助于保障毕业生"出口"顺畅、"适销"对路。而长期以来，我国开展的本科教学评估制度被认为是一种自上而下的问责式评估，不但分类不够、指标单一，而且存在形式主义和弄虚作假等众多问题。[⑤] 该评估机制进一步强化了科研在本科教育中的重要性，使学术教育挤压了应用型人才成长的空间。

---

① 冯向东：《高等学校定位竞争中的抉择》，载《北京大学教育评论》，2004年第2期。
② Peter Jarvis. *Professional Education*(London:Croom Helm Ltd,1984),p. 103.
③ Colby, Anne; Sullivan, William M. "Formation of Professionalism and Purpose: Perspective from the Preparation for the Professions Program ", St. Tomas Law Journal 42, no. 4(2008):405.
④ Ben-David, Joseph. *Centers of learning* : Britain, France, Germany, United States (New York : McGraw-Hill, 1977), p. 53.
⑤ 刘海兰：《科教学审核评估的有效性研究》，载《江西社会科学》，2014年第4期。

在欧美国家,由第三方评估机构所开展的专业认证制度已成为专业教育获得社会认可的重要条件。专业认证制度主要是指由各行业成立的专门认证机构以一定的行业能力标准为依据,对专业性的教学计划即为进入某特定职业做准备的教育计划进行认证,对达到既定标准的职业性教学计划进行认可,以此来保证毕业生获得从事该专业工作所需要的技能。对专业教育的认证评估一方面能使学生、公众的利益得到保障,另一方面能够确保学校在持续的自评、专家评审中不断改进工作,提高教育质量。① 对专业性职业而言,不是专业知识,而是它的资格证书更能创造文化资本。② 在国际上,专业认证、毕业生的市场准入与相关资格注册直接挂钩,专业人才认证制度已成为专门职业准入的基础和前提。为确保专业人才培养达到行业标准,专业教育认证标准的制定通常与行业制定的专业人员能力标准保持一致。比如,英国的工程教育专业认证标准和工程师注册标准均以英国工程委员会制定的英国工程职业能力标准(UK Standard For Professional Engineering Competence)为基础,以此确保工程专业人才培养达到行业认可的工程师注册标准。③ 在全球化背景下,人们从以往对课程内容的关注转向对所学知识的承认、评价和认证。④ 若缺乏权威的专业认证,学校所开展的专业教育便难以获得社会认可,这将严重影响到学校的声誉、地位和毕业生在国际劳动市场上的流动。

我国强调的教学评估主要是院校层面的评估,专业认证评估作为一项制度和意识还没有真正建立。⑤ 然而,在经济全球化的背景下,人才的国际流动已成为一种趋势,提高专业人才的国际竞争能力已成为专业教育的重要任务。专业教育只有以国际化的人才标准为依据,才能使学生获得专业领域的国际"通行证"。当前,国际性专业认证的缺乏使我国专业教育的质量难以被世界认可,导致国内培养的专业人员在国际专业领域遭受不公正待遇。为保障专业教育的质量,确立我国专业教育的国际地位,我国亟需建立专业教育认证评估体系和相关运行机制。这需要我国高校在专业人才培养过程中主动与国际专业教育和人才标准相接轨,积极开展与国际高水平专业教育认证机构的交流与合作,

---

① 董秀华:《专业认证:高等教育质量保障的重要方法》,载《复旦教育论坛》,2008年第6期。
② [瑞士]瓦尔特·吕埃格:《欧洲大学史》(第三卷),第386页,张斌贤等译,河北大学出版社,2013年版。
③ 郑娟、王孙禺:《英国工程教育专业认证与工程师职业资格衔接机制研究》,载《中国大学教学》,2017年第2期。
④ 联合国教科文组织:《反思教育:向"全球共同利益"的理念转变?》。https://wenku.baidu.com/view/ad3730de376baf1ffd4fade7.html,2017—11—12.
⑤ 董秀华:《专业认证:高等教育质量保障的重要方法》,载《复旦教育论坛》,2008年第6期。

参与国际性专业认证,以国际化的专业教育标准要求和规范自己的人才培养活动,使毕业生有机会获取国际"驾照"并参与国际劳动力市场的竞争。目前,我国工程类、医学类专业教育已在积极参与国际化的专业认证。2016年6月,我国正式加入国际上最具影响力的工程教育学位互认协议即《华盛顿协议》。但从整体上看,我国开展专业认证的领域还比较狭窄,社会对教育治理和评价的参与还不充分。这需要我国政府部门进一步完善专业教育评价制度建设,尽快建立国家认证体系,充分发挥行业协会、评估机构在人才培养过程中的监督和促进作用。为进一步转变政府职能,推进管办评分离,并完善高等教育质量评价保障体系,2018年9月教育部在《关于加快建设高水平本科教育全面提高人才培养能力的意见》中明确提出要充分发挥行业部门在高校人才培养、需求分析、标准制订和专业认证等方面的作用,并支持社会专业评估机构对高等教育的质量进行评估,同时还要求开展保合格、上水平、追卓越的三级专业认证工作。可见,在高等教育领域开展专业认证评估工作的必要性已引起了国家的高度重视,政府也在一定程度上为我国专业教育的专业认证工作指明了方向并提供了政策上的支持。

三、以组织形式和人才培养模式改革为重点,增强专业教育的灵活性与适用性

(一)转变专业①的实体化形式,建立以课程为中心的专业教育调控和适应机制

美国社会学家帕森斯和普莱特指出,学术型专业的划分是以知识的结构为基础,应用型专业的设置根植于现实生活的实际需求,并非完全遵循学科逻辑。同时,学术型专业的知识领域较为固定,应用型专业的知识范围有较大的变动性、开放性和综合性,需要根据实际需要对相关领域的现有知识进行重新选择和组合。② 受认识能力的局限,人们很难在频繁的技术更新和岗位变化中准确预测经济社会所需要的人才类型和规格。这需要专业教育保持一定的张力和灵活性,能够随着时代变迁适时调整、不断更新其内容。皮特·扎维斯也指出,专业知识不应该被认为是静止不变的,课程必须随着专业领域新的发展而不断

---

① 此处的"专业"指的是学校内基本的教学组织形式。
② Talcott Parsons & Gerald M. Platt. *The American University* (Cambridge , Massachusetts: Harvard University Press,1973),p. 229—230.

调整。① 社会需求和科技的变化并非意味着学校所设专业的整体转型,而通常只是需要部分课程知识的更新与调整。为跟上经济社会发展的步伐,帮助学生及时学习最新的、不同领域的知识内容,我国高校的组织结构、专业形式和课程管理方式等都需要适当调整。

目前,我国高校还没有建立与市场经济和高等教育大众化相适应专业教育选择机制,而仅仅通过调整专业来适应社会变革。这种专业调整机制是一种自上而下的被动调整机制,学校只是被动执行者的角色。我国高校的专业已被固定为实体形式,专业的整体性使其调整和更新需要较长时间,整个专业很难对社会变革的需要做出迅速回应,这在很大程度上降低了专业教育的社会适应度。部分国外高校的专业以课程为基础,先有课程,再根据课程的不同组合形成不同的专业。② 这种课程机制具有较强的灵活性和社会适应性,同时也有助于满足学生的个性化需要。而我国高校中的课程与作为基本教学单位的专业捆绑在一起,专业是课程的基础,每个专业都有相对固定的课程"套餐",学生几乎没有选择课程和老师的权力,这种整体性的课程设置灵活性不足,难以适应不断变化的社会需要。

社会需求的变化性和复杂性意味着专业人才培养目标和内容的动态性。③ 为跟上技术快速更新和产业不断调整的步伐,国外专业教育的知识范式正在从柏林大学开创的"学科范式"、1862 年美国赠地法案颁布所开启的"职业范式"以及 1869 年哈佛大学推出以自由选修制为基础的"课程范式"集中向 1993 年耶鲁大学推出个人学习计划后出现的以个人选择为基础的"个人范式"转变,逐步进入以个人需要和兴趣为基础,富有灵活性、可自由组合、便于跨学科的专业教育时代。有研究者指出,2017 年美国 MIT 开启的新工程教育改革正是以学生为中心,以学习内容和方式的转变为重点,通过提供最适合个体发展的学习内容和方式培养面向未来的人本式工程人才。④

---

① Peter Jarvis. *Professional Education* (London:Croom Helm Ltd,1984), p.69.
② 有研究者指出我国专业形成的路径是"职业—专业—课程"模式,美国是"职业—课程—专业"的模式。我国是在社会需求的驱动下,在一定学科基础上设置专业,根据职业活动对知识、能力、素质的需要分析,设置相关课程,开展教学活动。美国社会出现新的职业需求时,高校会开设相关的选修课程,只有当新的职业发展到相当规模,提出稳定的人才需求,且高校有可能开设系列配套的课程,师资设备达到一定条件时才正式设置专业。参见韩骅:《美国和苏联专业设置模式的比较》,载《高等教育研究》,1994 年第 4 期。
③ 张岩峰、王孙禺:《迎接 21 世纪:我国高等教育人才培养与体制改革研究现状综述》,载《清华大学教育研究》,1996 年第 2 期。
④ 肖凤翔、覃丽君:《麻省理工学院新工程教育改革的形成、内容及内在逻辑》,载《高等工程教育研究》,2018 年第 2 期。

为改变专业人才培养的"僵化与滞后",使教育跟上时代变迁的步伐,我们需要合理借鉴国外的先进办学经验,在高等教育管理中贯彻"淡化专业,强化课程"的思想,努力将课程"套餐"转变为适合学生个性需要的课程"自助餐",允许高校在社会发展急需的领域可以先有课程、后设专业,使课程成为专业的先导,之后逐步组合成相应专业。"淡化专业"是指淡化专业的界限,拆除专业间的壁垒,拓宽专业的口径,设置内涵广、适应面较宽的大专业,为跨领域发展提供保障。受管理制度和组织形式的制约,"淡化专业"的前提首先要淡化教育主管部门对专业设置的控制,将专业的设置与变更权力下放至学校;其次要淡化专业的实体性,减少专业对教师、学生、教学资源和教学活动等造成的限制与束缚。"强化课程"包含三层含义:一是强化课程本身的时代性、科学性和灵活性,学校能够适时调整课程内容,确保教育目标的实现;二是强化教师在课程建设中的主体地位和自由选择权力;三是强化学生在课程选择中的自由权力,以满足学生的个性发展需要。① 整体上看,"淡化专业,强化课程"的目的就是要以课程的灵活性弥补实体性专业的狭隘与僵化,对原有课程体系中的"缺位"和不足进行适当"补位"。当前,通过课程体系变革来提高专业的适应性已受到人们的重视,2007年教育部在《关于进一步深化本科教学改革全面提高教学质量的若干意见》中要求通过学分制加大选修课比例,增加学生自主选择的空间,促进学生的个性发展。2015年教育部等部门联合公布的《关于引导部分地方普通本科高校向应用型转变的指导意见》提出,要增加学生的学习自主权,扩大学生自主选择专业和课程的权利。与此同时,为优化专业教育的知识基础,处理好专业教育与个性发展之间的关系,一些高校已开始尝试不同的专业教育模式,比如采取"基础教学+专业模块"的课程教学模式;也有高校选择按院系进行"宽口径招生",两年后分专业开展"模块化培养";另有部分院校通过适时调整专业方向和课程来保持传统专业的适应性。② 这些探索和尝试改变了相对僵化的专业人才培养模式,在原有专业框架下为学生提供了个性化的发展空间,也增加了传统专业的社会适应性。

知识对人具有重要的塑造作用,为培养理想的专业人才,高校需要加强课程建设和管理,以优化专业人才的知识结构。专业(profession)被认为是一项

---

① 周川:《淡化专业,强化课程——对高校教学改革的一点看法》,载《教育研究》,1993年第7期。
② 汪晓村、鲍健强、池仁勇等:《我国大学本科专业设置与调整的历史演变和现实思考》,载《高等教育研究》,2006年第11期。

学问精通的活动,既要有正式的训练,更离不开广博的学术背景。① 专业知识学习与自由教育相结合被认为是专业(profession)的最基本原则,这也是专业(profession)与大学关系的基础。② 德里克·博克指出,专业人才是知识、能力、职业素养的综合体,需要具备"把握全局"的能力。③ 帕森斯和普莱特认为专业人员的内涵在不断扩充,学术专家和应用性专业人员都能够认可自己应该是受过教育的公民和知识分子的角色,还应该成为一个"多面手"。④ 为弥补专门化教育的不足,约翰·S.布鲁贝克主张专业教育与通识教育必须携手并进。他认为一个明智的人不只是能更好地谋生,而且能更好地享受生活,个人不仅要为工作做好准备,而且要为工作变换做好准备。⑤ 美国学者拉图卡和斯塔克认为美国本科阶段的课程建设主要围绕以下目标服务:交流能力、批判思维、环境认知能力、审美意识、专业认同和归属感、职业道德、社会适应能力、领导能力、推动专业发展的学术意识、终身学习的愿望和能力等。⑥ 与之相比,我国专业教育的课程建设还应兼顾通识与专业、广博与精深、科学与人文、共性与个性、成人与成才、当下与将来、理论与实践等之间的关系,以便培养出素质较为全面的专业人才,防止专业教育的结果与现代文明背道而驰,避免专业人员沦为没有文化修养的"新野蛮人"。

我国高校还需要建立科学的课程管理和指导机制,将课程设置的灵活性与规范性相结合。高等教育大众化的到来意味着民主化和多样化将成为高等教育发展的长期趋势,高校需要以多样化的课程和教学方式满足多样化的学生需求。⑦ 中华人民共和国成立以来我国大学课程决定权的主体呈现出"国家—大学—学生"的变化趋势。随着选修课程比例的增加,学生在决定学习内容方面的权力开始逐步扩大。虽然选修课程的大量出现使课程体系趋于多样化和个

---

① [美]丹尼尔·贝尔:《后工业社会的来临》,第410页,高铦、王宏周、魏章玲译,新华出版社,1997年版。
② Talcott Parsons. "Remarks on Education and the Professions", International Journal of Ethics47, no.3(1937):365—369.
③ [美]德里克·博克:《回归大学之道——对美国大学本科教育的反思与展望》,第199—200页,侯定凯等译,华东师范大学出版社,2012年版。
④ Talcott Parsons & Gerald M. Platt. *The American University* (Cambridge, Massachusetts:Harvard University Press,1973),p.229.
⑤ [美]约翰·S.布鲁贝克:《高等教育哲学》,第95页,王承绪等译,浙江教育出版社,2001年版。
⑥ Lisa R. Lattuca,Joan S. Stark. *Shaping the College Curriculum:Academic Plans in Context* (San Francisco:Jossey-Bass,2009),p.88.
⑦ [美]马丁·特罗:《从精英向大众高等教育转变中的问题》,载《外国高等教育资料》,1999年第1期。

性化,但数量无法等同于质量,个性化不能等同于选择的随意化、简单化甚至娱乐化。为促进学生的个性发展,确保专业人才的质量,避免学生在选课中出现盲目性、趋易避难的惰性和课程结构的不合理性,高校需要建立专业化的课程选择指导机制和规范化的课程管理制度,通过学分制等形式将自由性、个性化选择和规范化、强制性要求相结合,使学生合理选择自然科学、人文社会科学等方面的课程,以便为其长远发展构建合理的知识结构。

在科学技术高度分化与高度综合的背景下,知识的联系与结构已突破了以往学科规范的限制,社会更加需要具备跨学科知识和综合能力的人才,高校必须在专门化和综合性之间不断地寻求新的平衡点。西方大学普遍鼓励学生进行跨学科学习并对选择的范围和数量进行限制,很多大学还注重开设交叉学科课程,如生物物理、宇宙学、地球物理等。[①] 我国大学的课程主要是以"XX学"命名的"学科课程"为主。高校课程的整体性较弱,没能将多学科、跨学科知识有机地整合起来。对此,我国高校需要进一步完善跨领域课程的开发和管理,鼓励相关学科之间、院系之间合作开发交叉课程或组建多学科背景下的课程教学团队,为学生跨领域学习、知识的跨界融合创造机会和条件。高校还可以打破院系组织的限制,以跨学科组织或研究中心为依托,为跨领域学习与交流提供必要的组织基础。

(二)以需求为导向,突出实践能力培养在专业教育中的核心地位

当前,我国的高等专业教育以系统的学科知识为主,这些内容以简化的、结论性的理论知识掩盖了能够启发学生认知结构的核心认知过程。同时,完整的专业实践活动被切割成不同的知识系统,难以反映真实的实践过程。专业技术的掌握与熟练是个人在不断试错中积累经验的过程,能力的内化过程是外部经验无法替代的,即使借助动作研究、生理学、机械学等明辨技术的规则,或者根据技术手册或专家的教导来改进自己的技能,但这些明言知识只有被重新加工、整合在具体行动中才能发挥应有的作用。[②] 英国哲学家迈克尔·波兰尼(Michael Polanyi)认为技能和人的行为更多依赖于难以清楚表达和传递的缄默知识,这种知识无法用语言进行逻辑说明,也缺乏明确的规则在个体之间准确传递,是一种难以编码、高度个人化的知识,主要靠个体的直觉、体验、领悟和理解来把握。石中英教授认为不能言说的缄默知识只能利用"学徒制"的方式进

---

① 吴迪:《中美综合性大学物理学本科课程设置的比较》,载《高等理科教育》,2012年第2期。
② 王大洲:《论技术知识的难言性》,载《科学技术哲学研究》,2001年第1期。

行传递,主要是通过实践中新手对导师的观察与服从来进行。① 约翰·S.布鲁贝克认为职业性科目都集中于一种特殊的情境,涉及具体的委托事项、特定的时间和地点,情况越特殊所需要的知识就愈是经验的。在他看来,专业工作是一种技艺性工作,在实践环境即实际工作中才能学得最好。② 卡尔-桑德斯同样认为专业化的过程要由一群应用抽象知识到特定案例的专家来推动,除了复杂的教育系统、必要的职业资格考试、必须遵守的伦理守则之外还要依靠以服务为导向的实践训练。③ 由于具体的实践情境充满了复杂性、多变性,这使标准化的知识形态和普遍的实证性知识很难恰如其分地与实践情境相吻合,人在实践过程中只能依赖于内在的实践经验和智慧。对此学者指出:"专业知识源自以可靠和可用的方式安排经验的能力。"④

另外,随着文明程度的提高和人们对高品质生活的追求,现代社会对从业者的综合素养提出了更高要求。人们希望专业人员既要具备一定的知识和能力,又要具有较高的职业伦理道德和优良的品质修养,然而课堂教学只能系统教授职业伦理、美德和价值观方面的知识而无法保证将这些知识内化为学生的信念和道德行为。教学活动只有与实践相结合才能触发对道德问题的深刻思考,才能使道德学习融化为一种实践智慧。约翰·S.布鲁贝克指出:"学生如果没有一些实践经验,学院就很难教某些学科——尤其是像伦理学、政治学和经济学之类的道德学科。"⑤这意味着以应用型人才培养为主的专业教育只有在不断的情境体验和实践训练中才能有效提升学生的职业素养。

然而,在学术中心主义的影响下,教育的社会价值被扭曲,实践教学已沦为我国高等教育的短板。⑥ 为改变我国专业教育中"学非所用"、严重脱离现实需要的问题,2015年教育部联合多部门发布的《关于引导部分地方普通本科高校向应用型转变的指导意见》要求建立以实践能力培养为主的教育流程,加强实验、实训、实习等环节的教学,确保实训实习课时占专业教学总课时的30%以上;明确要求专业学位教育要以职业需求为导向、以实践能力培养为重点,并将

---

① 石中英:《波兰尼的知识理论及其教育意义》,载《华东师范大学学报》(教育科学版),2001年第2期。
② [美]约翰·S.布鲁贝克:《高等教育哲学》,第89页,王承绪等译,浙江教育出版社,2001年版。
③ Carr-Saunders, A. M. *Profession: Their Organization and Place in Society* (Oxford: The Clarendon Press, 1928), p. 33.
④ [美]罗伯特·波斯特:《民主、专业知识与学术自由——现代国家的第一修正案理论》,第91页,左亦鲁译,中国政法大学出版社,2014年版。
⑤ [美]约翰·S.布鲁贝克:《高等教育哲学》,第114页,王承绪等译,浙江教育出版社,2001年版。
⑥ 中国教育科学研究院:《全国高等教育满意度指数得分全面提升——2018全国高等教育满意度调查报告》,载《中国教育报》,2018年12月22日第4版。

产学结合作为人才培养的主要途径。该《意见》确立了实践能力培养在应用型专业教育中的核心地位,为我国专业人才培养指明了方向。

为提高实践教学的水平,高校除筹措资金,积极改善校内实验、实训条件之外,还要改变以学校为单一主体的育人模式,通过充分利用校外资源,与社会用人单位紧密合作,构建产教融合、资源共享、协同育人的人才培养模式。为进一步增强专业人才培养的适用性,高校除了要与行业、用人单位共同制定人才培养标准、开发课程内容、完善人才培养方案,还应该将专业链、课程内容、教学过程等环节与产业链、职业标准、生产过程有效对接。教育部也明确提出工程师、医生、律师等专业人才培养应该分别建立在校企深度融合、医教协同、教育与工作实践相结合的基础之上。为改变校企合作中"剃头挑子一头热"的现状,国家应该在立法和税收方面出台相关措施,将教育和培训工作作为企业的社会责任,同时对企业作为教学基地的资格进行认证,根据履行教育责任的情况对企业给予相应的税收减免或抵扣。我国还可以借鉴西方国家建立由行业和用人单位参与的院校理事会制度、专业指导委员会制度,使来自校外相关利益群体的代表占有一定比例,鼓励行业、企业全程参与院校治理、课程开发、专业设置、人才培养目标与标准的制定、教学和教育质量评估等活动。

为有效培养学生的实践能力,高校需打造融学术背景与实际工作经验于一体的教学团队。教师的知识结构和能力水平是决定专业教育质量的重要因素,对学生的专业能力具有直接影响。皮特·扎维斯指出专业教育中的教师应该是专业中的权威。[1] 教师如果缺乏实践能力和产业视野便很难要求学生具备这方面的能力。为弥补实践教学方面的短板,我国专业教育领域的教师队伍建设需从学术本位向实践能力发展,通过打造"双师型"或"双师结构型"教师队伍,使教师队伍融基础理论知识、科研能力、教学水平、实际工作经验于一体。[2] 高校除了加强现有教师队伍的培养之外,还应该直接引进实践经验丰富的优秀专业技术人才、管理人才担任专业带头人或兼职教师。高校还可以根据分类管理与分层次评价的原则,对教师评聘、绩效考核等制度进行相应的改革,以提高教师对实践教学的重视。

在专业人才培养过程中,高校还需转变重理论轻实践的传统教育思想,树立学以致用、学用结合的专业教育理念,坚持以能力为中心,将理论与实践相结合的思想贯穿在教学中。基于建构主义学习理论,专业实践教学应以学生为中

---

[1] Peter Jarvis. *Professional Education* (London:Croom Helm Ltd,1984) , p. 119.
[2] 张应强:《地方本科高校转型发展:可能效应与主要问题》,载《大学教育科学》,2014 年第 6 期。

心，通过情景教学、问题教学、项目教学、仿真模拟教学、现场教学等方法引领学生在做中学、学中做，完成知识和经验的自主构建。为保障实践教学的质量，学校还要结合一定的职业标准，构建科学合理的实践教学评价体系，在考试内容、方法和评价主体上突出实践能力考核的特殊性和重要性。

第八章 结论

一、结论回顾

随着高等教育大众化的到来,我国高校人才培养与就业市场人才需求结构的匹配程度不高的问题日益凸显。我国高等教育所呈现出的过度学术化、专门化倾向虽然与管理体制、评价机制、教学组织形式等因素有关,但更源于人们对"专业教育"(professional education)的内涵与特征"缺乏"深入理解。为澄清认识,解决我国专业教育出现的问题,使我国专业教育能主动适应经济社会高质量发展的需要,本书从专业教育的概念和内涵特征入手,并对专业教育的演进历史进行梳理,总结出专业教育发展的规律和趋势,为我国的专业教育的改革发展提供了依据。通过对专业教育概念和发展历史的整体性研究,本书形成了以下主要结论。

(一)**专业教育**(professional education)**具有特殊的价值内涵,不同于普通的专门教育**(special education)

专业教育以满足专业(profession)对人才的需求为目的,其内涵和职能定位直接受专业特征的影响。由于专业以高深知识、复杂技术、严格的入职标准、利他主义为核心的伦理规范、自治性组织等要素为基本特征,所以专业教育需要以高深知识和复杂技术为基础、以利他主义精神为灵魂、以职业标准为依据、以智识性能力培养为重点。虽然专业教育也是一种在一定知识范围内的专门教育,但与其他的专门教育相比,专业教育在知识的深度和广度、技术难度、职业伦理标准等方面均有较高要求。总之,专业教育本身意味着更多的价值追求,不能简单等同于仅能表示知识范围的专门教育。

(二)**知识发展和职业需要之间的融合与冲突主导着专业教育的发展历史**

专业(profession)是社会分工和知识分化的结果,虽然影响专业教育发展的因素比较复杂,专业教育发展的道路也比较曲折,但知识发展的水平和社会职业的需求两种力量此消彼长,从根本上共同决定了专业教育的形式、内容、规模和层次等。学徒制专业教育的出现与衰落,中世纪大学的兴起与式微,城市大学、赠地学院、应用科技大学等现代大学的崛起与转型发展,以及大学从教学到科研、社会服务的职能演变,无不与知识发展和社会的职业需求紧密相关。我国专业教育的历史受政治因素的影响比较明显,从洋务派以"通达时务"为宗旨的实用型人才培养到蔡元培以"硕学闳材"为目的学术人才培养,从民国时期"通才"教育到中华人民共和国成立初期以培养"现成工程师"为目标的"专才"教育到"厚基础,宽口径"、文化素质教育理念的提出,无不体现知识发展与职业需求之间的冲突以及两者之间的融合趋势。

(三)我国专业教育是以培养"专才"为目标的"窄"专业教育

近现代时期,为迅速摆脱落后的面貌,追赶世界先进水平,我国政府主要采取了以"重点"为突破口的追赶型发展战略。出于对高层次人才的迫切需要,我国的高等教育作为国家战略的重要组成部分始终与政治紧密结合在一起。清朝末年,救亡图存的紧迫性使政府将培养"通达时务"的实用型人才作为高等教育宗旨,为培养"专门之才",政府在分科的基础上设立了诸多专门学堂。民国时期,虽然出现了培养"硕学闳材"和培养"通才"的教育思想,但在现实中以实用主义为主导的专才教育仍占教育的主流。中华人民共和国成立初期,百废待兴,为多出人才、快出人才,我国"以苏为师",确立了以培养与行业高度对口的现成专家为目的的专才教育模式。在此基础上,人才培养的专门化已成为我国高等教育的重要理念并写入《中华人民共和国高等教育法》。与此同时,我国以学科为基础的院系组织形式和学科专业目录、实体化的教学组织形式也在很大程度上造成知识间的壁垒,使学生进入大学后就被"封闭"在相对狭窄的知识领域。虽然随着国家管理政策的改变,我国专业教育的价值倾向出现了从职业化向学术化的转移,但专业教育目标的专门化倾向没有根本改变,所涉及的知识领域和目标仍然比较狭隘,容易导致学生知识结构单一、社会适应能力不强。

(四)深化我国专业教育改革需要破除思想、制度和组织等方面的多重障碍

我国专业教育所面对的问题与国外既有相通之处又有自身的特殊性。为克服我国专业教育过度学术化、狭隘化、同质化等问题,使专业教育适应知识发展和职业需求的变化,主动跟上国际专业教育发展趋势,我们首先应该在理念上补齐短板,要认识到传统经验主义、业余主义、工具主义等思想的不足,坚持以科学和理性为内核的专业化发展方向,树立以"成人"为目标的素质本位教育

理念。其次,要在国家制度层面进一步深化高等教育管理体制机制改革,为专业教育发展提供制度保障。只有真正落实高校办学的主体地位,才能进一步激发高校的活力和主动性。目录制管理和相对单一的高等教育分类制度影响了高校与市场之间的直接联系,只有转变专业目录的指令性职能、进一步优化高等教育分类分层制度,才能使高校面向市场办学,增强专业教育的灵活性和社会适应性。专业教育根植于社会职业的需要并以职业的标准为依据,只有尽快建立以社会中介组织为主的专业教育认证评估机制,积极参与国际性专业认证才能强化专业教育的质量,使我国专业教育与国际接轨。另外,高校作为开展专业教育的主体,其实体化的教学组织形式已严重限制了跨学科知识的融合和教学资源的高效利用,只有"淡化专业,强化课程",改变实体化的专业组织形式,建立以课程为中心的专业教育调控和适应机制,并进一步突出实践教学在专业教育中的核心地位,才能使专业教育适应知识发展和职业需求的变化。

二、整体评价

(一)研究的创新之处

第一,在研究方法上,本书突破了传统的整体论研究框架,主要从知识发展和社会职业需要的角度追溯专业教育的起源和发展历史,并以此作为理解专业教育演变的主要线索,从而揭示了专业教育与知识发展、社会职业需要之间复杂和必然的联系。通过对专业教育发展历史的梳理,本书提出了知识发展和职业需要之间的冲突和融合是主导专业教育发展演变的主要力量,形成了针对专业教育发展的规律性认识。

第二,本书采用了多学科视角,通过结合专业社会学对专业的相关研究成果以及对专业教育历史的考察,揭示了专业教育的职业性、教育性、知识性、伦理性、实践性特征,指出了我国专门化教育思想的局限性,明晰了教育性在专业教育中的根本性地位,明确了专业教育与职业教育、学术教育、通识教育之间的区别与联系,为更加科学合理地管理和开展专业教育提供了基础。

第三,从研究范围上来看,本书突破了以往专业教育研究在时间跨度和国别数量上的局限,从最初的师徒教育模式开始,依次考查了专业教育在中世纪大学、近现代大学中的演进历程,并根据西方专业教育的变化总结了国际专业教育未来发展的趋势。本书还根据知识发展和职业需求的变化指出当前我国专业教育存在的不足和差距,最后结合国际专业教育发展的趋势并从专业教育理念、组织、制度建设等角度提出我国专业教育深化改革的建议。

(二) 研究的局限

本书主要采用文献研究法和对比研究法对专业教育进行系统研究,并尝试建立对专业教育的完整认识,但受个人精力和学识的限制,本书仍存在一些不足之处。

第一,研究方法比较单一。为建立对专业教育(professional education)本质特征的认识,本书侧重于理论研究,对专业教育实践问题的认识也主要建立在政策文本、媒体报道、研究文献等基础之上。本人受时间和条件的限制无法对国外的专业教育情况进行实地考察,对国内的专业教育情况也缺乏深入的访谈与调查,这使本书的认识来源比较单一。

第二,缺乏专业教育场域中的直接经验。专业教育本身是一个实践性较强的问题,对专业教育理论的研究既源于实践需要,又要回归实践,需要研究者对实践逻辑有足够的认识。由于本人缺乏本科院校的工作经验,对专业教育场域中存在的价值冲突、制度障碍缺乏直接体验,只是在间接经验的基础上以一个"局外人"、"旁观者"的身份论述我国专业教育中的问题,对问题的复杂性可能认识不足。

第三,本书对我国专业教育进一步改革的建设性方案研究比较薄弱。专业教育改革是一个实践性比较强的问题,改变教育现状的尝试是一个复杂性、系统性的巨大工程,涉及思想理念、组织制度、管理体制、基础设施以及不同群体的利益,改革的过程是一个不断调试、磨合的过程,其可行性必须经过实践的检验。本书只是提出一些原则性的建议和适当的路径,现实中如何操作落实以及需要怎样的保障措施尚缺乏清晰的方案。

三、未来议程

在复杂的国际形势下,为满足国家战略发展的需要,我国各领域对高素质专业人才的需要比以往任何时候都要迫切。专业教育的重要性开始受到广泛关注,国家也提出了一流专业建设的计划。随着专业教育地位的凸显,专业教育领域将吸引学术界的更多目光。专业教育所涉及的范围比较广,问题也比较复杂,本书只是从整体上对专业教育的内涵特征、发展趋势进行了概括性研究,对我国的专业教育改革提出了一些综合性的见解。很多具体性的问题尚待进一步研究,在后续研究中,可以从以下方面进行拓展:

第一,可以缩小研究对象的范围,针对微观问题开展研究。从后现代主义的视角来看,本质性、抽象性、概括性、客观性的结论未必适合个性化的需要。对实践而言,每个学校所开展的专业教育都是具体的、独特的专业教育,很难完全移植、复制外来的经验。这需要研究者进入到微观层面寻找共通之处,比如以具体专业、课程、人才培养环节等作为研究对象。

第二,可以采用新的研究范式和研究视角。研究者可以在文献研究之外,采取调查访谈的方式进一步了解专业教育问题的复杂性,还可以采用田野研究的方法对专业教育现场进行透视,以便对专业教育的内涵进一步提炼和对相关问题进行深度分析。影响专业教育发展的因素比较多,本研究主要从知识发展和职业需要的角度进行认识,而文化传统、政治制度、社会组织等因素对各国专业教育的差异化发展和不同模式的形成所起的作用也有待认识,这些方面的研究将为专业教育发展创造更合理的文化、制度和组织环境。

第三,有必要对专业教育的发展结果进行前瞻性研究。专业教育肩负着推动社会专业化进程的重要使命,但对专业化和专业主义的负面影响在我国缺乏足够的研究,而西方哲学和社会学领域对专业化的弊端已进行了大量研究并对专业教育产生了重要影响。我国专业教育的健康持续发展也应该建立在对专业化社会的科学预见之上。

主要参考文献

[1] [德]弗里德里希·鲍尔生. 德国教育史[M]. 滕大春,滕大生,译. 北京:人民教育出版社,1986.

[2] [德]弗里德里希·鲍尔生. 德国大学与大学学习[M]. 张弛,等译. 北京:人民教育出版社,2009.

[3] [德]马克斯·韦伯. 儒教与道教[M]. 王容芬,译. 北京:商务印书馆,1999.

[4] [德]马克斯·韦伯. 新教伦理与资本主义精神[M]. 于晓,陈维纲,译. 北京:生活·读书·新知三联书店,1987.

[5] [德]雅斯贝尔斯. 什么是教育[M]. 邹进,译. 北京:生活·读书·新知三联书店,1991.

[6] [法]埃米尔·徐尔干. 社会分工论[M]. 渠东,译. 北京:生活·读书·新知三联书店,2000.

[7] [法]福柯. 规训与惩罚[M]. 刘北成,译. 北京:生活·读书·新知三联书店,1999.

[8] [法]涂尔干. 教育思想的演进[M]. 李康,译. 上海:上海人民出版社,2003.

[9] [法]雅克·勒戈夫. 中世纪的知识分子[M]. 张弘,译. 北京:商务印书馆,2002.

[10] [法]雅克·韦尔热. 中世纪大学[M]. 王晓辉,译. 上海:上海人民出版社,2007.

[11] [加]尼科·斯特尔. 知识社会[M]. 殷晓蓉,译. 上海:上海译文出版社,1998

[12] [加]许美德. 中国大学 1895-1995:一个文化冲突的世纪[M]. 许洁英,译. 北京:教育科学出版社,1999.

[13] [美]朱丽·汤普森·克莱恩. 跨越边界:知识·学科·学科互涉[M]. 蒋智芹,译. 南京:南京大学出版社,2005.

[14] [美]E.P.克伯雷. 外国教育史资料[M]. 华中师范大学等教育系,译.

武汉:华中师范大学出版社,1991.

[15] [美]F.G.阿特巴赫.比较高等教育[M].符娟明,等译.北京:文化教育出版社 1985.

[16] [美]S.E.佛罗斯特.西方教育的历史和哲学基础[M].吴元训,等译.北京:华夏出版社,1987.

[17] [美]阿尔文·托夫勒.第三次浪潮[M].朱志焱,译.北京:新华出版社,1996.

[18] [美]阿特巴赫,等.21世纪的美国高等教育:社会、政治、经济的挑战(第2版)[M].施晓光,蒋凯,等译.青岛:中国海洋大学出版社,2007.

[19] [美]爱德华·W.萨义德.知识分子论[M].单德兴,译.北京:生活·读书·新知三联书店,2002.

[20] [美]爱因斯坦.爱因斯坦晚年文集[M].方在庆,等译.海口:海南出版社,2000.

[21] [美]彼得·F.德鲁克.后资本主义社会[M].傅振焜,译.北京:东方出版社,2009.

[22] [美]伯顿·克拉克.建立创业型大学:组织上转型的途径[M].王承绪,等译.北京:人民教育出版社,2003.

[23] [美]伯顿·克拉克.高等教育系统——学术组织的跨国研究[M].王承绪,等译.杭州:杭州大学出版社,1994.

[24] [美]伯顿·克拉克,等.高等教育新论——多学科的研究[M].王承绪,等译.杭州:浙江教育出版社,2001.

[25] [美]伯顿·克拉克,等.研究生教育的科学研究基础[M].王承绪,等译.杭州:浙江教育出版社,2001.

[26] [美]伯纳德·巴伯.信任——信任的逻辑和局限[M].牟斌,等译.福州:福建人民出版社,1989.

[27] [美]查尔斯·霍默·哈斯金斯.大学的兴起[M].梅义征,译.上海:上海三联书店,2007.

[28] [美]德里克·博克.走出象牙塔——现代大学的社会责任[M].徐小洲,等译.杭州:浙江教育出版社,2001.

[29] [美]达雷尔·R.刘易斯,詹姆斯·赫恩.美国公立研究型大学——为新时代公共利益服务[M].杨克瑞,王晨,译.保定:河北大学出版社,2008.

[30] [美]大卫·科伯.高等教育市场化的底线[M].晓征,译.北京:北京大学出版社,2017.

[31] [美]丹尼尔·贝尔.后工业社会的来临——对社会预测的一项探索[M].高铦,等译.北京:商务印书馆,1984.

[32] [美]戴维·林德伯格.西方科学的起源[M].王珺,等译.北京:中国对外翻译出版公司,2001.

[33] [美]德里克·博克.回归大学之道——对美国大学本科教育的反思与展望[M].侯定凯,等译.上海:华东师范大学出版社,2012.

[34] [美]厄内斯特·博耶.大学:美国大学生的就读经验[M].徐芃,等译.北京:北京师范大学出版社,1993.

[35] [美]费尔南多·M.赖默斯.21世纪的教与学:六国教育目标、政策和课程和比较研究[M].金铭,等译.北京:北京语言文化大学出版社,2016.

[36] [美]费正清.剑桥"中华民国"史(上)[M].北京:中国社会科学出版社,1994.

[37] [美]弗兰克·H.T.罗德斯.创造未来:美国大学的作用[M].王晓阳,等译.北京:清华大学出版社,2007.

[38] [美]弗里茨·马克卢普.美国的知识生产与分配[M].孙耀军,译.北京:中国人民大学出版社,2007.

[39] [美]格里芬.后现代科学——科学魅力的再现[M].马季方,译.北京:中央编译出版社,1995.

[40] [美]哈佛委员会.哈佛通识教育红皮书[M].李曼丽,译.北京:北京大学出版社,2010.

[41] [美]哈瑞·刘易斯.失去灵魂的卓越:哈佛是如何忘记教育宗旨的[M].侯定凯,译.上海:华东师范大学出版社,2007.

[42] [美]亨利·埃茨科维兹.三螺旋:大学·产业·政府三元一体的创新战略[M].周春彦,译.东方出版社,2005.

[43] [美]亨利·罗索夫斯基.美国校园文化——学生教授管理[M].谢宗仙,译.济南:山东人民出版社,1996.

[44] [美]华勒斯坦,等.学科·知识·权力[M].刘健芝,等编译.北京:生活·读书·新知三联书店,1999.

[45] [美]杰里·加斯顿.科学的社会运行[M].顾昕,等译.北京:光明日报出版社,1988.

[46] [美]卡尔·博格斯.知识分子与现代性危机[M].李俊,蔡海榕,译.南京:江苏人民出版社,2002.

[47] [美]克拉克·科尔.大学的功用[M].陈学飞,译.南昌:江西教育出版

社,1993.

[48] [美]劳伦斯·维塞. 美国现代大学的崛起[M]. 栾鸾,译. 北京:北京大学出版社,2012.

[49] [美]兰德尔·柯林斯. 文凭社会:教育与分层的历史社会学[M]. 刘冉,译. 北京:北京大学出版社,2018.

[50] [美]理查德·L. 埃贝尔. 美国律师[M]. 张元元,张国峰,译. 北京:中国政法大学出版社,2009.

[51] [美]刘易斯·科塞. 理念人:一项社会学的考察[M]. 北京:中央编译出版社,2001.

[52] [美]罗伯特·M. 赫钦斯. 美国高等教育[M]. 汪利兵,译. 杭州:浙江教育出版社,2001.

[53] [美]罗伯特·N. 贝拉,等. 心灵的习性:美国人生活中的个人主义和公共责任[M]. 翟宏彪,等译. 北京:生活·读书·新知三联书店,1991.

[54] [美]罗伯特·波斯特. 民主、专业知识与学术自由——现代国家的第一修正案理论[M]. 左亦鲁,译. 北京:中国政法大学出版社,2014.

[55] [美]默顿. 十七世纪英格兰的科学、技术与社会(第1版)[M]. 范岱年,等译. 北京:商务印书馆,2002.

[56] [美]乔治·索罗斯. 开放社会:改革全球资本主义[M]. 王宇,译. 北京:商务印书馆,2002.

[57] [美]斯坦利·阿罗诺维兹. 知识工厂——废除企业型大学并创建真正的高等教育[M]. 周敬敬,郑跃平,译. 北京:高等教育出版社,2012.

[58] [美]汤普逊. 中世纪经济社会史(下)[M]. 耿淡如,译. 北京:商务印书馆出版,1997.

[59] [美]唐纳德·A. 舍恩. 培养反映的实践者:专业领域中关于教与学的一项全新设计[M]. 郝彩虹,译. 北京:教育科学出版社,2008.

[60] [美]托马斯·哈定. 文化与进化[M]. 韩建军,商戈令,译. 杭州:浙江人民出版社,1987.

[61] [美]希拉·斯劳特,拉里·莱斯利. 学术资本主义:政治、政策和创业型大学[M]. 梁骁,黎丽,译. 北京:北京大学出版社,2008.

[62] [美]亚伯拉罕·弗莱克斯纳. 现代大学论——英美德大学研究[M]. 徐辉,等译. 杭州:浙江教育出版社,2001.

[63] [美]亚瑟·M. 科恩,卡丽·B. 基斯克. 美国高等教育的历程[M]. 梁燕玲,译. 北京:教育科学出版社,2012.

［64］［美］约翰·S.布鲁贝克.高等教育哲学［M］.王承绪,等译.杭州:浙江教育出版社,2001.

［65］［美］约翰·杜威.民主主义与教育［M］.王承绪,译.北京:人民教育出版社,1990.

［66］［美］约瑟夫·R.列文森.儒教中国及其现代命运［M］.郑大华,等译.北京:中国社会科学出版社,2000.

［67］［美］约瑟夫·本-戴维.科学家在社会中的角色［M］.赵佳苓,译.成都:四川人民出版社,1988.

［68］［日］大前研一.专业主义［M］.裴立杰,译.北京:中信出版社,2006.

［69］［瑞士］吕埃格、（比）里德-西蒙斯（分册主编）.欧洲大学史（第一卷）——中世纪大学［M］.张斌贤,等译,保定:河北大学出版社,2007.

［70］［瑞士］吕埃格,等.欧洲大学史（第三卷）——19世纪和20世纪早期的大学（1800－1945）［M］.张斌贤,等译.保定:河北大学出版社,2013.

［71］［西］奥尔托加·加塞特.大学的使命［M］.徐小洲,等译.杭州:浙江教育出版社,2001.

［72］［英］C.P.斯诺两种文化［M］.纪树立,译.北京:生活·读书·新知三联书店,1994.

［73］［英］W.C.丹皮尔.科学史及其与哲学和宗教的关系［M］.桂林:广西师范大学出版社,2009.

［74］［英］艾伦·B.科班.中世纪大学:发展与组织［M］.周常明,王晓宇,译.济南:山东教育出版社,2013.

［75］［英］安东尼·史密斯,等.后现代大学来临？［M］.侯定凯,等译.北京:北京大学出版社,2010.

［76］［英］海斯汀·拉斯达尔.中世纪的欧洲大学（第一、二、三卷）［M］.崔延强,邓磊,译.重庆:重庆大学出版社,2011.

［77］［英］杰勒德·德兰迪.知识社会中的大学［M］.黄建如,译.北京:北京大学出版社,2010.

［78］［英］罗素.西方哲学史（下卷）［M］.北京:商务印书馆,1976.

［79］［英］迈克尔·吉本斯,等.知识生产的新模式:当代社会科学与研究的动力学［M］.陈洪捷,等译.北京:北京大学出版社,2011.

［80］［英］斯蒂芬·鲍尔.政治与教育政策制定［M］.王玉秋,等译.上海:华东师范大学出版社,2003.

［81］［英］托尼·比彻,保罗·特罗勒尔.学术部落及其领地［M］.唐跃勤,

蒲茂华,陈洪捷,译.北京:北京大学出版社,2008.

[82][英]亚当·库珀,杰西卡·库珀.社会科学百科全书[M].翁绍军,等译.上海:上海译文出版社,1989.

[83][英]亚当·斯密.道德情操论[M].蒋自强,等译.北京:商务印书馆,1997.

[84][英]约翰·亨利·纽曼.大学的理想(节本)[M].徐辉,等译.杭州:浙江教育出版社,2001.

[85][德]马克斯·韦伯.新教伦理与资本主义精神[M].于晓,等译.北京:生活·读书·新知三联书店,1987.

[86][印度]阿马蒂亚·森.以自由看待发展[M].任赜,于真,译.北京:中国人民大学出版社,2002.

[87]鲍威.未完成的转型:高等教育影响力与学生发展[M].北京:教育科学出版社,2014.

[88]北京大学校史研究室.北京大学史料(第一卷 1898-1911)[Z].北京:北京大学出版社,1993.

[89]毕淑芝,王义高.当今世界教育思潮[M].北京:人民教育出版社,1999.

[90]陈桂生.教育原理(第三版)[M].上海:华东师范大学出版社,2012.

[91]陈洪捷.德国古典大学观及其对中国的影响(修订版)[M].北京:北大教育出版社,2006.

[92]陈立夫.战时教育行政回忆[M].中国台北:台湾商务印书馆,1973.

[93]陈学飞.美国高等教育发展史[M].成都:四川大学出版社,1989.

[94]陈学飞,等.西方怎样培养博士:法、英、德、美的模式与经验[M].北京:教育科学出版社,2002.

[95]陈学飞,等.美国、德国、法国、日本当代高等教育思想研究[M].上海:上海教育出版社,1998.

[96]陈学恂,等.中国近代教育史教学参考资料(中册)[Z].北京:人民教育出版社,1987.

[97]陈学恂,等.中国近代教育史教学参考资料(上册)[Z].北京:人民教育出版社,1986.

[98]戴晓霞,莫家豪,谢安邦,等.高等教育市场化[M].北京:北京大学出版社,2004.

[99]单中惠,等.西方教育思想史[M].北京:教育科学出版社,2007.

[100] 党跃武,等.川大记忆——校史文献选辑(第一辑)[M].成都:四川大学出版社,2010.

[101] 董宝良.中国近现代高等教育史[M].武汉:华中科技大学出版社,2007.

[102] 高平叔. 蔡元培全集(第六卷)[M].北京:中华书局,1988.

[103] 顾廷龙,戴逸,等. 李鸿章全集(奏议六)[M].合肥:安徽教育出版社,2008.

[104] 郭雷振.美国本科人才培养模式研究[M].成都:西南交通大学出版社,2015.

[105] 国家教育发展与政策研究中心.发达国家教育改革的动向和趋势(第二集)[M].北京:人民教育出版社,1987.

[106] 郝克明,等. 中国高等教育结构研究[M]. 北京:人民教育出版社,1987.

[107] 何东昌,等. 中华人民共和国重要教育文献(1949—1975),(1976—1997)[M].海口:海南出版社,1998.

[108] 何东昌,等. 中华人民共和国重要教育文献(1998—2002)[M].海口:海南出版社,2003.

[109] 贺国庆,朱文富.外国职业教育通史(上、下卷)[M].北京:人民教育出版社,2014.

[110] 贺国庆.德国和美国大学发达史[M].北京:人民教育出版社,1998.

[111] 贺国庆,王保星,朱文富,等.外国高等教育史[M].北京:人民教育出版社,2006.

[112] 胡建华.现代中国大学制度的原点[M].南京:南京师范大学出版社,2001.

[113] 胡建华,王建华,王全林,等.大学制度改革论[M].南京:南京师范大学出版社,2006.

[114] 胡建华,陈列,周川,等.高等教育学新论[M].南京:江苏教育出版社,2005.

[115] 胡适.胡适文存第一集(卷四)[M].上海:上海书店出版社,1989.

[116] 华东师大教育系.现代西方资产阶级教育思想流派论著选[M].北京:人民教育出版社,1982.

[117] 黄福涛,等.外国高等教育史[M].上海:上海教育出版社,2008.

[118] 黄福涛.欧洲高等教育近代化——法、英、德近代高等教育制度的形

成[M].厦门:厦门大学出版社,1998.

[119] 黄坤锦.美国大学的通识教育——美国心灵的攀登[M].北京:北京大学出版社,2006.

[120] 纪宝成,等.中国大学学科专业设置研究[M].北京:中国人民大学出版社,2006.

[121] 姜大源.职业教育学研究新论[M].北京:教育科学出版社,2007.

[122] 姜大源,等.当代德国职业教育主流教学思想研究——理论、实践与创新[M].北京:清华大学出版社,2007.

[123] 姜大源,等.当代世界职业教育发展趋势研究[M].北京:电子工业出版社,2012.

[124]《教育年鉴》编撰委员会.第一次中国教育年鉴[Z].上海:上海开明书店,1934.

[125]《教育年鉴》编撰委员会.第二次中国教育年鉴(第五编)[Z].上海:商务印书馆,1948.

[126] 教育部师范教育司.教师专业化的理论与实践[M].北京:人民教育出版社,2001.

[127] 金志霖.英国行会史[M].上海:上海社会科学院出版社,1996.

[128] 康全礼.我国大学本科教育理念与教学改革研究[M].青岛:中国海洋大学出版社,2012.

[129] 李文阁.回归现实生活世界——哲学视野的根本置换[M].北京:中国社会科学出版社,2002.

[130] 联合国教科文组织国际21世纪教育委员会.教育——财富蕴藏其中[M].北京:教育科学出版社,1996.

[131] 吕达,周满生,等.当代外国教育改革著名文献(美国卷·第三册)[M].北京:人民教育出版社,2004.

[132] 吕一民,钱虹,汪少卿.法国教育战略研究[M].杭州:浙江教育出版社,2014.

[133] 麦可思研究院.2016年中国本科生就业报告[R].北京:社会科学文献出版社,2016.

[134] 梅贻琦.中国人的教育[M].北京:中国工人出版社,2012.

[135] 潘懋元,刘海峰.中国近代教育史资料汇编(高等教育)[Z].上海:上海教育出版社,1993.

[136] 潘懋元.理论自觉与实践建构:高等教育的历史、现实与未来[M].北

京:北京师范大学出版社,2014.

[137] 潘懋元,等.新编高等教育学[M].北京:北京师范大学出版社,1996.

[138] 朴雪涛.知识制度视野中的大学发展[M].北京:人民出版社,2007.

[139] 钱乘旦,许洁明.英国通史[M].上海:上海社会科学院出版社,2002.

[140] 璩鑫圭,唐良炎.中国近代教育史资料汇编(学制演变)[Z].上海:上海教育出版社,1991.

[141] 任钟印,等.世界教育名著通览[M].武汉:湖北教育出版社,1994.

[142] 施晓光.美国大学思想论纲[M].北京:北京师范大学出版社,2001.

[143] 石中英.知识转型与教育改革[M].北京:教育科学出版社,2001.

[144] 史静寰.当代美国教育[M].北京:社会科学文献出版社,2012.

[145] 舒新城.中国近代教育史资料(上)[Z].北京:人民教育出版社,1981.

[146] 宋恩荣,章成."中华民国"教育法规选编(1912—1949)[Z].南京:江苏教育出版社,1990.

[147] 孙祖复,金锵.德国职业技术教育史[M].杭州:浙江教育出版社,2000.

[148] 汤尧,成群豪.高等教育经营[M].中国台北:高等教育文化事业有限公司,2004.

[149] 王川.西方近代职业教育史稿[M].广州:广东教育出版社,2011.

[150] 王英杰.美国高等教育的发展与改革[M].北京:人民教育出版社,1993.

[151] 王聿钧,孙斌.朱家骅先生言论集[C].北京:"中央研究院"近代史研究所,1977.

[152] 吴剑平,等.清华名师谈治学育人[M].北京:清华大学出版社,2009.

[153] 杨东平.艰难的日出——中国现代教育的20世纪[M].上海:文汇出版社,2003.

[154] 杨东平.大学二十讲[M].天津:天津人民出版社,2009.

[155] 杨东平.大学精神[M].辽阳:辽海出版社,1999.

[156] 叶澜.教育概论[M].北京:人民教育出版社,1991.

[157] 衣俊卿.文化哲学十五讲[M].北京:北京大学出版社,2004.

[158] 张金泰.英国的高等教育:历史·现状[M].上海:上海外语教育出版社,1995.

[159] 张燕军.美国教育战略研究[M].杭州:浙江教育出版社,2013.

[160] 张正军.大学的起源与演进:组织视角下的历史和逻辑[M].北京:中国社会科学出版社,2015.

[161] 张应强.高等教育现代化的反思与建构[M].哈尔滨:黑龙江教育出版社,2000.

[162] 郑也夫.代价论:一个社会学的新视角[M].北京:生活·读书·新知三联书店,1995.

[163] 郑也夫.信任论[M].北京:中国广播电视出版社,2001.

[164]《中国教育年鉴》编辑部.中国教育年鉴(1949—1981)[Z].北京:中国大百科全书出版社,1984.

[165] 钟启泉.现代课程论(新版)[M].上海:上海教育出版社,2003.

[166] 周川,黄旭,等.百年之功——中国近代大学校长的教育家精神[M].福州:福建教育出版社,2005.

[167] 周蕖.中外职业技术教育比较[M].北京:人民教育出版社,1995.

[168] 朱有瓛,等.中国近代学制史料(第三辑·下册)[Z].上海:华东师范大学出版社,1992.

[169] 朱有瓛,等.中国近代学制史料(第一辑·上册)[Z].上海:华东师范大学出版社,1983.

[170] Julio Frenk,Lincoln Chen.新世纪医学卫生人才培养:在相互依存的世界,为加强卫生系统而改革医学教育[J].世界临床医学,2011(4).

[171] 白逸仙.走向"以学生为中心"的评估模式——以中国《本科教学质量报告》与美国 NSSE 为比较对象[J].中国高教研究,2014(11).

[172] 鲍嵘.高深学问与国家治理[D].厦门:厦门大学博士学位论文,2004.

[173] 鲍嵘.美国学科专业分类系统的特点及其启示[J].比较教育研究,2004(4).

[174] 别敦荣.终结大学本科教育专科化[J].高等教育(中国人民大学报刊资料中心),2001(6).

[175] 曾昭抡.高等学校的专业设置问题[J].人民教育,1952(9).

[176] 查永军.中国大学"行政化"的文化背景分析[J].高等教育研究,2011(7).

[177] 陈桂生."教师专业化"面面观[J].全球教育展望,2017(1).

[178] 陈国松.我国重点大学本科工程教育实践教学改革研究[D].武汉:华中科技大学博士学位论文,2012.

［179］陈霜叶,卢乃桂.大学知识的组织化形式:大学本科专业及其设置的四个分析维度[J].北京大学教育评论,2006(4).

［180］陈涛.高等教育学科专业目录:问题与逻辑[J].西南交通大学学报(社会科学版),2015(3).

［181］董秀华.专业认证:高等教育质量保障的重要方法[J].复旦教育论坛,2008(6).

［182］杜才平.英国多科技术学院的办学定位与人才培养[J].高等教育研究,2011(12).

［183］方文.学科制度建设笔谈[J].中国社会科学,2002(3).

［184］冯卫.我国高校本科教学评估30年:成果、问题及展望[J].上海教育评估研究,2015(4).

［185］冯向东.高等学校定位:竞争中的抉择[J].北京大学教育评论,2004(2).

［186］冯向东.学科、专业建设与人才培养[J].高等教育研究,2002(3).

［187］付雪凌.从STW到STC:世纪之交美国职业教育改革走向[J].国外职业教育,2005(10).

［188］高建红.12－16世纪欧洲的医生——一项医疗社会史的研究[D].上海:复旦大学博士学位博士论文,2011.

［189］高清海."人"的双重生命观:种生命与类生命[J].江海学刊,2001(1).

［190］高清海.再论实践观点的超越性本质[J].哲学动态,1989(1).

［191］葛忠明.从专业化到专业主义:中国社会工作专业发展中的一个潜在问题[J].社会科学,2015(4).

［192］关晶.职业主义与能力本位:两种职业教育范式的比较[J].外国教育研究,2013(10).

［193］郭雷振.我国高校本科专业目录修订的演变——兼论目录对高校专业设置数量的调节[J].现代教育科学,2013(2).

［194］郭伟和.后专业化时代的社会工作及其借鉴意义[J].社会学研究,2014(5).

［195］韩飞舟.摆脱大学排行榜的指标陷阱[J].中国高教研究,2016(3).

［196］韩骅.美国和苏联专业设置模式的比较[J].高等教育研究,1994(4).

［197］何淑通.专业制度对大学生就业的消极影响[J].教育学术月刊,2011(6).

[198] 贺国庆.中世纪大学向现代大学的过渡——文艺复兴与宗教改革时期欧洲大学的变迁[J].教育研究,2003(11).

[199] 贺国庆.中世纪大学若干特征分析[J].教育学报,2008(6).

[200] 黄福涛."全球化"时代的高等教育国际化——历史与比较的视角[J].北京大学教育评论,2003(2).

[201] 黄福涛.高等学校专业教育:历史与比较的视角[J].清华大学教育研究,2016(3).

[202] 姜大源.能力本位:职业教育面向未来的选择[J].中国职业技术教育,1997(1).

[203] 金泰昌.地球时代的新的价值论[J].国外社会科学,1995(9).

[204] 雷海宗.专家与通人[J].教育,2014(17).

[205] 雷杰."专业化",还是"去专业化"?——论我国社会工作发展的两种话语论述[J].中国社会工作研究,2014(1).

[206] 李枭鹰.高等教育内外部关系规律的元研究[J].中国高教研究,2016(11).

[207] 林海亮.欧盟《关于终身学习关键能力的建议》及其借鉴意义[J].教师教育学报,2014(5).

[208] 林蕙青.高等学校学科专业结构调整研究[D].厦门:厦门大学博士学位论文,2006.

[209] 蔺亚琼,李紫玲.专门职业教育美国模式的形成:基于医学教育的考察[J].高等教育研究,2017(12).

[210] 刘海兰.本科教学审核评估的有效性研究[J].江西社会科学,2014(4).

[211] 刘河燕.欧洲中世纪大学课程内容探析[J].甘肃社会科学,2012(6).

[212] 刘莉莉,段池沙.职业类与学科类专业认证标准的比较——基于美国ACBSP和AACSB专业认证的案例分析[J].高等教育研究,2015(10).

[213] 刘念才,程莹,刘少雪.美国高等院校学科专业的设置与借鉴[J].世界教育信息,2003(Z1).

[214] 刘小强.高等教育学科专业制度:回顾、反思和方向——关于我国高等教育学科专业目录改革的思考[J].学位与研究生教育,2010(1).

[215] 刘晓琴.人力资本理论与高等教育的可持续发展[J].大学教育科学,2003(2).

[216] 刘亚敏.被"规训"的学科规训理论:误读与重释[J].江苏高教,2012

(4).

[217] 刘振天.高校教学评估效能的特性及因应策略——一项基于数据、调查和观察的新发现[J].现代大学教育,2014(6).

[218] 刘振天.回归教学生活:我国新一轮高校本科教学评估制度设计及其范式变革[J].清华大学教育研究,2013(6).

[219] 卢晓东,陈孝戴.高等学校"专业"内涵研究[J].教育研究,2002(7).

[220] 鲁洁.论教育之适应与超越[J].教育研究,1996(2).

[221] 路风.单位:一种特殊的社会组织形式[J].中国社会科学,1989(1).

[222] 马丁·特罗.从精英向大众高等教育转变中的问题[J].外国高等教育资料,1999.

[223] 马永斌,刘文渊.留日和留美教育对中国近代教育影响的比较研究[J].清华大学教育研究,1997(4).

[224] 孟现志.高等教育的专业性[J].教育研究,2009(2).

[225] 潘懋元,吴玫.高等学校分类与定位问题[J].复旦教育论坛,2003(3).

[226] 彭静雯.高等工程教育改革:对学科规训的突围[D].武汉:华中科技大学博士学位论文,2013.

[227] 钱志刚,崔艳丽,祝延.论学术资本主义对大学教师的影响[J].教育发展研究,2013(13—14).

[228] 渠敬东,周飞舟,应星.从总体支配到技术治理——基于中国30年改革经验的社会学分析[J].中国社会科学,2009(6).

[229] 饶燕婷.20世纪70年代以来美国高等教育结构调整的特点及启示[J].中国高教研究,2009(10).

[230] 邵波.论应用型本科人才[J].中国大学教学,2014(5).

[231] 邵进,刘云飞.中美高校本科课程体系的比较研究——以南京大学"本科人才培养方案国际化比较研究项目"为基础[J].中国大学教学,2015(9).

[232] 沈文钦,刘子瑜.层级管理与横向交叉:知识发展对学科目录管理的挑战[J].北京大学教育评论,2011(4).

[233] 石中英.波兰尼的知识理论及其教育意义[J].华东师范大学学报(教育科学版),2001(2).

[234] 史静寰.以"学"为本的高教质量评价与改进:从教师做起[J].无锡职业技术学院学报,2012(6).

[235] 史秋衡,王爱萍.应用型本科教育的基本特征[J].教育发展研究,

2008(21).

[236] 宋文红.欧洲中世纪大学:历史描述与分析[D].武汉:华中科技大学博士学位论文,2005.

[237] 宋旭红,冯晋祥.我国行业性大学与行业之间的渊源关系[J].现代教育管理,2010(5).

[238] 苏永建.高等教育质量保障中的价值冲突与整合[J].中国高教研究,2013(11).

[239] 孙进.德国高等教育认证——机构、程序与标准[J].高等教育研究,2013(12).

[240] 孙进.德国应用科学大学专业设置的特点与启示[J].清华大学教育研究,2011(4).

[241] 孙立平.后发外生型现代化模式剖析[J].湖北社会科学,1991(7).

[242] 谭荣波."源"与"流":学科、专业及其关系的辨析[J].教育发展研究,2002(11).

[243] 田虎伟,谢金法.ESI的功能限度[J].上海教育评估研究,2017(1).

[244] 万俊人."德性伦理"与"规范伦理"之间和之外[J].神州学人,1995(12).

[245] 万力维.控制与分等:权力视角下的大学学科制度的理论研究[D].南京:南京师范大学博士学位论文,2005.

[246] 汪晓村,鲍健强,池仁勇,等.我国大学本科专业设置与调整的历史演变和现实思考[J].高等教育研究,2006(11).

[247] 王春喜,程远.由"两E之争"谈高校人才培养[J].湖北大学学报(哲学社会科学版),2000(4).

[248] 王大洲.论技术知识的难言性[J].科学技术哲学研究,2001(1).

[249] 王沪宁.社会资源总量与社会调控:中国意义[J].复旦学报(社会科学版),1990(4).

[250] 王建华.高等教育的理想类型[J].高等教育研究,2010(1).

[251] 王玲.美国通识教育与专业教育之间关系的历史演变及其制度成因[J].济南大学学报(社会科学版),2010(5).

[252] 王敏勤.由能力本位向素质本位转变——职业教育的变革[J].教育研究,2002(5).

[253] 王沛民.研究和开发"专业学位"刍议[J].高等教育研究,1999(2).

[254] 王伟廉.高等学校学科、专业划分与授权问题探讨[J].高等教育研

究,2000(3).

[255] 王孝武,朱镜人.英国城市学院早期发展的因素分析[J].高等教育研究,2016(3).

[256] 王昕红.专业主义视野下的美国工程教育认证研究[D].武汉:华中科技大学博士学位论文,2003.

[257] 王正青,徐辉.论学术资本主义的生成逻辑与价值冲突田[J].高等教育研究,2009(8).

[258] 文辅相.我国大学的专业教育模式及其改革[J].高等教育研究,2000(2).

[259] 吴洪富.理性大学·学术资本大学·民主大学——大学转型的知识社会学阐释[J].高等教育研究,2012(12).

[260] 吴越.我国高校本科专业设置政策转型探析[J].中国高教研究,2010(7).

[261] 夏人青.国外专业学院述评[J].教师教育研究,1996(5).

[262] 徐国庆.职业教育课程的普通论与专业论[J].职教论坛,2008(21).

[263] 徐国庆.新职业主义时代职业知识的存在范式[J].职教论坛,2013(21).

[264] 徐今雅,朱旭东."专业教育"辨析——兼论专业教育与高等职业教育的关系[J].复旦教育论坛,2007(6).

[265] 徐朔."关键能力"培养理念在德国的起源和发展[J].外国教育研究,2006(6).

[266] 徐斯雄,吴叶林.当前高校专业设置的问题审视——基于学术资本主义的视角[J].教育学报,2011(2).

[267] 徐永.国家行动下学术创新策略的实践逻辑及其反思——基于大学学术生产的视角[J].教育发展研究,2012(23).

[268] 许杰.建设中国特色现代大学制度:成效、问题与对策——基于试点院校的探索实践[J].教育研究,2014(10).

[269] 严玲,闫金芹.应用型本科专业认证制度及其作用机理研究——以工程管理类专业为例[J].清华大学教育研究,2012(4).

[270] 阎凤桥.我国高等教育"双一流"建设的制度逻辑分析[J].中国高教研究,2016(11).

[271] 阎凤桥.论知识与大学组织的历史性和社会性[J].教育学报,2008(6).

[272] 阎光才.整体性坍塌之后——当代知识格局变迁与大学普通教育改革[J].比较教育研究,2003(4).

[273] 阳荣威.高等学校专业设置与调控研究[D].上海:华东师范大学博士学位论文,2004.

[274] 杨春学.利他主义经济学的追求[J].经济研究,2001(4).

[275] 杨芳.从专业化到"碎片化"——社会分工对人的发展的影响分析[J].理论月刊,2010(7).

[276] 杨林玉,贾永堂,肖家杰.大众化以来我国高校大面积更名现象研究——基于双轨制的视角[J].高等工程教育研究,2016(3).

[277] 杨叔子.科学人文相融:育人创新[J].高等教育研究学报,2002(2).

[278] 杨叔子.是"育人"非"制器"——再谈人文教育的基础地位[J].高等教育研究,2001(2).

[279] 叶赋桂.自由与控制:俄罗斯近代高等教育的双重变奏[J].高等教育研究,2009(11).

[280] 殷朝晖,雷丽.学术资本主义与世界一流大学建设研究[J].教育科学,2013(4).

[281] 尹建锋,吕晓燕.变迁中的大学知识范式和权力:西方大学章程的历史演变及其启示[J].高等教育研究,2016(8).

[282] 余东升,崔乃文.自由教育:学院组织的历史考察[J].高等教育研究,2014(10).

[283] 余凯,洪成文,丁邦平,等.面向21世纪世界高等教育教学内容和课程体系改革述评[J].清华大学教育研究,1998(1).

[284] 元青.杜威的中国之行及其影响[J].近代史研究,2001(2).

[285] 袁广林.中世纪大学:法律职业专业化分析[J].国家教育行政学院学报,2012(8).

[286] 展立新,陈学飞.理性的视角:走出高等教育"适应论"的历史误区[J].北京大学教育评论,2013(1).

[287] 张建功,张振刚.美国专业学位研究生教育的学位结构及启示[J].高等教育研究,2008(7).

[288] 张旺.大学排行榜对高等教育的影响及思考——基于世界主要大学排行榜的分析[J].比较教育研究,2012(4).

[289] 张妍.本科教学评估对高校发展的影响研究——高校内部利益相关者的视角[J].清华大学教育研究,2009(2).

［290］张洋磊.研究型大学跨学科学术组织冲突问题及其治理研究[D].武汉:华中科技大学博士学位论文,2016.

［291］张应强,蒋华林.关于地方本科高校转型发展若干问题的思考[J].现代大学教育,2014(6).

［292］张应强,苏永建.高等教育质量保障:反思、批判与变革[J].教育研究,2014(5).

［293］张应强.教育内外部关系规律及其对高等教育学学科建设的意义[J].山东高等教育,2015(3).

［294］张应强.从政府与大学的关系看地方本科高校转型发展[J].江苏高教,2014(6).

［295］张应强.大学教师的专业化与教学能力建设[J].现代大学教育,2010(4).

［296］张应强.当前我国高等职业教育改革发展的两个问题[J].苏州大学学报(教育科学版),2014(2).

［297］张应强.地方本科高校转型发展:可能效应与主要问题[J].大学教育科学,2014(6).

［298］张应强.现代大学精神的批判与重建——为刘亚敏《大学精神探论》而作[J].高等教育研究,2006(7).

［299］赵继.全面认识和合理使用ESI(基本科学指标)[J].中国高等教育,2015(1).

［300］赵炬明.建立高校治理委员会制度——关于中国高校治理制度改革的设想[J].中国高教研究,2014(11).

［301］赵炬明.精英主义与单位制度——对中国大学组织与管理的案例研究[J].北京大学教育评论,2006(1).

［302］赵康.专业、专业属性及判断成熟专业的六条标准——一个社会学角度的分析[J].社会学研究,2000(5).

［303］赵康.专业化运动理论——人类社会中专业性职业发展历程的理论假设[J].社会学研究,2001(5).

［304］赵婷婷,买楠楠.基于大工程观的美国高等工程教育课程设置特点分析——麻省理工学院与斯坦福大学工学院的比较研究[J].高等教育研究,2004(6).

［305］郑莉娟,刘康宁.基于学生学习成果评估的美国高等教育专业认证[J].上海教育评估研究,2014(4).

[306] 郑晓梅.美国高校专业教育模式对我国应用型本科的启示[J].河北师范大学学报(教育科学版),2011(8).

[307] 郑也夫.专门化与进化[J].北京社会科学,1994(4).

[308] 郑毅,等.组织结构视角下的中国大学行政权力泛化[J].高等教育研究,2012(6).

[309] 钟秉林,宋萑.专业化与去专业化:美国教师教育改革悖论——中美教师教育比较研究之一[J].高等教育研究,2011(5).

[310] 钟秉林,王新凤.我国地方普通本科院校转型发展实践路径探析[J].高等教育研究,2016(10).

[311] 钟秉林.我国地方普通本科院校转型发展若干热点问题辨析[J].教育研究,2016(4).

[312] 周川."专业"散论[J].高等教育研究,1992(1).

[313] 周川.淡化专业,强化课程——对高校教学改革的一点看法[J].教育研究,1993(7).

[314] 周川.关于"高级专门人才"三对范畴的辨析[J].教师教育研究,1991(4).

[315] 周光礼,吴越.我国高校专业设置政策六十年回顾与反思——基于历史制度主义的分析[J].高等工程教育研究,2009(5).

[316] 周光礼,武建鑫.什么是世界一流学科[J].中国高教研究,2016(1).

[317] 周雪光.权威体制与有效治理:当代中国国家治理的制度逻辑[J].开放时代,2011(10).

[318] 朱新卓.教师专业化的现代性困境[J].高等教育研究,2005(1).

[319] 卓泽林.大学知识生产范式的转向[J].教育学报,2016(2).

[320] Barber,Bernard. "Some Problems in the Sociology of Professions"[J]. Daedalus,1963,92(4).

[321] Ben-David, Joseph. *Centers of learning: Britain, France, Germany, United States*[M]. New York:McGraw-Hill,1977.

[322] Boehm, Werner W. *Objectives of the Social Work Curriculum of the Future* [M]. Council on Social Work Education,1959.

[323] Broadbent,J., Dietrich,M. and Roberts,J.(eds.). *The End of the Professions?* [M]. London:Routledge,1997.

[324] Brubacher,J. S. and Rudy,W. *Higher education in transition: A history of American colleges and universities; 1636—1976* [M]. N. Y.:

Harper & Row Publishers,1997.

[325] Caplow, T. *The Sociology of Work* [M]. Minneapolis: University of Minnesota Press,1954.

[326] Carr-Saunders, A. M. *Metropolitan Conditions and Traditional Professional Relationships, in The Metropolis in Modern Life, ed.* [M]. Garden City, N. Y. :Doubleday,1955.

[327] Carr-Saunders, A. M. and Wilson, P. A. *The professions* [M]. Oxford:Clarendon,1933.

[328] Carr-Saunders, A. M. *Profession: Their Organization and Place in Society* [M]. Oxford:The Clarendon Press,1928.

[329] Clark Kerr. *The Great Transformation in Higher Education* [M]. New York: State University of New York Press,1991.

[330] Colby, Anneand Sullivan, William M. "Formation of Professionalism and Purpose: Perspective from the Preparation for the Professions Program" [J]. St. Tomas Law Journal ,2008,42(4).

[331] Etzioni, A. (ed.). *The Semi-Professions and Their Organization* [M]. New York:The Free Press,1969.

[332] Flexner, A. "Is social work a profession?"[J]. Research on Social Work Practice, 1915,2 (2).

[333] Freidson, Eliot. *Professionalism:The Third Logic* [M]. Oxford: Blackwell Publishers Ltd,2001.

[334] Freidson, E. *Professionalism Reborn: Theory, Prophecy and Policy*[M]. Cambridge:Polity Press,1994.

[335] Gambrill E. "Evidence-Based Practice:An Alternative to Authority-Based Practice"[J]. Families in Society the Journal of Contemporary Human Services, 1999,80(4).

[336] Goode W. J. "Encroachment, Charlatanism, and the Emerging Profession:Psychology, Sociology, and Medicine"[J]. American Sociological Review,1996,25(6).

[337] Greenwood, E. "The Attributes of a Profession"[J]. Social Work, 1957,2(3).

[338] Hall, R. H. *Occupations and the Social Structure* [M]. Englewood Cliffs, NJ:Prentice-Hall,1969.

[339] Hillmert,S. ,Jacob,M. "Social Inequality in Higher Education"[J]. European Sociological Review, 2002,19(3).

[340] Jarausch, K. H. (ed.). *The Transformation of Higher Learning 1860—1930; Expansion, Diversification, Social Opening, and Professionalization in England ,Germany,Russia, and the United States* [M]. Chicago:The University of Chicago Press,1983.

[341] Jeff Watkins,Lynn Drury. "The Pressures on Professional Life in the 1990s"[J]. International Journal of the Legal Profession, 1994,1(3).

[342] Julia Evetts. "The Construction of Professionalism in New and Existing Occupational Context: Promoting and facilitating the Occupation Change"[J]. International Journal of Sociology and social Policy,2003,23(4/5).

[343] Larson, M. S. *The Rise of Professionalism: A Sociological Analysis* [M]. Berkeley: University of California Press,1997.

[344] Lisa R. Lattuca,Joan S. Stark . *Shaping the College Curriculum: Academic Plans in Context* [M]. San Francisco:Jossey-Bass,2009.

[345] Moore, Wilbert Ellis. *The Professions:Roles and Rules* [M]. New York:Russell Sage Foundation, 1970.

[346] Peter Jarvis. *Professional Education* [M]. London:Croom Helm Ltd,1984.

[347] Richard Hofstadterand Wilson Smith. *American Higher Education:A Documentary History* [M]. Chicago:The University of Chicago Press,1968.

[348] Saleebey D. *The strengths Perspective in Social Work Practice* [M]. Pearson:Allyn and Bacon,2002.

[349] Schön,Donald A. *The Reflective Practitioner: How Professionals Think in Action* [M]. New York:Basic Books,1983.

[350] Solomon Hobermanand Sidney Mailick. *Professional Education in the United States* [M]. Westport, Conn. :Praeger,1994.

[351] Talcott Parsons. "*Remarks on Education and the Professions*"[J]. International Journal of Ethics,1937,47(3).

[352] Vollmer, H. M. and Mills, D. L. *Professionalization* [M]. Englewood Cliffs, N.J. :Prentice-Hall,1996.

[353] Walter Rüegg,ed. *A History of the University in Europe*,*Volume III*:*Universities in the Nineteenth and Early Twentieth Centuries* (1800—1945)[M]. *Cambridge*:Cambridge University Press,2004.

[354] Wilensky, H. L. "The Professionalization of Everyone?" [J]. American Journal of Sociology ,1964,70 (2).

后　　记

在我博士学位论文基础上成书的著作即将付梓出版之际，我脑海中不禁浮现出那段孤独、艰辛而又充满希望的求学征程。2014年9月我有幸来到华中科技大学攻读高等教育学博士学位，从而开始了攀登学术殿堂的朝圣之路。来之不易的学习机会让我倍加珍惜，虽然在学习的五年时间内生活抛给我的障碍和困难超乎了我的想象，经常将我抛至正常的生活轨道之外，但为达成心中夙愿，完成家人的期望，五年来我几乎每天都在和时间赛跑，紧张、焦虑时常伴随着我。"忙碌将时光缩短，苦难把岁月拉长"，这段短暂而又漫长的求学经历使我度过了一段充实而又难忘的时光。

读博期间最幸运的是能够师从张应强教授。张老师渊博的学识、丰硕的成果以及对学生溢于言表的关心让我十分钦佩和感激，那种才华横溢、严厉而又慈祥的学者风范也让我们众多学生引以为傲；张老师睿智的学术见解和孜孜不倦的学术追求使我领略了学术的魅力，激励着我在学术道路上不断前行。博士学位论文从选题、开题到最终的定稿都得益于张老师的悉心指导和不厌其烦地修改，每次长达几个小时的指导和谆谆教诲都让我受益颇多；张老师一丝不苟、严谨治学的态度让我对学术研究有了更加深刻的认识，学到了更多课堂上难以言传和领悟不到的内容。大爱无声，在读书过程中得到了张老师的理解和大力帮助，我一直心怀感恩。张老师像一座高山，虽不能至，但心向往之。

华中科技大学教育科学研究院浓厚的学术氛围感染和熏陶着每位学子。学院里融洽的师生关系、人性化的教学管理、浓厚的学术气氛让人耳目一新。在论文开题、写作和答辩期间，华中科技大学陈廷柱教授、贾永堂教授、柯佑祥教授、朱新卓教授、郭卉教授以及武汉理工大学马廷奇教授、苏州大学曹永国教授、华中师范大学董泽芳教授、湖北大学靖国平教授等为我指点迷津，提出中肯建议，我十分感激。能够最终完成学业还要感谢我所供职的河南医学高等专科学校王黎副校长和同事们的理解、支持和帮助。

最后要特别感谢我的家人。成家立业后重新踏上求学之路注定要面对更多困难，接踵而至的厄运更是打乱了家庭的平静和生活节奏。为能够使我有时间和精力完成漫长的学业，亲人们相互帮衬，共同帮我扛起了沉重的家庭负担。

为减少我的后顾之忧,母亲、岳父、岳母、妻子范蕾、妹妹殷文娟不辞辛劳,倾其全部力量帮我照顾父亲和两个孩子。正是家人的宽容、理解与无限付出,才能使我有机会专心致志,最终完成自己的学业。这份饱含五年辛酸的研究成果行将付梓,我想这也是我感谢家人的最好表达方式。

  本书的出版还要感谢河南大学出版社的支持。李亚涛、薛建立两位编辑为本书的修改和出版做了大量细致耐心的工作,在此表示感谢!

殷文杰 谨识

2021 年 7 月